Mittelitalien

Richtig Reisen

Christoph Hennig

Toscana – Umbrien – Latium
Marken – Abruzzen

DuMont Buchverlag Köln

Inhalt

Das Herz Italiens

Reisen in Mittelitalien

Serviceteil

Das Herz
Italiens

Mittelitalien ist nicht nur im geographischen Sinn das Zentrum des Landes. Zwischen dem reichen, oft hektischen Norden und dem von der Mafia bedrohten Süden verkörpern die Toscana, Umbrien, die Marken, Latium und die Abruzzen das traditionsbewußte und zugleich aufgeschlossene Italien, das seit jeher die Reisenden fasziniert. Diese Regionen weisen nicht nur die schönsten, am wenigsten zersiedelten Landschaften der Apenninen-Halbinsel auf, nicht nur die meisten wohlerhaltenen alten Orte und den größten Reichtum an Kunstwerken, sie bilden vor allem ein Gebiet, in dem der alltägliche gesellige Kontakt sich so intensiv gestaltet wie nur noch in wenigen anderen Gegenden Europas.

Um sich davon zu überzeugen, genügt es, an einem Sommerabend die Hauptstraße oder Piazza einer beliebigen Kleinstadt aufzusuchen. Da schlendern Hunderte und manchmal Tausende von Menschen in lebhaftem Gespräch einher, Stimmen und Gesten füllen die Gassen, die ganze Stadt summt wie ein Bienenstock. Abend für Abend wiederholt sich das Ritual des Flanierens, des Redens, des Sehens und Gesehenwerdens. Man kennt sich gut in diesen Orten, man trifft sich auch tagsüber in der Bar oder beim Bäcker, auf dem Markt oder unter den Rathausarkaden. Die Nervosität Mailands ist so weit entfernt wie das alltägliche Chaos Neapels und Palermos. Die Kriminalitätsrate zählt – im Gegensatz zum weit verbreiteten Klischee – in der Provinz zu den niedrigsten Europas. Italiens auseinandertreibende Extreme, der geschäftige Norden und der vom organisierten Verbrechen stellenweise beherrschte Süden, werden durch den ruhigen Gemeinsinn der Bevölkerung des *Centro* zusammen und im Gleichgewicht gehalten.

Ununterbrochen stößt der Reisende auf Bilderbuchansichten: Szenen vollkommener Schönheit und einer nicht einmal trügerischen Idylle. Darunter finden sich viele bekannte Bilder, die jedem vertraut vorkommen, der einmal flüchtig in den einschlägigen Fotobänden und Kalendern geblättert hat: der sanfte Schwung der Chianti-Weinberge, die überwältigenden Stadtpanoramen von Siena oder Orvieto, die mittelalterlichen Türme von San Gimignano, der Wasserspiegel des Bolsena-Sees und die Felspyramide des Gran Sasso. Noch zahlreicher aber sind die Überraschungen und unerwarteten Freuden der Entdeckung. Namen erwachen plötzlich zum Leben und bleiben unvergessen: von den Kleinstädten der Marken über die Traumlandschaften der Abruzzen zu den Hügeldörfern und wildromantischen Schluchten Latiums. Den wenig bekannten Orten wird in diesem Buch relativ viel Raum gewidmet. Bewußt sind die Abschnitte über Rom und Florenz, über die Dutzende von Reiseführern existieren, knapp gehalten; Städte wie Perugia, Urbino, Ascoli Piceno werden im Verhältnis dazu ausführlicher geschildert. In Mittelitalien gibt es noch zahlreiche Routen abseits der ausgetretenen Wege. Dieses Buch soll als Hilfe bei ihrer Entdeckung dienen.

Unter den fünf beschriebenen Regionen ist die **Toscana** die bekannteste. Ihr Ruhm besteht zu Recht. Das anmutige Hügelland der Weinberge, Ölbaumhaine und Zypressenreihen bietet Bilder von berückender Harmonie. Bedeutende Kunststädte trifft man in dichter Folge: Lucca, Siena, Volterra, Arezzo, Pisa, Cortona – um nur einige aus der großen Zahl zu nennen. Am Meer locken vor allem die Inseln Elba und Giglio. Das Hotelangebot ist ausgezeichnet. Bei den möglichen Standquartieren hat man nur die Qual der Wahl: Ob man sich in einer Ferienwohnung im Chiantigebiet niederläßt oder in einem Hotel in Siena, ob man in kleinen Ortschaften wie Montepulciano oder Pienza wohnt, in der Großstadt Florenz oder auf dem Land, etwa im urwüchsigen Gebiet der Maremma – überall bietet sich eine Fülle von Ausflugsmöglichkeiten zu kunstgeschichtlichen Sehenswürdigkeiten und in begeisternde Landschaften.

Umbrien wird zunehmend stärker besucht, ist aber noch immer erheblich unbekannter als die benachbarte Toscana. Die kleinste Region des *Centro* – ihre Bevölkerungszahl entspricht mit rund 800 000 Einwohnern gerade derjenigen von Köln – ist eines der wenigen Gebiete Italiens ohne Zugang zum Meer. Sie besteht fast ausnahmslos aus Hügel- und Bergland; nur das Tibertal zwischen Perugia und Todi und die Valle Umbra zwischen Perugia und Spoleto bilden größere Ebenen. Hier liegen auch die meisten der sehenswerten Kleinstädte, die den besonderen Reiz des Landes ausmachen: Assisi und Spello, Montefalco und Bevagna, Città di Castello und Todi, Spoleto und Trevi. Zu den landschaftlichen Höhepunkten zählen die Seen (der Lago Trasimeno und der kleinere Lago di Piediluco) sowie die Bergregionen, vor allem die einsamen Monti Sibillini. In allen Städten findet man gute Unterkunft. Die Entfernungen innerhalb Umbriens sind so gering, daß sich die Gegend – auch mit öffentlichen Verkehrsmitteln – von einem oder zwei Standorten aus – bereisen läßt.

Latium ist ein Gebiet starker Kontraste. Der Großteil der Bevölkerung lebt in der Hauptstadt Rom, die ihre Randsiedlungen und Vorstädte ins Land ausdehnt. Hier und in den südlich angrenzenden Gebieten des Sacco-Tals und der Pontinischen Ebene konzentrieren sich Industriezonen, Gewerbebauten, Wohnsiedlungen und Schnellstraßen. Der weitaus größte Teil Latiums ist in krassem Gegensatz dazu agrarisch geprägt und dünn besiedelt. Die Region bietet faszinierende Landschaften und eine Fülle bedeutender Kunstwerke: von den Vulkanseen des Nordens und dem einsamen Hügelland um Viterbo mit seinen versteckten Etruskernekropolen zu den Landschaften der romantischen Maler südöstlich von Rom und den großen Klöstern des Südens wie Montecassino, Casamari und Fossanova. Im südlichen Zipfel erstreckt sich zwischen Terracina und Gaeta sowie auf den Ponzianischen Inseln eine subtropisch wirkende Küstenlandschaft mit Palmen, Orangen- und Zitronenbäumen. Als Standquartiere bieten sich in Latium neben Rom vor allem Orte auf dem Lande an: am Bolsena-, Bracciano- oder Vico-See, an der Küste bei Tarquinia oder Sperlonga, im Bergland etwa bei Rieti oder Olevano Romano.

Die **Marken** lernt man am besten auf einer Rundreise mit wechselnden Quartieren kennen. Wie Umbrien, so zeichnen sich auch die Marken vor allem als Region mit einer harmonischen Stadtkultur aus. Die schönsten Landschaften liegen im Westen des Gebiets, am Rand des Apennin. Weitgehend verbaut ist dagegen die Adriaküste; nur das kleine Vorgebirge des Monte Cónero südlich von Ancona bildet eine erfreuliche Oase weitgehend unberührter Natur. Hier finden sich gute Hotels, von denen aus sich sehenswerte Orte des Hinterlandes wie Iesi, Loreto, Macerata erreichen lassen. An den städtebaulichen Kleinodien Fermo und Ascoli Piceno wird kein Marken-Reisender vorüberfahren. Auf keinen Fall sollte man auf einen Aufenthalt in Urbino verzichten – es zählt zu den Höhepunkten unter den an Glanzlichtern gewiß nicht armen historischen Kleinstädten Italiens.

Die südlich an die Marken angrenzenden **Abruzzen** gelten als wildes Bergland der Hirten, Wölfe und Briganten. Dabei läßt es sich gerade hier so friedlich reisen wie in wenigen anderen Gebieten. ›Wild‹ sind allerdings die Routen des Hochgebirges. Wegen der oft zerklüfteten Landschaft mit ihren Bergketten und Tälern, wegen der kurvig sich windenden Straßen braucht man auch für kurze Strecken oft recht viel Zeit. Als Standquartier für einen längeren Aufenthalt bietet sich das zentral gelegene L'Aquila an; den Großteil der Region wird man aber nur auf einer Rundfahrt mit wechselnden Unterkünften kennenlernen. Dabei erkundet man die eindrucksvollen Berglandschaften mit ihren verfallenen Dörfern und den menschenleeren Hochtälern, gelangt aber zwischen Gebirgskamm und Meeresküste auch in ein Hügelland mit Getreidefeldern, Öl- und Weinkulturen, wie man es in den Abruzzen kaum erwartet. Weniger interessant ist die Küstenstrecke, die wie in den Marken meist von unerfreulichen Feriensiedlungen gesäumt wird. Landschaftseindrücke stehen in den Abruzzen im Vordergrund, Kunstwerke und historische Stadtbilder finden sich nicht so konzentriert wie in den anderen Regionen Mittelitaliens.

Unversehrte Natur

Daß ›die Italiener‹ mit der Natur rücksichtslos, ja brutal, umgingen, gehört zu den unausrottbaren Klischees der deutschen Publizistik. Grundwasserverschmutzung in der Po-Ebene, Algenpest an der Adria, unkontrolliertes Jagdfieber und Landschaftszersiedlung werden als Beweise angeführt. Das sind – leider – unleugbare Tatsachen. Die Liste italienischer Umweltsünden ließe sich bei einiger Aufmerksamkeit sogar noch beträchtlich verlängern. Dennoch ist die Wirklichkeit – wieder einmal – widersprüchlicher, als es das griffige Vorurteil will. Deutsche Landschaftsplaner oder gar Politiker haben keinerlei Ursache, mit anklagendem Zeigefinger auf italienische Umweltzerstörung zu weisen. Zwar fallen vor allem in Norditalien Bausünden, Zersiedlung und Verschmutzung frappant ins Auge. Andererseits aber erwecken riesige Gebiete des Landes den Eindruck der vollkommenen Idylle. In den Regionen Mittelitaliens sind die zersiedelten und verbauten Gegenden in der Minderheit – und alles, was außerhalb der erschlossenen Gebiete liegt, erfreut die Reisenden mit unerwartet harmonischen Bildern.

Die weitgehend agrarisch geprägten Regionen sind dünn besiedelt; oft findet sich kilometerweit keine Ansiedlung, größere Ortschaften sind selten, die alten Dorfbilder noch gut erhalten. Schafherden ziehen durch das Land, Getreidefelder bedecken die Erde, vereinzelt stehen Weinberge und Ölbaumhaine, Buschwald erobert aufgegebenes Kulturland zurück. Doch ist der intakte Zustand der Landschaft nicht nur das Ergebnis von geringer Besiedlungsdichte und Landflucht: Funktionierende Denkmals- und Landschaftsschutzbestimmungen haben ihren Teil daran. So werden die See-

Schafherde in Umbrien

ufer Mittelitaliens konsequent vor dem Bau von Ferienhäusern geschützt. Man glaubt seinen Augen kaum zu trauen, wenn man die kilometerlangen Ufer des Lago Trasimeno oder des Lago di Bolsena zum erstenmal erblickt: Außerhalb der wenigen kleinen Ortschaften steht dort kaum ein Haus, Wasservögel und einsame Badende können sich ungestört bewegen.

Wer die rund 300 km lange Strecke zwischen Florenz und Rom quer durchs toscanische und latinische Hügelland auf der alten Via Cassia, der heutigen Nationalstraße 2, zurücklegt, trifft vom südlichen Stadtrand von Florenz bis zu den nördlichen Vorstädten Roms auf keinen einzigen der vielen Schandflecken moderner Landschaftszerstörung. Nur zwei Städte mit mehr als 50 000 Einwohnern – Siena und Viterbo – liegen am Wege, sonst nur mittelalterliche Kleinstädte,

Dörfer, Bauernhäuser, weite Landschaften der Schafweiden, Kornfelder, Vulkanberge und Seen. In der Toscana konzentrieren sich Industrie und Bevölkerung zwischen Florenz und Pisa, an manchen Abschnitten der Küste sowie stellenweise im Arnotal zwischen Arezzo und Florenz. In allen anderen Zonen – dem weitaus größten Teil der Region – ist die Landschaft unberührt von der Zersiedlung. Das gilt ähnlich für Latium: Hier saugen der Großraum Rom und die Orte an der Autobahn Rom-Neapel sowie in der Pontinischen Ebene südlich der Hauptstadt Menschen und Investitionen an. In Umbrien ist die unmittelbare Umgebung Perugias neubaugeschädigt, daneben – in allerdings erträglichem Maß – die Valle Umbra zwischen Perugia und Spoleto. In den Abruzzen beleidigen wahllos verstreute moderne Ansiedlungen das Auge im nördlichen Hügelland bei Teramo, in den Marken sind die küstennahen Hügelzonen oft zersiedelt. Davon abgesehen ist in all diesen Regionen die Natur unberührt oder doch harmonisch gepflegte Kulturlandschaft, soweit das Auge reicht, ein Traum wohlerhaltener Landschaft.

Eine Einschränkung allerdings ist zu machen: Die Meeresufer Mittelitaliens bereiten wenig Freude, sie sind fast ausnahmslos der Ferienindustrie zum Opfer gefallen. Das gilt vor allem für die Adriaküste. Etwas besser ist die Lage am Tyrrhenischen Meer, an den Küsten der Toscana und Latiums. Vor allem in der Toscana finden sich zwischen Livorno und dem Monte Argentario breite, von großen Pinienwäldern geschützte Sandstrände; die Orte allerdings bieten eine unerfreuliche Einheitsarchitektur von Hotels, Restaurants, Imbißbuden und Diskotheken. In Latium lohnt der südliche Küstenabschnitt den Besuch. Gänzlich ›unversehrte‹ Ufer aber erlebt man vor allem auf den Inseln: Elba, Giglio, Ponza, Ventotene.

Kunst und Geschichte: Unerschöpflicher Reichtum

Nach einer Aufstellung der UNESCO befinden sich in Italien mehr als 60% aller Kunstwerke der Welt. Allein die Provinz Florenz besitzt nach dieser Statistik mehr Kunstschätze als ganz Spanien oder Frankreich! Man mag solchen Listen skeptisch gegenüberstehen. Aber jede Reise zeigt: Der Kunstreichtum Italiens ist unvergleichlich. Das gilt für Mittelitalien in besonderem Maß. Man braucht dabei nicht einmal an Florenz und Rom zu denken. Fast noch erstaunlicher sind die versteckten, kaum je von Touristen aufgesuchten Meisterwerke, die in irgendwelchen Provinznestern vor sich hin träumen. Viele von ihnen wären in jedem anderen Land Sehenswürdigkeiten ersten Ranges. Wer kennt schon die Odysseusskulpturen im Museum des Küstendorfs Sperlonga, Höhepunkte der hellenistischen Bildhauerkunst? Wer ahnt, daß das Städtchen Iesi in den Marken hochrangige Bilder der venezianischen Renaissancemalerei besitzt, daß bei Tuscania im nördlichen Latium zwei der schönsten mittelalterlichen Kirchen des Landes stehen, daß das Abruzzendorf Fossa den Besucher mit gotischen Fresken von Rang erfreut? Endlos ließen sich die Beispiele fortführen – bei Reisen in Mittelitalien kommt man aus dem Staunen nicht heraus.

Der Reichtum an Kunstschätzen hängt mit dem in Jahrtausenden entwickelten und noch heute erkennbaren ästhetischen Sinn der Italiener zusammen, aber insbesondere auch mit der bewegten Geschichte des Landes. Jahrhundertelang bildete Italien ein Zentrum der mittelmeerischen Welt, war Drehscheibe des Handels und der Kulturen. Einflüsse aus dem vorderasiatischen, dem nordafrikanischen, dem mitteleuropäischen Raum kamen zusammen. Schon in der ältesten Hochkultur auf italienischem Boden, bei den **Etruskern,** wird die produktive Verschmelzung unterschiedlicher Einflüsse spürbar. Ihr Kernland lag im nördlichen Latium und in der Toscana. Seit dem 8. Jh. v. Chr. entstanden hier befestigte Städte mit gewaltigen Mauern, Toren, Tempeln. Von ihnen ist wenig geblieben – doch in ausgedehnten Gräberstädten hinterließen die Etrusker zahlreiche Zeugnisse ihrer Kultur. Die Nekropolen erstrecken sich vor allem zwischen Rom, dem Tyrrhenischen Meer und dem Bolsena-See. Die berühmtesten liegen in Cerveteri mit seiner großen Vielfalt von Grabformen sowie in Tarquinia, dessen Fresken zum Schönsten zählen, was aus der antiken Malerei erhalten blieb.

Östlich des Tiber und an der Adriaküste behielten während der Etruskerzeit einheimische Volksstämme ihre Selbständigkeit. Die Umbrer, Sabiner, Pizener, Volsker wurden erst durch die Römer unterworfen. Auch von diesen Kulturen zeugen – allerdings vergleichsweise seltene – Funde. Die Pizener und Samniten, aber auch andere frühgeschichtliche Stämme der Adriaküste und des Gebirges, lernt man am besten im vorzüglich eingerichteten Nationalmuseum der Abruzzenstadt Chieti kennen. Von den Umbrern blieben als einziger bedeutender Fund die Bronzetafeln mit religiösen Vorschriften erhalten, die heute im Rathaus von Gubbio zu sehen sind. Die Herniker und Volsker hinterließen in einigen Orten des südlichen Latium, wie Ferentino, Alatri, Norma, Arpino, gewaltige Befestigungsanlagen mit sogenannten ›Zyklopenmauern‹.

Keines dieser Völker aber konnte sich der römischen Herrschaft entziehen. Ab dem 4. Jh. v. Chr. hatten die **Römer** ganz Mittelitalien unter Kontrolle. Vor allem im Umkreis der Hauptstadt legten sie Tempel und Villen an. Die Umgebung Roms zeigt noch heute bedeutende Stätten der Römerzeit: den riesigen Fortuna-Tempel von Palestrina mit dem faszinierenden

Nilmosaik, die ausgedehnte Kaiserresidenz Villa Adriana, die Ruinen der Hafenstadt Ostia. Doch auch anderswo in Mittelitalien stößt man auf römische Ausgrabungsstätten. Oft wirken sie besonders eindrucksvoll im Zusammenklang mit der landschaftlichen Umgebung. Das gilt beispielsweise für das Theater von Férento bei Viterbo oder die Ruinen von Alba Fucens in der großartigen Berglandschaft der Abruzzen. Auch in manchen Kleinstädten findet man die Reste römischer Theater, Thermen oder Tempel, so beispielsweise in Volterra und Fiesole, Spoleto und Chieti, Assisi und Gubbio.

Mit dem Ende des römischen Weltreichs verfiel das Land, die Ebenen versumpften, die Bevölkerung zog sich in kleine befestigte Ansiedlungen zurück. Die Kräfte reichten gerade zum Überleben. Bedeutende Kunst- und Bauwerke entstanden allenfalls noch in Rom, nicht mehr in der Provinz. Daher finden wir nur vereinzelt Monumente aus der Völkerwanderungs- und frühchristlichen Zeit, wie die Kirche San Michele Arcangelo in Perugia oder den langobardischen Tempietto del Clitunno bei Spoleto.

Etwa **um das Jahr 1000** aber beginnt der Aufschwung, der Italien an die Spitze der europäischen Kunst und Kultur führt. Er hängt mit dem Mittelmeerhandel zusammen. Italien wird zum Umschlagplatz der Waren, die zwischen dem kulturell hochentwickelten östlichen Mittelmeerraum und den rohstoffreichen Ländern Mittel- und Nordeuropas ausgetauscht werden. Italienische Kaufleute bereisen die gesamte ihnen bekannte Welt, Wohlstand und Kenntnisse konzentrieren sich wie nirgendwo anders im Abendland. Auch kleine Orte haben an dieser Entwicklung Teil – ganz besonders an der ›Frankenstraße‹, dem stark frequentierten Verbindungsweg von Frankreich und Deutschland nach Rom. Lucca, San Gimignano, Siena, Viterbo verdanken der Lage an diesem ›Highway des Mittelalters‹ Reichtum und Ruhm.

Die Fülle mittelalterlicher Orte, die sich in der Blütezeit des 13. und 14. Jh.s mit eleganten Platzanlagen, Rathausbauten, Kirchen schmückten, ist unübersehbar. Mehrere hundert von ihnen blieben in Mittelitalien vorzüglich erhalten, denn spätere Zeiten haben an den harmonischen Ortsbildern glücklicherweise nur wenig verändert. Die berühmtesten liegen in der Toscana und Umbrien, den Vorzeigeregionen mittelalterlicher Stadtkultur: Siena, Spoleto, Perugia, Assisi, Cortona, Orvieto, Todi, Lucca, Gubbio, Volterra, San Gimignano, Massa Marittima – um nur ein Dutzend zu nennen. Weniger bekannt ist, daß in Latium mehr als 200 mittelalterliche Ortszentren gut erhalten sind – dort sind allenfalls die Namen Viterbo und Tarquinia geläufig. Auch die Marken weisen zahlreiche alte Zentren auf. Fermo und Ascoli Piceno stellen hier die Höhepunkte urbaner Architektur des Mittelalters dar. Im unzulänglichen Bergland der Abruzzen dagegen hat sich die städtische Kultur nur wenig entwickelt; dafür überrascht die Region mit romanischen Klöstern und Landkirchen. Reich an mittelalterlichen Klöstern ist auch Latium. Im Bannkreis Roms stehen mit Subiaco und Montecassino, Farfa und Fossanova, Casamari und Castel Sant'Elia einige der historisch bedeutendsten und schönsten Abteien.

Ab dem **14. Jh.** gerieten die meisten der kleineren Zentren – von denen viele bis dahin als *liberi comuni,* als freie Stadtrepubliken, selbständig gewesen waren – in die Abhängigkeit von größeren Territorialstaaten. In der Toscana erlangte Florenz die Macht; nur Siena (bis in die Mitte des 16. Jh.s) und Lucca konnten der Arnostadt Widerstand leisten. In Latium, den Marken, Umbrien setzte sich der Kirchenstaat durch; gewaltige Festungen zeugen beispielsweise in Spoleto und Narni noch heute von seinem Herrschaftsanspruch. Die Abruzzen gelangten an das Königreich Neapel, das von einer Nebenlinie der spanischen Bourbonen regiert wurde.

Mit dem Verlust der Unabhängigkeit erlahmten in den städtischen Zentren Baueifer und Kunstproduktion. Die Orte blieben in ihrem damaligen Zustand gleichsam eingefroren. Das erklärt, warum sich ihr mittelalterliches Bild oft so vorzüglich bis in unsere Tage erhalten hat. Nur in einigen Städten schlug sich ab dem **15. Jh.** die neue Entwicklung des Renaissancestils nieder: in den Metropo-

Mittelalterliches Stadtbild: Pitigliano

len Rom und Florenz, daneben in dem provinziellen Kulturzentrum Urbino in den Marken, gleichsam einer Modellstadt des 15. Jh.s. Auch die toscanischen Orte Pienza und Montepulciano wurden architektonisch durch die Renaissance geprägt. In der Umgebung Roms entstanden in der zweiten Hälfte des 16. Jh.s im Auftrag von Kardinälen und Adligen herrliche Villen- und Gartenanlagen: der skurrile *Parco dei Mostri* von Bomarzo, die Villa Lante bei Viterbo, die berühmte Villa d'Este in Tivoli.

Mit dem **16. Jh.** endete die große Zeit der italienischen Städte. Nur Venedig zehrte noch lange von altem Ruhm und Reichtum – und Rom blühte weiter, als Zentrum der in der Gegenreformation neu erstarkenden katholischen Welt. Florenz und Perugia, Pisa und Siena und mit ihnen Hunderte kleinerer Orte traten zurück in ein ruhiges, oft auch armseliges Provinzleben. Die Entdeckung der Seewege nach Amerika und nach Indien hatte Italien abgeschnitten von den neuen Routen des Welthandels; die Unterwerfung weiter Teile des Landes durch ausländische Mächte tat ihr übriges. So fand die neue Kunstrichtung des Barock nur in Rom ein Ausdrucksfeld; außerhalb der Hauptstadt ist sie kaum vertreten. Fährt man durch Mittelitalien, so kann man meinen, die Jahrhunderte zwischen 1500 und 1950 seien an vielen Orten spurlos vorübergegangen.

Auch Kunstwerke des 20. Jh.s finden sich in diesen Regionen nur selten. Italien hat zahlreiche moderne Künstler hervorgebracht, doch vor allem in der ersten Jahrhunderthälfte arbeiteten viele von ihnen in Frankreich und fanden für ihre Werke Käufer eher im Ausland als in der

Heimat. Einige Künstler haben ihren Geburtsorten allerdings Sammlungen eigener Werke gestiftet, die heute in den dortigen Museen ausgestellt werden: Marino Marini in Pistoia (auch in Florenz befindet sich ein Marini-Museum), Alberto Burri in Città di Castello, Gino Severini in Cortona. Doch ist in Mittelitalien insgesamt moderne Kunst spärlich vertreten. Selbst die Großstädte Florenz und Rom weisen nur wenige zeitgenössische Kunstwerke auf.

Politik und Wirtschaft

Die politische Landschaft Italiens hat sich in schnellem Tempo gewandelt, seit im Frühjahr 1992 Ermittlungen wegen des Verdachts der Korruption gegen Politiker und Wirtschaftsführer aufgenommen wurden. Mehr als zwei Jahre lang verging kaum ein Tag ohne neue, oft schockierende Enthüllungen. Jeder Italiener hatte zwar gewußt, daß Bestechung in weiten Bereichen der Gesellschaft zum Alltag gehörte. Das Ausmaß der Korruption aber und die astronomische Höhe der Geldsummen waren nicht bekannt gewesen. Wie ein Kartenhaus brach das Parteiensystem zusammen, das fast ein halbes Jahrhundert überdauert hatte. Die *Democrazia Cristiana* löste sich nach starken Stimmenverlusten auf, der *Partito Socialista* spaltete sich und verlor rund 80 % seiner Wähler. Als einzige der großen etablierten Parteien überstanden die Linksdemokraten (*Partito Democratico della Sinistra,* PDS) das politische Erdbeben unbeschadet. Sie waren Anfang der 90er Jahre aus der KPI hervorgegangen, die kommunistischen Idealen längst abgeschworen hatte und in Ideologie wie praktischer Politik eher der deutschen Sozialdemokratie als den marxistischen ›Bruderparteien‹ vergleichbar war.

Der PDS hat seine Hochburgen in Mittelitalien. Traditionell bilden die Toscana und Umbrien zusammen mit der Emilia-Romagna den ›roten Gürtel‹ Italiens. Die Kommunisten erreichten hier jahrzehntelang Wahlergebnisse um 50 %. Auch in ländlichen Regionen hatten sie einen starken Anhang, was sich aus den Ausbeutungsverhältnissen erklärt, denen die Bauern noch bis in die Nachkriegszeit ausgesetzt waren. Im System der *mezzadria,* der Halbpacht, lebten sie zwar über Generationen auf demselben Pachthof, mußten aber dem Grundbesitzer bis zur Hälfte ihrer Erträge abliefern. Das ungerechte, aus dem Mittelalter unverändert fortgeführte System trug wesentlich dazu bei, daß die toscanische und umbrische Landbevölkerung mehrheitlich der politischen Linken zuneigte. Daran änderte sich wenig, als eine Landreform in den 50er Jahren die Halbpacht weitgehend abschaffte.

Der PDS wurde von den Korruptionsskandalen, welche die Konkurrenzparteien erschütterten, nur am Rande gestreift. Nicht alle Exkommunisten haben eine weiße Weste; im allgemeinen aber waren PCI und PDS vergleichsweise seltener an schmutzigen Geschäften beteiligt. So konnten die Linksdemokraten ihren Wählerstamm – nach starken Verlusten in den 80er Jahren – in den jüngsten Entwicklungen halten. Auch bei den Parlamentswahlen 1994, die mit einem überwältigenden Sieg der politischen Rechten endeten, blieb Mittelitalien eine linke Hochburg. In der Toscana, Umbrien und den Marken gewannen die *Progressisti* sämtliche Direktmandate. Auch in den traditionell konservativen Abruzzen eroberten sie – bei einem durchschnittlichen Stimmenanteil von 33 % – zehn der elf Wahlkreise, da sich die konservativen Stimmen jeweils auf mehrere Kandidaten verteilten. Einzig Latium stimmte mit großer Mehrheit für die neugegründete *Forza Italia* des Medienherrschers Berlusconi und die mit ihm verbündeten Mussolini-Anhänger der *Alleanza Nazionale.*

Wirtschaftlich haben alle Regionen des *Centro,* einschließlich der traditionell armen Abruzzen, heute den Anschluß an den Lebensstandard Mitteleuropas gefunden. Die alte Armut ist fast vollständig verschwunden, die neue Armut der Arbeitslosen- und Einwanderungs-Gesellschaft bislang nur in der Großstadt Rom deutlich spürbar. Die

Landwirtschaft, bis vor wenigen Jahren der ökonomische Hauptfaktor, nimmt in der Wirtschaftsstatistik heute nur noch einen geringen Raum ein. Die Zahlen täuschen allerdings. Die weit verbreitete Nebenerwerbslandwirtschaft taucht in keiner Statistik auf. Daher haben die offiziellen Einkommensziffern in den ländlichen Gebieten nur eine begrenzte Aussagekraft. Zahlreiche Familien ernähren sich von den Produkten eigener Gärten und Felder. Der agrarische Charakter der Lebensformen blieb so auch in Gegenden erhalten, in denen die offiziellen Zahlen nur noch 10–15 % Landwirte angeben.

In der Industrie stellen Kleinbetriebe mit 10 bis 20 Arbeitskräften die verbreitetste Wirtschaftseinheit dar. Solche meist im Familienbesitz befindlichen Unternehmen sind häufig aus Handwerksbetrieben oder auch aus von Großfamilien betriebenen Bauernhöfen hervorgegangen. Großunternehmen, die in Italien ohnehin vergleichsweise dünn gesät sind, kommen nur selten vor: Stahlwerke

Handwerker in Casoli

in Terni und Piombino, Raffinerien in Falconara und an der Adria-Küste.

Von großer Bedeutung für das Wirtschaftsleben sind die staatliche Bürokratie und der Dienstleistungssektor. Der größte Teil der Erwerbstätigen der Millionenstadt Rom beispielsweise ist in diesen Bereichen tätig. Aber auch in abgelegenen Gebieten, wie am toscanischen Monte Amiata, bilden vor allem Staatsgelder die Grundlage des bescheidenen Wirtschaftslebens. Arbeitsplätze finden sich in solchen Regionen in Schulen, Kindergärten, Krankenhäusern, in den Kommunalverwaltungen, der Forstverwaltung usw. Diese Gehälter geben dann, zusammen mit Renten und Pensionen, indirekt auch den örtlichen Kaufleuten und Handwerkern ein Auskommen. Auch der Tourismus bringt Einnahmen, vor allem in den vielbesuchten Gebieten der Toscana und Umbriens sowie am Meer.

Die kleinen Wirtschaftseinheiten Mittelitaliens sind vergleichsweise krisenresistent. In den Familienbetrieben werden beispielsweise flexible Arbeitszeiten angesichts schwankender Auftragslagen seit jeher praktiziert. Was in deutschen oder französischen Großbetrieben als der letzte Schrei erscheint, ist hier längst selbstverständlich. Weit verbreitet ist die Gewohnheit, in mehreren Berufen tätig zu sein. So arbeiten Lehrer oder Krankenpfleger nebenher als Rundfunkreporter oder Tischler, eine Architektin unterrichtet nachmittags an einer Fachhochschule, ein Busfahrer hilft außerhalb der Saison als Klempner aus. Gegenseitige Hilfe in der Großfamilie versteht sich; Wein, Gemüse und Öl kommen von eigenem Grund und Boden. Im wirtschaftlichen Alltag sind Spezialisierung und Arbeitsteilung viel weniger verbreitet als in Mitteleuropa. Die ›kleinen Netze‹ der Produktion und des Zusammenlebens polstern große Gebiete Mittelitaliens gegen die Erschütterungen der Wirtschaftskrise ab. Auch das läßt diese Regionen so oft als fast unwirklich idyllisch erscheinen.

Für Camilla

Reisen
in Mittel-
italien

Toscana: Kalender-fotos werden wahr

So heftig wie die Toscana ist in den letzten Jahren keine andere Region Italiens geliebt worden. Das Toscana-Fieber, wenn auch in allmählichem Abklingen, grassiert. Rom, Venedig, Capri, Sizilien – alles schön und gut, aber die Augen leuchten heutzutage bei der Erwähnung von Siena, Lucca und San Gimignano. Der Wandel der Reisegewohnheiten wäre eine kulturhistorische Untersuchung wert. Wieso gerade die Toscana? Für die Italien-Reisenden vergangener Jahrhunderte galt sie als zweitrangiges Ziel. Allenfalls Florenz machte da eine Ausnahme, aber noch Goethe »eilte« selbst dort »so schnell heraus als hinein«.

Angesichts der unzähligen Kalenderfotos und Bildbände, der Hochglanzreportagen und Geheimtip-Sammlungen möchte man fast mißtrauisch werden gegenüber der tausendfach beschworenen Idylle. So schön kann es doch gar nicht sein, denkt man, wenn man wieder mal Olivenbäume im Frühlicht oder im Dunst verschwimmende Hügel auf den Urlaubsfotos sieht. Und dann ist es wirklich so schön. So unwahrscheinlich es klingt: Die Hügel sind so sanft, die Zypressenreihen so markant, die Kleinstädte so malerisch und die Bauern so wettergegerbt, wie es die Reiseberichte erzählen. Nur die Olivenhaine sind nicht mehr knorrig: Im harten Winter 1984/85 erfroren nahezu alle Ölbäume, die nachwachsenden Jungtriebe sind mittlerweile zwar richtige Bäume geworden, doch eben gerade einmal zehn Jahre alt.

Toscana: Das bedeutet zunächst einmal große Kunst und viel Geschichte. Man braucht dabei nicht nur an Florenz

◁ *In den Crete Senesi*

Karte der Region Toscana,
praktische Hinweise S. 301–307

Apennin

Pistoia **7**

Prato **6**

Florenz **1**

Fiesole

Montecatini Terme

Arno

Abbazia La Verna

Poppi

Bibbiena

Caprese Michelangelo

Sansepolcro

Greve **2**

Chianti

Arno

Anghiari

Arezzo **10**

Monterchi

Elsa

San Gimignano **3**

Radda

Castellina in Chianti

Cortona **11**

Volterra **4**

Siena **5**

Monte San Savino

Cecina

Valdichiana

Colline Metallifere

Lucignano

Montepulciano **15**

Lago Trasimeno

Montalcino **13**

Pienza **14**

Chiusi

Massa Marittima **12**

TOSCANA

Abbadia San Salvatore

Punta Ala

16 1738 m. Monte Amiata

Ombrone

Grosseto

Sorano

Saturnia **18**

Sovana **19**

Pitigliano

Maremma **17**

Lago di Bolsena

Porto S. Stefano

Orbetello

Giglio

Monte Argentario

Porto Ercole

zu denken, dessen Reichtum an Kunstwerken auf der ganzen Welt nur von Rom übertroffen wird. Fast jede toscanische Stadt besitzt Bauten, Gemälde, Skulpturen von allererstem Rang. Das gilt für Pisa und Lucca, Arezzo und Siena, Pistoia und Prato, aber auch für unbekanntere Orte wie Massa Marittima, Pienza, Sovana. Alle diese Gemeinwesen – und Dutzende andere – *besitzen* aber nicht nur Kunstwerke, sie *sind* große Kunst. Mehr als die einzelnen Werke begeistert häufig die Aufeinanderfolge der Plätze und Gassen, die Harmonie der historischen Bauten – und das Leben, das sich auf der Piazza und den Straßen, in den Bars und auf den Märkten abspielt. Hier existieren – man spürt es sofort – noch kommunikative Gemeinschaften, in denen sich enger sozialer Kontakt und Weltoffenheit verbinden. Sichtbares Zeichen für das funktionierende Zusammenleben: Außer an einigen touristischen Brennpunkten, wie Florenz und Pisa, sind kriminelle Delikte fast unbekannt. Auch das spricht für die Toscana als Reiseziel – allerdings ebenso für Umbrien, Latium, die Marken, die Abruzzen. Anders als in Mailand, Rom, Neapel oder Sizilien fühlt man sich nicht bedroht von Handtaschendieben und Autoknackern. In Ruhe lassen sich Kleinstädte und Dörfer ebenso genießen wie die herrliche Landschaft. Von den Hügeln des Chianti zu den Pinienwäldern am Meer, von der kargen Erosionslandschaft bei Siena zu den fruchtbaren Ebenen um Grosseto: Fast überall ist die Natur reizvoll, und über weite Gebiete zeigt sie sich unversehrt von den Wunden der Zivilisation. Industrie und Bevölkerung konzentrieren sich in wenigen Landstrichen, vor allem im Arno-Tal und an einem Teil der Küste. Der größte Teil der Region ist dünn besiedelt und landwirtschaftlich geprägt. Die Bilderbuchlandschaften kennen keine Fabrikschornsteine, keine Schnellstraßen und Neubauviertel. Stunden- und tagelang kann man sich in der Toscana ungestörten Träumen von intakter Natur hingeben.

Die einzige Beeinträchtigung des Reisevergnügens kommt vom guten Ruf des Landes. Zu manchen Jahreszeiten, an manchen Orten ist der touristische Andrang größer, als man es sich wünscht. Das gilt vor allem für Florenz, wo von März bis Oktober immer Trubel herrscht. Doch auch in Siena, Pisa, San Gimignano und manchen kleineren Orten kann man, beispielsweise an Ostern oder um den 1. Mai, auf unerfreulich dichte Touristenmassen stoßen. Es ist der Preis, den man für den Besuch der berühmten Region zahlt. Man zahlt ihn gern: Die Schönheit der Toscana wird durch ein bißchen Gedränge kaum berührt.

Reiserouten in der Toscana

Die Toscana ist so vielfältig und so reich an Sehenswertem, daß man sie auf einer einzigen Fahrt nicht erkunden kann. Allein Florenz ist eine eigene Reise wert – übrigens am besten im Winter, wenn der Touristenandrang nachläßt und die Hauptstadt der Region wieder ›italienischer‹ wird. Kein Toscana-Reisender sollte Siena links liegen lassen; die einzigartige Kleinstadt eignet sich auch als Standquartier für Ausflüge ins Chianti-Gebiet, nach San Gimignano, Volterra, Pienza und andere Orte der Umgebung. Ob man neben diesem ›Herzen der Toscana‹ eher den Süden, Osten oder Norden der Region besucht, ist eine Frage individueller Vorlieben. Im nördlichen Teil, zwischen Florenz und der Küste, konzentrieren sich die Kunststädte: Pistoia, Prato, Lucca, Pisa; doch die Landschaft ist streckenweise stark zersiedelt. Die Küste hat interessante Abschnitte, verdient aber kaum einen großen Umweg. Das gesamte Gebiet südlich von Siena ist landschaftlich abwechslungsreich und dünn besiedelt; hier kann man abseits der ausgetretenen Pfade Entdeckungen machen. Im Osten lohnen vor allem Arezzo und Cortona den Besuch; wer Zeit und Lust hat, kann ins Gebirge nach Anghiari und Sansepolcro vordringen. Das Hotelangebot ist fast überall gut. Nur während der Zeiten besonders starken Touristenandrangs – etwa um Ostern oder den 1. Mai – kann es schwierig werden, eine Unterkunft zu finden.

Florenz: Kein Idyll mehr

1 »Nun sind wir schon den dritten Tag hier, und ich kann mich nicht erholen vor Bewunderung über diese unsagbare Kunst und Kultur, welche hier einmal geherrscht hat.« Mathilde Käsebier, von Ludwig Thoma erfundene Berliner Fabrikantengattin, fand nicht so elegante Worte wie die Legionen von Schriftstellern, die von Florenz geschwärmt haben. Franz Grillparzer zum Beispiel: »Vom Berge außer der Stadt warf ich noch einmal den Blick zurück nach der herrlichen Stadt, die, im Strahl der Abendsonne glühend, zauberhaft in ihrem Tale, einem der schönsten, die es geben kann, dalag.« Oder Albert Camus: »Florenz! In seinem von Tränen und Sonne durchsetzten Himmel habe ich gelernt, die Welt zu bejahen und in der dunklen Flamme ihrer Feste zu verbrennen.«

In solchen Tönen reden von Florenz heute nur noch die Prospekte der Reiseveranstalter. Die ›Perle der Renaissance‹ lohnt den Besuch, gewiß. Ihre Kunstschätze sind unerschöpflich, ihre Restaurants (nicht immer, aber oft) ausgezeichnet, ihre Geschäfte exquisit. Doch die Harmonie, von der Reisende vergangener Zeiten schwärmen – jenes Ineinanderspielen von historischer Umgebung und Stil des Alltagslebens, das wir beispielsweise in Siena oder Lucca finden, sucht man in Florenz vergebens. Die Hauptstadt der Toscana mit ihren gut 400 000 Einwohnern und rund 260.000 Autos (der höchste Motorisierungsgrad Italiens!) ist eine moderne Großstadt mit allen dazugehörigen Problemen: Luftverschmutzung und Verkehrslärm, Wohnungsnot und Drogenkriminalität. Dazu kommt der überbordende Tourismus. Mehr als sechs Millionen Besucher muß die Stadt jährlich verkraften. Das ist nicht mehr der bürgerliche Kulturtourismus vergangener Zeiten. Die neuen Gäste haben es eilig. Durchschnittliche Aufenthaltsdauer: anderthalb Tage, durchschnittliche Dauer eines Museumsbesuchs: 15 Minuten. Bei diesen Rhythmen blüht konsequenterweise das Fast-Food-Wesen. Mit Schrecken sehen alteingesessene Florentiner und Florenz-Freunde, wie traditionelle Trattorien, Handwerksbetriebe, Läden aus dem Zentrum verdrängt und durch die neuen Tempel des Schnellkonsums ersetzt werden: Snack-Bars, Hamburger-Stuben und Jeansläden.

Florenz ist längst kein Idyll mehr, sondern – trotz des historischen Zentrums – eine der modernsten und anstrengendsten Städte Mittelitaliens. Auch eine der

wenigen in diesem Gebiet, wo man sich vor Handtaschendieben, Autoknackern und Betrügern in acht nehmen muß. Man kann die Stadt trotzdem genießen – aber nicht, wenn man die heile Welt sucht.

Strategien für Florenz: Im Winter kommen – oder sich auf Gedränge einstellen. Das Auto immer und konsequent leerräumen. Kein Bier auf der Piazza della Signoria trinken – oder sich nicht über den Preis ärgern, für den man in ländlichen Restaurants eine Flasche erstklassigen toscanischen Weins bekäme. Nicht zuviel auf einmal sehen wollen – Florenz läßt sich nicht in drei Tagen ›erledigen‹. Es sei denn, im Tempo von Mark Twain: »Wir wanderten natürlich durch die endlosen Sammlungen von Gemälden und Statuen in der Galerie Pitti und in den Uffizien. Ich mache diese Angabe zur Selbstverteidigung. Ich könnte unter der Beschuldigung keine Ruhe finden, ich hätte Florenz besucht und seine ermüdenden, ellenlangen Bildergalerien nicht durchquert.« Und vor allem: in Florenz nicht das Zauberreich erwarten, das Filme wie James Ivorys »Zimmer mit Aussicht« und Farbreportagen versprechen. Die verwunschenen Stätten, die harmonischen Orte, die entrückt zu sein scheinen aus unserer normalen Welt, existieren in der Toscana durchaus. Aber anderswo, nicht in Florenz.

Piazzale Michelangelo: Postkartenblicke

Trotz allem, ein Florenz-Besuch – egal, ob kurz oder lang – sollte mit dem Postkartenblick beginnen. Am Piazzale Michelangelo genießt man das klassische

Blick vom Piazzale Michelangelo auf die Stadt

Panorama. Strahlend leuchtet die rote Domkuppel über den Dächern der Altstadt. Unten fließt der Arno träge dahin, von zahlreichen Brücken überspannt, unter denen der Ponte Vecchio mit seinen

Neptunsbrunnen, Piazza della Signoria

gelben und braunen Aufbauten besonders deutlich ins Auge fällt. Im Hintergrund steigen über der Ebene die Hänge des Apennin empor. An den Ausläufern des Gebirges erkennt man die Ortschaften Fiesole und Settignano.

»Das göttliche Florenz zu unseren Füßen ... wie der süßeste Traum eines Kindes«, schrieb der Schweizer Historiker Jacob Burckhardt im 19. Jh. über das Panorama. »Ich hielt es beinahe für optische Täuschung, aber diesmal war eines meiner Ideale wahr geworden, und doch war alles unendlich schöner, als ich es vorher zu denken imstande gewesen war.« Wenige Stellen in Florenz kann man noch so erleben, wie die Reisenden des vorigen Jahrhunderts sie sahen. Auf dem Piazzale Michelangelo aber läßt sich der Enthusiasmus früherer Reisender nachvollziehen – zum mindesten frühmorgens, bevor die Touristenbusse anrollen.

Der Piazzale Michelangelo, der erst 1865 in der heutigen Form angelegt wurde, ist vom Zentrum mit den Linienbussen 12 und 13 leicht erreichbar. Kunstfreunde können die kurze Fahrt mit einem Abstecher zur nahegelegenen Kirche San Miniato al Monte verbinden. Der romanische Bau gibt einen der harmonischsten Raumeindrücke unter den florentinischen Kirchen. Er wurde im 11. Jh. errichtet.

Zwischen Dom und Ponte Vecchio: Im Auge des Hurrikans

Wir sind im touristischen Zentrum der Stadt. Auf der Via dei Calzaiuoli, der Fußgängerstraße zwischen Dom und Rathaus, wälzt sich erbarmungs- und ausnahmslos die Gesamtmenge der Florenz-Touristen von einer Hauptsehenswürdigkeit zur nächsten. Die Einheimischen sind hier im wesentlichen nur in drei Rollen präsent: als Fremdenführer, Eis- oder Souvenirverkäufer. Der Dom Santa Maria del Fiore ist zum Glück groß genug, um auch ausufernde Besuchermassen unauffällig aufzunehmen. Im gewaltigen, wenn auch etwas nüchternen gotischen Innenraum imponiert vor allem die über 100 Meter hohe Kuppel. Außen verblüffen die mehrfarbigen Streifenmuster aus weißem, roten und grünem Marmor. Die Fassade stammt aus dem 19. Jh.

Gegenüber der Kathedrale zieht das Baptisterium – die Taufkirche – die Besucher vor allem wegen der berühmten Bronzetüren an. Besonders an der ›Para-

diespforte‹ des Renaissance-Bildhauers Lorenzo Ghiberti drängen sich die Betrachter. Sie zählt – neben Michelangelos »David« und Vivolis Gelateria in der Isola della Stinche – zu den ›Musts‹ der amerikanischen Florenz-Reisenden. Die Reliefs, bewegte Darstellungen von Szenen des Alten Testaments, sind in der Tat großartig. An der Paradiespforte befinden sich allerdings nur noch Kopien; die Originale wurden zum Schutz vor der Umweltverschmutzung ins nahegelegene Dommuseum gebracht.

Das fast 1000 Jahre alte Baptisterium (es wurde zwischen 1060 und 1128 erbaut) lohnt den Besuch auch wegen des mit herrlichen Mosaiken geschmückten Innenraums. Hier waren venezianische Künstler am Werk, die sich von den Mosaiken der heimatlichen Markus-Kirche inspirieren ließen.

Wenige Minuten vom religiösen Zentrum am Domplatz entfernt befindet sich der politische Mittelpunkt der Stadt, die Piazza delle Signoria. Sie wird vom 700 Jahre alten Rathaus, dem Palazzo Vecchio oder Palazzo della Signoria, beherrscht. Daneben erhebt sich die Loggia dei Lanzi, ein mittelalterlicher Repräsentativbau, nach dessen Vorbild die Münchner Feldherrenhalle gestaltet wurde. Zwischen Rathaus und Loggia öffnet sich der Blick auf die Anlage der Uffizien. Durch den Uffizien-Hof gelangt man zum Arno und rechts zum Ponte Vecchio. Die älteste Brücke von Florenz wurde 1345 errichtet. Mit ihrer malerischen Überbauung durch Wohnungen und Läden gibt sie ein reizvolles Bild. Seit 1593 dürfen nur Gold- und Silberschmiede sowie Edelsteinhändler auf der Brücke ihre Ware anbieten. Immer noch befinden sich hier die wichtigsten Juweliergeschäfte der Stadt, wie Settepassi (Nr. 28), der stolz darauf ist, gekrönte Häupter in ganz Europa zu beliefern.

1 Palazzo Pitti 2 Uffizien 3 Dom 4 San Miniato al Monte 5 Baptisterium 6 Palazzo Vecchio 7 Mercato Centrale 8 S. Lorenzo 9 S. Maria Novella 10 S. Croce 11 S. Spirito 12 Bargello 13 Accademia 14 Palazzo Medici-Riccardi 15 Fortezza da Basso

Der Arno bietet wechselnde Bilder. Oft fließt er träge mit niedrigem Wasserstand daher, er kann aber auch verheerende Fluten mit sich führen. Mehr als 60mal in der florentinischen Geschichte ist es zu großen Überschwemmungen gekommen, darunter zuletzt zu der Katastrophe von 1966, bei der Teile der Stadt metertief unter Wasser und Schlamm versanken. Mark Twain dagegen sah den Arno als Rinnsal: »Es ist allgemein beliebt, den Arno zu bewundern ... Es wäre ein ziemlich überzeugender Fluß, wenn man etwas Wasser hineinpumpen würde. Alle bezeichnen ihn als Fluß, und sie glauben ehrlich, daß er ein Fluß ist, diese finsteren und blutigen Florentiner. Sie helfen dieser Täuschung sogar noch nach, indem sie Brücken darüber bauen.«

Im touristischen Zentrum, wie könnte es anders sein, befinden sich auch einige der nobelsten Einkaufsstraßen. Auswär-

Auf dem Ponte Vecchio

tige Kundschaft ist für Florenz, dessen Handwerk noch immer internationalen Ruf genießt, von zentraler Bedeutung. Lederwaren, Kleidung, Schuhe, Stoffe sind teilweise von unübertrefflicher Qualität – haben aber auch den entsprechenden Preis. Die eleganteste Geschäftsstraße ist die *Via Tornabuoni,* aber auch die benachbarten Straßen – Via Calimala, Via Roma, Via dei Strozzi, Via della Vigna Nuova – können mit ihr konkurrieren. Mode und Schuhe von Weltrang produziert beispielsweise *Ferragomo* in der Via Tornabuoni 16. Der Firmengründer Salvatore Ferragomo, der ›Schuster der Filmstars‹, war der erste international berühmte Schuhdesigner Italiens. Bereits 1914 exportierte er in die USA und fand später eine Klientel in Hollywood. Die teuersten Nachthemden der Toscana gibt es dagegen bei *Loretta Caponi* (Via Borgo Ognissanti 12), großartige Seidenstoffe im *Antico Setificio Fiorentino* (Via della Vigna Nuova 97).

Wem das alles zu teuer ist, der kann sich einen Hauch von Luxus in den traditionsreichen Cafés an der Piazza della Repubblica leisten. Die Preise sind auch hier gesalzen, doch nur, wenn man sich zum Sitzen niederläßt. Am Tresen ist es nicht nennenswert teurer als in jeder beliebigen Bar um die Ecke. Am schönsten ist das 1733 von einem Engadiner Zuckerbäcker gegründete *Gilli* mit seinen rosagetünchten Wänden und den Stuckverzierungen, den Wandschränken und der Holzvertäfelung. Das *Giubbe Rosse* hat eine bedeutendere Geschichte, aber weniger Atmosphäre. Vor dem Ersten Weltkrieg war es der Literaten- und Künstlertreff. Das *Paszkowski* wurde als Bierlokal von einem polnischen Offizier gegründet, läßt von dieser ›exotischen‹ Vergangenheit aber nichts spüren, sondern hat sich völlig ›florentinisiert‹.

Auf der Piazza della Repubblica

Der Bauch von Florenz: Die Markthallen und San Lorenzo

›Les Halles‹, der Großmarkt von Paris, ist ehrgeizigen Stadtplanern zum Opfer gefallen. In Florenz lebt sein kleiner Bruder, unversehrt und voll Charakter. Die Glas-Metall-Konstruktion des *Mercato Centrale* wurde 1874 von Giuseppe Mengoni, der auch die berühmte *Galleria* am Mailänder Domplatz entwarf, nach dem Pariser Vorbild geschaffen. Hier herrscht reges Markttreiben. Man kann nur hoffen, daß der unsinnige Plan, die Halle zu einem Ausstellungszentrum umzufunktionieren, nie verwirklicht wird. Er würde Florenz eines seiner lebendigsten Plätze berauben. Zwischen den Marktständen herumzuschlendern, ist der reine Genuß. An den künstlerischen Arrangements von Schinken und Käse, Auberginen und Orangen, Wein und Öl, Pane und Pasta

kann man sich berauschen, schon ohne von den kulinarischen Köstlichkeiten probiert zu haben. Die Imbißstube *Nerbone* verpflegt seit über 100 Jahren die Besucher mit bodenständigen toscanischen Gerichten zu niedrigen Preisen.

Rund um die Markthallen stehen dicht an dicht weitere Verkaufsstände. Hier werden vor allem Textilien und Lederwaren angeboten.

Im Gewühl der Passanten gelangt man zur Kirche *San Lorenzo,* einem Hauptwerk des Renaissance-Architekten Brunelleschi. Der helle, übersichtliche Innenraum wurde in genau berechneten Proportionen angelegt; der rationale Geist Brunelleschis, eines bedeutenden Mathematikers, wird spürbar. Eine systematische Gliederung durchzieht das Gebäude. Das gilt auch für die angrenzende *Alte Sakristei,* die Grabstätte von Mitgliedern der Medici-Familie. Allerdings lockert hier die Dekoration mit

Reliefs und teilweise farbigen Grabmalen den strengen Charakter auf. An der Rückseite von San Lorenzo befinden sich die *Medici-Kapellen*. Auch hier liegen Angehörige der berühmtesten Florentiner Familie, die jahrhundertelang die Stadt beherrschte, begraben. Mit den Monumenten für Giuliano (Herzog v. Nemours) und Lorenzo de'Medici (Herzog v. Urbino) hat Michelangelo zwei seiner Hauptwerke geschaffen.

Wenige Schritte entfernt steht an der Via Cavour der *Palazzo Medici-Riccardi,* der Medici-Familiensitz. Die Hauskapelle im ersten Stock hat der Renaissance-Maler Benozzo Gozzoli mit heiteren Fresken geschmückt. Sie bringen Lebensfreude und -bejahung der ›Goldenen Zeit‹ von Florenz prachtvoll zum Ausdruck.

Einen Höhepunkt für Kunstfreunde stellt *Santa Maria Novella* dar. Für die Dominikaner-Kirche stifteten wohlhabende Florentiner-Familien vor allem im 15. Jh.

Kunstwerke und Kapellen, die von großen Künstlern gestaltet wurde. So findet man in der Kirche Hauptwerke von Masaccio (Fresko der Dreifaltigkeit), Ghirlandaio (Fresken im Chor mit Szenen aus dem Leben Marias und Johannes des Täufers), Brunelleschi (Holzkruzifix und Reliefs an der Kanzel), Filippino Lippi (Fresken in der Kapelle rechts vom Hauptaltar). Der angrenzende Kreuzgang bietet dann noch Bilder von Paolo Uccello und Andrea da Firenze. Der Kloster- und Kirchenkomplex stellt somit ein wahres Museum florentinischer Kunst dar.

Das Florenz der Florentiner: Santa-Croce-Viertel und Oltrarno

Touristen gibt es in Florenz, zumindest im Sommerhalbjahr, überall. Dennoch existiert ein Florenz der Einheimischen, wo die kleinen Geschäfte, die Trattorien

Im Mercato Centrale

und Märkte, die Bars und Werkstätten noch Treffpunkte der Bewohner sind und mitten in der Großstadt ein fast provinziell dichtes Kommunikationsnetz besteht. Santa Croce und das Gebiet südlich des Arno – der Oltrarno –, noch heute die ›volkstümlichen‹ Viertel des Zentrums, waren die klassischen Arme-Leute-Gegenden der Stadt. Noch um die Jahrhundertwende herrschten hier, mitten in der von ausländischen Reisenden so beschwärmten Kunstmetropole, Verhältnisse wie heute in der Dritten Welt: eine Säuglingssterblichkeit von mehr als 15%, zahllose Tuberkulose-Kranke, Cholera-Epidemien, verdreckte Gassen, ungesunde, im Winter feuchte Wohnungen. Im Viertel San Frediano waren von 30 000 Einwohnern damals 3450 vorbestraft oder standen unter polizeilicher Überwachung – meist kleine Diebe, die sich schlecht und recht durchs Leben schlugen. Jahrzehnte später hat Vasco Pratolini dem Proletarierleben in Santa Croce mit »Das Quartier« (1944) ein literarisches Denkmal gesetzt.

Heute sind Santa Croce und der Oltrarno weder verkommen noch proletarisch, doch die ›kleinen Leute‹ – Handwerker, Angestellte und Pensionäre – haben sich hier besser halten können als im Kern der Stadt, wo seit langem unbezahlbare Quadratmeterpreise die Durchschnittsmieter vertreiben. Der *Sant'Ambrogio-Markt* (nördlich der Kirche Santa Croce) gibt jeden Vormittag (außer sonntags) ein farbenfrohes Bild italienischen Alltagslebens. Liebevoll und kritisch wird die Ware von den Käufern begutachtet, und schnell entspinnt sich zwischen Händlern und Kunden ein sachkundiger Dialog über geeignete Tomatensorten für Saucen und Salate oder über die optimale Aufbewahrung getrockneter Pilze. Man kann hier eine ungebrochene Aufmerksamkeit für die wichtigen Kleinig-

keiten feststellen, eine Liebe zum – oft entscheidenden – Detail, die in Italien gerade in bezug aufs Essen sehr verbreitet ist.

Piazza Santa Croce

Fünf Fußminuten entfernt bietet der *Ciompi-Markt* (ganztags; sonntags und montags geschlossen) andere Waren: wertvolle Antiquitäten ebenso wie charmant präsentierten Ramsch. Die Piazza dei Ciompi heißt nach den Wollwebern, die 1378 den ersten Arbeiteraufstand der neueren europäischen Geschichte wagten und für einige Monate die Herrschaft in Florenz ausübten.

Die Franziskanerkirche *Santa Croce* ist eine der bedeutendsten Kunststätten von Florenz. Im eindrucksvollen gotischen Innenraum befinden sich hervorragende Werke des Bildhauers Donatello (Relief der Verkündigung und Holzkruzifix), der Maler Giotto (Fresken der Franziskuslegende) und Taddeo Gaddi (Fresken des Marienlebens und des Neuen Testaments). Zahlreiche berühmte Italiener wurden in Santa Croce bestattet oder zumindest durch Grabmonumente geehrt: Michelangelo, Dante, Machiavelli, Rossini, Galilei – um nur die bekanntesten zu nennen.

Auf der anderen Arno-Seite, im *Oltrarno,* bieten die Viertel Santo Spirito und San Frediano ein lebendiges Bild. Man trifft hier neben kleinen Werkstätten und Läden auch elegante Geschäfte – in der Via Maggio vor allem Antiquitätenläden, im Borgo San Jacopo daneben auch Mode. In den *Boboli-Gärten* hinter dem monumentalen *Palazzo Pitti* kann man sich vom Getriebe der Großstadt erholen. Sie bilden die einzige größere Parkanlage im Zentrum. Die Kirche *Santo Spirito,* ein Bau von Filippo Brunelleschi, ist mit ihren durchdachten Proportionen und ihrer nüchternen Klarheit das Gegenstück zu San Lorenzo von demselben Architekten. Etwas weiter stadtauswärts liegt *Santa Maria del Carmine,* deren *Brancacci-Kapelle* ein Hauptwerk der Renaissance-Malerei birgt: die vor kurzem aufwendig restaurierten Fresken von Masaccio mit biblischen Szenen.

Piazza dei Ciompi

Angebot, kein Pflichtprogramm: Museen im Überblick

»Frau Kommerzienrat nimmt ihren Bleistift und streicht im Baedecker das erledigte Pensum durch; sie betrachtet das Geschehene mit frohen Gefühlen ... Es ist unglaublich, welchen moralischen Zwang dieser Baedecker mit seinen zwei Kreuzen ausübt. Er nötigt uns, minutenlang vor einem Bilde zu stehen und Mienenspiele zu treiben.« Die Florentiner Museen »erledigen« zu wollen, wie Ludwig Thomas Kommerzienrätin, führt auf den schnellen Weg zur Depression. Rund 35 Museen besitzt die Stadt. Unter ihnen haben nicht etwa nur die Uffizien Weltrang, sondern mindestens fünf weitere Sammlungen. Man muß sich also bewußt beschränken auf das, was am meisten interessiert. Auch innerhalb der berühmten *Uffizien* ist es ganz unmöglich, ›alles‹ zu sehen; das Museum besitzt Werke von Michelangelo, Raffael, Leonardo da Vinci, Tizian, Rembrandt, Rubens, Dürer, Botticelli, Caravaggio, van der Weyden und Dutzenden anderer hochrangiger Maler. Selbst ein Kenner wie Paul Klee bekannte nach dem Besuch der Sammlung: »Eine Galerie zum Verirren ... Ich ging nach zweieinhalb Stunden sehr ergriffen, sehr klein und etwas kopfschüttelnd davon.«

Ein schönes Gegenstück ist das *Dom-Museum.* Es zeigt nur wenige, fast ausnahmslos hochrangige Werke. Dazu zählen die Skulpturengruppe der »Pietà« von Michelangelo, die Sängerkanzeln von Donatello und Luca della Robbia, die Original-Reliefs der »Paradiespforte« von Lorenzo Ghiberti (vgl. S. 32) sowie Reliefs von Giotto.

Übersichtlich, aber meist völlig überlaufen, ist die *Galleria dell'Accademia.* Die Statue des »David« von Michelangelo stellt – vor allem für Besucher aus Übersee – ihre große Attraktion dar; wer sich das Schlange-Stehen ersparen möchte, kann eine gute Kopie des Bildwerks vor dem Palazzo Vecchio bewundern.

Der *Bargello* zeigt eine bedeutende Skulpturensammlung, in der die florentinischen Renaissancebildhauer beson-

Blick vom Campanile über Florenz

ders stark vertreten sind: Michelangelo und Donatello, Verrocchio, Ghiberti, Brunelleschi und viele andere. Ein ganzer Museenkomplex befindet sich im *Palazzo Pitti.* Den Kern bildet die Gemäldegalerie, die an Bedeutung fast den Uffizien gleichkommt (Tizian, Raffael, van Dyck, Velazquez, Murillo, Rubens, Tintoretto u. a.). Im *Museo degli Argenti* sind kunstgewerbliche Objekte aus dem Medici-Besitz ausgestellt, die *Galleria d'Arte Moderna* zeigt Gemälde des 19. Jh.s.

Fiesole: Balkon über der Stadt

Der Besuch von Fiesole rundet den Florenze-Eindruck ab. In kurzer Busfahrt (knapp 30 Min. mit der Linie 7 ab Hauptbahnhof/Dom) verläßt man das Stadtgebiet und gelangt zwischen Ölbaumpflanzungen und Zypressen in den kleinen Ort an den Ausläufern des Apennin. Seit jeher haben sich hier Künstler und Wohlha-

bende niedergelassen, die dem Trubel und oft drückenden Klima der Großstadt entfliehen und ihr zugleich nahe sein wollten. Schon Cosimo dei Medici gründete in Fiesole seine ›Platonische Akademie‹, in der Philosophen und Literaten mit ihren Diskussionen den Zeitgeist prägten. Man fühlt sich dem Getriebe entrückt, erlebt die toscanische Landschaft – und genießt den Panoramablick auf Florenz.

Fiesole ist älter als Florenz, vermutlich fast 2500 Jahre alt. Aus der Römerzeit blieben die Ruinen des *Ausgrabungsgeländes* erhalten. Es wirkt vor allem durch seine Lage in der Landschaft. Vom Halbrund des Theaters und den Resten der Thermenanlage blickt man auf die silbergrünen Farben der Olivenhaine und die dunklen Hänge des Apennin. Ganz in der Nähe erhebt sich der romanische *Dom San Romolo* mit einer stimmungsvollen Krypta. Einige Schritte steilen Anstiegs und man gelangt zum Platz vor der Kirche *Sant'Alessandro* mit der schönsten Aussicht auf Florenz.

Im Herzen der Toscana:
Chianti-Gebiet, San Gimignano, Volterra

Hier werden die Kalenderfotos gemacht. Die Toscana, wie man sie sich erträumt: sanft geschwungene Hügelketten mit den geordneten Reihen der Weinberge, das silberne Schimmern der Olivenhaine, die strengen Linien der Zypressen. Verstreute Bauerhöfe in klaren kubischen Formen, violette Schwertlilien am Wegrand, Mohnblumenfelder, leuchtender Ginster. Makellos saubere Ferienwohnungen, deutsche Tageszeitungen am Kiosk auch des kleinsten Dorfs, rustikale Trattorien, Hotels mit Stil.

Das Chianti-Gebiet liefert zusammen mit der Bilderbuch-Landschaft auch die entsprechende Infrastruktur. Das ist praktisch – und manchmal etwas irritierend. Wenn man sich auf der Piazza in Greve zum Kaffee niederläßt und – etwa um Ostern und Pfingsten – im wesentlichen deutsche Töne hört, allenfalls gemildert durch den einen oder anderen Schweizer Laut; wenn man auf einem gewundenen Sträßchen zwischen den Weinbergen ein ums andere Mal auf sorgfältig visierende Fotografen hinter ihren Stativen stößt; wenn manch ein Bauernhof sich für seine Feriengäste geradezu unwirklich schnuckelig herausputzt – dann befallen einen für einen kleinen Augenblick Zweifel, ob man sich noch in Italien befindet oder nicht doch im Freizeitpark München-Süd.

Zum Glück halten die Chianti-Skrupel niemals lange an. Da ist ganz schnell wieder ein Ausblick, ein verstecktes Tal, eine blumenübersäte Wiese oder nur ein so überzeugender Cappuccino, daß man an die Realität des schönen Traumes glaubt

und sich klarmacht, daß man ja selbst zu jener staunenden Schar von Reisenden mit klopfendem Herzen zählt, die sich – manchmal ein wenig zu zahlreich – an der Postkarten-Toscana begeistern.

Entdeckungen allerdings wie in den unbekannteren Regionen Italiens wird man hier selten machen. Man findet wieder, was man sich vorgestellt hat. Das ist dann in der Wirklichkeit noch viel schöner als im Bildband. Zahlreich ist im Chianti-Gebiet jener Typus des Reisenden, der alles schon vorher wußte. Ein sprechendes Beispiel: Der Besitzer eines angesehenen und weitbekannten Hotels mit vorwiegend deutscher Kundschaft vertraute mir an, er studiere intensiv die

Weingut im Chianti

Wein-Fachzeitschriften, um mit seinen unermüdlich und fachkundig daherschwätzenden Gästen mithalten zu können. Die Chianti-Kenner und -Liebhaber, wie man sieht, spielen mit ihren Insider-Wissen Einheimische leicht an die Wand...

Die Chianti-Region: Nicht nur Wein

2 Die *Monti del Chianti* erheben sich zwischen Florenz und Siena. Untrennbar ist der Name des Gebiets mit seinem Wein verbunden. Doch wird die Gegend keineswegs von Reb-Monokulturen beherrscht. Immerhin ein Drittel der Oberfläche ist bewaldet. Vor allem in den höheren Lagen (der höchste Berg, der Monte San Michele, steigt bis 893 m

auf) trägt die Landschaft Mittelgebirgs-Charakter. Kleine Flußtäler wechseln mit ginsterbestandenen Hochflächen, Bauernhäuser stehen neben alten Burgen, auf kräuterduftenden Buschwald folgen schattige Olivenhaine. Der große Reiz liegt in der Landschaft, die immer wieder Bilder von vollkommener Harmonie zeigt. An Kunstwerken ist die Region arm, und die Dörfer wirken zwar freundlich und gepflegt, lassen sich aber nicht mit den faszinierenden Ortsbildern in der Südtoscana, in Latium und Teilen der Abruzzen vergleichen.

Greve in Chianti, ein Zentrum des Weinhandels, ist eine der hübschesten und belebtesten Ansiedlungen des Gebiets. An der langgestreckten, dreieckigen Piazza sitzt man gut unter den Arkaden. Schauen Sie unbedingt in die *Macelleria* mit ihren hervorragenden Fleisch-

und Wurstwaren! Zwei Hotels an der Piazza bieten Unterkunft, man ißt gut im *Giovanni da Verrazzano,* vielleicht noch besser bei *Omero* im 5 km entfernten Passo dei Pecorai, wo klassische toscanische Gerichte unverfälscht auf den Tisch kommen.

Panzano liegt aussichtsreich auf einer Hügelkuppe. Der kleine mittelalterliche Ortskern wirkt idyllisch. Hier ließen sich vor 40 Jahren die ersten ausländischen Chianti-Siedler nieder, zumeist ehemalige britische Kolonialbeamte und -offiziere, die nicht in den feuchten Norden zurückwollten. »Chianti-shire« hat man die Gegend scherzhaft genannt. Den Briten sind mittlerweile Deutsche, Schweizer, Holländer sowie zahlreiche Italiener aus anderen Regionen gefolgt. Dem Chianti droht die Überfremdung.

Dario Lanzoni, Direktor des *Consorzio del Gallo Nero,* des Zusammenschlusses der Chianti-Classico-Winzer, erklärte öffentlich: »Wir wollen nicht, daß der Chianti eine zweite Costa Smeralda wird – knallvoll im Sommer und verlassen im Winter.« Und die Zeitung »La Repubblica« behauptet trocken: »Es kann kein Zweifel daran bestehen, daß das Chianti-Classico-Gebiet nicht mehr zur Toscana gehört.« Sie liefert zu dieser erstaunlichen These auch Zahlen: Von 225 Classico-Weinbauernfamilien sind nur 40 seit Beginn des Jahrhunderts in der Region ansässig, alle anderen zogen später – vor allem seit den fünfziger Jahren – hinzu. Immerhin 7 % der Winzer sind Ausländer, eine Quote, die im Burgund oder Bordeaux unvorstellbar wäre.

Auch im Gebiet um **Castellina in Chianti** und **Radda in Chianti,** zwei freundliche Orte in Panoramalage, konzentrieren sich die Ferienhäuser. Sie wirken allerdings nicht landschaftsschändend: Es sind fast ausnahmslos stilecht restaurierte Bauernhäuser.

Chianti-Weinkeller

Chianti-Wein

In den letzten Jahren hat sich die Chianti-Weinkultur grundlegend verändert. Der traditionelle Chianti wird nur noch ausnahmsweise produziert. Es war ein fruchtiger, frischer, säuerereicher Wein, der bereits wenige Monate nach der Ernte konsumiert werden konnte. Wenn das Lesegut sorgfältig ausgewählt und zum richtigen Zeitpunkt geerntet wurde, erreichte er vorzügliche Qualität; allerdings war er nur begrenzt haltbar und hatte – vor allem im Vergleich zu französischen Weinen – verhältnismäßig wenig Körper. Heute versucht man, alterungsfähige, kräftige und differenzierte Weine herzustellen. Traditionell wurden dem Chianti – der aus verschiedenen Traubensorten besteht – rund 10 % weiße Trauben zugesetzt. Dieser Anteil, der den Wein spritzig macht, aber die Haltbarkeit verringert, wird heute auf 2–5 % reduziert; zudem läßt man die Reben nach der Ernte länger im Kontakt mit den Schalen. Das gibt dem Wein mehr Gerbstoffe und macht ihn im Idealfall besser ausbaufähig.

Zahlreiche Chianti-Winzer haben sich noch weiter von der Tradition gelöst und verwenden bislang ungebräuchliche Rebsorten, wie die Bordeaux-Traube *Cabernet Sauvignon.* Oft wird der Wein neuerdings in Barrique-Fässern gelagert, kleinen Eichenfässern, die – ebenfalls nach Bordeaux-Vorbild – ein besonderes Aroma geben. Die neuen Verfahren haben zum Teil Spitzenweine hervorgebracht. Unterhalb des hohen Niveaus brachte der neue Stil dagegen nicht nur Verbesserungen.

»Die früheren Chiantis waren mindestens genauso gut«, sagte mir der Kellermeister eines renommierten Weinguts. »Aber der Markt verlangt heute anderes, wir müssen uns anpassen, sonst bleiben wir auf unseren Weinen sitzen.« Fast ungläubig habe ich nachgefragt – denn der Mann war als Experte des ›neuen‹ Chianti bekannt: »Der neue Trend ist also vorwiegend eine Modeerscheinung?« »Reine Mode«, lautete die trockene Bestätigung. Noch härter urteilt der Fachjournalist Davide Paolini über den Barrique-Ausbau: »Die Zahl der Weinerzeuger, die mit Barriques umgehen könne, ist gering. Ein großer Teil sind Weine, die von Tischlern gemacht werden.«

Nach dem traditionellen System produzieren nur noch wenige Winzer – die Nachfrage fehlt. Giuseppe Alessi vom florentinischen Restaurant *La Pentola d'Oro* polemisiert gegen die Modetendenzen. Der ehemalige Chef eines Luxus-Restaurants, der in ganz Florenz bekannt ist, weil er von dem Nobel-Etablissement in ein einfaches, aber erstklassiges Lokal umgestiegen ist, meint: »Wir brauchen keine ausgefeilte Kellereitechnik. Das ganze Wein-Fachgerede hängt mir zum Hals heraus. Die besten Trauben, zum richtigen Zeitpunkt geerntet, ohne chemische Zusätze sachkundig verarbeitet – das ist alles!«

San Gimignano: Die Stadt der schönen Türme

3 Unversehens und unerwartet steigt die Silhouette des Städtchens über dem Hügelland auf. Braune Natursteinhäuser, Ziegeldächer und darüber der Clou: 15 kubische Türme, die aus dem Häusergewirr emporzuwachsen scheinen. Tausendfach sind das ›Manhattan des Mittelalters‹ und die ›Skyline des Hügelstädtchens‹ beschworen worden. Ganz modern scheint jedenfalls der Ehrgeiz, der diese Türme wachsen ließ. Jede wohlhabende Familie des Kaufmannsstädtchens errichtete aus Prestige-, aber auch Verteidigungsgründen einen solchen Bau. 72 Türme waren es in San Gimignanos Goldener Zeit, im 13. und 14. Jh., als die Kaufleute des Ortes nach Frankreich, nach Tunesien, Ägypten und Syrien reisten. Die Konkurrenz um den höchsten Turm wurde solange vorangetrieben, bis die Bürger sich unter den hochgezogenen Bauten bedroht fühlten und bestimmten, niemand dürfe seine *torre* über den Rathausturm (54 m) emporwachsen lassen.

Das Turmbauen war übrigens kein Spleen der San Gimignanesen. Im mittelalterlichen Italien hatten viele Städte gleichsam Wälder aus Türmen. In Florenz etwa erhoben sich viele hundert, in Pisa nach zeitgenössischen – gewiß übertriebenen – Berichten sogar 10 000. Wer auf sich hielt und die Mittel besaß, leistete sich einen oder sogar mehrere solcher Bauten neben dem Familienpalazzo. Wenn blutige Kämpfe in der Stadt ausbrachen, verbarrikadierte man sich in diesen Festungen. In friedlichen Zeiten aber wurden die Türme nicht zu Wohnzwecken genutzt; dazu waren sie viel zu unbequem.

Nirgendwo haben sich diese mittelalterlichen Konstruktionen so gut erhalten wie in San Gimignano. Auch Viterbo und Tarquinia nördlich von Rom besitzen zwar viele dieser sogenannten Geschlechtertürme; doch läßt sich ihr Stadtbild mit der beeindruckenden Silhouette San Gimignanos nicht vergleichen. Schon zu den Zeiten der Medici-Großherzöge wurde das Hügelstädtchen unter Denkmalschutz gestellt. Heute steht es auf der UNESCO-Liste der schützenswerten historischen Ensembles. Der Ort ist gründlich restauriert worden, wirkt aber nicht steril. Er hat durchaus ein Eigenleben bewahrt. Auf den ersten Blick fallen allerdings die dicht aneinandergereihten Läden des Tourismus-Business an der Hauptgasse auf: Bars und Souvenirgeschäfte, Delikatessen-Shops und Weinhandlungen. Anderthalb Millionen Besucher wälzen sich jährlich durch den kleinen Ort mit seinen gerade 4000 Einwohnern; pro Kopf der Bevölkerung sind das 25mal mehr Besucher als in Florenz!

Dennoch bleibt das Städtchen mit seiner intakten mittelalterlichen Architektur

ein Höhepunkt jeder Toscana-Reise. Man kann den Genuß noch steigern, indem man sich Zeit nimmt für die ruhigen Seitengassen oder – am besten! – in San Gimignano übernachtet. Am Abend und frühen Morgen erlebt man den Ort nämlich ohne Touristen. Dann können die alten Steine ihre Ausstrahlung ungestört entfalten.

San Gimignano lag einst an der ›Frankenstraße‹, der alten Hauptverbindung von Nordeuropa nach Rom. Der Verlauf der heutigen Hauptgassen Via San Matteo – Via San Giovanni entspricht der Straße des frühen Mittelalters. Die beiden Piazze *della Cisterna* und *del Duomo* bilden das Zentrum des Ortes. Die romanische, später mehrfach umgebaute Pfarrkirche *(Collegiata)* ist mit farbenfrohen, anschaulichen Fresken sienischer Künstler ausgemalt: an der linken Wand Szenen des Alten Testaments von Bartolo di Fredi (1367), rechts Szenen des Neuen Testaments von Barna da Siena (um 1350). Fresken auch in der Kirche *Sant'-Agostino* am Rand der Altstadt: Der Re-

naissance-Maler Benozzo Gozzoli hat hier das Leben des heiligen Augustinus dargestellt. Unbedingt lohnend ist der kurze Gang zur *Rocca*, den Ruinen der ehemaligen Festung am höchsten Punkt des Ortes, von der aus man die Gesamtanlage der Turm-Stadt überblickt.

Volterra: Etruskerstadt mit Charme

4 Volterra ist heute ein etwas abgelegenes Städtchen von gut 15 000 Einwohnern. Vor 2500 Jahren war es eine Metropole. Unter dem Namen *Velathri* zählte es zu den zwölf Lukomonien, den wichtigsten Zentren des etruskischen Städtebundes. Aus der Etruskerzeit sind noch gewaltige Mauern erhalten geblieben. Sie umfassen ein Areal, das viel größer ist als die heutige Stadt.

Der Charakter des Ortes ist mittelalterlich. Hier oben – Volterra liegt immerhin 550 m hoch – wirkt alles rauher, weniger *dolce* als etwa im nur 30 km entfernten San Gimignano. Oft pfeift der Wind über die Piazza, wenn es weiter unten noch schön warm ist. In der Umgebung gedeihen kaum noch Wein und Öl, der Boden ist von ausgedehnten Getreideäckern und Schafweiden bedeckt. Die Erosion hat merkwürdige Risse und Abgründe ins Land gezeichnet. Am dramatischsten wirken diese Auswaschungen bei den *balze* einen Kilometer nordwestlich des Zentrums. Im Frühjahr leuchtet das Land in allen Grün-Schattierungen, im Herbst schaffen auf den gepflügten Äckern vielfältige Erdfarben ein abwechslungsreiches Bild. Volterra erhebt sich über der kargen, eindrucksvollen Landschaft in beherrschender Position; schon von weitem gerät die Stadt bei der Anreise ins Blickfeld.

Der einheitliche Charakter der mittelalterlichen Bauten fasziniert. Auch das Rathaus *(Palazzo dei Priori)* an der Piazza dei Priori, übrigens der älteste erhaltene Rathausbau der Toscana, fügt sich harmonisch ins Bild der Bürgerhäuser ein. Die *Fortezza* allerdings, die Medici-Festung, sprengt alle Proportionen. Der Bau wurde nach der Unterwerfung Volterras durch Florenz im 14. Jh. errichtet. Es ist eine überdimensionale Zwingburg, ein Symbol der verhaßten Fremdherrschaft. Heute dient sie als Gefängnis.

Aus der Antike blieb der *Arco Etrusco* erhalten, ein Stadttor, an dem allerdings nur der untere Teil aus der Etruskerzeit stammt, sowie das *römische Theater* an einem Hang mit weiter Aussicht bis zum Meer. Lohnend ist der Besuch des *Etrus-*

Landschaft bei Volterra

Teatro Romano in Volterra

kischen Museums, das angenehm übersichtlich geordnet ist und einige herausragende Funde besitzt, wie die berühmte, modern wirkende Bronzeskulptur
»Der Abendschatten« und den Sarko-
phagdeckel des »liegenden Ehepaars«.

Volterra bildet seit altersher ein Zentrum des Alabaster-Handwerks. Vorbei
sind zwar die Zeiten, in denen ein Großteil der Bevölkerung mit der Verarbeitung des weichen, gipsartigen Steins beschäftigt war. Aber noch immer sieht
man überall im Ort Werkstätten und Ala-
baster-Läden. Piero Fiumi, Inhaber des
Familienbetriebs *Alabastri Rossi,* klagt
über die Konkurrenz der Plastik-Ge-
schenkartikel, vor allem aus dem Fernen
Osten. »Andererseits«, sagt er, »exportie-
ren wir zugegebenermaßen auch viel
nach Asien. Japaner kaufen häufig kostbare Objekte, wie die handgefertigten
Skulpturen von künstlerischen Niveau,
die in einer unserer Werkstätten entstehen. Auch in den USA und Deutschland
haben wir viele Kunden. Insgesamt gehen 80 % unserer Produktion in den Ex-
port.« Fiumi, der fließend deutsch
spricht, lädt die Besucher Volterras ein,
sich auch in den Alabaster-Betrieben
umzusehen. Viele von ihnen, so auch
sein eigener, stehen Touristen offen.
»Monumenti, monumenti, monumenti –
delle volte stancano« (»Kunstdenkmäler,
Kunstdenkmäler, Kunstdenkmäler –
manchmal machen sie müde!«), ruft der
temperamentvolle Unternehmer aus.
Nicht nur die Kunstwerke, auch Alltagsleben und Handwerkstraditionen möchte
er den Besuchern zugänglich machen.
Volterra soll kein Freilichtmuseum werden, meint er, sondern eine lebendige
Stadt bleiben.

Siena: Gut im Rennen

5 Rotbraune Ziegeldächer schieben sich den Hang hinauf, schlanke Türme überragen die Wohnhäuser. Wie eine gewaltige Blüte erhebt sich aus dem Häusergedränge der schwarz-weiß gestreifte Dom. Der erste Anblick Sienas ist überwältigend – so unwirklich schön, daß man für einen Augenblick meint, das Ganze sei ein Traumbild. Aber es erweist sich als unleugbar wirklich. Auch beim näheren Hinschauen enttäuscht die Stadt nicht. Im Gegenteil: Siena gehört zu jenen Orten, die man wieder und wieder aufsuchen kann, ohne die Begeisterung zu verlieren.

Kaum eine andere Stadt dieser Größe (rund 65 000 Einwohner) hat einen so einheitlichen, harmonischen Charakter. Siena ist architektonisch reines Mittelalter, und das wäre schon reizvoll genug. Doch Lokalstolz, Traditionsbewußtsein und Gemeinsinn der Bürger machen die Stadt darüber hinaus zu einem einzigartigen Ensemble. Schon 1956 wurde das Zentrum für den privaten Autoverkehr gesperrt. Die Gefahren eines unkontrollierten Tourismus-Booms werden ständig beobachtet und, wo nötig, bekämpft. Kein protziger Hotelbau verzerrt das Gesicht der Altstadt. Schnellimbisse und Snackbars spielen – anders als in Florenz – keine Rolle im Straßenbild. Die Kriminalitätsrate zählt zu den niedrigsten Europas. Auch in den Zeiten großen Touristenandrangs fühlt man sich noch wohl.

Das große, zweimal jährlich stattfindende Fest des *Palio* symbolisiert und bekräftigt den Zusammenhalt der Sienesen. Bei diesem Pferderennen konkurrieren die verschiedenen Stadtteile, die *Contrade,* miteinander. Die Contrade sind für die Einheimischen Rückhalt und Heimat. Man kennt sich, man feiert zusammen. Obwohl sich die Contrade beim Palio erbittert bekämpfen, stiftet die Veranstaltung ein Zusammengehörigkeitsgefühl unter allen Bewohnern der Stadt. Wer kein Sienese sei, könne den Palio nicht verstehen, heißt es. So hält sich das Gefühl der Gemeinschaft – manchmal verbunden mit ein wenig Arroganz, immer verbunden mit dem Engagement für die eigene Stadt. Davon profitieren dann auch die Besucher.

Stadtgeschichte – Bluff und Blüte

In der Antike war Siena nur eine unbedeutende Ansiedlung. Weil aber in Italien jede mittelalterliche Stadt, die etwas auf sich hielt, eine möglichst glorreiche Vergangenheit vorzeigen wollte, erfanden die Sienesen eine noble Gründungslegende. Danach war Siena von Ascius und Senius, Söhnen des Remus, gegründet worden, die sich mit ihrem Onkel Romulus verkracht hatten und in die Toscana geflohen waren. Auf diese Weise erschien Siena fast ebenso alt wie Rom und würdigsten Ursprungs – während es sich in Wirklichkeit zur Etrusker- und Römerzeit in keiner Weise hervorgetan hatte. Zur Bekräftigung der schönen Story stellten die Einwohner an vielen Stellen im Ort Standbilder der römischen Wölfin mit Romulus und Remus auf. Man kann sie heute noch sehen, z. B. vor dem Dom oder vor dem Palazzo Tolomei.

Im 13. und 14. Jh. erlebte Siena seine Blütezeit. Als Handels- und Finanzzentrum stellte es eine europäische Metropole ersten Ranges dar. Zwei Dinge bewirkten den Aufschwung der Stadt: Die Lage an der Frankenstraße, dem Verbin-

Blick auf Siena

dungsweg von Nord- und Mitteleuropa nach Rom, und die Verfügung über die Bodenschätze der nahegelegenen Colline Metallifere (Metallhügel). Dort fand man Silber. Wer Silber besaß, wurde damals – es gab noch kaum Goldmünzen – zum Kreditgeber. Siena entwickelte sich so zur Bankenstadt. Noch heute ist eine Bank – der Monte dei Paschi di Siena – größter Arbeitgeber der Stadt.

1530 endete die Unabhängigkeit Sienas. Florenz konnte mit Unterstützung Kaiser Karls V. seine alte Rivalin unterwerfen. Die Sienesen setzten sich 1552 zur Wehr und vertrieben die Okkupanten. Nicht für lange: Ab 1555 war die florentinische Herrschaft unwiderruflich. Sie endete erst 1860 mit der italienischen Einigung. Siena hat die lange Fremdherrschaft nicht vergessen – die Nachbarstadt ist noch heute unbeliebt.

Bank, Kirche, Kommunismus: Drei Seelen in einer Brust

»Es gibt drei Arten von Sienesen«, erzählen die örtlichen Fremdenführer, »solche, die beim Monte dei Paschi arbeiten, solche, die dort gearbeitet haben, und solche, die auf einen Arbeitsplatz beim Monte dei Plaschi hoffen.« Leicht übertrieben – aber die Bank Monte dei Paschi di Siena ist für die Wirtschaft der Stadt neben dem Tourismus von entscheidender Bedeutung. Wie fast alles in Siena hat sie eine lange Tradition: Sie wurde 1472 gegründet. Kein bestehendes Geldinstitut ist älter. Schon damals hatte die Stadtverwaltung ihre Finger im Spiel. Der Monte dei Paschi hatte seinerzeit gemeinnützige Funktionen und sollte den verbreiteten Wucherzinsen entgegenwir-

Der Palio – lange Spannung, kurzes Rennen

Man mag es kaum glauben. Aber Siena lebt wirklich das ganze Jahr über von und mit dem Palio. Gewiß, die eigentlichen Festtage sind eindeutig festgelegt: der 2. Juli und der 16. August. Aber kaum eine Woche vergeht ohne Feierlichkeiten, die mit dem Palio zu tun haben. Man muß sich das Palio-Interesse der Sienesen von gleicher Intensität vorstellen wie die Fußballbegeisterung hartgesottener Fans. Palio-Themen sind in Siena politische Themen und werden in Ratssitzungen behandelt!

Worum es geht: Zehn Stadtteile, die *Contrade,* kämpfen bei einem Pferderennen auf der Piazza del Campo gegeneinander. Sieben weitere Contrade müssen jeweils aussetzen: Auf der engen Bahn haben keine 17 Pferde Platz. Die Pferde werden den Stadtteilen zugelost, die Reiter hingegen – Profis, die nicht aus Siena stammen – gegen hohe Honorare und Siegesprämien verpflichtet. Den Jockeys werden zudem immense Bestechungsgelder zur Verfügung gestellt; das gehört anerkanntermaßen zum Palio-Ritual.

Doch was so einfach klingt, ist in Wahrheit ein kompliziertes Geflecht von Regeln, Traditionen, Gewohnheiten, die das Leben Sienas auch im Alltag bestimmen. Die Zugehörigkeit zur Contrada hat für die meisten Einwohner wesentliche Bedeutung. Sie besteht lebenslang; entscheidend ist der Stadtteil, in dem man geboren wurde.

Der Kern der Feierlichkeiten, das Pferderennen auf der Piazza del Campo, dauert nur rund 90 Sekunden. Dreimal wird der Platz umrundet, der dafür mit Erde bedeckt wird – jedes Jahr mit derselben; nach dem Rennen wird sie sorgfältig wieder eingesammelt und aufbewahrt. Doch Vorbereitungen und Nachfeiern verteilen sich über das ganze Jahr: Gemeinsame Essen der einzelnen Stadtteile, Umzüge in historischen Kostümen, Versammlungen. Je näher der Festtermin rückt, desto mehr häufen sich diese Veranstaltungen. Jede Contrada hat ihr eigenes Palio-Museum, in dem Siegestrophäen und sonstige Erinnerungsstücke aufbewahrt werden. Und jede hat natürlich ihre Gemeindekirche. Dort wird vor dem Rennen das Pferd vor dem Altar gesegnet ...

Trotz des großen Besucherandrangs ist der Palio im Kern ein rein sienesisches Fest geblieben. Kein Außenstehender kann die Aufregung nachvollziehen – ja, sie sich nicht einmal vorstellen –, die die meisten Sienesen in diesen Tagen ergreift. Die Arbeit bleibt liegen, nur noch der Palio zählt. Der Palio ist wie ein kollektiver Rausch, in dem Spannungen abreagiert werden und zugleich der soziale Zusammenhalt wächst.

ken. Noch heute sind die politischen Vertreter der Stadt im Aufsichtsrat vertreten, und wie vor Jahrhunderten verwendet die Bank einen Teil ihrer Gewinne für das Gemeinwohl, insbesondere für die Restaurierung von Kunstwerken. Die enge Bindung an die Stadt wird an einem kuriosen Detail deutlich: In den über ganz Italien verstreuten Filialen (immerhin gehört die Bank zu den zehn führenden Kreditinstituten des Landes) sind überall Angestellte aus Siena tätig; nach alter Gewohnheit darf nur eine Minderheit der Beschäftigten aus anderen Orten stammen.

Eine Bankenstadt, eine Stadt festgefügter Traditionen – man vermutet, Siena sei ein Hort konservativer Politik. Weit gefehlt: Seit Jahrzehnten wird die Stadt von kommunistischen, heute von linksdemokratischen Bürgermeistern regiert. Seit jeher verbanden sich in Siena Dinge, die andernorts als unvereinbar gelten: kapitalistischer Geschäftssinn, Religiosität (immerhin kommen zwei der großen italienischen Heiligen, San Bernardino und Santa Catarina, von hier!), politischer Oppositionsgeist. Der Historiker Werner Goez hat geschrieben: »Wucher und Zinsknechtschaft, Machtgier und Betrug prägten Siena ebensosehr wie mystische Versenkung, visionäre Ekstase und der Ruf zur Buße.« Scheinbare Widersprüche vereinigt Siena noch immer. Vielleicht macht gerade das seinen einzigartigen Charakter aus?

Stadtrundgang

Die bedeutendsten Sehenswürdigkeiten Sienas kann man – anders als diejenigen von Florenz – durchaus an einem Tag erkunden. Es sind große Kunstwerke darunter, doch ihre Zahl ist begrenzt. Aber Siena lohnt unbedingt einen längeren Aufenthalt. Die Atmosphäre ist so reizvoll, die unbekannten Ecken und Winkel so interessant, daß man sich nicht auf die ›Highlights‹ beschränken sollte.

Zu den Höhepunkten gehören übrigens auch die süßen Spezialitäten. Man bekommt sie in zahlreichen Pasticcerie und Bars am Wege. Der *Panforte* ist ein Mandel-Nuß-Gewürzkuchen, von dem verschiedene Sorten existieren: harte, weiche und schokoladenüberzogene ... Köstlich sind auch die *Ricciarelli* (Honig-Mandel-Plätzchen). Bekanntester Konditor der Stadt ist Danilo Nannini, noch bekannter sind seine Kinder: Rocksängerin Gianna und Formel-1-Rennfahrer Alessandro.

Das weltberühmte Zentrum Sienas bildet der *Campo,* der muschelförmige Rathausplatz. Ganz sicher zählt er zu den schönsten Plätzen der Welt, kein Sienese würde bezweifeln, daß er der schönste ist ... Auf dem abschüssigen Gelände senkt sich die rötliche Pflasterung zum Eingang des Rathauses, des *Palazzo Pubblico.* Den 102 m hohen Rathausturm kann man besteigen. Sehr empfehlenswert ist der Besuch der verschiedenen Ratssäle. Sie bergen eine Fülle von Kunstwerken, vor allem Fresken und Gemälde aus dem 14. und 15. Jh. Den Höhepunkt stellen die Fresken der »Guten und Schlechten Regierung« von Ambrogio Lorenzetti dar. Auf den kurz vor 1340 entstandenen Bildern sieht man eine lebendige anschauliche Darstellung des damaligen Siena mit vielen interessanten Details aus dem Alltagsleben.

Am *Dom* wurde rund 300 Jahre lang gebaut. Am liebsten hätten die Sienesen die größte Kirche der Welt daraus gemacht. Als der Bau fast fertig war, wollten sie ihn zum Teil eines viel größeren Projekts umwandeln; die heute sichtbare Kirche hätte dann nur als Querschiff gedient! Das gigantische Vorhaben schei-

Piazza del Campo mit Torre del Mangia

terte, nur einige ins Leere strebende Pfeiler und Wände zeugen noch von dem größenwahnsinnigen Plan.

Im Innenraum stellt der Fußboden ein Hauptwerk dar. Er ist vollständig mit Marmorbildern bedeckt, zum Teil Sgraffiti (eingeritzten Platten), zum Teil Einlegearbeiten. Bedeutende Künstler haben zwischen dem 14. und dem 16. Jh. an dem Boden gearbeitet. Beachtenswert ist auch die Kanzel von Nicola Pisano (1266–68) mit ihrem reichen Reliefschmuck und die beeindruckende Bronzestatue Johannes des Täufers von dem Renaissance-Bildhauer Donatello.

Das *Baptisterium* – die Taufkirche – steht am Hang unter der Apsis der Kathedrale; es hat einen schönen Taufbrunnen mit Reliefs mehrerer bedeutender Bildhauer, wie Donatello und Lorenzo Ghiberti. Im nahegelegenen *Dommuseum* wird das Altarbild der »Maestà« von Duccio di Buoninsegna (1308–11 entstanden) aufbewahrt. Das Marienbild hat für Siena große Bedeutung, denn seit 1260 hat sich die Stadt unter den Schutz der Madonna gestellt. In dem großen Gemälde, das einst auf dem Altar des Doms stand, wird dieses Verhältnis zur Muttergottes ausgedrückt.

Von Florenz zum Meer:
Prato, Pistoia, Lucca, Pisa

Das Ende der Idylle: Zwischen Florenz und der Küste zeigt sich die Toscana von der nüchternen Seite. Die Landschaft ist vielfach zersiedelt, kilometerweit stehen die Kleinfabriken, verstopfte Autostraßen verbinden die oft reizlosen Ortschaften. Der Großteil der Industrie konzentriert sich in diesem Gebiet; die Bevölkerungsdichte (250–300 Einwohner pro qkm) liegt höher als im Durchschnitt der Bundesrepublik Deutschland, vier- bis fünfmal so hoch wie in den Provinzen der Südtoscana! Große Landschaftseindrükke kann man hier nicht erwarten, obwohl es immer wieder auch schöne Plätze gibt, etwa im Höhenzug des Monte Albano um Vinci. Doch inmitten des Häuserbreis finden sich blendend erhaltene historische Stadtzentren voller Kunstwerke: Prato, Pistoia, Lucca und Pisa.

50 000 auf 160 000! Dann eroberte die asiatische Konkurrenz die Niedrigpreismärkte. Seither setzt Prato mehr auf Qualitätsprodukte. Mit Erfolg, die Stadt ist reich geblieben.

Schon vor über 1000 Jahren war Prato auf Textilien spezialisiert. Die ersten Dokumente über das Wollhandwerk stammen aus dem 8. Jh. Um 1300 exportierten die örtlichen Unternehmer Stoffe in große Teile Europas. Der pratesische Kaufmann Francesco di Marco Datini erfand angeblich die doppelte Buchführung. Datinis Archiv, das 1870 zufällig entdeckt wurde, ist eine wahre Goldgrube für Historiker: Es enthält nicht weniger als 15 000 Geschäftsbriefe!

Inmitten der ästhetisch eher unerfreulichen Industrievororte hat Prato eine reizvolle Altstadt bewahrt. Am *Dom* be-

Prato: Die ›Lumpenstadt‹

6 Lumpen werden im wohlhabenden Prato nicht getragen, sondern verarbeitet. Schon seit 100 Jahren, verstärkt aber seit dem Zweiten Weltkrieg, ist Prato ein Zentrum des Altkleider-Recyclings. Hunderte von Textilfabriken stehen in den Vorstädten und der näheren Umgebung. Mit der Verwandlung von Lumpen zu Jeans, Pullovern und Hemden produzierten die pratesischen Industriellen zu Billigpreisen. Der Absatz lief auf Hochtouren, die Einwohnerzahl der Stadt stieg zwischen 1950 und 1975 – vor allem durch Zuwanderer aus Süditalien – von

Dom von Prato mit Außenkanzel

findet sich eine schöne Außenkanzel der Renaissance-Bildhauer Michelozzo und Donatello; die Originale der Reliefplatten sind heute im benachbarten Dommuseum zu besichtigen. Schön sind auch die Fresken des Chors von Filippo Lippi mit der Geschichte Johannes' des Täufers. Nicht weit vom Dom erreicht man das *Kastell,* das der Stauferkaiser Friedrich II. zwischen 1237 und 1248 errichten ließ. Am Stadtrand liegen das interessante, leider nur unregelmäßig geöffnete Stoffmuseum *(Museo del tessuto)* mit Brokaten, Stickereien und Damasten aus vielen Jahrhunderten und das *Centro per l'Arte Contemporanea,* eines der wenigen Museen zeitgenössischer Kunst in der Toscana; es zeigt wechselnde Ausstellungen.

Pistoia: Versteckte Schätze

7 Pistoia wird leicht übersehen. Von der Autobahn zwischen Florenz und Lucca erblickt man zwar Türme und Kuppeln der Altstadt, aber die Anziehungskraft der bekannteren Nachbarorte lenkt ab von Pistoia. Dabei lohnt es zumindest einen Abstecher, ist aber wegen der zentralen Lage auch als Standquartier geeignet. Die Stadt lebt im sympathischen Rhythmus der Provinz. Die Statistiken behaupten, nirgendwo in Italien gebe es im Verhältnis zur Einwohnerzahl (87 000) so viele Handwerker. Ökonomisch noch bedeutsamer sind die zahlreichen Baumschulen der Umgebung. Klima und Bodenverhältnisse sind hier für das Gedeihen zahlreicher Pflanzenarten optimal. Manche Bäume wachsen, so wird behauptet, bei Pistoia bis zu 40% schneller als anderswo. Das ist wertvolles Kapital in einer Branche, in der zwischen Investition und Verkauf oft zehn bis 15 Jahre liegen. In der Nähe der Stadt

reiht sich ein ›Garden Center‹, wie es in schönem Neo-Italienisch heißt, an das andere. Pistoias Bäume werden nach ganz Europa exportiert. Unternehmer Miro Mati lobt die ausländischen Kunden. Sie achteten mehr auf Qualität. »Bei uns dagegen will halt der Stadtrat den Park eröffnen. Dafür kauft er dann einen Stamm mit vier kahlen Zweigen. Ob er binnen zwei Jahren eingeht und der Park zur Wüste wird, ist ihm ganz egal.«

Pistoia, die Baumstadt, ist auch eine Kunststadt. Wie könnte es in der Toscana anders sein? Das *Ospedale del Ceppo,* ein altes Krankenhaus, wurde zu Beginn des 16. Jh. mit Terrakotta-Reliefs in strahlenden Farben verziert. Der Anblick der Fassade mit der anschaulichen Schilderung der »sieben Werke der Barmherzigkeit« ist ungewöhnlich und einzigartig. Die Kirchen *San Bartolomeo in Pantano* und *Sant'Andrea* haben reich geschmückte Kanzeln. Interessant ist der Vergleich der romanischen Reliefs in San Bartolomeo mit den gotischen des bedeutenden Bildhauers Giovanni Pisano in Sant'Andrea.

Im romanischen *Dom* aus dem 12./13. Jh. findet sich ein bedeutendes Werk italienischer Silberschmiede: Am Altar des hl. Jakob haben zwischen 1287 und 1456 Dutzende von Künstlern gearbeitet.

Vom Domplatz gelangt man – hinter dem *Baptisterium* – in belebte Marktgassen, die einen ganz eintauchen lassen ins kulinarische und kommunikative Italien, das man hier noch unverfälscht erlebt.

Lucca: Von Mauern umgeben

8 Lucca spielt in der Toscana eine Sonderrolle. Als einzige Stadt war es nie Florenz unterworfen, sondern behielt seine Unabhängigkeit bis ins 19. Jh. Als einziger größerer Ort hat es eine christdemo-

Piazza dell'Anfiteatro in Lucca

kratische, keine linke Mehrheit. Es ist noch heute vollständig von einer Wallanlage umgeben – im wahrsten Sinn des Wortes abgeschlossen gegenüber der Umgebung.

Die Stadt ist stolz auf ihre große Geschichte. Zusammen mit Pisa war es die erste Ansiedlung der Region, die durch den Handel reich wurde. Bereits 1080, also 100 Jahre früher als in Florenz und Siena, entstand hier eine kommunale Selbstverwaltung der Kaufleute. Neben dem Bankwesen und dem Handel mit Edelmetallen war Luccas Spezialität die Herstellung kostbarer Stoffe, vor allem von Seide und Goldbrokat. Die kunstvollen Gewebe, die von den örtlichen Handwerkern im Mittelalter hergestellt wurden, sind heute in vielen europäischen Museen zu sehen – unter anderem in Hamburg, Berlin, Nürnberg. Als Florenz ab dem 14. Jh. die Toscana unterwarf, konnte Lucca als einzige Stadt widerstehen. Es wurde bis 1805 in aufgeklärter Atmosphäre von einer Oberschicht rei-

cher Aristokraten regiert. Vorübergehend faßte – fast einzigartig in Italien – sogar der Protestantismus Fuß, so groß war die Toleranz. Das aber ging dem Papst und den Nachbarstaaten zu weit. Durch diplomatischen Druck erreichten sie, daß »ketzerische Praktiken« auch im liberalen Lucca verboten wurden.

Durch die Innenstadt zu bummeln, ist ein reiner Genuß. Der Lebensrhythmus ist ruhig, die Autos bleiben weitgehend ausgesperrt, zahlreiche sympathische Geschäfte, Bars und Trattorien fordern zum Verweilen auf. Man ißt vorzüglich, zum Beispiel bei *Giulio in Pelleria,* wo oft Schlangen von Einheimischen auf Einlaß warten. Beim Touristenbüro an der Piazza Verdi kann man Fahrräder ausleihen und die schöne, 4 km lange Genußtour auf den baumbestandenen Wällen rund um die Altstadt unternehmen. Das *Antico Caffè delle Mura* lädt unterwegs zum Cappuccino ein. Noch schöner ist allerdings das klassische Kaffeehaus *Di Simo* in der Via Fillungo 58. Hier trafen sich

Künstler und Risorgimento-Revolutionä-re, die Anhänger der nationalen Einigung Italiens. Eine Gedenktafel berichtet: Salvatore Quasimodo und Giuseppe Ungaretti saßen hier, die großen Lyriker des 20. Jh., daneben viele andere Musiker und Schriftsteller.

Die *Via Fillungo* mit ihren zahlreichen, zum Teil noch altmodischen Läden durchzieht die Altstadt. Sie führt zu zwei der wichtigsten Sehenswürdigkeiten. Die Kirche *San Frediano* zeigt an der Fassade ein mittelalterliches Mosaik; im schönen Innenraum stehen zahlreiche antike Säulen. Sie stammen vielleicht vom nahegelegenen Amphitheater. Auf dessen Grundmauern erhebt sich heute die *Piazza dell'Anfiteatro*. Sie bewahrt genau die ovale Form des römischen Baus und bietet mit ihren hübschen kleinen Häusern einen reizvollen Anblick.

San Michele in Foro und der *Dom San Martino* entstanden als Konkurrenzkirchen. Dem bischöflichen Dom setzten die reichen Bürger mit San Michele ein Gegenstück. Die Fassaden beider Bauten sind mit schönen Steinmetzarbeiten geschmückt; man hat gesagt, hier sei die lucchesische Kunst der Seidenweberei ins Mauerwerk der Kirchen übertragen worden. Im Dom steht das hölzerne Kruzifix *Volto Santo,* einst eine berühmte Reliquie, zu der Tausende von Gläubigen pilgerten. Bemerkenswert sind auch die romanische Skulptur des heiligen Martin am Eingang und das Grabmal der Ilaria del Carretto von Jacopo della Quercia aus dem frühen 14. Jh.

Pisa: Nicht nur Schiefer Turm

9 Kaum glaublich, aber wahr: Der Schiefe Turm hat Pisa vor dem Tourismus gerettet. Gewiß, an der *Piazza dei Mira-coli* mit dem Dom und dem berühmten Campanile drängen sich Andenkenstände und Besucher. Doch der ›Platz der Wunder‹ liegt am Stadtrand, die zugehörigen Parkplätze sind gleich daneben, da bietet sich die Halbstunden-Visite an…
Das Zentrum der alten Universitätsstadt dagegen, das nicht mit besternten Attraktionen aufwarten kann, ist nahezu touristenfrei. Dabei findet man hier alles, was eine italienische Stadt reizvoll macht: elegante Läden, Bars und Trattorien, reges Straßenleben, alte Cafés und ein traumhaftes Marktviertel. Also: nicht nur zum Schiefen Turm! Pisa bietet mehr und will in Ruhe erkundet werden.

Dennoch führt der erste Gang vermutlich zum *Domplatz*. Vorsicht, wenn Sie mit den Auto anreisen: Nirgendwo in der Toscana, nicht einmal in Florenz, sind die Autoknacker so aktiv wie hier. Selbst auf dem bewachten Parkplatz genießt man nur begrenzte Sicherheit. Lassen Sie möglichst kein Gepäck sichtbar im Auto liegen, und nehmen Sie alle Wertsachen mit!

Der berühmte *Schiefe Turm* ist der Glockenturm der Kathedrale. Mit dem Bau wurde 1173 begonnen. Als man beim dritten Geschoß angelangt war, begann der Campanile, sich zu neigen. Die Ursache: Der Untergrund besteht aus Schwemmland und ist von vielen Wasseradern durchzogen. Die Architekten unterbrachen zunächst die Arbeiten. Erst 100 Jahre später wagte Giovanni di Simone, die Konstruktion fortzuführen. Er versuchte, gegen die Schrägneigung anzubauen. Mit Erfolg: Immerhin steht der Turm noch nach 700 Jahren, obwohl die Abweichung von der Vertikalen mittlerweile 4,86 m beträgt. Eine Expertenkommission kam allerdings 1989 überraschend zu der Auffassung, der Campanile sei akut einsturzgefährdet. Seither dürfen Besucher ihn nicht mehr bestei-

Pisa, Arno mit Santa Maria della Spina

gen; umfangreiche Restaurierungsmaß-
nahmen wurden begonnen.

Der *Dom* ist 100 Jahre älter als der
Turm. 1064 wurde der Bau unter der Lei-
tung des griechischen Architekten Buscheto begonnen. Buscheto schuf ein
ungewöhnliches Werk, das sich grundlegend von der damals vorherrschenden
romanischen Formensprache abhebt.
Arabische Einflüsse werden spürbar, vor
allem in den Streifenornamenten, die
bald überall in der Toscana nachgeahmt
wurden. Herrlich ist der Säulenwald des
fünfschiffigen Innenraums. Als künstleri-
sches Hauptwerk der Kirche gilt die figu-
renreiche Kanzel des gotischen Bildhauers Giovanni Pisano; die ausdrucksstarken Reliefs wurden von vielen späteren
Künstlern, darunter Michelangelo, einge-
hend studiert.

Gegenüber vom Dom steht das *Baptisterium.* Es zeigt sowohl romanische als
auch gotische Stilelemente. Die Akustik
des Bauwerks ist beeindruckend; gegen
ein Trinkgeld demonstrieren die Kustoden überraschende Echo- und Hall-Ef-
fekte. Wie im Dom, so nimmt auch im
Baptisterium eine Kanzel die Aufmerksamkeit gefangen. Sie stammt von Nicola Pisano, dem Vater des Bildhauers der
Dom-Kanzel und entstand um 1260.

Der vierte bedeutende Bau am Domplatz ist der *Camposanto.* In dem ummau-
erten Friedhof ist heute ein Museum untergebracht, das vor allem mittelalterliche Fresken und Skulpturen zeigt.

Das Stadtzentrum erreicht man vom
Domplatz zu Fuß in knapp 15 Minuten.
Die interessantesten Straßenzüge befin-
den sich in der Nähe des Arno zwischen
Piazza Dante, Piazza Cavalieri, Piazza
San Francesco und dem Fluß sowie am
Südufer südlich des Ponte di Mezzo. Be-
sonders lohnend ist der Besuch des
Marktviertels in den Gassen um die Piaz-
za Vettovaglie. Während des Markttrei-

Wenn das nur gut geht –
Die Begradigung des Schiefen Turms

Rund 8000 Projekte, den Schiefen Turm von Pisa vor dem Einsturz zu retten, sind im Lauf seines langen Lebens bekannt geworden. Allein in unserem Jahrhundert haben 14 Wissenschaftler-Kommissionen darüber gegrübelt, wie dem weltberühmten Bauwerk aufzuhelfen sei. Doch jedesmal, wenn Maßnahmen ergriffen wurden, gingen sie im wahrsten Sinn des Wortes ›schief‹. Schon vor rund 150 Jahren erreichte der unglückselige Architekt Gherardesca mit gutgemeinten Stabilisierungsversuchen das Gegenteil des Gewünschten. Er legte den Turmsockel frei und versah ihn mit einem Marmorumgang; aus dem Boden quollen aber unerwartet große Wassermengen, und die Neigung des Turms verstärkte sich. 1935 injizierte man Zement in die Fundamente, 1966 wurden Bohrungen im Baugrund durchgeführt – beide Male stand der Turm hinterher schiefer als zuvor. »Finger weg vom Schiefen Turm«, meinen daher viele Experten, und der Maurer Ernesto Tanagnini, der seit 30 Jahren das Monument bewacht, erklärt: »Dem Turm geht's gut. Wenn man nicht zu viel mit ihm experimentiert, bleibt er stehen.«

Seit 1992 wird trotz solcher Ratschläge zum ersten Mal in seiner gut 800jährigen Geschichte direkt am Turm herumoperiert. Anfang 1990 wurde er wegen Einsturzgefahr für Besucher geschlossen; jetzt möchte man ihn etwas aufrichten und die Fundamente sichern. In einem ersten Schritt erhielt das untere Stockwerk des Baus eine Umhüllung aus 18 massiven Stahlkabeln. Anschließend wurde an der Nordseite des Turms ein Gewicht von 600 Tonnen Blei befestigt. Durch kontrollierte Wasserentnahme im Untergrund und die damit verbundenen Erdbewegungen soll die Neigung von gut 5 Grad um 20 Prozent verringert werden. Universitäts-Institute in Italien, den USA, Großbritannien und Deutschland beschäftigen sich mit den mathematischen Modellen für die komplizierte Operation.

Ob das alles wohl gutgeht? Selbst der Vorsitzende der zuständigen Experten-Kommission gesteht ein: »Wir sind uns im Klaren darüber, daß wir nichts Genaues wissen.« Ein deutsches Mitglied der Gruppe, der Stuttgarter Ingenieur Fritz Leonhardt, meint, der gegenwärtige Kenntnisstand sei viel zu gering für das Stabilisierungsprojekt. Und der Pisaner Professor Piero Pierotti hat anläßlich der geplanten Maßnahmen gar ein Pamphlet geschrieben mit dem Titel »Wie man den schiefen Turm zum Einsturz bringt.« Pierotti sieht das Risiko, daß die Stahlkabel den Turm nicht sichern, sondern auf die Dauer seinen inneren Hohlraum eindrücken. Der Druck des Bleigewichts auf die Fundamente und das Erdreich der

Umgebung sei nicht berechnet worden, die geplante Wasserentnahme unter dem Turm vollends riskant. »Ein schlechtes Projekt«, sagt Pierotti, »aus der Feder von Ingenieuren, die viel Geld ausgeben wollten.«

Viel Geld steht für die Rettung des Turms in der Tat zur Verfügung. Daß sich die Kommissionsmitglieder davon zunächst einmal selbst jeweils zwischen 65 000 und 100 000 DM für 26 Sitzungstage genehmigten, macht sie in der italienischen Öffentlichkeit nicht populärer. Man fragt sich auch, warum eine halbe Million DM für eine »historisch-kunstgeschichtliche Analyse« des längst erschöpfend beschriebenen Bauwerks lockergemacht wurde und fast ebensoviel für die »fotografische Erfassung«des Monuments. Die Stimmen wollen nicht leise werden, die in den geplanten aufwendigen Operationen vor allem das Geschäftsinteresse von Spezialfirmen sehen; immerhin

beträgt das Auftragsvolumen rund 150 Millionen DM.

Zugegeben: einen wirklich überzeugenden Vorschlag zur Rettung des Schiefen Turms gibt es nicht. Zwar gehen in Pisa täglich Projekte von Kennern und Liebhabern aus aller Welt ein. Da heißt es dann etwa, man solle den Turm mit Hilfe von Gasballons oder Kranhubschraubern im Gleichgewicht halten, man möge ihm einen Stützbau ansetzen – zum Beispiel einen zweiten Turm, eine Freitreppe oder ein Hotel, man solle ihn mit Stahltrossen vertäuen wie ein schwankendes Schiff. Ernsthafter ist die – inzwischen auch von führenden Wissenschaftlern vertretene – Idee, den Turm gänzlich abzubauen, die Fundamente zu erneuern und ihn dann Stein für Stein wieder zu errichten. Dabei müßte dann allerdings eine leichte Schräglage von vornherein eingeplant werden, um die Tourismus-Industrie von Pisa nicht zu ruinieren ...

bens am Vormittag geben Gedränge, Geschrei, Gerüche ihm einen orientalischen Einschlag – einen Hauch von Marrakesch. Die Straße *Borgo Stretto* mit ihren hübschen Bogengängen ist dicht von Läden gesäumt. Die *Piazza dei Cavalieri*, einst Hauptplatz Pisas im Universitätsviertel, liegt heute meist ruhig da; im *Palazzo dei Cavalieri* befindet sich die 1810 von Napoleon gegründete Elite-Hochschule Scuola Normale Superiore. Zahlreiche Persönlichkeiten der italienischen Geschichte haben in Pisa studiert oder gelehrt; die berühmteste unter ihnen war Galileo Galilei. Im 19. Jh. trafen sich die Studenten – vor allem die Anhänger der italienischen Einigungsbewegung – im noch heute bestehenden *Caffè dell'Ussero* am Lungarno Pacinotti. Leider wurde die historische Einrichtung teilweise ungeschickt modernisiert. Ganz in der Nähe befindet sich der kulinarische Tempel Pisas, die vorzügliche *Enoteca Sergio* an der Piazza Garibaldi.

Valdichiana: Von Arezzo nach Cortona

Die breite Ebene der Valdichiana im Osten der Toscana nimmt die Verkehrsströme zwischen Florenz und Rom auf. Die Autostrada del Sole sowie gleich drei Bahntrassen führen hier entlang. Am Rand des Tals liegen reizvolle Städte: Arezzo Cortona, Montepulciano, Lucignano, Monte San Savino, Chiusi. Die allgegenwärtige Silhouette der Hügel und Berge sowie der – bereits zu Umbrien gehörende – Trasimenische See setzen die stärksten Landschaftsakzente.

Arezzo: Goldstaub, Kunst, Antiquitäten

10 Wichtigster Industriezweig der Provinz Arezzo ist die Produktion von Goldschmuck. Der älteste unter den mehr als 800 Juwelier-Betrieben der Gegend, *Uno A Erre,* rühmt sich, er sei der größte Schmuckproduzent der Welt. Seine 850 Beschäftigten verarbeiten jährlich 30 Tonnen Gold. Rund 7000 Menschen sind in Arezzo und Umgebung bei der Herstellung von Ohrringen, Ketten, Armbändern und Ringen tätig. Allein die Wiederverwendung des anfallenden Goldstaubs bringt den Unternehmen jährlich viele Milliarden Lire.

Goldbeschichtungs-Techniken aus Arezzo wurden von der amerikanischen Raumfahrt-Behörde übernommen. Auch Roboter, elektronische Detektoren, Warnanlagen und Sicherheitsschleusen werden in Arezzo produziert. Die Stadt ist wohlhabend, stellt aber ihren Reichtum nicht demonstrativ zur Schau. Man kann im Zentrum ausgezeichnet einkaufen, das Angebot ist vorzüglich, doch spürt man bei allem Wohlstand noch etwas von jener Provinzmentalität, die mit den Füßen auf dem Boden bleibt.

Am ersten Wochenende jeden Monats allerdings herrscht in Arezzo Trubel. Die Plätze und Gassen der Stadt füllen sich beim größten Antiquitätenmarkt Italiens mit zahllosen Dingen, die Sammlerherzen höher schlagen lassen. Hunderte von Händlern und Tausende von Besuchern unternehmen die Fahrt zum *Merca-*

to dell'Antiquariato, der – damals eine Neuigkeit in Italien – 1968 erstmals stattfand. Die Reise lohnt: Von verrosteten Kuhglocken bis zu sorgfältig restaurierten Barockgemälden ist die gesamte Spannweite der antichità vertreten. Unvergleichlich ist das Ambiente des Marktes: Trödel und Kunst in winkligen Gassen, alte Radios unter mittelalterlichen Torbögen, rustikale Tische an Renaissancetreppen. Die 500jährige Madonna am Palazzo della Fraternità dei Laici hat gewiß schon viele merkwürdige Bilder gesehen, aber daß sich zu ihren Füßen einmal die Buddhas und vergoldeten Hirsche eines Asienantiquars breitmachen würden, ist erst in diesen Jahren möglich geworden. Und nebendran stehen ein Gips-Goethe, eine Venus von Milo, ein Ölkrug »original 15. Jahrhundert«, Stofftiere, ausgediente Käsereiben, Holzengel und gläsernes Obst, Bauernmöbel und Musikinstrumente, Türgriffe, Münzen, Spazierstöcke, Hüte, Spielzeug, Regenschirme, Uhren – es ist einfach alles da … Der Markt nimmt den gesamten Hauptplatz der Stadt, die Piazza Grande, ein, erstreckt sich aber auch in die Seitengassen und selbst in Innenhöfe und Treppenaufgänge.

Von der Vielfalt der Dinge kann man sich im Caffè dei Costanti an der Piazza San Francesco erholen, einem schönen, im Stil des 19. Jh.s restaurierten Kaffeehauses mit dem Flair provinzieller Bürgerlichkeit. An den Wänden hängen Reliefs der zahlreichen berühmten Söhne der Stadt: Gaius Maecenas (d'Arezzo), das Urbild aller Mäzene; Guido Monaco, der im 11. Jh. die Notenschrift erfand; Francesco Petrarca, der Dichter unerfüllter Liebe; Pietro Aretino, vor dessen polemischer Feder die Großen der Renaissancezeit zitterten.

Gegenüber vom Caffè dei Costanti befinden sich in der Kirche San Francesco

Arezzos bedeutendste Kunstwerke: die Fresken der »Legende vom heiligen Kreuz« von Piero della Francesca. Pieros großartige Bilder schildern mit dem Realismus der Renaissance bewegte, drama-

Arezzo, Piazza Grande

tische, auch grausame Szenen. Zugleich aber strahlen sie eine meditative Ruhe aus, die in der europäischen Kunst kaum ihresgleichen hat.

Ein sehenswertes Gotteshaus ist auch die Pieve di Santa Maria. Der hohe romanische Bau mit der ungewöhnlichen Fassade – sie wird wegen der zahlreichen Bogenreihen die »Fassade der hundert Löcher« genannt – birgt schöne mittelalterliche Reliefs und ein großes Tafelbild der »Madonna mit Heiligen« des sienesischen Malers Pietro Lorenzetti.

In der dritten bedeutenden Kirche der Stadt, dem gotischen Dom, findet sich nochmals ein Gemälde von Piero della Francesca: »Die heilige Magdalena« (links von Hauptaltar).

Im Apennin: Ausflüge von Arezzo aus

Der toscanische Apennin wird nur wenig besucht. Dabei bietet er interessante Sehenswürdigkeiten. **Bibbiena** und **Poppi** sind ruhige Kleinstädte nördlich von Arezzo, abseits allen touristischen Trubels. Nicht weit entfernt liegt das Kloster **La Verna,** wo nach der Überlieferung der heilige Franziskus die Wundmale empfing. In **Caprese Michelangelo** wurde

Sicht überblickt man von hier große Teile der südlichen Toscana. Auf der anderen Seite der Ebene erhebt sich dominierend das vulkanische Massiv des Monte Amiata über dem Hügelland. Nach Süden hin wird ein Zipfel des Trasimenischen Sees

Michelangelo geboren; ein kleines Museum zeigt Kopien und Fotografien seiner Werke. Das Städtchen **Anghiari** hat einen gut erhaltenen mittelalterlichen Ortskern mit steingepflasterten Gassen, Treppenwegen, Torbögen, kleinen Gärten. In der ehemaligen Schule von **Monterchi** befindet sich das Fresko *Madonna del Parto* von Piero della Francesca. Das eindrucksvolle Renaissance-Bild zeigt ein höchst ungewöhnliches Motiv: eine schwangere Madonna. Lange Zeit wurde es von den Bauern der Umgebung als Fruchtbarkeit spendendes Gnadenbild verehrt.

Cortona: Das Ambiente ist alles

11 Die wunderbar erhaltene mittelalterliche Kleinstadt Cortona liegt auf halber Höhe über dem Chiana-Tal. Bei klarer

sichtbar. Die Neubauten sind in die Ebene, in den modernen Stadtteil Camucia, verbannt. So konnte Cortona sein mittelalterliches Flair vollständig bewahren.

Atmosphäre ist (fast) alles in diesem Städtchen mit großer Vergangenheit. Cortona war ein bedeutendes Zentrum der Etrusker. Das *Archäologische Museum* zeigt einen einzigartigen Fund aus dieser Epoche: einen Bronzeleuchter mit Musikanten-Reliefs. Er stammt aus dem 5. Jh. v. Chr. Das nahegelegene *Diözesanmuseum* besitzt interessante Bilder der Maler Pietro Lorenzetti, Fra Angelico und Luca Signorelli. Trotz solcher Schätze sind es aber nicht die Museen, die in Cortona am meisten faszinieren. Vielmehr spricht vor allem das Ambiente an; am schönsten sind ziellose Gänge durch die steilen Gassen und Treppenwege, bei denen man immer wieder herrliche Panoramen genießt.

Toscana am Meer:
Die Küste und die Inseln

Die toscanische Küste zählt nicht zu den Stars unter Italiens Ufern. Allerdings auch nicht zu den Aschenbrödeln. Mit der strahlenden Schönheit der ligurischen Riviera di Levante oder der amalfitanischen Küste kann sie sich nicht messen, doch im Vergleich zur verbauten und verschmutzten Adria steht sie blendend da. Zu Tode urbanisiert wurde nur die **Versilia** im Norden, einst bevorzugtes Ferienziel von Künstlern und Wohlhabenden aus ganz Europa. Vor dem eindrucksvollen Hintergrund der markant geformten Apuanischen Alpen erstreckt sich zwischen Marina di Carrara und Viareggio über 30 km eine einzige anonyme Badestadt, in der Luxushotels und Spielcasinos das freudlose Bild nicht aufheitern können.

Im südlich angrenzenden Naturschutzgebiet von **Migliarino** und der **Tenuta di San Rossore** auf der Höhe von Pisa haben sich die letzten Reste der einstigen Lagunenlandschaft erhalten. Hinter **Livorno,** der zweitgrößten und wohl häßlichsten toscanischen Stadt, erstreckt sich bis Castiglioncello eine reizvolle, allerdings vom Lärm der Uferstraße beschallte Felsküste. Auf den nächsten 50 km ist die Küste flach. Ein Gürtel aus Pinienwald und Macchia trennt schöne Sandstrände – die allerdings nicht überall zugänglich sind – von Bahnlinie und Straße. Am Vorgebirge von Piombino gelangt man zum hübschen **Golf von Baratti,** einer geschützten Bucht in unmittelbarer Nähe der etruskischen Nekropole Populonia.

Weiter südlich finden sich reizvolle Strände bei **Punta Ala.** Die Landschaft wird abwechslungsreicher. Einen Höhepunkt bildet der **Naturpark der Maremma** bei Grosseto. Hier kann man die Küstenregion noch in nahezu ursprünglichem Zustand erleben. Der Park ist fast vollständig mit Macchia, dem mittelmeerischen Buschwald, bewachsen. Nur das einsam gelegene Kloster San Rabano und einige Wachtürme zeugen von menschlicher Besiedlung. Markierte Wanderwege durchqueren das Gelände. Zum Schutz der reichen Tierwelt (fast 150 Vogelarten, darunter Fischadler, Reiher, Regenpfeifer, Wasserhühner, dazu Füchse, Wildkatzen, Marder, Wiesel, Wild- und Stachelschweine) ist der Zugang reglementiert: Besucher werden nur mittwochs, samstags und sonntags eingelassen; in der Hochsaison (15. 6. bis 30. 9.) muß man sich geführten Rundgängen anschließen.

Vom Naturpark sieht man den **Monte Argentario** aufragen, mit 635 m die höchste Erhebung am toscanischen Ufer. Die einstige Insel ist heute durch drei Dämme mit dem Festland verbunden. An ihren Steilküsten liegen unter dichtem, allerdings durch Brände beschädigtem Buschwald die hübschen Ortschaften **Porto Santo Stefano** und **Porto Ercole.** Der erbitterte Kampf von Susanna Agnelli, der Schwester des mächtigen Fiat-Chefs, gegen die Bauspekulation brachte den Monte Argentario jahrelang in die Schlagzeilen italienischer Zeitungen. Als Bürgermeisterin von Porto Ercole erzielte Signora Agnelli immerhin einen halben Erfolg: Am Argentario wurden Neubauten nicht so rücksichtslos in die Landschaft gestellt wie anderswo, sondern passen sich vergleichsweise gut an.

An der Küste der Maremma

Isola del Giglio:
Das Goldstück

Zugegeben: Im Hochsommer ist die kleine ›Lilieninsel‹, die man in einer Stunde von Porto Santo Stefano erreicht, völlig überlaufen. Und außerhalb der Saison ist hier nichts los. Was kann man auf einer Insel mit drei winzigen Dörfern und gerade 10 km Straße schon erleben?

Man erlebt etwas Seltenes: das Meer. Die Gerüche des Meeres, die Geräusche des Meeres. Wind, der die starken Aromen des Buschwalds mit den salzigen Parfums des Wassers mixt. Strände ohne Geschrei – und ohne Reklametafeln. Sauberes Wasser. Das Meer eben und nicht jenes verdreckte, von Imbißbuden und Appartementhäusern gesäumte Surrogat, das ahnungslosen Kunden von Reisemanagern üblicherweise als ›Meer‹ verkauft wird, nur weil es aus viel Wasser und ein wenig Strand besteht.

Viel mehr ist nicht zu sehen. Im Hafenort *Giglio Porto* drängen sich ein paar farbige Häuser an einer Bucht. *Giglio Ca-* *stello* auf der Höhe hat ein hübsches verwinkeltes Ortszentrum. *Campese* ist ein reiner Ferienort, allerdings in erträglichen Dimensionen. Der jahrhundertealte Weinbau auf der Insel wurde in den letzten Jahrzehnten aufgegeben. Langsam überwuchern Pinien, Eukalyptusbäume, Palmen und Macchia die mühselig angelegten Rebterrassen. Auf der bergigen Insel kann man schöne Fußwanderungen unternehmen. Vor allem aber, immer wieder, sich am Meer freuen, das man in dieser Weise am Festland nicht mehr findet.

Elba: Napoleon und andere Gäste

Napoleon kam gezwungenermaßen nach Elba: 1814 wurde der abgesetzte Kaiser als Verbannter auf die toscanische Insel geschickt. Er lebte dort nicht schlecht: Seine Residenz in Portoferraio und der 6 km entfernte Landsitz *Villa Na-* *poleonica* waren für damalige Verhältnisse Luxusunterkünfte. Beide Villen sind heute als Gedenkstätten eingerichtet und können besichtigt werden.

Heute fahren jährlich zwei Millionen Reisende nach Elba. Sonne und Strände, immer noch sauberes Wasser und schöne Landschaften locken Italiener wie Ausländer gleichermaßen. Trotz des Tourismus hat man auf Elba – jedenfalls außerhalb der Hochsaison – keineswegs das leidige Gefühl, in einen Freizeitpark zu geraten. Die Ufer sind nur stellenweise und dazu meist recht diskret für das Reisebusiness hergerichtet. Die Landschaftszersiedlung hält sich in Grenzen. Im bergigen Binnenland verlieren sich ohnehin die Spuren des sommerlichen Massentourismus. Auch ökonomisch sind die 30 000 Einwohner nicht nur von den Urlaubern abhängig. Der traditionell betriebene Erzabbau, Landwirtschaft und Fischfang haben nach wie vor Bedeutung.

Portoferraio ist der Hauptort der Insel; hier trifft auch die Mehrzahl der Fähren (am günstigsten von Piombino) ein. Das typisch mediterrane Hafenstädtchen wird von der Medici-Festung überragt, in der sich Napoleon 1814 seine Residenz einrichten ließ. **Marciana Marina** ist ein besonders beliebter Badeort – worunter allerdings das Eigenleben ein wenig leidet.

Viel uriger wirken die oberhalb gelegenen hübschen Bergdörfer **Poggio** und **Marciana** innerhalb ausgedehnter Edelkastanienwälder. Von Marciana kann man die schönste Inselwanderung unternehmen: in rund vier Stunden über das Kloster Madonna del Monte nach Chiessi oder Pomonte. Traumhaft vor allem im Mai/Juni, wenn die Zistrosen und andere Macchia-Pflanzen blühen und die Hänge über dem Meer in allen Farben erstrahlen! (Markierter Weg, Rückfahrt mit dem Linienbus möglich.)

Die Westküste der Insel wird wenig besucht und hat kaum Hotels. Gerade deshalb bietet sie stärker als die anderen

Porto Azzurro auf Elba

Gebiete noch den Reiz des Unerschlossenen. Zudem ist die Landschaft hier ausgesprochen reizvoll: zum Teil steile Felsküste, zum Teil Strände. **Marina di Campo** ist wieder ein reiner Badeort. An der Südküste folgen ausgedehnte Sandstrände, vor allem bei **Lacona.** Im Westen liegen die alten Bergwerksorte **Capolíveri** und **Rio nell'Elba** im Binnenland; unter den Küstendörfern ist das hübsche **Porto Azzurro** bei Badeurlaubern besonders beliebt.

Südtoscana: Der Reiz des Unbekannten

Florenz, Pisa, Siena, Lucca: Davon hat jeder gehört. Massa Marittima, Pienza, Pitigliano, Sovana: Das ist die ›Toscana minore‹, die unbekannte Toscana abseits der großen Reiserouten. Gewiß, auch hier ist man auf Touristen eingestellt. Völlig unentdeckte Geheimtips gibt es in der Toscana heute nicht mehr. Aber der Unterschied zwischen der Südtoscana und den bekannteren Zentren des Nordens ist dennoch bemerkenswert. Südlich der Linie Cecina–Siena–Arezzo gibt es kaum noch größere Städte; Grosseto mit seinen 70 000 Einwohnern stellt da schon eine Metropole dar. Das Land ist dünn besiedelt und fast rein agrarisch geprägt. Die weite Landschaft begeistert mit ihrer Folge von Bildern unzerstörter Natur. Von den weiten Hügeln der Maremma zu den Tuffschluchten bei Sovana, vom vulkanischen Massiv des Monte Amiata zur kargen Erosionslandschaft der Crete Senesi wechseln die Eindrücke. Die kleinen Orte bergen oft bemerkenswerte Kunstschätze. Man speist ausgezeichnet und gelangt, etwa bei Montalcino und Montepulciano, in einige der prestigeträchtigsten Weinbaugebiete Italiens. Hier gibt es noch, nicht einmal selten, Dörfer, in denen die Haustüren nicht verschlossen werden. Wozu auch? Die Einheimischen kennen sich, Fremde sind selten und die Straßen zu kurvig für schnelle Diebesfluchten ...

In den Crete Senesi

Massa Marittima:
Mittelalterliches Kleinod

Fährt man von Siena nach Südwesten, so gelangt man nach 35 km zunächst zur beeindruckenden gotischen Kirchenruine und dem benachbarten romanischen Oratorium **San Galgano.** Wie ein Monument der Vergänglichkeit erheben sich die großen Mauern der ehemaligen Zisterzienserkirche aus der Landschaft. Das Dach der Kirche ist eingestürzt, der Boden von Gras überwuchert. Der gewaltige Innenraum mit seinen Säulen und Spitzbogenfenstern, in den das Licht ungehindert von oben einströmt, erinnert eher an einen Tempel als an eine Kathedrale.

Massa Marittima 12 dagegen, das noch einmal 30 km weiter südwestlich liegt, ist trotz einer langen Geschichte ganz intakt. Die *Piazza Garibaldi,* das Zentrum der Altstadt, wird durch ein reizvolles Ensemble mittelalterlicher Bauten geprägt. Die beiden Rathäuser *Palazzo del Podestà* und *Palazzo Comunale* stammen aus der Zeit, als Massa eine selbständige Stadtrepublik darstellte. Den Prunkbau aber bildet der prachtvolle *Dom* aus dem 13. Jh. Die Fassade mit ihren zahlreichen Bögen, Säulen und Skulpturen wirkt fein gearbeitet wie ein Gewebe. Im Innenraum finden sich eindrucksvolle romanische Reliefs, ein reich geschmückter Taufbrunnen und das mit interessanten Steinmetzarbeiten geschmückte Grabmal des heiligen Cerbone von 1324.

Über die *Via Moncini* erreicht man die auch *Città Nuova* (Neustadt) genannte Oberstadt. Italienische Geschichtsmaßstäbe: Die ›Neustadt‹ ist rund 700 Jahre alt! Massa selbst aber entstand vermutlich bereits zu Etruskerzeiten. Es ist ein altes Zentrum des Bergbaus am Rand der *Colline Metallifere,* der ›Metallhügel‹. 1985 wurde die letzte Zeche geschlos-

Blick auf Massa Marittima

sen – damit endete die über 2000jährige Tradition des Erzabbaus. Im *Museo della Miniera,* das in einem Bergwerksschacht eingerichtet wurde, kann man sich einen Überblick über die einst gebräuchlichen Werkzeuge und Maschinen sowie über die lokalen Gesteinsarten verschaffen.

Im Hügelmeer der
Crete Senesi

Südlich von Siena verändert sich die Landschaft der Toscana. Sie wird rauher, karger, nackter. Das Land ist nicht mehr gleichmäßig mit Ölbäumen und Weinstöcken bepflanzt. Über weite Strecken sieht man kaum einen Baum. Getreidefelder und Schafweiden bedecken das Land. Wie Wellen eines erstarrten Meeres ziehen sich die Hügel hin. Eine Landschaft graphischer Akzente: Jedes Haus, jede einzelne Zypresse auf einem Hügelrücken hebt sich klar von der Umgebung ab. Gelegentlich auftauchende Schluchten, von Regen und Erdrutschen gebildet, graben sich wie Wunden ins Land ein. Lange Zeit wurde die Gegend vom Tourismus völlig ignoriert. Erst seit den 80er Jahren sind auch Orte wie Pienza, Montepulciano und Montalcino bei den Reisenden etwas bekannter geworden. Der Andrang hält sich allerdings in Grenzen; mit dem Betrieb in Siena oder San Gimignano läßt er sich nicht vergleichen.

Montalcino 🔟🔢 ist vor allem unter Weinkennern bekannt. In der Umgebung des Hügelstädtchens gedeiht der *Brunello,* einer der renommiertesten und teuersten Rotweine Italiens. Die hohen Preise des Prestige-Getränks haben auswärti-

Fiaschetteria in Montalcino

ge Investoren angelockt. Binnen 20 Jahren wurde die Anbaufläche ums Zwölffache (!) vergrößert, die Zahl der Winzer stieg zwischen 1967 und 1986 von 37 auf 127. Der Qualität hat diese Entwicklung nicht immer gut getan; neben exzellenten Gewächsen entsteht um Montalci-

no heute auch viel Durchschnittsware. Zudem sind die Brunelli, im Vergleich zu anderen toscanischen Weinen, überteuert. Die hohen Preise umgeht man mit dem *Rosso di Montalcino,* einem exzellenten Tischwein, der aus den gleichen Trauben und Lagen stammt wie sein berühmter großer Bruder, aber nicht so lange im Faß ausreift.

Wie häufig in Weinorten, ißt man in Montalcino vorzüglich, beispielsweise in der originellen *Cucina da Edgardo.* Von dem hochgelegenen Ort (567 m) genießt man herliche Blicke über die Hügellandschaft der Crete. Dicht drängen sich die mittelalterlichen Häuser aneinander, schlanke Türme ragen darüber hinaus. Man sieht, daß Montalcino jahrhundertelang zur Republik Siena gehörte: Die grazilen Kirchtürme, der Turm des Palazzo Pubblico wiederholen sienesische Bauformen. Über der Stadt zeichnen sich die Konturen der 600jährigen Festung gegen den Himmel ab. Hier fanden die letzten Freiheitskämpfer Sienas Zuflucht, nachdem die Stadt 1552 von Florenz unterworfen wurde.

Auch die Cafés von Montalcino können sich sehen lassen. Die *Fiaschetteria, Cantina del Brunello* zählt sicher zu den schönsten Bars und Weinstuben der Toscana. Roter Plüsch und große Spiegel haben bereits mehr als ein Jahrhundert überdauert – das Lokal wurde 1880 gegründet. Das Nostalgie-Ambiente stellt einen Hauptanziehungspunkt für Montalcino-Reisende dar. Ein paar Schritte weiter bietet die weniger bekannte *Bar Mariuccia* einen versteckten Hinterraum mit traumhafter Aussicht übers Land.

Zehn Kilometer südlich von Montalcino steht die sehenswerte Klosterkirche **Sant'Antimo.** Mit seinen hellen, musterhaft behauenen Steinen fügt sich der romanische Bau vollkommen in die Landschaft ein. Eine große Zypresse flankiert den quadratischen Glockenturm, Ölbäume umgeben die Apsis, die steinernen Löwen des Portals blicken auf bröckelnde, grün bewachsene Steinmäuerchen: vollkommene Harmonie von Natur und Kunst.

Das winzige Dorf **Bagno Vignoni** ist durch seine Thermalquellen bekannt, die mit 52 Grad Temperatur mitten im Ort in einem gefaßten Becken sprudeln. Schon Lorenzo dei Medici badete hier; vor einigen Jahren drehte in Bagno Vignoni der russische Regisseur Andrej Tarkovskij Szenen des Films »Nostalghia«.

Pienza 14 bietet eine originelle Mischung aus Kunst und Kulinarischem. Die Umgebung ist für ihren Schafskäse berühmt, den *Pecorino di Pienza*. In dem kleinen Ort drängen sich dicht an dicht die Lebensmittelläden; neben Käse verkaufen sie auch andere Köstlichkeiten: Wein und Öl, Wurst und Schinken, Kräuter und Honig. Zwischen solchen Lockungen gelangt man auf der kleinen Hauptstraße zur *Piazza Pio II,* die von Renaissancebauten umstanden ist: dem *Dom,* dem *Palazzo Piccolomini,* dem *Rathaus.* Aus Pienza stammte Papst Pius II., ein gebildeter Kirchenfürst des 15. Jh.s. Er wollte aus seinem Geburtsort eine Idealstadt der Renaissance machen und beauftragte bedeutende Architekten mit dem Umbau von *Corsignano,* das erst später nach Pius benannt wurde. Allerdings verstarb der Papst nach wenigen Jahren, so daß die Arbeiten nicht beendet wurden.

Sant'Antimo

Montepulciano, Brunnen auf der Piazza Grande

der, wie der *Palazzo Avignonesi* (Via Roma 91) oder der *Palazzo Cervini* (Via Cavour 21). Am höchsten Punkt erhebt sich das *Rathaus*. Die Turmbesteigung ist unbedingt lohnend: nachdem man sich auf enger Treppe mit wackeligem Geländer heraufgearbeitet hat, genießt man eine einzigartige Aussicht (geöffnet werktags 8–13.30 Uhr). Auf dem Hochaltar des benachbarten *Doms* steht ein herrliches Marienbild des sienesischen Malers Taddeo di Bartolo.

Zusammen mit dem Chianti und dem Brunello gehört der *Vino Nobile di Montepulciano* zu den bekanntesten toscanischen Rotweinen. Zahlreiche Weinkeller laden zum Probieren und Kaufen ein. Empfehlenswert sind die Cantine *Poliziano* und *Contucci* am Domplatz, der freundliche Familienbetrieb *Crociani* in der Via del Poliziano, die renommierte, aber teure *Cantina Avignonesi* in der Via Roma.

San Biagio bei Montepulciano

In Pienza bieten sich besonders weite Ausblicke über die Landschaft; im Hintergrund erhebt sich majestätisch der Monte Amiata. Der Panoramaweg der Einheimischen ist die bequeme *Passeggiata di Santa Caterina* am westlichen Stadtrand. Für ganz Faule ist die Bar im Klosterhof von *San Francesco* geeignet: Im kleinen Garten schaut man über die Espressotasse direkt zum Amiata.

Ebenso wie Pienza hat **Montepulciano** 15 großenteils Renaissancecharakter. Unterhalb des Städtchens steht die Renaissancekirche *San Biagio,* ein bedeutender Zentralbau des Architekten Antonio da Sangallo, der auch am Petersdom in Rom tätig war. In der Stadt reihen sich Palazzi des 16. und 17. Jh.s aneinan-

Die Maremma: Weites Land im Südwesten

17 Die Maremma galt einst als ›verfluchte Region‹. Sie war versumpft, von der Malaria gegeißelt, bettelarm. Auf unendlichen Weiden grasten Schafe und Rinder, die von Cowboys (hier *butteri* genannt) gehütet wurden. *Maremmani* nennt man in Italien noch immer die Rasse der zotteligen weißen Schäferhunde, die – auch in Latium und den Abruzzen – oft tagelang mit den Herden allein bleiben.

Die Provinzhauptstadt **Grosseto** allerdings zeigt nicht viel Aufregendes. Die ›historischen‹ Bauten sind hier meist Imitationen, so z. B. der *Palazzo della Provincia* im Zentrum – eine Art toscanisches Neuschwanstein im Kleinformat. Auch der *Dom* hat nur wenig Echt-Mittelalterliches bewahrt. Original ist allerdings der vollständig erhaltene *Mauerring* um die Stadt aus dem 16. Jh.

Saturnia **18** wurde durch seine heißen Quellen bekannt, die fast genau mit Körpertemperatur (37,5 Grad) aus dem

In der Maremma

Die Zeiten der Herdenromantik – und der Armut – sind vorbei. Doch Einsamkeit und Weite sind geblieben. Das Land wirkt kilometerweit fast unberührt durch menschliche Eingriffe. Nur ab und an erscheinen ein Dorf oder ein kleines Städtchen. Die ruhigste Gegend der Toscana bietet neben den Reizen der Stille auch historische Sehenswürdigkeiten, vor allem im äußersten Süden.

Boden kommen. Vor allem römische Wochenendausflügler, aber zunehmend auch ausländische Reisende gönnen sich den Badespaß. Nobel und teuer kann man ihn im Schwimmbad des Vier-Sterne-Hotels *Terme di Saturnia* genießen, umsonst und draußen beim Wasserfall *Cascata del Molino* (vom Hotel 600 m in Richtung Montemerano). Achtung: An Wochenenden im Sommerhalbjahr ist

Am Monte Amiata:
Eine andere Toscana

Am Monte Amiata  eröffnet sich eine eigene Welt. Kaum ein ausländischer Tourist verirrt sich hierher. Es kommen nur Italiener, die im Sommer die kühle Höhenluft und im Winter das Skifahren genießen.

Der Gipfel des Vulkanmassivs ragt 1738 m hoch auf. Es ist der höchste Berg Mittelitaliens außerhalb der Kette des Apennin. Doch die Bergspitze ist nicht interessant. Eine Straße führt hinauf, Skilifte wurden angelegt, die Natur zu Freizeitzwecken zugerichtet. Derartige Eingriffe berühren das ausgedehnte Amiata-Gebiet zum Glück nur hier. Der weitaus größte Teil ist landschaftlich unversehrt: ausgedehnte Buchen- und Edelkastanienwälder,

Wasserfälle und Bäche, große Trachytfelsblöcke, die vor Jahrmillionen aus dem Krater geschleudert wurden. Im Frühjahr blühen Orchideen und zahllose andere Wald- und Bergblumen. Man kann – auf gut markierten Wegen – stundenlang wandern. Den üblichen Toscana-Vorstellungen entspricht diese Landschaft nicht; dafür ist sie zu rauh, zu hochgelegen, zu ›nordisch‹.

Ein Dutzend Kleinstädte und Dörfer ordnen sich, meist in Höhen um 600 bis 800 m, um den Hang des Vulkans. Sie haben ihre eigenen Traditionen. Der Theologe und Philosoph Ernesto Balducci, der aus dieser Gegend stammte, schrieb: Noch vor einem halben Jahrhundert »waren die Amiata-

Saturnia meist hoffnungslos überlaufen, die Unterkünfte auch der weiteren Umgebung sind dann oft ausgebucht!

Das winzige **Sovana** 19 hat die meisten Kunstschätze der Gegend. Es war in der Etruskerzeit eine bedeutende Stadt und im Mittelalter Handels- und Landwirtschaftszentrum. Hier wurde Papst Gregor VII. geboren, der Kaiser Heinrich IV. zum Gang nach Canossa zwang. Später verfiel der Ort. Vor 160 Jahren lebten in dem damals malariaverseuchten Dorf gerade noch 64 Menschen. Inzwischen sind es wieder mehr geworden, zwei Hotels bieten angenehme Unterkunft und

gutes Essen. Man staunt, in dem kleinen Ort gleich zwei bedeutende Kirchen zu finden. *Santa Maria* am Hauptplatz stammt aus der romanischen Epoche. Innen birgt der Bau einen kostbaren, mehr als tausendjährigen Altarbaldachin der langobardischen Kunst. Der *Dom* am westlichen Ortsrand ist ein monumentaler, teils romanischer, teils gotischer Bau. Bemerkenswert sind vor allem das Portal und die Reliefs der Kapitelle.

Damit aber sind Sovanas Schätze nicht erschöpft. Eine *Burgruine* aus dem 11. Jh. bewacht den östlichen Ortseingang, an der Piazza stehen der mittelal-

Dörfer wie einzelne Stämme, voneinander so entfernt, daß sie im Abstand von sieben oder zehn Kilometern unterschiedliche Bräuche und sogar unterschiedliche Dialektformen hatten«. Seit dem 19. Jh. wurde am Amiata Quecksilber abgebaut. Die Bergarbeiter, die unter härtesten Bedingungen tätig waren, schlossen sich mehrheitlich der sozialistischen und später der kommunistischen Bewegung an. Kaum irgendwo auf der Welt dürften Kommunisten in freien Wahlen so viele Stimmen bekommen haben: zeitweise bis zu 80%! Zugleich blieben uralte bäuerliche Traditionen bestehen. »Die alte Kultur war die nicht-literarische, die mündlich weitergetragen wird«, schrieb Balducci. »Je erwachsener wir wurden, um so mehr umfing uns ein immenses Volksmärchen. Dieses Wissen wurde abends am Herd weitergegeben. Die Alten, unsere Lehrmeister, erzählten ihre Erfahrungen, wobei sie Wahrheit und Phantasie vermischten. Einer hatte den Zug gesehen, ein anderer das Meer, ein dritter war im Krieg gewesen ...«

Zeitung und Fernsehen sind seit Jahrzehnten am Amiata angekommen, doch ihren Eigencharakter haben die Orte bewahrt. Die Häuser aus dunklem Stein drängen sich aneinander, als fänden sie so Schutz vor der Winterkälte. Leider werden neuerdings immer mehr alte Steinhäuser verputzt. Vor allem **Abbadia San Salvatore** und **Santa Fiora** haben aber nach wie vor ausgesprochen reizvolle Ortskerne. In Abbadia San Salvatore steht das kunsthistorisch bedeutendste Bauwerk der Region, die von dem Langobardenkönig Rachis 743 gegründete Abtei. Die Krypta der Kirche stammt noch aus der Entstehungszeit des Klosters vor 1250 Jahren, die Kirche selbst ist ein späterer romanischer Bau.

Der Monte Amiata ist für seine Steinpilze *(funghi porcini)* berühmt, die – auch in getrocknetem Zustand – in ganz Italien verkauft werden. In vielen Trattorien der Gegend ißt man ausgezeichnet, so im *Barilotto* in Santa Fiora oder in der *Sala Carli* in Abbadia San Salvatore, die in noblem Ambiente preiswert und gut auftischt.

terliche *Palazzo Pretorio* und die *Loggia del Capitano.*

Am interessantesten aber sind die *etruskischen Nekropolen* der näheren Umgebung. Man muß sie zu Fuß erkunden; die einzelnen Gräber sind ausgeschildert. Die am besten zugänglichen Gräberstädte liegen im Westen auf etwa 2 km an der Straße nach San Martino und im Osten direkt hinter dem Ortsende *(Nekropole Folonia)*. Die Etrusker höhlten die Gräber direkt in das weiche Tuffgestein und verzierten sie mit Scheintüren, Fassaden und Ornamenten. Die aufwendigste Anlage ist die tempelförmige

Tomba Ildebranda. Tief eingeschnittene Hohlwege, wie der *Cavone*, führen aus den schattigen Tälern auf sonnenbeschienene Hochplateaus.

Wenige Kilometer entfernt bieten **Sorano** und **Pitigliano** ausgesprochen malerische Ortsbilder. Ihre Häuser wurden aus Tuffgestein erbaut, das mit dem Untergrund zu verwachsen scheint. Beide Orte sind von tiefen Schluchten umgeben. Bei Pitigliano gedeiht ein angenehmer Weißwein, der *Bianco di Pitigliano*. Das Städtchen war lange Zeit neben Livorno das wichtigste Zentrum der toscanischen Juden. (Abb. S. 18/19).

Umbrien: Große Kunst in kleinen Städten

Die ganze Region hat gerade soviele Einwohner wie Köln. Und so viele traumhafte Kleinstädte wie – ja wie welche andere Gegend? Man muß lange suchen, um einen Vergleich zu finden. Assisi, Orvieto, Spoleto, davon hat man gehört. Aber daß es sich lohnt, nach Narni zu fahren oder nach Norcia, nach Montefalco oder Città della Pieve, nach Trevi oder Bevagna – wer ahnt das schon? Umbrien rückt mehr und mehr ins Licht des Interesses, Perugia und Assisi tauchen immer häufiger in farbig bebilderten Reisereportagen auf. Doch die große Mehrzahl der unbekannten Ortschaften bleibt im Schatten.

Die umbrische Kultur ist Stadtkultur. Das soll nicht heißen, daß die Landschaft reizlos wäre. Im Gegenteil: Die berühmten sanften Hügel im ›grünen Herzen Italiens‹, die Seen und Schluchten, die Berge des Apennin bieten vielfältige Höhepunkte. Aber man kehrt doch immer wieder in die Städte zurück. Sie sind die Perlen der Region, ihr besonderer Schmuck. Mit dem Trasimenischen See kann sich auch Latiums Bolsena-See messen, die weichgeschwungenen Hügel finden wir noch weicher in der Toscana. Die Atmosphäre aber von Spello oder Assisi, Perugia oder Orvieto ist einzigartig, unverwechselbar.

All diese Städte – mit Ausnahme von Perugia und Terni – sind klein, kaum eine hat mehr als 30 000 Einwohner. Sie haben nichts gemein mit dem Schreckensbild, dem der moderne Großstädter mindestens in den Ferien entfliehen möchte. Vielmehr bewahren sie eine alte, fast vergessene Idee von Urbanität. Überall ist der Zusammenhang mit der Landschaft erhalten, in wenigen Minuten erreicht man Gemüse- und Olivengärten, Weinberge und Kornfelder. Das Leben verläuft

◁ Blick auf Trevi

in ruhigen Bahnen, und doch spürt man Weltoffenheit. Nicht umsonst ist Perugia mit seiner Ausländeruniversität eine kosmopolitische Stadt, Assisi ein international berühmtes Glaubenszentrum, Spoleto ein Ort, dessen Festspiele eine Brücke schlagen zwischen europäischer und nordamerikanischer Kultur.

Die Einheimischen sind traditionsverbunden, zugleich aber politisch und kulturell für Neues offen. Das Gemeinschaftsleben floriert: Kaum eine andere Region weist eine solche Vielzahl von Vereinen und Gruppen auf, von den rund 80 Theatergruppen bis zu Natur- und Umweltassoziationen. In seiner entwickelten städtischen Kultur ähnelt Umbrien den Marken, mit denen es auch historische und landschaftliche Gemeinsamkeiten aufweist. Von Reisenden aber wird Umbrien sehr viel mehr aufgesucht, und das mit Recht. Seine Orte sind von einer berückenden Schönheit, zudem erfreuen sie mit einer Fülle von Kunstwerken. Die mittelalterlichen Bauten, Plätze, Straßenzüge sind vielfach ganz unversehrt erhalten. Die Städte wirken wie Etappen auf einer Reise in die Vergangenheit. Dabei fühlt man sich keineswegs im Museum: In den alten Mauern pulsiert ein reges Alltagsleben.

Und so träumt man sich durchs Land. Von den Treppengassen Perugias zur freskengeschmückten Basilika von Assisi, vom Dom Orvietos zu den Schluchten des Tiber bei Todi, von der Panoramastadt Montefalco zu den einsamen Hochflächen um Norcia. Unerschöpflich ist die Region, immer noch gibt es ein unbekanntes Kloster zu entdecken, eine Orchideenwiese, ein verborgenes Städtchen … Und das alles auf engem Raum: 120 Kilometer mißt die Region von Norden nach Süden, maximal 100 von West nach Ost. Wenig fahren und viel sehen? Nirgendwo ist das leichter als hier.

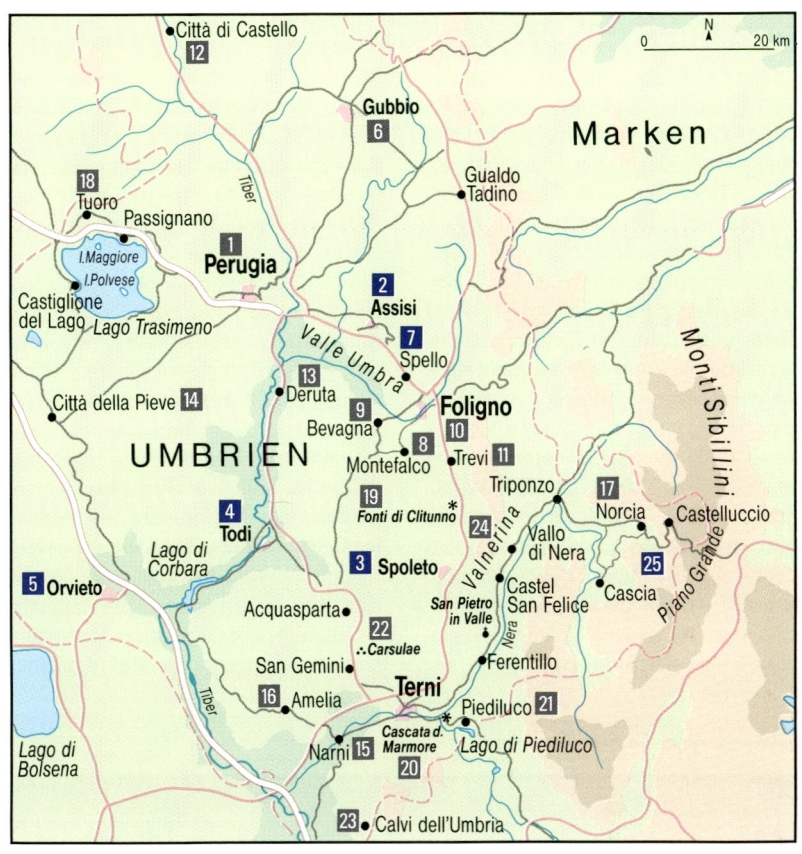

Karte der Region Umbrien, praktische Hinweise S. 307–313

Reiserouten in Umbrien

Tourenvorschläge sind fast überflüssig. Das Gebiet ist so klein, die Orte liegen so nah beieinander, daß man von einem oder zwei Ausgangspunkten aus mühelos ganz Umbrien bereist. Perugia und Assisi, aber auch kleinere Orte wie Montefalco und Spello bieten sich wegen ihrer zentralen Lage als Standorte an; auch Spoleto oder die Gegend um den Trasimenischen See kommen infrage.

Auch eine Rundfahrt von Ort zu Ort bedarf keiner aufwendigen Planung. Man kann die Reise beispielsweise am Trasimenischen See beginnen, dann über Perugia und Gubbio nach Assisi fahren, weiter über Spello und Montefalco nach Spoleto. Ein Abstecher führt ins Nera-Tal und nach Norcia. Von dort geht es über den Piediluco-See und Terni nach Narni, schließlich nach Todi und Orvieto.

Wegen der geringen Entfernungen und der guten Verkehrsverbindungen läßt sich Umbrien problemlos mit öffentlichen Verkehrsmitteln bereisen. Als Standquartier ist in diesem Fall besonders Perugia, daneben auch Assisi zu empfehlen (vgl. S. 312 ›Verkehrsverbindungen‹).

Perugia: Flair der großen Welt

1 Um fünf Uhr nachmittags kommt Leben in den Corso Vannucci. Perugias Promenade, die Bühne der Stadt, beginnt sich zu füllen. Die breite Fußgängerstraße zwischen mittelalterlichen Palazzi bildet die einzige ebene Strecke im hügeligen Zentrum. Nur hier vermeiden bequeme Spaziergänger mühsame An- und Abstiege in schmalen Gassen, atemberaubendes Klettern auf Treppenwegen, langsames Vorankommen in winkligen Gängen. Keine andere Straße lädt so zum gemütlichen Schlendern ein, keine ist geeigneter für das tägliche Vergnügen des Sehens und Gesehen-Werdens. 400 Meter hin, vom Dom zum Giardino Carducci, 400 Meter wieder zurück – und wie viele Menschen, wie viele Gesten, wie viele elegante Pullover und modische Hosen sind vorbeigezogen!

Der Corso Vannucci ist Perugias Jahrmarkt der Eitelkeiten – und zugleich Brennpunkt städtischer Kommunikation. Das farbige Schauspiel der Selbstdarstellung bildet nicht den einzigen Inhalt der abendlichen Runde. Man trifft Bekannte, diskutiert, nimmt den Aperitif in einem der Cafés. Vor dem Eingang des Nobelhotels *Locanda della Posta* läßt sich ein Straßenmusikant hören, seine Klänge geben dem Rauschen der Gespräche einen Rhythmus. Umweltschützer sammeln Unterschriften gegen ein geplantes Kohlekraftwerk. Lang- und weißhaarig steht ein landesweit bekannter Kunsthistoriker, Professor an der hiesigen Universität, in ihrer Mitte und verleiht dem Protest bürgerliche Reputation. Studenten hocken auf den Stufen der Kathedrale, ein paar blonde Nordlände-

Beim abendlichen Corso in Perugia

rinnen werden umlagert von Horden hoffnungsvoller Verehrer.

Am abendlichen *Corso* teilzunehmen, ist für viele Peruginer seit jeher selbstverständlich. Der 1977 verstorbene Sandro Penna, der bedeutendste umbrische Lyriker dieses Jahrhunderts, erinnerte sich: »Zu gewissen Stunden konnte man schwerlich nicht anwesend sein. Der Abwesende war einer Mißgunst verdächtig. Wir jungen Leute betrachteten es außerdem als Pflicht, den ›Corso‹ mehrmals abzulaufen, auch wenn im Winter die ›Tramontana‹ pfiff. Und wir mußten trotzdem bis ganz vor und die Brüstung über dem prächtigen Tor berühren, da diese letzte Strecke, die eisigste, wie man sich denken kann, die heroischste war.«

Es sind also alte Traditionen, die hier Abend für Abend aufleben. Ferdinand Gregorovius allerdings war 1861 von dem Spaziergang enttäuscht: »Frauen zeigten sich einige wenige in Gesellschaft ihrer Männer. Dagegen drängten sich frech und mit Geräusch die Freudenmädchen hervor, angetan mit einem Schleier, in bergähnlichen Krinolinen, widerliche Gestalten ... So freches Auftreten der Dirnen erinnere ich mich in keinem anderen Ort gesehen zu haben als gerade in Perugia, und dies am hellen Tage, wo sich junge Männer nicht scheuten, mitten auf dem Corso Unterhaltungen mit ihnen anzuknüpfen ... Im ganzen ist Perugia wenig belebt.«

Heute ist Perugia äußerst belebt. Die Provinzmetropole mit ihren knapp 150 000 Einwohnern, seit 1972 Hauptstadt der Region Umbrien, vereint geradezu exemplarisch geruhsames Alltagsleben und kulturelle Aufgeschlossenheit, Tradition und Modernität. Der Journalist Gianni Raviele hat Perugia mit einigem Recht als »nahezu das Idealmodell der italienischen Stadt« bezeichnet. In Hektik lassen sich die Einwohner nicht leicht

versetzen, und doch erringen ihre Produktionsstätten internationale Exporterfolge, zählt die Universität zu den wichtigsten des Landes, wachsen postmoderne Bauten nicht weit vom mittelalterlichen Zentrum empor.

Dem Reisenden zeigt sich Perugias modernes Gesicht zunächst einmal von der unschönen Seite. Am Hang unterhalb der Altstadt wirken die Bauten der Nachkriegszeit wie ein Freilichtmuseum aller Geschmacksverirrungen der letzten 40 Jahre. Daß sich in dem Häuserbrei auch interessante Projekte der modernen Architektur verbergen, sieht auf den ersten Blick allenfalls der Bahnreisende, der gleich nach der Ankunft auf den Palazzo della Regione des Mailänders Aldo Rossi stößt. Rossi plante im Auftrag der Stadtverwaltung ein ganzes Stadtviertel, das mit Theatern, Ausstellungsräumen und Säulengängen ebenso als Treffpunkt der Einheimischen dienen soll wie bislang das historische Zentrum. Doch die Peruginer ziehen – man versteht sie gut – Mittelalter-Flair den postmodernen Piazze vor; auch wer am Stadtrand wohnt, begibt sich abends eher in die Altstadt als in die neuen, bei allem Einfallsreichtum etwas kühl wirkenden Viertel. Wer mit dem Auto anreist, kann sich zunächst nicht einmal mit ambitionierten Postmodernismen trösten. Man quält sich durch eine ungegliederte Masse von Neubauten, die sich den Hang hinunterziehen und weit in die Ebene hineinkriechen. Zwar erblickt man schon von weitem auf verzweigten Hügelspitzen die rotbraunen Häuser der Altstadt, über denen schlanke Türme emporragen. Doch scheinen sie fast verloren hinter den Fassaden des Nachkriegs-Perugia.

Im autofreien Zentrum, einem 600 Jahre alten Labyrinth der Treppenwege und Steinhäuser, der Torbögen und winkligen Gassen, erinnert nichts mehr an

Abgaswolken und Betonfronten der Vorstadt. Durch ihre Lage hoch über den Neubauten, aber auch durch ihre Ausdehnung (mehrere Kilometer trennen die Stadttore im Norden und Süden) wirkt die Altstadt Perugias wie abgeschlossen von ihrer Umgebung. Dabei haftet ihr nichts Museales an. Nach wie vor schlägt in dem jahrhundertealten Zentrum das Herz des städtischen Lebens. Hier befinden sich Cafés und Geschäfte, Kirchen und Kneipen, Theater und Märkte. Anders als in den kleineren umbrischen Städten, wie Assisi oder Gubbio, bilden die Touristen selbst zu den Hauptreisezeiten nur eine kleine Minderheit.

Swinging Perugia

Seit 700 Jahren schon ist Perugia Universitätsstadt. Studenten bestimmen das Straßenbild wie kaum irgendwo sonst in Italien. Dazu tragen auch die zahlreichen Ausländer bei. Eine *Università per Stranieri* dient seit 1926 der Einführung der Fremden in italienische Kultur und Sprache. Zehntausende junger Menschen haben in Umbriens Hauptstadt Italienisch gelernt. Rund 7000 Studenten aus etwa 120 Ländern schreiben sich jährlich ein; mit mehr als 1000 Personen bilden die Deutschen dabei die größte Gruppe. Perugia pulsiert durch die ständige Präsenz dieser Ausländer, die mit Italien vertraut werden wollen und dabei vor lauter Begeisterung oft noch ›italienischer‹ – kommunikativer, lauter, unternehmungslustiger – leben als die Peruginer selbst.

Beliebter Treffpunkt der Studenten ist das *Caffè Morlacchi* an der gleichnamigen Piazza. Auch Schauspieler finden sich häufig hier ein, das Theater liegt

gleich um die Ecke. Bürgerlicher geht es im renommierten *Caffè Sandri* am Corso Vannucci zu. Wegen der köstlichen Einrichtung aus der Zeit um die Jahrhundertwende – Fresken und holzgeschnitzte Wandschränke – lohnt der Besuch. Die *dolci* finde ich eher mittelmäßig, obwohl sich die Besitzerfamilie stolz auf eine lange Konditorentradition beruft.

Berühmt über Italiens Grenzen hinaus sind die *Baci,* die Küsse von Perugia. Damit sind nicht die gewiß ebenfalls erinnernswerten Liebkosungen gemeint, die für die meisten GaststudentInnen zum universitären Begleitprogramm zählen. *Baci,* nußgefülltes Schokokonfekt, zählen zu den wichtigsten Produkten der örtlichen Wirtschaft; ihr Hersteller, die »Perugina S.A.«, ist ein Schlüsselbetrieb der

Studenten-Treff vor dem Dom San Lorenzo

Stadt. 1922 erfand Luisa Spagnoli die süßen Schokoladenküsse. Weil deren Form an eine Faust erinnerte, hatte die kreative Unternehmerin den katastrophalen Einfall, die neuen Süßigkeiten als *cazzottí* (Faustschläge) zu bezeichnen. Der Sozius Buitoni belehrte sie eines Besseren: Mit diesem Namen hätten die *cioccolatini* keine Chance auf dem Markt. Unter dem Etikett der Zärtlichkeit war der Erfolg dagegen durchschlagend, zumal die Firma die geniale Idee hatte, den Pralinen Zettelchen mit Liebeszitaten aus der Weltliteratur beizulegen.

Alles hat sich in Italien seit 70 Jahren verändert, schreibt die Journalistin Silvia Giacomoni, nur die *Baci* sind geblieben. Und doch, ein Wermutstropfen: 1988 wurde die traditionsreiche »Perugina S.A.« von Nestlé übernommen; nun wachen Mailänder Manager über das Konfekt.

Die meisten anderen Peruginer Unternehmen – führend sind Lebensmittelverarbeitung, Stoff- und Kleidungsproduktion, Metallmechanik, Baumaterialien – wirken eher im stillen. Langsam, aber stetig ist der Lebensstandard gewachsen. *Ein* einheimischer Padrone aber fällt immer wieder durch exzentrische Manöver auf: Der Modemacher Umberto Ginocchietti, Herr über zehn Textilbetriebe, macht landesweit von sich reden. Mal erwirbt er für drei Millionen Mark ein Tizian-Gemälde (kein großes Opfer bei einem Jahresumsatz, der hundertmal größer ist als diese Summe), mal attackiert er die Mailänder Modegrößen Versace, Krizia,

Armani in ganzseitigen Zeitungsanzeigen als Totengräber des nationalen Styling und Verräter der italienischen Frau. Den Effekt hat der listige Ginocchietti wohl einkalkuliert: Sein Bekanntheitsgrad stieg rapide. Doch der Peruginer ist kein Schaumschläger. Auch in Deutschland, wo man von seinen Werbegags nichts hört, verkauft er jährlich mehr als 30 000 Kleidungsstücke.

Die Peruginer nehmen die Kabinettstücke ihrer Unternehmer interessiert, aber unbeeindruckt, zur Kenntnis. Seit Jahrzehnten wählen sie, wie auch die Mehrheit der anderen Umbrer, rot: einst die Kommunisten, heute deren Nachfolgepartei, die Linksdemokraten. Die linken Politiker bemühen sich, der Verwaltungsschlamperei der Christdemokraten funktionierende Modelle entgegenzusetzen. Zum Teil ist es ihnen gelungen. Im Hurrikan der Korruptionsprozesse, der seit 1991 das Land aufwirbelte, blieben die Linksdemokraten weitgehend ungeschoren; als einzige große Partei hatten sie sich aus dem Bestechungskarussell herausgehalten. Um so mehr wurde ihr umbrischer Koalitionspartner, die Sozialistische Partei, gebeutelt: Als Zünglein an der politischen Waage war sie überall zugegen, wo es zu kassieren galt.

Die vergleichsweise gute Verwaltung zeigt sich auch dem flüchtigen Besucher. Trotz aller architektonischen Verwüstung der Umgebung blieb in manchen Schutzzonen, etwa an der Porta Sant'Angelo, der historische Zusammenhang von Stadt und Land mustergültig erhalten. Die Stadtplanung führt heute zu ambitionierten Plänen wie dem eingangs erwähnten Projekt Aldo Rossis. Geradezu als Symbol der angestrebten Verbindung von Tradition und Modernität dienen die geschickt angelegten Rolltreppen, die Fußgänger über weite Strecken von Bus- und Autoparkplätzen in die Alt-

stadt transportieren. Die modernen Konstruktionen führen streckenweise durch ein unterirdisches mittelalterliches Viertel. In den düstern und verfallenen Gassen sind die metallenen Laufbänder nicht nur praktisch, sondern erzeugen auch einzigartige ästhetische Effekte. Die Rolltreppenidee breitet sich mittlerweile in ganz Umbrien aus. In den steilen Hügelstädten kommt sie blendend zur Geltung.

Im Gassengewirr

Stärker als jede einzelne Sehenswürdigkeit fasziniert in Perugia das Ensemble der historischen Altstadt. Wer nur die – gewiß interessanten – Kirchen und Museen gesehen hat, hat hier wenig gesehen. Man muß sich verlieren in den dunklen Gassen, um die Seele der Stadt zu spüren, dann wieder auftauchen im plötzlichen Licht der Plätze und des Corso, über Treppenwege steigen, Torbögen bewundern, sich freuen an den überraschenden Ausblicken ins umbrische Land. In diesem Gewirr der schmalen Sträßchen, der Stufen und alten Steine trifft man dann auch auf die größeren Bauten, auf Kirchen und Palazzi. Sie gehören zum Bild der mittelalterlichen Stadt. Doch die Hauptsache sind sie nicht. Perugia will als Ganzes gesehen werden, es läßt sich nicht zerstückeln in einzelne Anlaufpunkte.

Alle Wege führen zum *Corso Vannucci*. Die breite Fußgängerstraße auf dem höchsten Punkt des Peruginer Hügelrükkens läßt sich nicht verfehlen. Seitlich zweigen zwischen den Cafés, Buchläden, Modegeschäften und Gelaterie schmale Gassen ab, von denen die *Via dei Priori* (neben dem Rathaus) besonders sehenswert ist. Auch die von gewaltigen Bögen überwölbte *Via delle Volte* und *die Via Vol-*

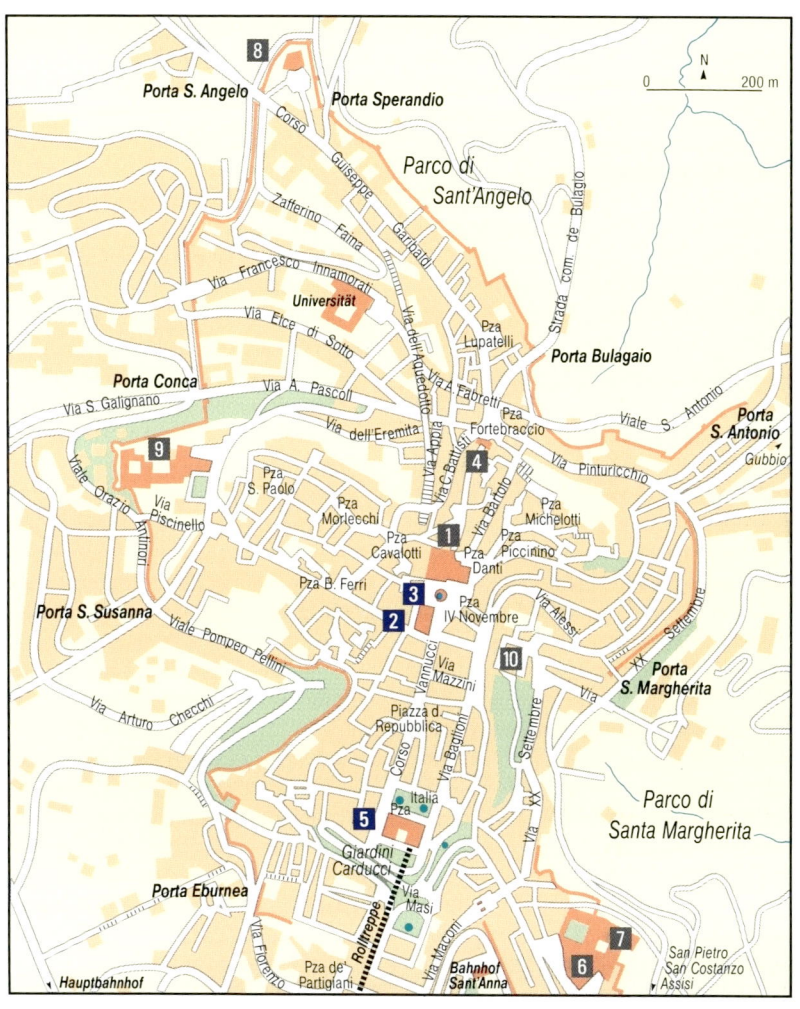

Stadtplan von Perugia *1 Dom S. Lorenzo 2 Palazzo dei Priori 3 Fontana Maggiore 4 Arco Etrusco 5 Rocca Paolina 6 San Domenico 7 Archäolog. Museum 8 S. Michele Arcangelo 9 S. Bernardino 10 Mercato Coperto*

te della Pace, die auf den etruskischen Stadtmauern erbaut wurde, sollte man sich nicht entgehen lassen.

Schattige Gassen, sonnige Piazze: Die Stadt scheint im Rhythmus von Enge und Weite zu atmen, der architektoni-sche Rhythmus fasziniert immer wieder. Die *Piazza IV Novembre* zwischen Kathedrale und Rathaus ist der urbane Mittelpunkt. Am anderen Ende des Corso Vannucci leitet die Piazza Italia über zur Aussichtsterrasse des *Giardino Carducci,* die einen herrlichen Blick über weite Teile Umbriens bis hin zu den Bergen der Toscana bietet. Wunderbar ist auch das Panorama vom *Mercato Coperto,* der Marktterrasse hinter der Piazza Matteotti. Man blickt auf malerische Teile der Altstadt, dahinter den Monte Subasio und Assisi.

Brunnen, Rathaus, Dom: Alles am Platz

Hat man Perugias Gesamtbild genossen, so mag man sich den einzelnen Kunstwerken und bedeutenden Bauten zuwenden. Viele von ihnen stehen an der Piazza IV Novembre. Sie wird im Norden vom *Dom San Lorenzo* begrenzt. Der gotische Bau blieb unvollendet; nur im unteren Teil bedeckt eine elegante Marmorverkleidung das rohe Mauerwerk. Eine Statue des Papstes Julius III. segnet seit 450 Jahren alle Passanten ohne Ansehen der Person. Im Innenraum ist vor allem die ›Kapelle des heiligen Rings‹ (links vom Haupteingang) bemerkenswert. Hier wird in einem kostbaren Reliquiar der angebliche Ehering der Jungfrau Maria aufbewahrt. Er war 1473 auf wenig christliche Weise nach Perugia gelangt: Ein deutscher Mönch, Winter von Mainz, hatte ihn seinen rechtmäßigen Besitzern, den Priestern des toscanischen Chiusi, gestohlen. Die Peruginer errichteten dem heiligen Diebesgut eine Kapelle, der Altar wurde mit dem thematisch passenden Bild (»Vermählung der Jungfrau Maria«) des Malers Perugino geschmückt. Das Original geriet aber nach Frankreich; heute sieht man von dem Renaissancegemälde nur eine Kopie.

Gegenüber der Kathedrale steht der *Palazzo dei Priori.* Er zählt zu den schönsten Rathäusern Italiens, zeigt sowohl massige Kraft als auch elegante Verfei-

nerung, als hätten die Peruginer hier die Stärke ihrer Stadtrepublik und zugleich die Raffinesse der urbanen Kultur versinnbildlichen wollen. Ein Greif und ein Löwe, Wappentiere Perugias, schmükken die Nordseite – die ersten großen Bronzeskulpturen des mittelalterlichen Italien. Schwungvolle Treppen, reich dekorierte Fenster und vor allem das großartig mit Skulpturen geschmückte Hauptportal verzieren die wuchtige Fassade. Innen ist der ehemalige Ratssaal, die *Sala dei Notari,* zugänglich; die farbige Freskendekoration wurde im letzten Jahrhundert leider etwas zu kräftig ›aufgefrischt‹.

Zwischen Rathaus und Kathedrale schmückt die *Fontana Maggiore* den Platz. Der aufwendig gestaltete Monumentalbrunnen ist Perugias ganzer Stolz. Die Bildhauer Nicola und Giovanni Pisano, die u. a. in den Domen von Pisa und Siena bedeutende Werke schufen, wurden für diese Arbeit nach Perugia verpflichtet. 1275–77 errichteten die Künstler mit Hilfe zweier Ingenieure den Brunnen – eine technische und ästhetische Meisterleistung. Reliefs und Statuen entfalten ein umfangreiches philosophisch-theologisches Programm. Man sieht Alltagsszenen, Symbole der Wissenschaften, biblische Geschichten, Legenden, Heilige, allegorische Darstellungen verschiedener Städte. Besonders anschaulich sind die Monatsdarstellungen, in denen die Beschäftigungen der Bauern und Landadligen geschildert werden.

Zurück zum Rathaus: vom Corso Vannucci aus gelangt man in die *Galleria Nazionale dell'Umbria.* Sie zeigt Werke der toscanischen und umbrischen Malerei des 14.–16. Jh.s, u. a. von Fra Angelico, Piero della Francesca, Pinturicchio, Perugino. Wenige Schritte weiter findet man den Zugang zum *Collegio della Mercanzia,* dem ehemaligen Zunftsitz der Groß-

Fontana Maggiore mit Palazzo dei Priori

kaufleute mit einer prunkvollen Holzvertäfelung. Gleich daneben: der *Collegio del Cambio,* in dem die Peruginer Bankiers ihre Versammlungen abhielten. Sie übertrumpften noch die Kollegen vom Fernhandel: Über dem geschnitzten Mobiliar ließen sie die Wände mit Renaissancefresken von Perugino schmücken. An den Bildern, die antike Menschen und Götter, jüdische Propheten und biblische Szenen zeigen, hat vermutlich Peruginos Schüler Raffael als junger Mann mitgewirkt.

Nahe bei der Piazza IV Novembre befindet sich eines der seltenen Relikte aus Perugias etruskischer Periode. Der *Pozzo Etrusco,* der etruskische Brunnen aus dem 4. oder 3. Jh. v. Chr., gibt allerdings nur noch einen schwachen Eindruck von dieser Glanzzeit. Damals zählte Perugia zu den zwölf Lukomonien, den von einem Priesterkönig (Lukomon) regierten wichtigsten Städten Etruriens.

Das zweite Etruskermonument der Stadt erreicht man von hier in wenigen Minuten. Die Via Bartolo senkt sich zum *Arco Etrusco,* dem etruskischen Stadttor. Es zählt zu den wenigen Bauten der Etrusker, die nicht in der Römerzeit dem Erdboden gleichgemacht wurden. AUGUSTA PERUSIA liest man über dem Torbogen. Die lateinische Inschrift wurde gnädig vom Kaiser Augustus gewährt, nachdem er in den römischen Bürgerkriegen den Ort nahezu vollständig zerstört hatte …

Wer weiter auf Etruskerspuren wandeln will, findet etwas außerhalb Perugias (7 km Richtung Assisi, Zufahrt schlecht beschildert!) die größte etruskische Grabanlage Umbriens, den *Ipogeo dei Volumni.* Das Familiengrab der reichen Volumnier-Sippe stammt aus dem 2. Jh. v. Chr. Es ist wie ein großes unterirdisches Wohnhaus mit insgesamt zehn Räumen gestaltet. Im Hauptraum, dem *Tablinum,* stehen sieben Urnen, die zu den bedeutenden Werken etruskischer Bildhauerkunst gehören. Bemerkenswert sind vor allem die ausdrucksstarken Todesdämonen neben der Urne des Familienoberhaupts.

Streifzüge auf dem Stadthügel

Der älteste Kern Perugias ist annähernd herzförmig. Innerhalb der noch gut erhaltenen Stadtmauern zwischen etruskischem Tor, San Bernardino, Giardino Car-

ducci erstreckte sich die etruskische Ansiedlung ebenso wie die frühmittelalterliche Stadt. Um 1300 aber genügte dieses Areal der expandierenden Ortschaft nicht mehr. Woll- und Tuchhändler, Handwerker und Bankiers führten Perugia in einen Wirtschaftsboom, der ständig neue Bewohner anzog. Weitere Stadtviertel wurden benötigt. Man errichtete sie auf drei langgestreckten Hügelrücken und umfaßte sie mit einer zweiten, mächtigeren Mauer. Kirchen und Tore markieren heute die Grenzen dieser erweiterten Altstadt: San Pietro und Sant'Angelo mit den gleichnamigen Stadttoren, Madonna della Luce und Porta Sant'Antonio.

Stundenlang kann man im ausgedehnten historischen Kern Perugias promenieren. Jedes Stadtviertel hat seine Besonderheiten und seine Anziehungspunkte. Wenden wir uns zunächst nach Süden. Vom Giardino Carducci oder von der Porta Marzia gelangt man in das unterirdische Quartier der *Rocca Paolina.* Es ist dunkel in den mittelalterlichen Gassen mit den halbzerstörten Häusern, den Turmruinen und verfallenen Mauern; nur die künstliche Beleuchtung schafft merkwürdige Effekte. Das Viertel spiegelt eine wichtige Epoche der Geschichte Perugias. Nachdem der Kirchenstaat 1540 die einstmals blühende Stadtrepublik unterworfen hatte, ließ der damalige Papst die Häuser und Kirchen am südlichen Rand des Stadthügels zerstören, um auf ihren Überresten eine Zwingburg zu errichten. Die Peruginer, die die römische Herrschaft über drei Jahrhunderte nur widerwillig ertrugen, rächten sich nach der Befreiung. Binnen weniger Wochen rissen sie 1860 die päpstliche Festung nieder und bauten an ihrer Stelle

Via del Sole

die Aussichtsterrasse des Giardino Carducci. Der Unterbau der verfallenen Gassen aber blieb bestehen. Heute führt eine moderne Rolltreppe durch die Gemäuer, die gelegentlich auch für Ausstellungen und Märkte dienen.

Bei der *Porta Marzia* verläßt man den ältesten Stadtkern und gelangt über den Corso Cavour zur gotischen Kirche *San Domenico* und zum *Archäologischen Museum,* das vor allem vorgeschichtliche und etruskische Funde zeigt. Durch das schöne Renaissancestadttor *Porta San Pietro* erreicht man die tausendjährige Kirche *San Pietro.* Das uralte Mauerwerk ist unter einer Verkleidung aus späterer Zeit verschwunden; aber 18 antike Granit- und Marmorsäulen künden noch vom originalen Glanz. Noch älter ist *San Michele Arcangelo* (oder Sant'Angelo)

am entgegengesetzten nördlichen Stadtrand. Der frühchristliche Bau geht auf das 5. Jh. zurück. Römische Säulen tragen die Kuppel des schlichten, konzentrierten Rundbaus, der sich zwischen kleinen Gärten an die Stadtmauer drängt.

Ein besonderes Schmuckstück: *San Bernardino,* der schönste Renaissancebau in Perugia. Agostino di Duccio, der zwischen 1457 und 1461 die farbige Fassade schuf, zählt zu den großen Künstlern seiner Zeit, die trotz herausragender Werke der breiten Öffentlichkeit fast unbekannt geblieben sind. Aber schauen Sie seine musizierenden Reliefengel an – ein Höhepunkt an schwungvoller Bewegung und Leichtigkeit! Perugia swingt, sogar an seinen Kirchenfassaden.

Assisi: Alles dreht sich um Franziskus

2 Am schönsten sind die Pfefferstreuer. Von all den Assisi-Souvenirs, die hemmungslos Mönche zum Modell für Keramik-Kreationen machen, gefallen mir die kleinen Dicken mit den Löchern im Kopf am besten: Franziskanerfratres mit Pep. Warum auch nicht – das Sakralbusiness der Stadt hat schon blödere Scherze produziert: grinsende Päpste in leuchtenden Farben, ziehharmonikaspielende Franziskaner-Gartenzwerge, den heiligen Franz und die heilige Klara gemeinsam auf dem tönernen Motorrad.

Assisi verdankt Franziskus alles. Nicht nur die Andenkenverkäufer leben von der Erinnerung an den großen Sohn der Stadt, sondern auch Gastwirte und Taxifahrer, Lebensmittelhändler und Eisverkäufer, Priester und Pilger. Ohne den Hei

ligen wäre Assisi gewiß ein schöner Ort: eine jener umbrischen Kleinstädte, die durch ihre Lage und ihre mittelalterlichen Bauten bezaubern. Franziskus aber hat Assisi weltberühmt gemacht, zum Ziel ungezählter Pilgerfahrten und zu einer Hauptstadt der Kunst.

Die alten Häuser aus Kalkstein, dessen rötlicher Ton dem ganzen Ort eine warme Färbung gibt, kleben übereinander an den Ausläufern des 1290 m hohen Monte Subasio. In der Hügelstadt Assisi verläuft kaum eine Straße eben. Den Besuchern werden ständig An- und Abstiege abverlangt. Türme und Kuppeln ragen über den Dächern empor, in der Höhe erhebt sich die Rocca, die mittelalterliche Festung. Das Stadtbild wird geprägt von San Francesco, der Grabkirche des Heili

Blick auf Assisi

gen, und dem riesigen benachbarten Konvent. Goethe ignorierte den Klosterkomplex bei seinem Assisi-Besuch und steuerte geradewegs auf das einzige antike Bauwerk der Stadt, den Minervatempel an der Piazza del Comune, zu: »Die ungeheuren Substruktionen der babylonisch übereinander getürmten Kirchen, wo der heilige Franziskus ruht, ließ ich links, mit Abneigung ... Endlich gelangten wir in die alte Stadt, und siehe, das löblichste Werk stand vor meinen Augen, das erste vollständige Denkmal der alten Zeit, das ich erblickte.«

Heutige Besucher werden den römischen Tempel nicht als das bedeutendste Bauwerk Assisis empfinden. Wir starren nicht so gebannt auf die Antike wie der Weimarer Geheimrat, vor allem aber fasziniert uns die Harmonie einer mittelalterlichen Stadtanlage mehr als den Dichter, dem ja winklige Gassen und ruhige Plätze aus seiner Heimat vertraut waren. Assisi – das ist Mittelalter in Reinkul-

tur, allem Pilger- und Touristenbetrieb zum Trotz. Ein ästhetischer Traum, in dem sich Bilder vollkommener Schönheit aneinanderreihen: rostrote Ziegeldächer über rosa getönten Steinfassaden, breitgestufte Treppenwege und gemauerte Torbögen, Kirchen mit farbigen Fresken und feinziselierten Fensterrosen, Zinnen, Kuppeln, Gärten – und immer wieder der Ausblick in die mal dunstverhangene, mal in scharfen Konturen gezeichnete Ebene der Valle Umbra und die großzügige Landschaft der grünen Hügel. Und die Stadtmauern und -tore, die friedlichen Fußgängerwege nur wenige Schritte abseits des touristischen Betriebs, die Brunnen und Skulpturen, die immer leicht abschüssigen Plätze und die schattigen Innenhöfe ... Wirklich, an Assisi führt kein umbrischer Weg vorbei.

Wenige Stunden reichen aus, und jede Skepsis angesichts des religiösen Business löst sich auf wie die Morgennebel über der Valle Umbra. Einfach und genau hat Heinrich Böll es ausgedrückt: Assisi ist »eine unversehrte Stadt mittlerer Größe, die mit erstaunlicher Würde die Bestimmung überstanden hat, seit siebenhundert Jahren Pilgerstadt zu sein ... Ich habe die vielverbreitete Abneigung gegen Wallfahrts- und Pilgerorte nie teilen können: auch ich will ja irgendwo einen Kaffee trinken, schlafen, frühstücken, einen Stadtplan kaufen, will umhergehen, besichtigen, den Staub der Straßen von Gesicht und Füßen waschen, und ich wage nicht, festzustellen, wer von den Händlern und Pilgern in Franzens Sinne ein ›Diener Gottes‹ ist, wer nicht ... Geduldig bieten Läden und Stände in den Dämmer hinein ihr hölzernes, tuchenes, irdenes und hürnenes Sortiment an Rosenkränzen, Halstüchern, Keramiken und Statuetten an. Versuche ich mir vorzustellen, alles Feilgebotene entspräche meinem Geschmack, so gruselt mir.«

Markt in Assisi

Piazza del Comune: Salon mit Pilgerchören

Goethe eilte in Assisi ohne Umwege zur zentralen Piazza del Comune. Der *Minervatempel* zog ihn an, ein vorzüglich erhaltener römischer Bau aus dem 1. Jh. v. Chr. 1539 wurde der Tempel in eine christliche Kirche umgewandelt, doch die Außenansicht blieb unverändert. »Ein bescheidener Tempel, wie er sich für eine so kleine Stadt schickte«, schwärmte der Dichter, »und doch so vollkommen, so schön gedacht, daß er überall glänzen würde ... An der Fassade konnte ich mich nicht satt sehen, wie genialisch konsequent auch hier der Künstler gehandelt.« Der heute fast ebenerdige Bau stand ursprünglich auf einem Podest – das römische Forum lag drei Meter unterhalb der heutigen Piazza.

Asisium war eine wichtige römische Provinzstadt, doch seine Blütezeit erlebte es im Mittelalter – vor allem im 12. und 13. Jh. Aus dieser Epoche stammt das Rathaus neben dem Tempel, der *Palazzo del Capitano del Popolo* mit der zinnengeschmückten *Torre del Popolo*. In diesem Stadtturm wurden im Untergeschoß Maße für Wolle und Ziegelsteine eingemauert. Ein weiteres Rathaus, der *Palazzo dei Priori,* steht an der gegenüberliegenden Platzseite. Erstaunlich gut paßt sich der *Palazzo della Pretura* mit dem Postamt in den mittelalterlichen Rahmen ein – er wurde erst 1927 an der Stelle einer abgerissenen Kirche erbaut, doch nur auf den zweiten Blick bemerkt man die ›Fälschung‹.

Die Piazza ist der Treffpunkt der Einheimischen und Touristen. Wer sie frei von Reisenden erleben will, muß am frühen Morgen kommen, wenn die Zeitungshändler ihre Läden öffnen und die Einheimischen den ersten Cappuccino trinken. Straßenkehrer fegen die Tempel-

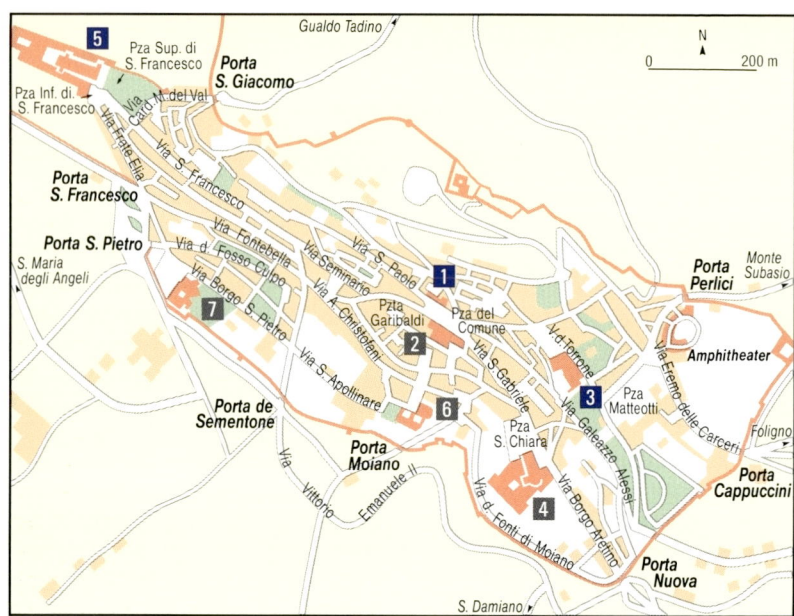

Stadtplan von Assisi *1 Ehem. Minerva-Tempel u. Palazzo del Capitano del Popolo 2 Palazzo dei Priori 3 Dom S. Rufino 4 S. Chiara 5 S. Francesco 6 S. Maria Maggiore 7 S. Pietro*

stufen, ein paar Tauben gurren vor Hörnchenkrümeln, auf dem Steinpflaster hallen die Schritte der wenigen frühen Passanten. So ruhig geht es dann allenfalls wieder ab Mitternacht zu. Spätestens um neun treffen die Reise- und Pilgergruppen ein. Die Cafés füllen sich, bei schönem Wetter sitzt man im Freien und beobachtet das Getriebe. Da zieht dann Gruppe auf Gruppe vorüber: Ein staunender Kirchenchor aus Krefeld und fröhliche Nonnen aus Posen, schnatternde Schüler aus Verona und ernste Studienreisende aus Wien. Ein amerikanischer Franziskanermönch erklärt hingebungsvoll an seinen Lippen hängenden Touristinnen die Stadt; er wirkt so schön und schwungvoll, daß für einen Moment der Verdacht aufkommt, hier sei ein Schauspieler am Werk, der am Schluß der Vorführung seine Kutte ablegen und die eleganteste Zuhörerin in den Arm nehmen werde. Andere Mönche erinnern in ihrer ruhigen Behäbigkeit an die tönernen Bierseidel-Brüder, die in den Seitengassen feilgeboten werden.

Wenn man von allem – Mittelalter, Reisegruppen und Mönchen – genug hat, so findet man nur wenige Schritte entfernt kulinarische Oasen der Ruhe: die *Fortezza* und die *Buca di San Francesco* erfreuen mit erstklassiger umbrischer Küche. Vor und nach dem Abendessen aber lohnt die Piazza auf jeden Fall noch einmal einen Abstecher. Am frühen Abend ist sie in der Hand der Einheimischen, die mit ausladenden Gesten schicke Kostüme, Krawatten und Jacken spazierenführen. Später versammeln sich – wenn die Nacht nur einigermaßen lau ist – kirchli-

che Reisende jeden Alters, um den italienischen Abend mit Wein und Gesang zu
feiern. Das kann heiter werden oder auch
peinlich, sich zur fröhlichen Feier gitar-
renspielender Jugendlicher entwickeln
oder zum sturen Gegröhle. Die Einheimischen sind alles gewohnt: Sie wundern
sich über nichts mehr und bilden nach
neun Uhr abends auf der Piazza ohnehin
die Minderheit.

Kirchen und Klöster

Franziskus ist immer präsent: Die meisten Gotteshäuser Assisis haben in ir-
gendeiner Form mit ihm zu tun. Doch eine der schönsten Kirchen der Stadt entstand Jahrzehnte vor der Geburt des Heiligen. Der *Dom San Rufino* wuchs ab
1140 empor. Die Fassade ist ein Musterbeispiel der romanischen Baukunst Umbriens. Mauerbänder teilen die Fläche in
einzelne Segmente, drei herrliche Rosenfenster und das reich geschmückte Portal setzen beherrschende Akzente. Es
lohnt, die Skulpturen näher zu betrachten: Da findet man Pfauen und Löwen,
Christus zwischen Sonne und Mond, eine stillende Madonna und zahlreiche Fa-
beltiere.

Der Innenraum zeigt leider kaum noch
Spuren der ursprünglichen Ausstattung.
Er wurde im 16. Jh. neu gestaltet. So
fühlt man sich – nach dem Anblick der
faszinierenden Fassade – ein wenig enttäuscht. Allenfalls die römische Zisterne
in einem Nebenraum am Eingang ist ungewöhnlich. Man kann auch das Taufbek-
ken bestaunen (im rechten Seitenschiff),
in dem Franziskus, die heilige Klara und
Kaiser Friedrich II. getauft wurden.

Santa Chiara ist die Kirche der Klaris-
sinnen, der Franziskaner-Nonnen. Der
gotische, um 1260 entstandene Bau
wurde im 13. und 14. Jh. mit Fresken ge-

schmückt. In der Krypta werden die Reliquien der heiligen Klara, der geistigen
Weggefährtin des Franziskus, aufbewahrt. Das Kruzifix in der Cappella del
Crocifisso (vom rechten Querschiff zugänglich) gilt als besonders heilig: Es
sprach der Überlieferung nach einst in
der Kirche San Damiano zu Franziskus.
Hinter einem massiven Gitter zeigen ver-
hüllte Nonnen in diesem Raum den Besuchern Reliquien, wie das von der heiligen
Klara gestickte Hemd des Franziskus, seine Sandalen, den Gürtel und einige Haa-
re der Klara.

San Francesco ist die am reichsten ausgestattete Kirche der Stadt. Zu Ehren des
Heiligen waren hier fast 200 Jahre lang
einige der bedeutendsten italienischen
Künstler tätig, unter denen die toscanischen Maler Cimabue, Giotto, Simone
Martini, Pietro Lorenzetti besonders her-
vorragen. Die Grabeskirche des hl. Franziskus entwickelte sich so zu einem Mu-

Blick auf den Dom San Rufino

Der Narr Gottes

Wer war nun dieser Franziskus, um den sich in Assisi alles dreht? Oft ist er als der größte christliche Heilige bezeichnet worden. Zumindest daran besteht kein Zweifel: Er war eine der eindrucksvollsten und einflußreichsten Gestalten der Religionsgeschichte. Dabei begann sein Leben sehr weltlich und normal. Der 1182 geborene Kaufmannssohn »vergeudete«, wie sein Anhänger und Biograph Thomas von Celano schrieb, »bis fast zum 25. Jahre elendiglich seine Zeit. In eitlen Beschäftigungen übertraf er alle seine Altersgenossen und vollführte böse Dinge und Dummheiten. Alle bewunderten ihn, alle versuchte er mit maßlosem Ehrgeiz zu übertreffen: in den Spielen, der Eleganz, den schönen Sprüchen, dem Singen, der aufwendigen Kleidung.« Es war ein weiter Weg von diesem Ausgangspunkt zum betenden, meditierenden, predigenden *poverello*. Doch Franziskus legte den Weg in wenigen Jahren zurück. Bereits als 28jähriger stand er einer Gemein-schaft von Brüdern vor und erreichte die Anerkennung seiner Regel durch den Papst. In der Oberkirche von San Francesco hat Giotto um 1300, gut 70 Jahre nach dem Tod des Heiligen, seine Lebensgeschichte, darunter die zahlreichen ihm zugeschriebenen Wunder, gemalt.

Doch Franziskus' einzigartige Wirkung ging nicht auf Wunder zurück, die ja in ähnlicher Form von vielen Heiligen erzählt wurden. Es war vielmehr seine überragende Persönlichkeit, die ihn schon zu Lebzeiten in ganz Europa berühmt machte. Seine Botschaft wirkte überzeugend, weil sie in seinem Leben bruchlos verwirklicht wurde. Der Kaufmannssohn predigte Armut, Demut, Nächstenliebe, Bescheidenheit und lebte diese Tugenden beispielhaft vor. Er nahm eine entbehrungsreiche Existenz auf sich, aß ärmliche Nahrung, reiste mit bescheidenen Mitteln durch die Lande, zog sich immer wieder zur Meditation in abgelegene Gebirge zurück. Doch wo er auftauchte, versam-

seum der bildenden Kunst vor allem des frühen 14. Jh.s. Der dem Florentiner Giotto zugeschriebene Freskenzyklus »Lebensgeschichte des Franziskus« in der Oberkirche wird zu den epochemachenden Werken der europäischen Malerei gerechnet. In den kurz nach 1300 entstandenen Szenen deutet sich bereits die Entwicklung zur Renaissancekunst an. Die Bilder sind nach klaren Kompositionsprinzipien gegliedert, die Menschen werden übersichtlich in Gruppen zusammengefaßt, gemalte Architektur unterstreicht die Komposition. In Gesten und Bewegungen werden seelische Regungen sichtbar, Landschaften ersetzen den in der älteren Malerei vorherrschenden flachen Hintergrund. Geschickt setzt

melten sich die Menschen, um den *giullare di Dio* (den Sänger-Narren Gottes) sprechen zu hören. Franziskus ließ sich von den Eingebungen des Augenblicks inspirieren. In ekstatischen Worten pries er die Güte Gottes oder er redete – vor allem vor sozial hochgestelltem Publikum – den Zuhörern streng ins Gewissen. Selbst dem Papst und der Kurie hielt er mutig Verschwendungssucht und Hochmut vor.

Seine Aufrichtigkeit machte dem beredten Prediger nicht nur Freunde. Von der Amtskirche wurde er als Gratwandler zwischen Ketzertum und Kirchenreform gesehen. Man versuchte, den radikalen Kritiker einzubinden und seine provokativen Ideen zu entschärfen. Franziskus lehnte Organisation und Hierarchie für seinen Orden ab, er wollte in brüderlicher Gemeinschaft mit den Mönchen leben. Die Brüder sollten sich mit eigener Hände Arbeit ernähren und sich nicht durch irdischen Besitz belasten. All das gefiel den römischen Würdenträgern nicht: Zu stark standen solche Vorschläge im Kontrast zum Prunk der Kardinäle. So drängte die Kurie von Anbeginn darauf, den ungebärdigen Orden zu zähmen. Zu Franz' Lebzeiten gelang das kaum. Doch bald nach seinem Tode nahm Rom die Franziskaner in den Griff. Sie mußten sich straff organisieren wie andere Mönche, ihr Armutsideal wurde als Ketzertum bekämpft. Über solche Fragen kam es zu harten Auseinandersetzungen unter den Franziskanern selbst; die radikalsten unter ihnen wurden exkommuniziert, einige sogar als Ketzer verbrannt.

Legendär – und für seine Zeit etwas völlig Neues – war Franziskus' Hinwendung zur Natur. Sein »Sonnengesang« zählt zu den ersten literarischen Zeugnissen in der italienischen Volkssprache. Franziskus preist in dem poetischen Gebet Gott in all seinen Geschöpfen: der Sonne, dem Mond, dem Wind, der Luft, den Wolken, dem Wasser, der Erde und dem Feuer. Viele Legenden berichten davon, wie Franziskus sich mit Tieren verständigte.

Am 3. Oktober 1226 starb Franziskus 44jährig bei der Kapelle Porziuncola, im heutigen Santa Maria degli Angeli unterhalb von Assisi (vgl. S. 95). Bereits zwei Jahre später wurde er heiliggesprochen. Papst Gregor IX. legte selbst den Grundstein für die Grabeskirche, die eine der großen Kunststätten Italiens werden sollte. Der aufwendige Bau hätte Franziskus vermutlich nicht gefallen. Aber heutige Besucher freuen sich: Wie an wenigen anderen Orten konzentriert sich in der Kirche San Francesco die italienische Kunst des 13. und 14. Jh.s.

Giotto auch die Perspektive ein – zwar noch nicht mit mathematischer Präzision, aber er schafft doch eine bis dahin unerreichte Tiefe des Bildraums. Mit Hilfe dieser Stilmittel erzählt der Künstler in neuartiger Weise das Leben des Heiligen. Manche seiner Bilderfindungen (so die Szene »Franziskus empfängt die Stigmata« an der linken Wand) sind im Lauf der Jahrhunderte immer wieder aufgegriffen worden.

Die Unterkirche ist in mystisches Dunkel gehüllt. Nur die künstliche Beleuchtung erlaubt es, die zahlreichen Fresken des vollständig ausgemalten Raums zu betrachten – vergessen Sie nicht das Geld für die Münzautomaten! Bemerkenswert sind vor allem:

Blick auf San Francesco

– die Kapelle des heiligen Martin (erste Kapelle links) mit Bildern des Sienesen Simone Martini (um 1325),
– der linke Querschiffarm: lebendige Szenen des Neuen Testaments in lebhaften Farben, 1320–30 von Pietro Lorenzetti gestaltet,
– das Gewölbe über dem Hauptaltar: Ein unbekannter Maler stellte hier die »Verherrlichung des Franziskus« sowie die Allegorien der Armut, Keuschheit und des Gehorsams dar,
– der rechte Querschiffarm: ein ausdrucksvolles Bild der Madonna mit Kind, Engeln und Franziskus von Cimabue (um 1260) zeigt eines der ältesten Porträts des *poverello*. Auch die fünf Heiligenbilder von Simone Martini und die biblischen Szenen aus der Werkstatt Giottos können begeistern.

In der Krypta unter der Kirche befinden sich Franziskus' sterbliche Überreste. Aus Furcht vor Grabräubern hatte man sie lange Zeit so gründlich versteckt, daß ihr Aufenthaltsort in Vergessenheit geriet; erst im 19. Jh. wurden sie wieder entdeckt.

Beim ziellosen Bummel durch Assisi stößt man immer wieder auf Kirchen und Klöster, so auf die romanischen Bauten *Santa Maria Maggiore* und *San Pietro*. Besonders viel besucht werden die franziskanischen Stätten außerhalb der Stadt. Der Heilige zog sich häufig in die Einsamkeit zurück; daher liegen viele Franziskus-Heiligtümer in der freien Natur. Einige Kilometer oberhalb von Assisi befindet sich am Hang des Monte Subasio das Kloster *Eremo delle Carceri* (von Assisi mit Pkw, Taxi oder auf einer einstündigen Fußwanderung erreichbar). Dichte Wälder umgeben die hübschen Steingebäude der Einsiedelei. Ein Mönch zeigt die Höhlung im Fels, in der Franziskus einst schlief, Kälte und Feuchtigkeit preisgegeben. Hinweisschilder bitten die Besucher um Stille; so hört man das Gezwitscher der Vögel und wird daran erinnert, daß Franziskus an diesem Ort einst seine Vogelpredigt hielt.

Ein weiterer für die franziskanische Tradition wichtiger Ort ist *San Damiano.* Das kleine Kloster liegt zwischen Wiesen und Ölbaumhainen unterhalb Assisis, etwa 20 Fußminuten vom Stadtzentrum entfernt. Franziskus schrieb hier seinen berühmten »Sonnengesang«. San Damiano ist, allen Reisegruppen zum Trotz, noch immer der rechte Ort, um der franziskanischen Hinwendung zur Natur nachzuspüren: Eine leichte Brise streicht durch die Ölbäume, die schlichten Klostergebäude leuchten in der Sonne, man blickt weit über das grüne Land.

Weniger idyllisch geht es in *Santa Maria degli Angeli* zu. Bei der wichtigsten franziskanischen Wallfahrtskirche scheinen alle Ideen des Heiligen karikaturhaft ins Gegenteil verzerrt. Einst stand hier die *Porziuncola,* eine winzige Kapelle im Wald, in die Franziskus sich zum Gebet zurückzog und wo er mit seinen Brüdern die ersten Treffen des Ordens abhielt. Bei

der Porziuncola ist Franziskus auch gestorben. Die Kapelle blieb erhalten – ein schlichter, im 14. Jh. mit schönen Fresken ausgestalteter Bau –, doch hat man über der heiligen Stätte eine monumentale Barockkirche errichtet, die jeder Vorstellung von spiritueller Bescheidenheit Hohn spricht. Zu allem Überfluß liegt die bombastische Konstruktion inmitten einer öden Ansiedlung von Hotels, Andenkengeschäften und unerfreulichen Wohnbauten.

Santa Maria degli Angeli wird vor allem beim jährlichen Vergebungsfest (1. und 2. August) von Tausenden von Pilgern besucht. Doch religiöse Feste – wie könnte es anders sein – finden in Assisi das ganze Jahr über statt: die *Corda Pia* an jedem Freitag und Samstag während der Passionszeit, die Prozessionen und Messen der Osterwoche, die Pfingst- und Fronleichnamsprozessionen, die *Festa del Voto* (22. Juni), die Franziskus-Feiern (3. und 4. Oktober). In der zweiten Maiwoche lebt die ganze Stadt im Tau-

Szene vom Calendimaggio-Fest

mel des *Calendimaggio:* Hunderte von Einheimischen in wunderbaren historischen Kostümen beteiligen sich an Umzügen, Wettkämpfen, Tänzen, Theateraufführungen. Man fühlt sich zurückversetzt in weit entfernte Zeiten: Nicht nur die Mauern und Gassen der alten Stadt erzählen dann vom Mittelalter, auch die Gesichter der verkleideten Bürger und Bürgerinnen erinnern eher an die Bilder Raffaels und Peruginos als an die Epoche von Fernsehen und Computer.

Spoleto: Zwei Welten feiern

3 Hier irrte Goethe:»Spoleto hab' ich bestiegen und war auf der Wasserleitung, die zugleich Brücke von einem Berg zu einem andern ist. Die zehen Bogen, welche über das Tal reichen, stehen von Backsteinen ihrer Jahrhunderte so ruhig da, und das Wasser quillt immer noch in Spoleto an allen Orten und Enden. Das ist nun das dritte Werk der Alten, das ich sehe, und immer derselbe große Sinn. Eine zweite Natur, die zu bürgerlichen Zwecken handelt, das ist ihre Baukunst, so steht das Amphitheater, der Tempel und der Aquadukt.« Er ist aber gar nicht antik, der *Ponte delle Torri,* über den sich der reisende Dichter begeisterte. Matteo di Gattapone hat die Brükke um 1350 geschaffen. An mittelalterlichen Bauten ging Goethe gewöhnlich souverän vorbei. Der Irrtum, es handle sich um eine römische Konstruktion, erlaubte ihm wenigstens einmal, ein solches Werk gebührend zu bewundern.

Bewundernswert ist der Aquädukt in der Tat. Fast 80 Meter über dem Bett des Flüßchens Tessino schwingt er sich vom Burgberg Spoletos zu den Hängen des Monteluco. Ein Fußweg führt, gut durch eine Mauerbrüstung gesichert, über den 230 m langen Bau. Man genießt schwindelerregende Tiefblicke und die Aussicht auf die *Rocca,* ein weiteres Meisterwerk des Architekten Gattapone. Die einstige päpstliche Burg diente jahrzehntelang als Gefängnis; gegenwärtig wird sie zu einem Kulturzentrum umgebaut.

Eine Fußgängerpromenade zieht sich rund um das Kastell. Hier kann man sich mit Spoleto vertraut machen. Es begegnen einem nicht nur Liebespaare, kinderwagenschiebende *Mamme* und Großfamilien auf dem Nachmittagsspaziergang. Auch die Lage der Stadt und ihre Einbettung in die Naturumgebung werden deutlich. Spoleto zieht sich einen Hang hinauf.»Die Straßen der Stadt gehen bergauf, doch in sanfter Steigung, und angenehme Plätze durchbrechen sie«, notierte Ferdinand Gregorovius 1861. Weit schweift der Blick nach Norden über die Ebene der Valle Umbra. An allen anderen Seiten ist Spoleto von Bergen umgeben; unvergeßlich bleibt mir ein herrlicher Wintertag, in dessen klarem Licht die verschneiten Gipfel der Stadt ganz nahe zu rücken schienen.

Gleich unter dem Kastell erhebt sich der *Dom.* Seine Lage am Ende eines abschüssigen Platzes ist einzigartig. Der ganze Bau zeigt unverwechselbare Individualität. An der Fassade fügen sich der spitze Glockenturm, ein Goldgrundmosaik, die fein verzierten Rosenfenster und der Renaissanceportikus zu einem Bild vollendeter Harmonie. Nur zu gern stellt man sich vor, wie auf diesem vollendeten Platzensemble bei den jährlichen Festspielen viele tausend Zuhörer Konzertklängen lauschen. Auch innen birgt die kurz vor 1200 errichtete Kathedrale schöne Werke. Zwar wurde die Raumgestalt durch Umbauten verändert, doch der farbige Mosaikfußboden blieb erhalten. Über dem Hauptportal erblickt man eine Papstbüste des römischen Barockkünstlers Gian Lorenzo Bernini. Die Eroli-Kapelle (Zugang vom rechten Seitenschiff) wurde von Pinturicchio und anderen, unbekannt gebliebenen Renaissancemalern geschmückt. Unangefochtenes Hauptwerk der Kirche aber sind die prachtvollen Fresken des Malermönchs Filippo Lippi im Chor, auf denen Verkündigung, Geburt Christi, Marientod und -krönung dargestellt werden. Filippo Lippi liegt ganz in der Nähe seiner Schöpfungen, im rechten Seitenschiff, begraben.

»Liebste, Spoleto ist die schönste Entdeckung, wie ich sie in Italien gemacht habe«, schrieb Hermann Hesse – nicht gerade im elegantesten Deutsch – 1911 an seine Ehefrau und schwärmte über »kaum bekannte Schönheiten, Berge, Täler, Brücken, Eichenwälder, Klöster, Wasserfälle u.s.w.« Bei anderen Reisenden allerdings brachte der Ort ein zwiespältiges Echo hervor. Manche waren wie Hesse begeistert (Gregorovius notierte: »Mir schien, als hätte ich nie etwas so Malerisches gesehen als jene alte Burg über der vielgetürmten, schöngegliederten Stadt«), andere klagten über verfallene Bauten und schlechten Empfang, wie der Fußwanderer Johann Gottfried Seume, der 1802 bemerkte: »Es ist ein großes, altes, dunkles, häßliches, jämmerliches Loch, das Spoleto; ich möchte lieber Küster Klimm zu Bergen in Norwegen sein als Erzbischof zu Spoleto.«

Wer klassische Bildung genossen hatte, reiste damals gern in den Ort: Ihm war

Der Aquädukt von Spoleto

der Bericht des römischen Historikers Livius vertraut, der beschreibt, wie die Provinzstadt *Spoletium* sich erfolgreich gegen Hannibal zur Wehr setzte. Das brachte den Einwohnern den Ruf besonders treuer und fähiger Verbündeter der Römer ein.

Im Mittelpunkt italienischer Geschichte stand Spoleto vom 6. bis 8. Jh., als der germanische Stamm der Langobarden es zur Hauptstadt seines mittelitalienischen Reichs wählte. Jahrhunderte später prägten nochmals Germanen die Stadtgeschichte, allerdings auf unerfreuliche Art: Die Truppen Friedrich Barbarossas zerstörten 1155 die Bauten der papsttreuen Stadt. Spoletos Häuser und Kirchen erstanden neu, doch seine Macht war gebrochen. Schon Ende des 12. Jh.s verlor es den Status der freien Republik und geriet in die Gewalt des Kirchenstaats. Seither ist es ein ruhiger Provinzort.

Einmal im Jahr allerdings unterbricht Spoleto seinen Dornröschenschlaf: Die ›Festspiele der zwei Welten‹ finden bei Theaterfreunden in Europa und Amerika Beachtung. Gian Carlo Menotti heißt der Prinz, der Spoleto in die kulturelle Reife geküßt hat. Anders als das Märchen-Dornröschen sinkt Spoleto jedoch regelmäßig wieder zurück in den sanften Schlummer der schlafenden Schönheit.

Festival zweier Welten

Festival dei Due Mondi nannte Gian Carlo Menotti die 1958 begründeten Festspiele. Der Italiener Menotti lebte damals als erfolgreicher Komponist und Dirigent in New York. Das Festival sollte die Brücke schlagen zwischen den ihm wohlvertrauten Kulturen Europas und Nordamerikas. Warum gerade in Spoleto? Die schöne, vom Tourismus noch nicht entdeckte Kleinstadt, ruhig gelegen und doch schnell von Rom erreichbar, schien Menotti für sein Vorhaben besonders geeignet. Zudem – eine zentrale Voraussetzung – zeigte sich die kommunistische Stadtverwaltung für das Projekt besonders aufgeschlossen. Doch auch an Widerständen mangelte es in den Anfangszeiten nicht. Spoletos Bischof warnte vor moralischer Gefährdung durch das internationale Kulturprogramm. Als bald darauf die Frauen einer afrikanischen Volkstanzgruppe barbusig auftraten, schien er recht zu behalten ... Mittlerweile hat man sich in Spoleto an vieles gewöhnt, überall hängen Künstlerfotos und die Festivalplakate, die von weltberühmten Künstlern entworfen wurden. Mirò und Henry Moore beispielsweise waren sich für die Spoleto-Werbung nicht zu schade. Das Veranstaltungsprogramm ist seit jeher erstklassig. Stars wie Luchino Visconti, Ken Russell, Ingmar Bergman haben in Spoleto Regie geführt. Renommierte Theaterensembles, Tanzgruppen und Orchester treten auf. Im ›Spoleto Festival Orchestra‹ wirken junge amerikanische Musiker zusammen, die extra zu dieser Gelegenheit anreisen. Viele Veranstaltungen finden im Freien statt, andere in den restaurierten Theatern der Stadt. Im dichtgedrängten Programm folgt ein Höhepunkt dem anderen – oft bis zu zehn Aufführungen am Tag.

Spoleto hat das Festival akzeptiert, doch Einwohner und Gäste sind in zwei Welten geblieben. Manchmal scheint der Graben zwischen Europa und den USA kleiner als der zwischen der umbrischen Provinzstadt und der Metropole Rom, die ihre Kulturschickeria zum Festival entsendet. Nicht die Künstler wirken fremd, sondern die pfauenhaft gespreizten Zuschauer aus der Großstadt. Eine zwanghafte Atmosphäre konstatierte die große Tageszeitung »La Repubblica«: Der Genuß der Kunst ist bei vielen Besuchern in den Hintergrund getreten gegenüber der manischen Selbstdarstellung. Damit es wieder schöner wird: Hoffen wir, daß Spoleto ein wenig aus der Mode kommt!

Die Festspiele finden jährlich im Juni/Juli statt. Programm und Vorbestellungen: Ufficio Festival, Via Beccaria 18, 00196 Roma, ✆ 06-3210288

Spoleto

99

◁ *Blick auf den Domplatz von Spoleto*

Römer und Romanik

Spoletos Reichtum ist mit dem Dom, dem Aquädukt, dem Festival nicht erschöpft. Die Festspiele haben der Stadt ausgezeichnete Hotels beschert (wie das stilvolle *Gattapone* am Ponte delle Torri, aber auch die einfacheren *Charleston* und *Aurora*), daneben auch Antiquitätengeschäfte, Galerien, Keramikläden. Nur das kulinarische Angebot ist – im Vergleich etwa zu Perugia und Assisi – bescheiden, kaum ein Restaurant hebt sich über den Durchschnitt heraus. Interessanter sind schon die Feinkostgeschäfte mit ihrem Angebot an Käse, Schinken und schwarzen Trüffeln und vor allem der farbige Markt an der *Piazza del Mercato*. Einst stand hier das römische Forum. Der alte Zugang ist noch zu erkennen: der 23 n. Chr. zu Ehren eines verstorbenen Kaisersohns errichtete *Drususbogen*. Nicht weit entfernt findet sich an der Piazza della Libertà das *römische Theater*. Es wird heute wieder für Aufführungen genutzt. An die antike Vergangenheit Spoletos erinnert auch die *Casa Romana* beim Rathaus (Palazzo Comunale), in deren Räumen Mosaiken und Stuckfragmente erhalten blieben.

Stärker als die römische Kunst fasziniert in Spoleto aber die Romanik. Ihr Hauptwerk ist die etwa 15 Fußminuten vom Zentrum entfernte Kirche *San Pietro.* Der Innenraum des 800jährigen Baus wurde 1699 zwar bis zur Unkenntlichkeit restauriert. Doch die Fassade zeigt unversehrt den originellen Skulpturenschmuck des 12. Jh.s. Anschauliche Reliefs überraschen mit immer neuen Details. Da wird ein toter Sünder von eifrigen Teufeln an den Haaren gezerrt, während ein Engel chancenlos abzieht; den sterbenden Gerechten hingegen trifft unter dem Schutz desselben Engels ein besseres Los. Weiten Raum nehmen Motive aus den mittelalterlichen ›Bestiarien‹ ein, den Tierdarstellungen, die das Beispielmaterial für Predigten und religiöse Allegorien lieferten. Ein Fuchs stellt sich tot, um Vögel zu fangen; ein Wolf hat sich als Mönch verkleidet; Hirsche verzehren Schlangen; Pfauen picken an Weintrauben. Die biblischen Szenen der Fußwaschung und der Apostelberufung am See Genezareth vervollständigen den anschaulichen Zyklus.

Lohnend ist auch der Besuch von *Sant'Eufemia* in der Nähe des Doms. Als einzige Kirche Umbriens hat sie Emporen über den Seitenschiffen, sogenannte Matroneen. Der eindrucksvolle Raum wurde geschickt restauriert.

Die Fülle romanischer Kirchen Spoletos ist fast unerschöpflich. Wer ihnen weiter nachgehen möchte, findet am unteren Rand der Altstadt *San Gregorio,* etwas außerhalb des Zentrums *San Ponziano. San Salvatore* schließlich ist das älteste erhaltene Gotteshaus der Stadt. Teile des wuchtigen Baus gehen vermutlich bis auf das 4. oder 5. Jh. zurück.

Todi: Modell für Lebensqualität

4 Kaum irgendwo anders in Umbrien, ja in ganz Italien, wirkt das Zusammenspiel von Stadt und Natur so harmonisch wie bei Todi: Das Landschaftsbild in der Umgebung hat sich durch die Jahrhunderte fast unversehrt erhalten. Tief unter dem Stadthügel schlängelt sich der Tiber durch Wiesen und Äcker. Kornfelder und Weingärten, Bäume und Waldstücke, Bauernhäuser und verstreute Weiler bilden ein bewegtes Muster. Das Land leuchtet in unendlichen Schattierungen von Gelb und Grün. Es dürfte vor gut 130 Jahren nicht viel anders ausgesehen haben, als Ferdinand Gregorovius notierte, kaum ein anderer Ort habe ihm »so angenehme Erinnerungen zurückgelassen als Todi. Diese uralte Stadt ... liegt auf einer lachenden Höhe über dem Tibertale, in einer von Olivenhainen und Weinbergen bedeckten Hügellandschaft, an welcher der schöne Fluß vorüberzieht. Von den großen Verkehrsstraßen nicht berührt, ist sie wie eingeschlummert in ihrer eigenen Vergangenheit, in einer zauberhaften Stille, die aber keineswegs Abgestorbenheit zu nennen ist«.

Schon 1861 war Todi also ein Geheimtip. Der Dichter Gabriele D'Annunzio bezeichnete es, ähnlich wie vor ihm Gregorovius, als *città del silenzio,* als Stadt der Stille. Kenner und Liebhaber siedeln sich seit längerem im historischen Zentrum und auf den Hügeln der Umgebung an. Hier haben sich Prominente aus dem nahen Rom, aber auch amerikanische Künstler, Journalisten und Wissenschaftler niedergelassen. Der Rektor der renommierten Yale-Universität ist unter ih-

nen ebenso wie die Starreporterin Jane-Kramer.

Ein Amerikaner war es auch, der Todi vor einigen Jahren in die Schlagzeilen der Weltpresse brachte. Die umbrische Kleinstadt, so befand der Urbanistik-Professor Richard Levine von der Kentucky University, biete ihren Bewohnern die

Piazza Vittorio Emanuele II in Todi

höchste Lebensqualität auf der ganzen Welt! Das Klima sei ideal, die Größe optimal, das Verhältnis zum agrarisch geprägten Umland vorbildlich. Hätte der Professor nur geschwiegen! Die Folge seiner These war nicht nur ein wachsender Touristenandrang, sondern vor allem ein inflationärer Anstieg der Immobilienpreise und Mieten. Wohlhabende Amerikaner und Italiener kaufen sich in dem Städtchen ein, das vom Geheimtip zum Weltstar wurde. Schon warnt der Bischof: »Wenn Todi eine besonders lebenswerte Stadt ist, muß man etwas tun, damit es so bleibt.« Auch die örtlichen

Steinmetzarbeit an San Pietro

Politiker erklären sich entschlossen, den Ausverkauf des Zentrums zu verhindern. Ob es ihnen gelingt, wird nur die Zukunft zeigen. Möglicherweise ist Levines Entdeckung das Ende von Todis Lebensqualität.

Unbestreitbar aber ist die ästhetische Harmonie der Kleinstadt. Mauern, Türme und Ziegeldächer geben der Silhouette des hochgelegenen Ortes einen lebendigen Rhythmus. Am schönsten ist die Anfahrt von Westen her, über die Tiber-Brücke von Pontecuti. Ein Grüppchen mittelalterlicher Häuser bewacht da, malerisch zusammengedrängt, den Flußübergang. Gleich darauf kurvt die Straße den Hang hinauf. Man passiert den imposanten Renaissancebau der Wallfahrtskirche Santa Maria della Consolazione und findet sich wenig später im Stadtzentrum. Auf engem Raum drängen sich Wohnhäuser und Kirchen, eingefaßt vom Ring der Befestigungsmauern. Von den Gassen und Plätzen genießt man immer wieder herrliche Ausblicke auf die Hügel der Umgebung und das Flußtal. Besonders reizvoll ist das Panorama von der *Piazza Oberdan* am Altstadtrand. Mit einem Blick umfaßt man die graubraunen Bauten des Domhügels und die weite Landschaft in ihren abgestuften Grüntönen.

Große Vergangenheit

Todi war in der Antike Grenzort zwischen den Gebieten der Etrusker und der Umbrer; sein Name kommt vom etruskischen *tular* (Grenze). Als die Römer um 340 v. Chr. die Stadt ihrem Herrschaftsbereich einverleibten, konnte sie bereits auf eine lange Geschichte zurückblicken, deren Ursprünge sich im Dunkel der historischen Ungewißheit verlieren. Ist Todi 2500 Jahre, ist es gar 3000 Jahre alt?

Wir wissen es nicht. Erst aus der Römerzeit sind präzise Tatsachen überliefert: 218 v. Chr. unterstützte die Stadt mit einem eigenen Kontingent Rom gegen Hannibal, kurz vor der Zeitenwende wurde ihr das Münzrecht zugestanden. Das Mittelalter, vor allem das 12. und 13. Jh., brachte den Höhepunkt ihrer Geschichte. Die Bürger Todis erkämpften sich Unabhängigkeit und Selbstverwaltung, die mit einem eigenen Heer gegen die Nachbarstädte Orvieto, Perugia und Spoleto verteidigt wurden. Handel und Landwirtschaft florierten, die großen, noch heute erhaltenen öffentlichen Gebäude entstanden. In dieser Zeit lebte auch der berühmteste Sohn der Stadt: Um 1230 wurde Jacopo Benedetti geboren, der als Mönch unter dem Namen Jacopone da Todi zu einem der bedeutendsten Dichter seiner Zeit werden sollte, einem der ersten, die nicht nur in Latein, sondern auch in der italienischen Volkssprache schrieben. Der Poet, Angehöriger des damals noch jungen Franziskanerordens, wurde als fast 70jähriger Mann für seine kirchenkritischen Überzeugungen vom Papst Bonifaz VIII. mit fünfjähriger Festungshaft bestraft. Er starb 1306; sein Grab steht in der Krypta der Kirche S. Fortunato (mit einer falschen Angabe des Todesjahres: 1296).

Ab dem 14. Jh. verlor Todi an Bedeutung. Bald geriet es unter päpstliche Herrschaft. Als verschlafenes Landstädtchen im Kirchenstaat überdauerte es die Jahrhunderte. Heute belebt neben dem Tourismus auch ein wenig Industrie (Glas, Lebensmittelverarbeitung, Landwirtschaftsmaschinen) die örtliche Wirtschaft. Die Antiquitätenmesse (Ende April/Anfang Mai) hat nationale Bedeutung, die vor wenigen Jahren begründeten Theater- und Musik-Festspiele (Anfang September) gewinnen schnell an Ausstrahlungskraft.

Auf der Piazza

So stark die Konkurrenz auch ist: Die *Piazza Vittorio Emanuele II* gehört zu den schönsten im Land. Der Dom mit der großen Freitreppe und dem strahlenden Rosenfenster, die eleganten Rathausbauten, die mittelalterlichen Häuser, die Cafés und Geschäfte fügen sich zu einem Gesamtkunstwerk zusammen. Der Eindruck der Geschlossenheit war ursprünglich sogar noch größer: Im Mittelalter begrenzten vier Tore den Zugang, so daß die Piazza einzig nach oben, zum Himmel hin offen war. Viele Jahrhunderte zuvor hatte bereits das römische Todi hier sein Forum; wahrscheinlich stand an der Stelle des Doms damals, ebenfalls über einen Treppenaufgang, der Haupttempel der Stadt. Zwei Pole der mittelalterlichen Gemeinschaft prägen die Anlage: Religiosität und Macht der Kirche kommen im Dom zum Ausdruck, weltlicher Bürgerstolz in den Palazzi der Stadtrepublik.

Der Bau des *Doms Santa Maria* wurde im 12. Jh. begonnen. Aus dieser Zeit stammt die romanische Apsis mit der sehenswerten Unterkirche. Aber noch während der Dom langsam emporwuchs, entstand ihm am anderen Ende des Platzes Konkurrenz: Reiche Kaufleute und Handwerker stellten ihm um 1220 den *Palazzo del Popolo* mit seiner schönen Freitreppe gegenüber. Baueifer und Repräsentationsbedürfnis der Bischöfe und Bürger steigerten sich nun wechselseitig. Mehr als 200 Jahre zog sich die Errichtung des Dombaus hin. Unterdessen blieben die Bürger nicht untätig. Dem Palazzo del Popolo gesellten sie den eleganten *Palazzo del Capitano* mit seinen feinen gotischen Fenstern hinzu und etwa gleichzeitig – um 1290 – begannen sie auch mit dem Bau des großen *Palazzo dei Priori,* der die Südseite der Piazza

einnimmt. Sein endgültiges Gesicht erhielt der Platz aber erst, als die Bürgerherrlichkeit vergangen war und Todi unter päpstlicher Verwaltung stand. 1513 wurde der Prioren-Palast restauriert, wobei die noch heute erhaltenen Renaissance-Fenster entstanden; wenige Jahre später fand die Kirchenfassade mit dem Rosenfenster ihren Abschluß.

Außer den Rathausbauten hatten die Bürger Todis auch eine eigene Kirche errichtet: die wenige Schritte vom Hauptplatz entfernte *San Fortunato.* Das Gotteshaus gehörte dem Franziskaner-Orden, aber nur mit Unterstützung der reichen Kaufherren waren die Mönche imstande, einen so großen Bau auszuführen. Die gewaltige Freitreppe übertrifft in ihren Dimensionen diejenige der Kathedrale; an der unvollendeten Fassade ist vor allem das Hauptportal mit seinen phantasievollen Bildhauerarbeiten sehenswert. Es stammt aus dem frühen 15. Jh. – auch an San Fortunato, das gleichzeitig mit den Rathausbauten 1292 begonnen wurde, hat man mehr als ein Jahrhundert lang gearbeitet!

Spuren der Angst

Auf einem Spaziergang durch die Gassen der Altstadt findet man überall reizvolle Winkel. Das ländliche Element ist zwischen den steinernen Mauern gegenwärtig: Kleine Gärten, Blumen auf den Treppenwegen, ab und zu ein Mandel- oder Kirschbaum beleben das Stadtbild, auf versteckten Sträßchen am Rand der Altstadt wuchern Gräser und Brennesseln. Doch es wäre verfehlt, die Stadtanlage als reine Idylle zu verstehen. Sie zeigt ebenso deutlich die Spuren der Angst – der Angst vor dem Krieg. Vieles ist auf militärische Abwehr angelegt. Die engen Sträßchen, in denen Reiter oder gar Fuhrwerke nicht zurechtkamen, ließen sich schnell verschanzen. Die Häuser treten unregelmäßig, für jeden Angreifer unübersichtlich, vor und zurück, die Linienführung der Fassaden zwingt zu ständigen Richtungsänderungen; manche *vicoli* entpuppen sich unversehens als Sackgassen. Auch die Hauptstraßen, wie der Straßenzug Via Cavour – Via Roma – Via Matteotti, sind mit leichten Krümmungen bewußt so angelegt, daß weittragende Waffen, wie die gefürchteten Armbrüste, nicht zum Einsatz kommen konnten. Und wer durch die langgestreckten Vorstädte, die *borghi,* ins Stadtzentrum vordringen wollte, hatte drei Verteidigungsringe zu überwinden. Sie entsprechen der etruskischen, der römischen und der mittelalterlichen Ausdehnung der Stadt. Ein jeder hat seine eigenen, noch heute erkennbaren Mauern und Tore.

Idealbau der Renaissance

Ein wenig außerhalb der Altstadt erhebt sich die Wallfahrtskirche *Santa Maria della Consolazione.* Der imposante Bau fehlt in keinem Lehrbuch der Kunstgeschichte. Die von der Kuppel bekrönte, fast perfekt symmetrische Anlage entspricht den Idealvorstellungen der Renaissance. Von solchen Zentralbauten träumten Philosophen und Architekten, denn der Kreis galt ihnen als die vollkommene, somit die göttliche Form. Der Zentralbau – der sich einem Kreis einschreiben läßt – faszinierte in der Renaissancezeit das Denken der Gelehrten. Praktisch wurde er nur selten verwirklicht, denn als Versammlungsort der Gläubigen waren die herkömmlichen Kirchen besser geeignet. Die Kirche von Todi stellt daher eines der wenigen Projekte dar, bei denen die Idealvorstellung in die Praxis umgesetzt wurde. Die Arbeiten an Santa Maria della Consolazione begannen 1508 und dauerten rund 100 Jahre. Elegante Formen und große Feinheit der Ausführung zeichnen die Kirche aus. Häufig werden antike Motive aufgegriffen: in den Pfeilern, den Kapitellen, den Friesen. Man nimmt an, daß Bramante, der Baumeister des römischen Petersdoms, am Entwurf beteiligt war; doch gibt es dafür keinen Beweis. Wie die Peterskirche ist auch der Bau von Todi keine Kirche stiller Besinnung. Hier wird die Macht Gottes gefeiert. Mit ihrer kühlen Größe beeindruckt die Architektur den Besucher und hält ihn zugleich auf Distanz.

Santa Maria della Consolazione bei Todi

Umbrische Städtefreiheit

Die stolzen Bauten der goldenen Zeit strahlen noch immer im alten Glanz. Der Palazzo dei Priori und die Fontana Maggiore in Perugia, der Palazzo dei Consoli in Gubbio, die drei Rathäuser in Todi und die beiden in Orvieto – sie alle und Dutzende weiterer repräsentativer Monumente zeugen von einer Zeit, als die umbrischen Städte *liberi comuni,* freie Stadtrepubliken, waren, niemandem untertan als der selbstgewählten Regierung. Hier entstand die europäische Demokratie der Neuzeit. 500 Jahre vor der Französischen Revolution entwickelten die Kommunen Umbriens – wie diejenigen der Toscana und Norditaliens – politische Formen, in denen der Bürgerwille zum Ausdruck kam. Die Herren des mittelalterlichen Europa: Adlige, Bischöfe, Kaiser und Papst, hatten hier nichts mehr zu befehlen. Kaufleute und Handwerker verwalteten die Städte. Gewiß, es war eine unvollständige Demokratie. Nur Männer hatten das Wahlrecht, und meist waren die politischen Rechte zudem an einen Mindestbesitz gebunden. Doch immerhin, innerhalb dieser Schicht galten demokratische Regeln.

Durch Handel und Handwerk wurden die umbrischen Städte wohlhabend. Vor allem Perugia, dessen Kaufleute zwischen der Adria und Florenz vermittelten, entwickelte sich zum kommerziellen Zentrum. Bankiers und Großkaufleute pflegten Geschäftsver-

bindungen in die prosperierende Toscana, aber auch nach Nord- und Mitteleuropa. Man handelte mit Wolle und Seide, mit Gewürzen, Farben, Schmuck und Fellen. In den Gassen der mittelalterlichen Orte drängten sich die Werkstätten. Schmiede und Schreiner, Weber und Gerber, Töpfer und Maler gingen ihrem Gewerbe nach. Auf belebten Märkten brachten die Bauern ihre Produkte zum Verkauf. Auswärtige Händler gaben den Orten ein internationales Flair. An der Universität Perugia studierten 1339, wie die Archive überliefern, Scholaren aus Deutschland, Böhmen, der Provence, Katalonien und England. Die vitalen und selbstbewußten Bürger nahmen ihre Geschicke selbst in die Hand. Als Symbole der städtischen Freiheit wuchsen reich geschmückte Rathausbauten empor. Im 13. Jh. waren alle größeren umbrischen Städte – Perugia, Assisi, Spoleto, Todi, Gubbio, Foligno – faktisch selbständig, aber auch viele kleinere Orte: Montefalco, Spello, Amelia, Città di Castello, Gualdo Tadino, Norcia, Narni.

Kaiser und Päpste versuchten immer wieder, die unabhängigen Orte zu unterwerfen. Friedrich Barbarossa zog 1155 gegen ihre Freiheit zu Felde und zerstörte in diesem Krieg Spoleto. Doch konnte er seinen Machtanspruch nicht durchsetzen. Eine Koalition lombardischer Stadtrepubliken zerschlug den Traum vom kaiserlichen Italien.

Gefährlicher für die umbrischen Kommunen war der Zugriff der Päpste. Ab dem 14. Jh. bekam Rom immer größere Teile Umbriens in seine Gewalt. Hoch über den Stadtzentren entstanden die päpstlichen Zwingburgen, die *Rocche,* die man heute noch besonders gut in Spoleto und Narni sehen kann. Nur das mächtige Perugia widersetzte sich erfolgreich dem Kirchenstaat. Erst 1531 konnte Papst Paul III., der von der Weltmacht der Habsburger unterstützt wurde, die Stadt unterwerfen. Doch die Erinnerung an die alte Freiheit ging in Perugia nicht verloren. Als die Stadt sich drei Jahrhunderte später, 1860, von der päpstlichen Herrschaft befreite, zerstörten die Bürger sogleich das Symbol der fremden Macht, die Zwingburg *Rocca Paolina.*

Orvieto: Hoch auf dem Felsen

5 Hoch auf einem Felsen hockt Orvieto, 200 Meter über dem Tal, dem Lärm des Alltags entrückt. Unten führen die Autostrada und zwei Bahnlinien entlang, stehen Fabriken, Lagerhallen und Appartementhäuser. Orvieto blickt auf das ungeordnete Sammelsurium mit der Würde seiner 2500 Jahre, seiner stillen Plätze und noblen Palazzi. Durch die Position auf einem isolierten Hochplateau ist es geschützt vor den häßlichen Wucherungen der Neubauten.

Allerdings läuft die Stadt andere Gefahren. Der Untergrund aus Tuffgestein bröckelt. Tuff ist kein stabiles Material; schon seit dem Mittelalter wird von Erdrutschen berichtet. Der Autoverkehr hat die Probleme verstärkt. Aufwendige Sicherungsmaßnahmen sollen den Fels abstützen. Busse und Lastwagen werden aus der Stadt seit einigen Jahren herausgehalten, auch der private Verkehr unterliegt Beschränkungen. Dafür hat die Stadtverwaltung eine jahrzehntealte, längst stillgelegte Standseilbahn modernisiert und wieder in Betrieb gesetzt. In wenigen Minuten gelangt man so von der Ebene in die Altstadt.

Gleich bei der Bergstation der Bahn trifft man auf den *Pozzo di San Patrizio.* Der kuriose unterirdische Brunnen wurde um 1530 angelegt, um die Wasserversorgung Orvietos bei Belagerungen zu sichern. 62 m tief wurde ein zylinderförmiger Schacht bis zu einer Quelle in den Boden getrieben. Zwei Wendeltreppen mit besonders breiten Stufen führen auf den Grund – sie sollten auch für Esel und Maultiere gangbar sein, die das Wasser hinaufzutragen hatten. Man kann den Orvieto-Besuch mit einem Spaziergang in den Untergrund beginnen – die 248-Stufen-Treppen sind Besuchern zugänglich.

Orvietos Oberfläche ist nicht so düster wie der tiefe Brunnen. In der Stadt von gut 20 000 Einwohnern entfaltet sich ein reges Provinzleben. An Touristen mangelt es nicht, denn gern wird bei Romfahrten hier Station gemacht. Doch die Einheimischen bestimmen die Atmosphäre: auf dem lebhaften Markt am Rathaus, an den Porchetta-Ständen und in den Bars, beim Gespräch auf der Piazza

Blick auf Orvieto

und in den zahlreichen kleinen Läden. Die Fremden konzentrieren sich nur am Dom, der Hauptsehenswürdigkeit der Stadt. Dort und in der nahegelegenen Via del Duomo stehen auch Souvenirgeschäfte, Keramikboutiquen und auf Touristen ausgerichtete Feinkostgeschäfte. Verläßt man diese Promenade der Besucher, so ist man gleich unter den Stadtbewohnern. In Orvieto beschränkt sich der Tourismus auf wenige Punkte: Man hat Eile, man will weiter nach Rom. Der ruhige Besucher profitiert davon, er kann stärker ins hiesige Leben eintauchen als etwa in Assisi oder Gubbio.

Der mittelalterliche Charakter der Stadt hat sich vorzüglich erhalten. Dabei ist Orvieto viel älter. Unter dem Namen *Velsna* (lateinisch: *Volsinii*) war es ein bedeutendes Zentrum der etruskischen Kultur und zeitweilig eine der wichtigsten Städte Etruriens. Die Römer zerstörten 265 v. Chr. die Stadt und siedelten die Bewohner nach *Volsinii Novi,* ins heutige Bolsena um. In Orvietos Namen (von *urbs vetus,* alte Stadt) erhielt sich die Erinnerung an die große Vergangenheit.

Im 11. und 12. Jh. gelangte die Stadt dann wieder zu Macht und Ansehen. Vielfach residierten hier die Päpste. Ab 1290 wuchs der Dom empor, der seine Entstehung dem ›Wunder von Bolsena‹ verdankt (vgl. S. 156) und mit der Stiftung des Fronleichnamsfests verbunden ist. Die Marmorverkleidung der Kirche kontrastiert mit dem gelbbraunen Tuffstein, aus dem fast alle anderen Gebäude Orvietos errichtet wurden. Das einheitliche Baumaterial gibt der Stadt noch heute einen geschlossenen Charakter.

Die Kathedrale des Wunders

Schon von fern ist der Dom als das bedeutendste Bauwerk Orvietos zu erkennen. Über den Tuffhäusern ragt er markant hervor und setzt den mächtigsten städtebaulichen Akzent. Steht man dann vor der mehr als 50 Meter hohen Fassade, so bleibt einem fast der Atem weg – nicht nur, weil über den Domplatz oft ein starker Wind pfeift. Größerer Aufwand ist kaum je am Außenbau einer italienischen Kirche getrieben worden. Prunkvoll stellt sich die hohe Schauwand dar; Mosaiken und Statuen, Säulen und Reliefs schmücken dichtgedrängt die Front der Kathedrale. Kein Quadratzentimeter blieb ohne Verzierung. Die ältesten Werke stammen aus dem frühen 14. Jh., die neuesten sind gerade einige Jahrzehnte alt: Zwischen 1964 und 1970 schuf der einheimische Künstler Emilio Greco (dem auch ein Museum am Domplatz gewidmet ist) die Reliefs der mittleren Bronzetür.

Besonders schön wirken die reich ornamentierten Portale mit ihren raffiniert gedrehten Säulen und dem dezenten far-

Dom von Orvieto

bigen Mosaikschmuck. Zwischen den Toren ziehen sich herrliche Reliefbänder hin, auf denen ein unbekannt gebliebener Künstler des 14. Jh.s biblische Geschichten erzählt. Etwas später entstand das fein gearbeitete Rosenfenster. Die Mosaiken wurden zum Teil im 19. Jh. erneuert; einige von ihnen wirken fast aufdringlich mit ihren plakativen Farben.

Warum wurde gerade an Orvietos Kathedrale mit solchem Aufwand gearbeitet, warum wurden die beträchtlichen Summen für die reiche Dekoration investiert? Die Antwort liegt in der kirchengeschichtlichen Bedeutung des Baus. Der Dom ist ein Sinnbild des Fronleichnamsfests, ein machtvolles Zeichen für die Wahrheit der ›Transsubstantiation‹ (der Verwandlung von Hostie und Wein in Christi Leib und Blut beim Abendmahl). Um diese Glaubensfrage tobten im Mittelalter erbitterte Kämpfe zwischen ›Ketzern‹ und ›rechtgläubigen‹ Christen. Zum Glück für die römische Kirche stellte sich im rechten Moment ein Wunder ein. Ein böhmischer Priester, dem selbst Zweifel am Dogma gekommen waren, zelebrierte auf der Reise nach Rom in Bolsena die Messe. Dabei floß aus der Hostie wirkliches Blut auf das Kelchtuch. Das Mirakel wurde propagandistisch genutzt. Papst Urban IV., der damals in Orvieto residierte, stiftete zur Erinnerung das Fronleichnamsfest. Zudem ließ er zur Aufbewahrung des blutbefleckten Tuchs den gewaltigen Dom errichten. Verärgert waren die Bewohner Bolsenas: Sie hätten die Reliquie gern behalten; immerhin hatte sich das Wunder in ihrem Ort abgespielt! Doch das größere Orvieto, damals eine freie Stadtrepublik, die den Päpsten gnädig Aufenthalt gewährte, zog den Nutzen aus dem Ereignis. Bis heute: Von der prunkvollen Kathedrale profitiert nicht zuletzt das Geschäft mit dem Fremdenverkehr.

Der weite, harmonische Innenraum birgt in der Capella di San Brizio ein Hauptwerk der Renaissance-Malerei: den Freskenzyklus des Jüngsten Gerichts von Luca Signorelli. Signorellis nackte, oft in komplizierten Bewegungen gegebene Figuren stellen unmittelbare Vorläufer der Kunst Michelangelos dar. Thematisch ungewöhnlich ist die »Predigt des Antichrist« an der linken Wand. Der teuflische Verführer, äußerlich nicht von Jesus zu unterscheiden, läßt seine Anhänger Greueltaten begehen, während er heuchlerisch zum Volke spricht. Die gegenüberliegende Cappella del Corporale birgt das heilige Kelchtuch von Bolsena. Nur an Ostern und Fronleichnam wird der Reliquienschrein auf dem Altar geöffnet und das *Corporale* den Gläubigen gezeigt.

Durch die Altstadt

Ein bronzener Glöckner, den die Orvietaner *Maurizio* nennen, schlägt die Stunden auf dem Uhrturm *Torretta dell'Orologio* am Rand des Domplatzes. Hier beginnt die von Läden gesäumte Via del Duomo. Bei einem weiteren mittelalterlichen Turm, der *Torre del Moro,* trifft sie auf den Corso Cavour, die Hauptader des Zentrums. Man schlendert gemütlich durch die alten Gassen – Autos bleiben ausgesperrt. Wenige Schritte führen auf die Piazza del Popolo, wo sich der mächtige Rathausbau, der *Palazzo del Popolo* aus dem 12. Jh. erhebt. Das *Grand Hotel Reale* gegenüber ist eines der stilvollsten Hotels Italiens. In dem mittelalterlichen Palazzo haben Künstler wie John Steinbeck und Ernest Hemingway gewohnt – man kann es verstehen: Die Ausstattung mit alten Möbeln, Statuen, KristallLeuchtern, Spiegeln, Fresken ist unvergleichlich, der Empfang sympathisch.

Der Corso Cavour führt zur Piazza della Repubblica. Unterwegs trifft man auf orvietanische Spezialitäten: Schafskäse, Schinken, Olivenöl. Enotheken bieten den weißen Orvieto-Wein an. Achtung: Er wird *secco* (trocken), aber auch *abboccato* (süß) abgefüllt! Im Seitengäßchen Via Albani zeigt der örtliche Holzbildhauer Michelangeli originelle Möbel und Skulpturen.

Die Piazza della Repubblica ist nicht so beeindruckend wie Dom- oder Rathausplatz, dafür aber der Treffpunkt der Einheimischen. Mehrere Bars laden zum Café und Aperitif. Ein schöner Rundweg führt von hier durch malerische alte Viertel an den westlichen Stadtrand und auf die – zum Teil noch etruskischen – Mauern: Durch die Via Magalotti und die Via Malabranca zur Kirche San Giovenale, dann auf dem Mauerring über das Stadttor Porta Maggiore zur Kirche San Giovanni Evangelista und durch die Via Ripa Serancia zurück ins Zentrum. Herrlich sind die Ausblicke aufs weite Land, über dem sich Orvieto wie eine steinerne Insel erhebt.

Gubbio: Das Rennen der Verrückten

6 »Alle Bürger sind frei und gleich vor dem Gesetz«. 450 Jahre vor der Französischen Revolution verkündete das Stadtstatut Gubbios eine Regel, die noch heute in vielen Gebieten der Welt wie ein Aufruf zur Rebellion klänge. Die kleine umbrische Bergstadt – von 32 000 Einwohnern berichtet die Statistik, doch nur 10 000 wohnen im engeren Stadtbereich – stand einst mit an der Spitze der kulturell-politischen Entwicklung in Europa. Handel und Gewerbe blühten, die Einwohnerzahl entsprach – auf heutige

Maßstäbe übertragen – einer Großstadt von internationaler Bedeutung. Hermann Hesse spürte bei seinem Besuch 1907 die große Vergangenheit: »Ich hatte den Eindruck, die alten phantastischen Bauten spielten mit vehementen Gebärden das heiße Leben weiter, das hier vor Zeiten gegärt haben muß und von dem man bei den heutigen Einwohnern keine Spur mehr findet.«

Wäre Hesse am 15. Mai in Gubbio erschienen, so hätte er sich korrigieren müssen: Zumindest während des Festes der *Ceri* ist das Leben in Gubbio heiß bis zum Siedepunkt (vgl. S. 112). Sonst allerdings geht es ruhig zu. Im Vergleich zu anderen umbrischen Städten wirkt der Ort fast ein wenig museal. Die steilen Gassen sind musterhaft restauriert, doch Gubbio scheint in die Vergangenheit eingesponnen. Es zeigt bereitwillig seine ästhetischen Reize, aber die heutige Atmosphäre erschließt sich nur mühsam. Hesse schien es ähnlich zu empfinden: »Und wie man auf Reisen zuweilen plötzlich in sonderbare und unnötige Gedanken hineingerät, fiel es mir ein, darüber nachzudenken, warum ich denn eigentlich auf Reisen, warum ich in Italien und heute gerade in Gubbio sei. Ja, warum? Was suchte ich hier?«

Das schönste Gebäude der Stadt ist der großartige *Palazzo dei Consoli,* das Rathaus. Er entstand zwischen 1332 und 1337. An einer ebenen, gepflasterten Piazza erhebt sich der Bau aus hellem Kalkstein. Eine elegante Freitreppe führt in den großen Ratssaal, von der Loggia im Obergeschoß blickt man weit übers Land. Während ihrer zweimonatigen Amtszeit durften im Mittelalter die obersten Verwaltungsbeamten das Rathaus nie verlassen – sie sollten unbeeinflußt bleiben von persönlichen Beziehungen und politischem Druck.

Der Platz vor dem Rathaus, die Piazza della Signoria, wurde künstlich angelegt. Er ruht auf gewaltigen gemauerten Bögen. Im abschüssigen Gelände Gubbios fand sich keine natürliche ebene Fläche, die groß genug gewesen wäre für eine repräsentative Piazza. »Man meint zu träumen«, notierte Hesse an dieser Stelle, »oder eine Dekoration zu sehen und muß sich immer wieder davon überzeugen, daß das alles fest und steinern dasteht.«

Der größte Schatz des *Museo Civico* im Rathaus sind die *Tavole Eugubine,* sieben mit etruskischen und lateinischen Buchstaben beschriftete Bronzetafeln religiösen Inhalts aus dem 2. Jh. v. Chr. Gubbio war ein Zentrum der umbrischen Kultur, die vor der Römerzeit im Gebiet östlich des Tiber dominierte. Aus der römischen Epoche blieb das *Theater* am westlichen Ortsrand erhalten. Es faßte nicht weniger als 6000 Zuschauer.

Ein kurzer steiler Anstieg führt vom Rathausplatz zum gotischen *Dom.* Gegenüber steht der *Herzogspalast,* den Federico da Montefeltro (vgl. S. 222) ab 1475 errichten ließ. Besonders schön ist sein edler Renaissance-Innenhof.

Auf einem Spaziergang erreicht man die Basilika *Sant' Ubaldo* oberhalb der Stadt. Sie ist auch mit einer Seilbahn ab

Palazzo dei Consoli in Gubbio

Das Fest: Corsa dei Ceri

Die Verrückten von Gubbio, *i matti di Gubbio,* so nennen sie sich selbst. Ein bißchen Wahnsinn gehört schon dazu. Dutzende von Männern jagen in rasendem Tempo den Berg zur 300 Meter über der Stadt gelegenen Kirche Sant' Ubaldo hinauf. Das wäre an sich der Tollheit genug. Doch die Schnelläufer schleppen nicht nur sich selbst den steilen Hang hinauf. Jeweils zehn von ihnen tragen ein rund 400 Kg schweres Holzgerüst, auf dessen sechs Meter hoher Spitze eine Heiligenfigur schwebt. Drei solche *Ceri* schwanken auf den Schultern der rennenden Verrückten hügelan. Lange hält es kein Mensch durch, mit einer Belastung von fast einem Zentner bergauf zu sprinten. So schieben sich im fliegenden Wechsel ständig neue Träger unter die langen Stangen, auf denen die schweren Holzkonstruktionen sitzen. Der ganze Troß dieser ›Ersatzleute‹ hetzt ständig neben den Ceri her auf Sant' Ubaldo zu.

Das Ceri-Rennen wird in Gubbio abgehalten, solange die Erinnerung reicht. Vermutlich geht es auf heidnische Feiern zurück. Das traditionelle Datum – der 15. Mai –, der unverkennbar phallische Charakter der Holzaufbauten und der Brauch, die Ceri vor dem Rennen mit Wasser zu begießen, lassen an Frühlings- und Fruchtbarkeitsriten denken. Doch dieser Sinn ist längst vergessen. Heute bildet die *Corsa dei Ceri* das Ereignis, bei dem Gubbio sich seiner Identität besinnt.

Die ganze Stadt gerät in den Festtaumel. Von überall aus der Welt kommen ausgewanderte Bewohner gereist. Selbst in Kriegszeiten hat der Ort nie auf das Rennen verzichtet. 1916 wurde es ausnahmsweise von Frauen durchgeführt – in Gubbio fanden sich nicht genügend kräftige Männer.

Schon in den Tagen vor dem 15. Mai beginnen die Festlichkeiten. Auf den Straßen und Plätzen wird gemeinsam musiziert, getanzt gesungen und gespeist. Im Morgengrauen des Feiertags wecken der Ceri-Träger, die *Ceraioli,* mit Trommelklang die beiden *Capitani della festa.* Der Erste Festkapitän erhält vom Bürgermeister die Schlüssel der Stadt: Für einen Tag ist er die wichtigste Person in Gubbio.

Hunderte von Ceraioli ziehen, immer von Musik begleitet, in farbigen Kostümen mehrfach an diesem Tag durch die Stadt. Die Prozessionen werden unterbrochen durch eine Messe, ein Bankett und die *Alzata* auf der Piazza della Signoria, bei der die Ceri erstmals in Erscheinung treten: In rasendem Tempo werden sie dreimal um den Platz getragen, während die dicht gedrängte Zuschauermenge in Begeisterungsrufe ausbricht. Abends um 18 Uhr beginnt dann das Rennen zur Basilika. Für die vier Kilometer benötigen die Läufer unter den schweren Gewichten weniger als eine Viertelstunde! Sie jagen mit ihrer Last direkt in die Kirche hinein, wo die Ceri abgelegt werden bis zum nächsten Jahr.

der Porta Romana zugänglich. In der Kirche lagern die imposanten *Ceri,* die Holzaufbauten, die im Zentrum des großen Stadtfests stehen. Lohnend ist auch ein Blick in den Kreuzgang des ehemaligen Klosters.

Der Wolf von Gubbio

Gubbios berühmteste Legende berichtet von einem gefräßigen Wolf, der Menschen und Vieh durch regelmäßige Überfälle in Angst und Schrecken versetzte. Der hl. Franziskus hörte davon und zog aus, um das Untier zu besänftigen. Kaum hatte der Wolf den Heiligen erblickt, so sprang er ihm angriffslustig entgegen. Franziskus aber schlug das Kreuzeszeichen und redete den Bösewicht an: »Komm her, Bruder Wolf, ich befehle dir um Christi willen, daß du weder mir noch sonst jemandem etwas Böses tust.« Überwältigt schloß Bruder Wolf das schon zum Verzehr des Wanderers aufgerissene Maul und legte sich vor Franziskus nieder. Der Heilige redete ihm ins

Gewissen und bot ihm an, er werde dafür sorgen, daß die Bewohner Gubbios ihn fortan ernährten – wenn er nur auf seine Raubzüge verzichte. Der Wolf erklärte sich durch Kopfnicken einverstanden und bekräftigte mit einem Pfotendruck den Schwur. Franziskus und das gezähmte Tier zogen in die Stadt, wo der Wolf den Eid vor versammelter Bürgerschaft wiederholte. Fortan lebte der frühere Unhold in Gubbio »und ging zahm von Haustür zu Haustür, ohne jemandem ein Leid zuzufügen«, wie die Legende berichtet. Nach zwei Jahren starb er, von der Bevölkerung betrauert, an Altersschwäche.

Soweit die Legende. In der örtlichen Überlieferung wird seit jeher noch ein Detail hinzugefügt: Der Wolf sei von den betrübten Bürgern ordnungsgemäß begraben worden. Und nun kommt der Clou: 1872 fanden Ausgrabungen an der Stelle statt, wo nach dem Volksglauben der Wolf bestattet lag. Was kam, völlig unerwartet für die Archäologen, an dieser Stelle ans Licht? Sie raten es: ein Wolfsskelett! Da staunt der Skeptiker und der Rationalist wundert sich ...

Entdeckungsfahrten durch Umbriens Kleinstädte

Assisi und Perugia, Gubbio und Spoleto, Todi und Orvieto gehören zum Standardprogramm der Umbrien-Fahrten. Aber rund ein Dutzend weiterer Städte überrascht den Besucher mit historischen Ortsbildern, mit Türmen und Mauern, malerischen Piazze, imposanten Kirchen und einem farbigen, immer interessanten Alltagsleben. Tagelang kann man sich abseits der bekannten Zentren von

Stadt zu Stadt treiben lassen – ein abwechslungsreiches Vergnügen, denn jeder Ort zeigt seinen Eigencharakter, jeder hat eine andere ›Persönlichkeit‹.

Spello **7** beispielsweise, nur zehn Kilometer von Assisi entfernt am Hang des Monte Subasio gelegen, bietet ein intaktes mittelalterliches Bild, wie es selbst im kunstverwöhnten Italien nicht häufig vorkommt. Das Städtchen ist aus dem

Blick auf Spello

gleichen rosafarbenen Kalkstein wie Assisi erbaut. Seine sanfte Tönung verleiht
den alten Wohnhäusern und Palazzi
Leichtigkeit und Wärme. Mit einem Blick
umfaßt man bei der Anfahrt die Harmonie des Städtchens: seine Lage auf einem Hügelrücken, die graziöse Silhouette, die unversehrten Stadtmauern, die
verschachtelten Dächer. Betritt man
durch eines der guterhaltenen Tore den
Ort, so öffnen sich neue Ausblicke in verwinkelte Treppengassen, auf Torbögen
und blumengeschmückte Balkone und
durch die Gassen auf die Ölbaumhaine
und Ginsterhänge der Umgebung.

Anders als in Assisi hat der Tourismus
noch nicht die Oberhand. Zwar stehen
ein paar Kunsthandwerk-Boutiquen an
der Hauptgasse, und an der zentralen
Piazza werden umbrische Spezialitäten –
Honig, Trüffel und Olivenöl – vermarktet.
Aber ansonsten gehört der Ort den Ein-

heimischen und ihrem Alltag. Bäcker
und Fleischer, Bars und Lebensmittelge-
schäfte dienen in erster Linie den ständigen Bewohnern – und nicht so sehr den
Reisenden. Die werden zwar freundlich
begrüßt. Aber die Hauptrolle spielen sie
nicht.

Hispellum – so der römische Name –
bestand schon vor mehr als 2000 Jahren. Seine Ursprünge reichen ins Dunkel
der Vorgeschichte zurück. Teile der antiken Befestigungsanlagen und drei römische Stadttore sind noch zu sehen; sie
wurden später in die mittelalterlichen
Mauern eingefügt. Besonders beeindruckend ist die große *Porta Venere* mit
drei Durchgängen und zwei flankieren-
den Türmen. Auch die Grundmauern eines Amphitheaters finden sich vor der
Stadt. Aber Spello ist kein Ort zum Ablau-
fen von Sehenswürdigkeiten. Seine Faszination bildet sich aus der Harmonie der

gesamten Stadtanlage, ihrer Treppengassen, Wohnhäuser und Plätze.

Eine Sehenswürdigkeit allerdings sollte man sich nicht entgehen lassen: die Cappella Baglioni in der Kirche *Santa Maria Maggiore.* Da hat der umbrische Maler Pinturicchio 1501 ein begeisterndes, heiteres Werk geschaffen. Auf farbenfrohen Fresken malte er biblische Geschichten: die Verkündigung, die Anbetung der Hirten und der Weisen, den zwölfjährigen Jesus im Tempel. Köstliche Gemälde, die die Freude dieses Renaissance-Malers an der Darstellung der ›diesseitigen Welt‹ ausdrücken. Auf einer tiefgrünen Wiese voller Blumen knien die Hirten mit ihren Bauerngesichtern. Glückliche Engel singen auf einer rötlichen Abendwolke; Ochs und Esel schauen sichtbar interessiert zu. Und einer der Hirten bringt dem Jesuskind einen liebevoll gemalten Korb voller Eier. Das ist fröhliche, einfache, fast naive Kunst, unmittelbar verständlich in ihrer bewegten Anschaulichkeit.

Spello ist auch ein Ort kulinarischer Genüsse. So gutes Eis wie in der zu Recht immer wieder preisgekrönten *Gelateria Ennio* vor der Porta Consolare wird man selbst im gelati-verwöhnten Italien selten finden. Im *Cacciatore* am oberen Ortsrand gibt es traditionelles landestypisches Essen. An den Hängen der Umgebung gedeihen angenehme Tafelweine, der *Bianco* und *Rosso di Spello.* Und das Olivenöl Spellos genießt einen besonders guten Ruf.

Am Rand der Valle Umbra, der Ebene zwischen Perugia und Spoleto, stehen die alten Hügelstädte besonders dicht beieinander. **Montefalco** 8 wird nicht umsonst als der ›Balkon Umbriens‹ bezeichnet: Der Ausblick von dem 470 m hoch gelegenen Ort ist bei klarer Sicht überwältigend. Hermann Hesse hat ihn beschrieben. »Ein schönes und eindringliches Bild: Über altes Gemäuer hinweg ringsum die umbrische Landschaft, licht und grün, von einem gewaltigen Kreis hoher, noch mit Schnee bedeckter Berge eingeschlossen. Jeder Blick streift nah oder fern irgendeine alte, berühmte, heilige Stätte. Da liegen Spoleto, Perugia, Assisi, Foligno, Spello, Terni, dazwischen hundert kleinere Orte. Dörfer, Kirchen, Höfe, Klöster, Burgen und Landhäuser, ein Land voll Geschichte.«

Die Aussicht auf Terni entsprang zwar Hesses Phantasie, aber ansonsten hatte der Dichter genau hingeschaut. In Montefalco verwirrt sich der Blick schnell. Der *Sagrantino,* ein in der Umgebung angebauter schwerer Rotwein, läßt schon nach wenigen Gläsern die Ortsnamen sinnlos durcheinander springen. In der Kirche *San Francesco,* die heute als Museum dient, besitzt Montefalco einen besonders schönen Freskenzyklus: die Sze-

Treppengasse in Spello

nen der Franziskus-Legende des florentinischen Renaissance-Malers Benozzo Gozzoli. Gozzoli folgt thematisch dem Vorbild der 150 Jahre zuvor entstandenen Bilder Giottos in Assisi (vgl. S. 92). Seine Gemälde sind beschwingt und ansprechend, mit vielen Details des Alltagslebens und anmutigen Landschaften, in denen die Umgebung Montefalcos fast fotografisch genau erscheint.

Im nahegelegenen **Bevagna** 9 beeindruckt die *Piazza Silvestri*. Mit dem Rathaus und den beiden romanischen Kirchen San Silvestro und San Michele scheint der Platz dem Bilderbuch des Mittelalters entsprungen. Da paßt sich selbst der gerade hundertjährige Brunnen vorzüglich ein; die umstehenden Gemäuer verleihen auch diesem steinernen ›Jüngling‹ historische Würde.

Foligno 10 ist eine der wenigen Städte Umbriens, die sich in der Ebene ausbreiten. Das Handels- und Industriezentrum zeigt trotz einer glanzvollen Geschichte ein vorwiegend modernes Gesicht. Am schönsten erscheint der Ort am zweiten Septembersamstag: Dann schlängelt sich anläßlich des Festes *Giostra della Quintana* ein farbiger Umzug mit Hunderten von Teilnehmern in kostbaren historischen Kostümen durch die Straßen. Die *Piazza della Repubblica* mit dem romanischen *Dom* lohnt auch an normalen Tagen einen Abstecher. Johann Caspar Goethe, der Vater des Dichters, besuchte 1740 die Kathedrale. Über den weiteren Rundgang notierte er: »Ich habe die Kirchen, Straßen und Plätze durchstreift, aber nichts Bemerkenswertes gefunden.« Heutigen Besuchern kann es in Foligno leicht genauso gehen.

Das kleine **Trevi** 11 (Foto S. 74/75) zeigt eine plakatreife Silhouette. Die Domkuppel setzt den entscheidenden Akzent, Türme, verschachtelte Häuser und Stadtmauern komplettieren das idyllische Bild. Alle Neubauten wurden ins 100 Meter tiefer gelegene Tal verbannt, so daß nichts den Postkartenanblick stört. Um das Städtchen erstrecken sich ausgedehnte Olivenhaine, in denen man Spaziergänge mit weiter Aussicht über die Valle Umbra unternehmen kann. Moderne Kunstwerke finden sich in den Städtchen Mittelitaliens vergleichsweise selten. **Città di Castello** 12 aber, eine hübsche Kleinstadt in Nord-Umbrien mit einem belebten mittelalterlichen Kern, ist dank des einheimischen Malers Alberto Burri ein wichtiges Zentrum zeitgenössischer Kunst geworden. Burri, dessen collagenartige ›Materialbilder‹ zu den bemerkenswerten Arbeiten des 20. Jh.s zählen, hat seinem Heimatort rund 300 Werke als Dauerleihgaben vermacht. Sie sind in zwei Museen ausgestellt: im zentral gelegenen *Palazzo Albizzini* sowie in den ehemaligen Trockenhallen der *Tabakmanufaktur* am Stadtrand.

Viele umbrische Städte haben eine eigene Handwerkstradition. Kein Ort aber ist so durch ein Metier geprägt wie **Deruta** 13. Die Kleinstadt zwischen Perugia und Todi bildet seit Jahrhunderten ein Zentrum der Keramikproduktion. Im *Museo delle Maioliche* finden sich herausragende Schöpfungen aus den historischen Werkstätten sowie einige moderne Kreationen. Auch die Kirche *San Francesco* zeigt Keramik-Bilder. Ein Gang durch die zahlreichen Geschäfte und kleinen Handwerksbetriebe beschert ständig neue Überraschungen: Neben gelungenen Imitationen alter Werke findet man so ziemlich alles, was sich überhaupt aus Lehm formen läßt: Donald Ducks und Buddhas, Dackel und Schäferhunde, Möhren und Auberginen, Schwäne und Flamingos, Fußbälle u. v. a.

Città della Pieve 14 ist der Heimatort des Renaissance-Malers Perugino. Der große Sohn hat seiner Stadt einige Wer-

Alberto Burri

Alberto Burri wurde 1915 in Città di Castello geboren. Er starb 1995. Erst vergleichsweise spät kam er zur Kunst. Nach einem Medizinstudium und der Soldatenzeit entdeckte er in amerikanischer Kriegsgefangenschaft als fast 30jähriger seine kreativen Fähigkeiten. 1946 stellte er in Rom erstmals aus. Ab 1948 schuf Burri nur noch Skulpturen und ›Materialbilder‹, collagenartige Werke, für die er unter anderem Lumpen, Metallplatten, Blech, Plastik, Holz, Leinen verwendete. Großes Aufsehen erregten in den 50er Jahren seine ›Sackbilder‹. Die *Sacchi* wurden sogar Gegenstand einer Debatte im römischen Parlament.

Burri hat sich immer gegen die Überbewertung seines ungewöhnlichen Materialgebrauchs gewehrt. Stoffe, Lehm oder Stahl bildeten für ihn nicht einen Selbstzweck, sondern waren jeweils angemessene Mittel des künstlerischen Ausdrucks, der mittels dieser Gegenstände auf Gleichgewicht, Struktur und Rhythmus zielte. Die Kunstkritiker, so meinte er, hätten demgegenüber den Materialien zuviel Wichtigkeit beigemessen. Gewiß, über Lumpen und Leinen läßt sich leichter etwas sagen als über die Arbeiten selbst, von denen der Kunsthistoriker Giulio Carlo Argan behauptete: »Burris Werke erreichen allesamt eine derartige Perfektion, daß die Kritik über sie hingleitet wie Wasser über einen geschliffenen Stein.«

Aus dem kommerziellen Kunstbetrieb hat Burri sich zeitlebens in bemerkenswerter Weise herausgehalten. Ein Interviewer beobachtete: »Ein einziger Hinweis auf den Marktwert seiner Bilder läßt ihn explodieren.« Der Marktwert ist beträchtlich: Die *Sacchi* werden mit über drei Millionen DM gehandelt. Burri meinte, solche Summen täten der Kunst nicht gut: Die Werke würden von wohlhabenden Sammlern eher zur Alterssicherung gekauft als aus Interesse. Mit ungewöhnlicher Konsequenz hielt der Künstler seine gut 300 in Città di Castello ausgestellten Werke dem Kunstmarkt vor und sorgte – in Zusammenarbeit mit der Stadtverwaltung – dafür, daß sie der Öffentlichkeit zugänglich blieben. Die ehemalige Tabakmanufaktur hat Burri selbst als Museum umgestaltet. In neuen Hallen sind – teilweise monumental große – Werke ausgestellt. Mit einer Vertragsklausel legte Burri fest, daß kein Werk als Leihgabe zu Ausstellungen fortgegeben wird. Mit der Kritik am herrschenden Kunstbetrieb machte dieser Künstler Ernst.

ke hinterlassen. Vor allem die »Anbetung der Könige« in *Santa Maria dei Bianchi* ist sehenswert. Wenige Schritte entfernt zeigen die Einheimischen stolz die ›schmalste Gasse Italiens‹, den Vicolo Baciadonne. Città della Pieve wurde vollständig aus Ziegelbauten errichtet, was der Stadt einen reizvoll einheitlichen Charakter verleiht.

Eine Sonderstellung in Umbrien nimmt **Terni**, mit rund 110 000 Einwohnern die zweitgrößte Stadt der Region, ein. Als Zentrum der Schwerindustrie bietet der Ort keinerlei touristische Reize, zumal er im Zweiten Weltkrieg stark zerstört wurde. Schon Ende des 19. Jh.s entstanden hier durch staatliche Initiative Waffen- und Stahlfabriken, später folgten Maschinenbau-, Textil- und Chemiewerke.

Nur rund 10 Kilometer sind es von Terni nach **Narni** 🔢. Die Ebene des Flusses Nera zwischen beiden Orten ist indu-

Gasse in Narni

strialisiert, doch das Hügelland der Umgebung und der Unterlauf des Nera, der durch eine reizvolle Schlucht führt, haben Ruhe und Charme bewahrt. Die Reisenden des letzten Jahrhunderts waren begeistert von dieser Gegend, die heute von Touristen kaum besucht wird. Franz Grillparzer schrieb 1819: »Keine Sprache der Welt reicht hin, die Schönheit der Gegend zu beschreiben, in der Narni liegt. Zwei Reihen ungeheurer, schön bewachsener Berge schließen eine Talschlucht ein. Über die Berge rechts, an schroffen Abstürzen, läuft die Straße und da liegt, in das tiefe Tal hinabschauend, Narni, eine beträchtliche Stadt, von einer festen Burg gekrönt ... Ich weiß nicht, wie ich meine Ausdrücke steigern soll, wenn ich von der Schönheit des Tales von Terni zu reden komme. Ein fortgesetzter Garten im strengsten Verstande, von Öl- und Feigenbäumen gebildet, die durch Weingehänge verbunden sind. Rings von majestätischen Felsen umgeben ...«

Sehr viel lakonischer hatte sich einige Jahre zuvor der Italien-Wanderer Johann Gottfried Seume geäußert: »Die Gegend von Narni aus an der Nera hinunter ist furchtbar schön.« Das höchste Lob aus der Reisetradition des deutschen Spießers aber kam von niemand Geringerem als dem feinfühligen Romantiker Friedrich Schlegel: »Das auf dem Felsen hängende Narni hat mich entzückt; hier müßten Deutsche wohnen, alte Goten und sonst echtes Volk.« Deutsche wohnen noch immer nicht hier: Der südliche Zipfel Umbriens ist ein toter Winkel des Tourismus, die Ferienhauskäufer kommen eher aus Rom als aus München.

Narni ist wie vor 200 Jahren auch heute ein sehenswertes Städtchen, und der mittelalterliche Ortskern braucht den Vergleich mit berühmten Zentren wie Spoleto oder Gubbio nicht zu scheuen. Die dunklen Häuser drängen sich in Treppengassen zusammen oder bilden malerische Plätze, wie die *Piazza dei Priori* mit dem *Palazzo del Podestà.* Der romanische *Dom* lohnt den Besuch ebenso wie die kleineren Kirchen *Santa Maria in Pensole* und *San Domenico.* Wie die anderen umbrischen Städte stand Narni jahrhundertelang unter der Herrschaft des Kirchenstaats, der die *Rocca,* die Zwingburg, über dem Ort errichten ließ, um die Einwohner unter Kontrolle zu halten. Aus der Römerzeit blieb ein großer Bogen der *Augustus-Brücke* über den Nera erhalten. In der Antike hatte Narnia, wie der Ort damals hieß, beträchtliche strategische Bedeutung; von der Stadt aus ließ sich der Engpaß der Via Flaminia in der Nera-Schlucht kontrollieren.

Durch das hübsche Hügelland Südumbriens gelangt man von Narni nach wenigen Kilometern nach **Amelia** 🔟, das zu den ältesten Ortschaften der Region zählt. Die gewaltigen Stadtmauern stammen aus dem 5. Jh. v. Chr., sind also fast zweieinhalbtausend Jahre alt! Sie erreichen eine Höhe von acht Metern und sind 3,50 m dick. Diese ›Zyklopenmauern‹ wurden von der umbrischen Urbevölkerung noch vor der römischen Unterwerfung errichtet. Amelia, das abseits der Touristenrouten liegt, hat im Ortskern einige unerfreuliche Erneuerungen über sich ergehen lassen. Gut erhalten blieb aber das Schmuckstück, das *Rokokotheater* von 1783.

Vorzügliche ländliche Küche gibt es im Restaurant *Anita,* von den hausgemachten Nudeln über kräuterduftendes Kaninchen, Täubchen und Lamm bis zu den köstlichen Desserts. Unbedingt probieren sollte man in der Erntezeit auch die frischen Feigen, für die Amelia landesweit bekannt ist.

Kulinarische Reize bilden auch einige der Hauptattraktionen in **Norcia** 🔢, der 600 m hoch gelegenen Bergstadt in den Monti Sibillini. In der weitgehend unberührten Landschaft der Umgebung wird hervorragendes Lamm- und Schweinefleisch erzeugt; berühmt sind auch Schafskäse, Honig, Steinpilze, Linsen und Trüffeln der Region. Die Einwohner Norcias zogen einst im Winter, wenn die Gegend einschneite, als Metzger durch Italien. Aus dieser Zeit hat sich noch immer der Begriff *norcineria* erhalten, den man im ganzen Land für Wurst- und Fleisch-Geschäfte findet. Heute sind Norcias landwirtschaftliche Produkte allerdings mit Vorsicht zu genießen. Der große Erfolg bei den vorwiegend italienischen Touristen hat in dem Städtchen zu einem Boom der Feinkostgeschäfte geführt, die skrupellos norditalienische Käse, toscanischen Schinken und apulischen Honig als bodenständige Produkte verkaufen.

Trotz solcher Erscheinungen ist Norcia ein liebenswertes, ruhiges Städtchen. Bis vor wenigen Jahren war es abgelegen und arm, wurde zudem immer wieder von schweren Erdbeben getroffen. Ein langer Straßentunnel hat nun eine gute Verbindung zur Adria hergestellt; aus allen anderen Richtungen erreicht man die Stadt nach wie vor nur nach kurviger Fahrt. Besonders reizvoll ist die Umgebung: Norcia liegt auf einem von imposanten kahlen Bergen eingefaßten Hochplateau.

In dem Ort wurde im Jahre 480 Benedikt von Nursia, der Begründer des abendländischen Mönchstums, geboren. Sein Denkmal steht auf dem kreisrunden Hauptplatz, der *Piazza San Benedetto,* wo auch seine Schwester, die heilige Scholastica, in Stein verewigt wurde. Alle wichtigen historischen Bauten Norcias stehen um die beiden Heiligen herum: der Dom, das Rathaus, die Burg der päpstlichen Statthalter, die hübsche gotische Benedikts-Kirche.

Auf der Suche nach dem Glück:
Landsiedler in Umbrien

Die Toscana ist ausverkauft, das abgelegenere und unbekanntere Umbrien bietet noch Chancen für den Traum vom einfachen Leben. Aus aller Welt drängen Hauskäufer in das Vakuum, das durch eine jahrzehntelang anhaltende Landflucht entstanden ist. Seit 1950 hat es in Umbrien, wie in allen ländlichen Regionen Italiens, eine Bevölkerungsverlagerung von gewaltigen Ausmaßen gegeben. Die Tendenz war eindeutig: Weg aus den einsamen, vor allem den höhergelegenen Zonen, weg auch von den verstreuten Höfen und kleinen Weilern. Die Einwohnerzahl der Städte wuchs – in Perugia und Umgebung beispielsweise siedelten sich zwischen 1962 und 1986 rund 40 000 Menschen neu an. Die Berglandschaften aber entvölkerten sich. Die traditionelle Siedlungsweise wurde aufgegeben: In der Nachkriegszeit lebte noch mehr als die Hälfte der Umbrer auf isolierten Anwesen oder in winzigen Dörfern mit wenigen Häusern; heute wohnen rund 80 % in Städten und Marktflecken. So stünden Zehntausende von Bauten leer – wenn die auswärtigen Käufer nicht wären.

Man mag diese Entwicklung bedauern; aber sie ist unaufhaltsam. Der Anteil der Landwirte an der berufstätigen Bevölkerung ist binnen 45 Jahren von 56 % auf knapp 10 % zurückgegangen. Nicht Spekulation oder die Nachfrage der Städter hat die Bauern vom Land vertrieben. Umgekehrt: Die Landflucht zog städtische Neusiedler an.

Eine bunte Vielfalt von Fremden mischt sich so unter die verbliebenen Einheimischen: Großindustrielle und Kunsthandwerker, Maler und Pensionäre, Journalisten und alternative Landfreaks. Sie kommen aus den italienischen Großstädten, aus den Ländern Nord- und Mitteleuropas – vor allem England, Deutschland, den Niederlanden, der Schweiz – und aus den USA. Die meisten von ihnen erwerben ein Feriendomizil, viele lassen sich aber auch dauerhaft nieder. Gelegentlich ›übernehmen‹ sie ganze Dörfer, manchmal aber wohnen sie auch völlig integriert unter den Einheimischen. Die Mehrzahl der Hauskäufer ist Italiener. Vor allem des Großstadtlebens überdrüssige Römer ziehen sich gern nach Umbrien zurück. Sie erwerben – vorzugsweise in der Umgebung Todis und Orvietos – Ferienhäuser oder geben sich neuen Aktivitäten hin: dem Weinbau, der Vermietung von Ferienwohnungen, dem Kunsthandwerk, dem Antiquitätenhandel. In den Romanen von Natalia Ginzburg, einem genauen Spiegel des Nachkriegs-Italien, spielten die umbrischen Landwohnsitze schon in den 70er Jahren eine Rolle.

Ausländer bilden oft richtige Kolonien. Engländer beispielsweise bevorzugen die Gegend um den Trasimenischen See. Mehrere hundert Anwesen sind dort in britischer Hand, drei Immobilienmakler tätigen ihre Geschäfte ausschließlich mit Großbritannien. Die Zuzügler sind zu einem guten Teil Pensionäre, daneben auch Künstler und Kunsthandwerker. »Mittleres und kleines Bürgertum«, sagt David Newman, der es wissen muß: Er hat sich als Makler am Lago Trasimeno niedergelassen.

Die Umbro-Amerikaner dagegen sind meist wohlhabend, häufig auch berühmt. Sie konzentrieren sich, wie die Römer, bei Todi. Die Nähe zur Großstadt mit ihren Flugverbindungen mag dabei eine Rolle spielen. Unter den US-Bürgern finden sich bekannte Maler, Schriftsteller, Bildhauer, Dramaturgen, Wissenschaftler. Steve Ross, millionenschwerer Präsident der Time Warner-Gesellschaft, erwarb unlängst ein ganzes verfallenes Dorf. Die Restaurierung wird ihn nicht arm, aber doch ein wenig ärmer machen.

Überall im Land verteilt sind Deutsche, Schweizer und Holländer. In den einsamen Hügeln bei Città della Pieve siedeln noch die Mitglieder eines ehemaligen Kommune-Projekts. Häuser und Land werden inzwischen nicht mehr gemeinsam verwaltet, doch ein Teil der Siedler ist trotz des Scheiterns der Utopie geblieben. Vorübergehend förderte die Schulverwaltung sogar den zweisprachigen Unterricht in der Dorfschule – die deutschen Kinder bildeten gegenüber den einheimischen die Mehrheit.

Ein Gemeinschaftsunternehmen ist auch *Alcatraz,* eine Siedlung zwischen Perugia und Gubbio. Jacopo Fo, Sohn des international bekannten Schauspielers und Autors Dario Fo, bildet das Aushängeschild der Gruppe. Alcatraz bietet Ferienwohnungen, aber auch Workshops und Seminare, vom Theater bis zum Tai-chi.

Das Dorf Pissignano zwischen Trevi und Spoleto bildet ein Beispiel gelungenen Gemeinschaftslebens. 30 Künstler und Kunsthandwerker haben den halbverfallenen Ort wieder aufgebaut und sich hier niedergelassen. Die einzelnen Familien leben jeweils für sich, aber immer wieder kommen gemeinsame kulturelle Initiativen zustande.

In großem Stil stieg Ferruccio Lamborghini, Fürst der Rennwagen und Traktoren, ins Land ein. Anfang der 70er Jahre zog er sich auf das Gut ›La Fiorita‹ südlich des Trasimenischen Sees zurück. Dort produzierte er fortan Wein und vermietete Luxuswohnungen. Ohne Motorenlärm aber mochte er nicht leben. Sein Privatflugzeug trug von einer eigens konstruierten Startbahn Hobby-Fallschirmspringer durch die Lüfte, was wiederum andere Landsiedler störte, die sich der Ruhe wegen in der Umgebung niedergelassen hatten. Der Streit endete erst mit Lamborghinis Tod 1993.

Für das lokale Wirtschaftsleben stellen die Neusiedler oft einen belebenden Faktor dar. Bauunternehmer und Handwerker freuen sich über Aufträge bei der Restaurierung alter Häuser, Einzelhandelsgeschäfte finden neue Kunden. Problematisch wird der Zuzug Fremder nur, wenn er sich nicht mehr auf verlassene Regionen, sondern auf dicht bewohnte Gebiete richtet. In Städten wie Assisi und Todi treibt die auswärtige Nachfrage die Preise hoch, so daß die Einheimischen gelegentlich verdrängt werden. Hier dringen finanzstarke Interessenten in ein bestehendes Sozialgefüge ein – und drohen, es zu zerstören.

Unbekannte Vielfalt: Die Landschaften

Mit Umbrien, dem ›grünen Herzen Italiens‹, verbinden sich festgefügte Landschaftsvorstellungen: sanft geschwungene Hügel, dunkle Wälder, Getreidefelder, Ginsterhänge, Weinberge, Olivenkulturen. In der Tat: Ein großer Teil der Region zeigt solche Bilder. Man findet sie überall in der Umgebung der Städte, wo die Landschaft – ähnlich wie in der Toscana – in jahrhundertelanger Arbeit kultiviert und von Menschenhand gestaltet wurde.

Doch darin erschöpft sich die Natur Umbriens nicht. Auch Flüsse und Seen formen das Land. Der *Tiber* wirkt in seinem umbrischen Abschnitt, etwa bei Umbértide oder Todi, häufig noch sehr idyllisch. Südlich von Todi bildet er eine tief eingeschnittene Schlucht, dann staut er sich in den künstlichen Seen von Corbara und Alviano, deren letzterer ein Naturschutzgebiet und Vogelparadies ist. Nicht weniger interessant ist der *Nera,* der zwischen Visso und Terni das langgestreckte Nera-Tal, die Valnerina, ins Gebirge gegraben hat und kurz vor Terni den 165 hohen Wasserfall der Cascata delle Marmore empfängt. Der große *Trasimenische* und der kleine *Piediluco-See* begeistern mit unzerstörten Ufern und dem Hintergrund ruhiger Berge über blauen, wenn auch nicht ganz sauberen Wasserflächen.

So setzen die Gewässer starke Akzente im umbrischen Hügelland. Am östlichen Rand, an der Grenze zu den Marken, hat Umbrien aber auch am Hochgebirge teil. Die intensivsten Eindrücke gibt die Gegend um Norcia, wo man sich den geheimnisvollen *Monti Sibillini* nähert, deren Hauptkamm zwar zu den Marken gehört, die aber weithin das Landschaftsbild Umbriens in dieser Gegend prägen.

Der Trasimenische See: Paradies mit kleinen Fehlern

18 Langsam löst sich der morgendliche Dunst über dem Ostufer. Wo eben noch graue Nebel jeden Ausblick verhinderten, erscheinen jetzt schemenhaft die Umrisse der Berge. Ganz in der Nähe taucht eine merkwürdige Form aus dem Watte-Meer auf. Sie entpuppt sich allmählich als der Turm eines Kastells. Ölbäume nehmen Gestalt an, dann auch die verschachtelten Häuser eines Dorfs. Als letztes, zugleich mit dem ersten Lichtstrahl, der durch die Wolkendecke dringt, liegt der Wasserspiegel des großen Sees vor den Augen. Noch wälzen sich Dunstmassen über seiner Fläche. Aber bald sind auch diese verschwunden, das riesige blaue Gewässer strahlt

in der Sonne. Rund 15 km ist das gegenüberliegende Ufer entfernt. Seine grünen Hänge zeichnen sich in der Ferne ab.

Die Ufer des Transimenischen Sees sind nahezu 50 km lang. Nur wenige Ortschaften liegen direkt am Wasser, keine Zersiedlung verunstaltet das Gebiet. Trotz eines regen Touristenandrangs – vor allem im Hochsommer – ist die Landschaft am Lago Trasimeno unzerstört geblieben. In dem alten Kulturland werden Getreide und Öl, Mais und Tabak angebaut; noch immer gehen die Fischer, die den traditionsreichsten Beruf dieser Gegend ausüben, ihrer Arbeit nach. Das ökologische Gleichgewicht des Sees ist allerdings beschädigt. Die Abwässer der chemie-intensiven Landwirtschaft haben trotz dünner Besiedlung und des fast vollständigen Fehlens von Industrie zu beträchtlicher Umweltverschmutzung geführt. Algen wuchern, im größten Teil des Gewässers herrschte in den

letzten Jahren Badeverbot. Daß sich die zahlreichen Feriengäste darum nicht kümmern, steht auf einem anderen Blatt.

Der Lago Trasimeno ist Umweltrisiken besonders stark ausgesetzt. Seine Wassertiefe beträgt maximal sechs Meter, er hat zudem keinen natürlichen Abfluß und wird nur von Regenwasser und winzigen Bächen gespeist. Das stehende Gewässer tendiert zur Versumpfung; seine Selbstreinigungskräfte sind – anders als etwa bei dem 150 m tiefen Bolsena-See – gering. Schon die alten Römer griffen in den natürlichen Wasserhaushalt ein. Um den ständigen Überflutungen vorzubeugen, schufen sie einen unterirdischen Abflußkanal. 1896 entstand ein zweiter, größerer Abfluß. Überschwemmungen gibt es heute nicht mehr. Auch die Malaria, die alte Geißel der Gegend, wurde besiegt. Kann man hoffen, daß auch die Algenpest in ein paar Jahren nur eine traurige Erinnerung darstellt?

Trotz der mangelhaften Wasserqualität: Die Landschaftsplanung am Trasimenischen See verdient Lob. Dabei war vor nicht allzu langer Zeit die Existenz des ganzen Sees bedroht. ›Fortschrittliche‹ Geister wollten ihn Ende des 19. Jh.s trockenlegen, um Ackerland zu gewinnen. In der Fucinischen Ebene in den Abruzzen war ein solches Projekt schon erfolgreich durchgeführt worden (vgl. S. 259). Der triste Plan wurde aber ebenso vereitelt wie die spätere Idee, den See künstlich zu vertiefen – ebenfalls um an den Ufern Land zu gewinnen. Statt dessen hat man dafür gesorgt, daß dem See mehr Regenwasser zugeleitet wird, um der Gefahr des Austrocknens vorzubeugen. Und konsequent wurden die Ufer vor Zersiedlung geschützt. Das Resultat: eine harmonische Landschaft, die noch

Der Lago Trasimeno

Fischer am Lago Trasimeno

das Gesicht des agrarischen Italien trägt. Reizvolle Dörfer erheben sich an dem Wasserspiegel. **Castiglione del Lago** liegt auf einer Halbinsel, **Tuoro** am Hang etwas landeinwärts. Das alte Ortszentrum von **Passignano** ist von neueren Vierteln umgeben, dafür haben sich die winzigen Orte am Ostufer – **Monte del Lago, San Feliciano und San Savino** – durch die Jahrhunderte fast unverändert erhalten.

Am schönsten aber sind die Inseln. Ganzjährig zugänglich (von Tuoro und Passignano aus) ist nur die **Isola Maggiore.** Gerade 80 Einwohner leben hier zwischen glucksenden Wellen, Ölbäumen und Ginsterbüschen. Das Insel-Restaurant *Sauro* serviert köstliche Fischgerichte, wie den *Tegamaccio,* eine Fischpfanne mit Aal, Hecht, Barsch und Schleie. Bis vor wenigen Jahren wurde am Trasimenischen See der Fisch übrigens ausnahmslos von Männern gekocht – die Fischer selbst kümmerten sich um die Zubereitung ihrer Fänge. Auch die Spaghetti kommen bei *Sauro* in einer Fischsauce auf den Tisch, ein ungewöhnliches, durchaus empfehlenswertes Eßvergnügen.

Die **Isola Polvese,** die größte der Trasimeno-Eilande, steht seit 1972 unter Naturschutz. Hier wohnen nur die Aufsichtsbeamten; im Sommer allerdings füllt sich die Insel mit Massen von Tagesausflüglern. Die kleine **Isola Minore** ist in Privatbesitz.

Moderne Kunst am See: Am Ufer unterhalb von Tuoro entstand zwischen 1985 und 1989 der *Campo del Sole,* eine von dem Bildhauer Pietro Cascella angelegte Fläche mit 27 skulptierten Säulen verschiedener Künstler aus unterschiedlichen Nationen. Der Grundplan ist einheitlich: Alle Säulen bestehen aus dem gleichen Material (der in der Nähe vorkommenden *pietra serena*) und sind jeweils 4,50 m hoch. Unterschiedlich aber ist die Gestaltung der einzelnen Werke.

Bewußt wurden bei der Anlage des ›Sonnenfelds‹ Anklänge an frühgeschichtliche Kultplätze, wie das englische Stonehenge, gesucht.

»Am Trasimenischen See, der übrigens ungeheuer schmutzige Wellen machte, kehrten wir in einem Loch ein, wo kein Stein auf dem andern festsitzt. Im Hause trotz Hunger und Durst nichts zu genießen . . . Es war völlig zum Umkehren«, schrieb 1835 Moritz von Schwind. So wird es dem Reisenden heute nicht mehr gehen: Die Orte am See sind optimal als Standquartier geeignet, nicht nur wegen der vielfältigen Unterkunftsmöglichkeiten – besonders zahlreich sind die Privatvermieter –, sondern auch, weil man von hier aus weite Gebiete der Toscana und Umbriens leicht erreicht. Und was Hunger und Durst angeht: Für das leibliche Wohl ist nicht nur auf der Isola Maggiore bestens gesorgt . . .

Treffpunkt der Poeten: die Klitumnus-Quellen

19 »Da steht ein kleiner Hügel, der völlig von alten, schattenspendenden Zypressen bedeckt ist; zu seinen Füßen entspringt eine Quelle mit vielen verschiedenartigen Läufen und bildet einen See, der sich so rein und kristallin ausbreitet, daß man das Geld zählen kann, das hineingeworfen wird, und leuchtende Steine sieht. Am Ufer erheben sich Eschen und Pappeln. Sie spiegeln sich im grünen Bild des Wassers, als wären sie darinnen untergegangen.« So schilderte Plinius der Jüngere vor 2000 Jahren die zehn Kilometer nördlich von Spoleto gelegenen Klitumnus-Quellen, die *Fonti di Clitunno.* Der Ort an der Via Flaminia war den Römern heilig. In der Umgebung standen mehrere Tempel. Die Opferstiere, die in die klaren Wasser getaucht wurden, galten als besonders rein. Kaiser pilgerten zur Quelle und der nahegelegenen Orakelstätte, Dichter wie Properz und Vergil beschrieben sie der Nachwelt.

Im 5. Jh. verschüttete ein Erdbeben einen Teil der Anlage. Seither floß das Wasser spärlicher. Doch immer noch behielt der klare kleine See zwischen hohen Bäu-

Tempietto an den Klitumnus-Quellen

men seinen romantischen Reiz. Nicolas Poussin und Claude Lorrain, bedeutende Landschaftsmaler des 17. Jh.s, machten hier ihre Studien. Im 19. Jh. wurde der Ort ein Pilgerziel empfindsamer Gemüter. Der nüchtern-ironische Italien-Wanderer Johann Gottfried Seume hatte 1802 noch geschrieben:»Hier kam ich bei den berühmten Quellen des Klitumnus vorbei, die jetzt von den Eselstreibern und Waschweibern gewissenlos entweiht werden; ob sie gleich noch eben so schön sind wie vormals, als Plinius so enthusiastisch davon sprach.« Wenig später aber begann das große Schwärmen. Lord Byron erhob seine tragende Stimme: »Aber du, o Klitumnus! Aus deinen süßen Wellen, dem leuchtendsten Kristall, das je einer Flußnymphe Unterschlupf gab, erhebst du die grünenden Ufer, an denen Vieh, so weiß wie Milch, weidet.« 1876 gingen die Quellen durch den italienischen Poeten Giosuè Carducci besonders nachhaltig in die Literatur ein. Seine Klitumnus-Ode wurde bald zur Pflichtlektüre aller Gymnasiasten des Landes. »Sei mir gegrüßt, grünes Umbrien, und du, Gottheit des reinen Quells, Klitumnus!« rezitierten fortan die Jugendlichen, »zu dir steigen die Herden herab, in deine Welle taucht der umbrische Knabe das widerspenstige Schaf.«

Solcherart der Volksbildung verbunden, haben die Klitumnus-Quellen in unserem Jahrhundert dennoch sehr gelitten. Der Autoverkehr auf der unmittelbar an dem alten Heiligtum vorbeiführenden Via Flaminia hat die romantischen Reize zerstört. Noch immer zwar spiegeln sich die hohen Zypressen im kristallinen Wasserspiegel (Puristen allerdings beklagen die Anpflanzung von Trauerweiden, die es in der Antike hier nicht gegeben habe . . .), noch immer sprudeln die Quellen lebendig im hellen Grün der Wiesen. Doch wenige Meter entfernt dröhnen Motoren und zerreißen mit ihrem Lärm jeden poetischen Schleier. Versenkung in die Atmosphäre des Ortes? Dafür lassen die ununterbrochen vorbeirauschenden Automobile keine Chance. Und vollends am Wochenende, wenn Großfamilien mit Kind und Kegel zum Picknick anreisen, wünscht man sich schnell an weniger berühmte Plätze.

Cascata delle Marmore

Werktags nie: Cascata delle Marmore

[20] Nur sonn- und feiertags rauscht der Wasserfall. Die *Cascata delle Marmore* bei Terni wird an- und abgeschaltet wie eine Waschmaschine. Sind die Schleusen geöffnet, so tobt das Wasser mächtig, die Gischt schäumt, und sensiblen Gemütern mag es gehen wie dem Italienwanderer Seume: »Ich saß gegenüber auf dem Felsen, und vergaß einige Minuten alles, was die Welt sonst großes und schönes haben mag.« Wochentags aber fällt nur ein dürftiges Rinnsal den 165 m hohen Hang hinab. Das restliche Wasser arbeitet: Es erzeugt Strom im 1924 errichteten Elektrizitätswerk Galleto, seinerzeit dem größten Energiebündel Europas. Die Regulierung des Wasserfalls war kein Eingriff in unberührte Natur: Die Kaskade ist Menschenwerk. Der Bergfluß Velino hatte in der Antike die Ebene um die Stadt Rieti versumpfen lassen. Manlius Curius Dentatus, ein angesehener römischer Heerführer und Konsul, ließ 271 v. Chr. einen Abflußkanal graben, durch den der Velino in den Nera umgeleitet wurde. Dabei entstanden die spektakulären Fälle. In dem Projekt der römischen Ingenieure war der ›Sprung‹ des Flusses in 165 m Tiefe eingeplant.

zu lassen, die Rietiner wollten ihn vergrö-
ßern. In einer berühmt gewordenen Auseinandersetzung vertrat 54 v. Chr. Cicero
als Anwalt die Sache der Kanalbefürwor-
ter. 1924 wurde der Velino oberhalb der
Wasserfälle zur Stromerzeugung erneut
umgeleitet. Seither strömt werktags nur
noch ein Bruchteil der ursprünglichen
Wassermenge über die Marmore-Klippe.
Der einstige romantische Anblick wird
zudem durch die Kraftwerksbauten be-
einträchtigt. Bei der Anfahrt von Terni
passiert man ein verwirrendes Netz von
Elektrizitätsleitungen. Wie das mittelalterliche Dorf Papigno da in einem Kabel-
netz zu hängen scheint – den verfrem-
denden Effekt hätte kein Verpackungs-
oder Land-Art-Künstler besser hinbe-
kommen.

Die Idee funktionierte, die Sümpfe um
Rieti – und mit ihnen die Malariagefahr –
verschwanden. Unzufrieden aber waren
die Bewohner von Interamna, dem heutigen Terni. Ihnen bescherte die Umleitung
des Velino nun häufige Überschwemmungen. Streitigkeiten zwischen den
beiden Städten ziehen sich durch viele
Jahrhunderte. Die Interamner versuchten immer wieder, den Kanal schließen

Lago di Piediluco: blaue
Stille vorm Gebirge

21 Am Wochenende sollte man ihn meiden: Dann zerstören die vielen Ausflügler den eigentümlichen Reiz des kleinen
Sees, seine ruhige Atmosphäre. Werktags kann man den *Lago di Piediluco,* den
zweitgrößten See Umbriens, dagegen
oft fast allein genießen. Es bleibt aller-

*Am Lago di
Piediluco*

Das Hügelland bei Todi und Narni

Kaum ein ausländischer Tourist verirrt sich in den südlichsten Zipfel Umbriens, in die Hügel bei Todi und Narni. Allenfalls ein paar kennerische Radfahrer genießen die Panoramastrecke mit der Aussicht auf das Tibertal zwischen Montecchio und Amelia. Wie alles, was südlich der Linie Todi-Orvieto-Bolsena liegt, ist diese Gegend leergefegt vom großen Sog Roms. 80 Kilometer vor der Ewigen Stadt, so scheint es, gibt es kein Halten mehr: Da mag die Landschaft noch so reizvoll sein, die Kultur noch so spannend – alle Straßen führen im Eiltempo nach Rom. Besser so! Es muß ja nicht jeder schöne Winkel in den Prospekten der Reisebüros auftauchen.

Es ist ein sanftes Hügelland, das sich südlich von Todi erstreckt. Die raueren Töne, die überall in Umbrien mit der *dolcezza* der Landschaft konstrastieren, sind hier verschwunden: keine dunklen Wälder mehr, keine schroffen Berge und schon gar keine zersiedelten Gebiete. Statt dessen einsame Landschaften und helle Farben: das Rot des Mohns und das Gelb der Korn-felder, das satte Grün der Weiden. Weinberge stehen neben Olivenpflanzungen, Walnußbäume neben Feigen. Ab und zu ein altes Dorf, oft ragt darüber der Turm eines verwitterten Kastells empor. Nach Westen hin, etwa von Montecchio, Guardea oder Lugnano, genießt man herrliche Blicke auf die Vulkanberge Latiums.

Zwei alte Römerstädte lagen in diesem Gebiet. Die Ausgrabungen von **Carsulae** 22 mit den Resten eines Amphitheaters, eines Theaters, mehrerer Tempel und Grabmäler sind die bedeutendsten Umbriens; besonders schön wirken sie durch die landschaftliche Lage, die schon von antiken Autoren wie Tacitus und Plinius gerühmt wurde. Die Landschaft – »bukolisch« hätten die alten Römer sie genannt – bildet auch den Hauptreiz des kleinen Ausgrabungsgebiets von **Otricoli**. In **Calvi dell' Umbria** 23 , dem südlichsten Ort der Region, überraschen moderne Wandgemälde an den alten Häusern. **San Gemini** und **Acqua-sparta** sind nette, ruhige Kleinstädte, in denen es sich genüßlich bummeln läßt.

dings eine platonische Liebe. Zum Schwimmen ist der See umgeeignet: immer recht kühl, mit weitgehend verschilften Ufern, vor allem aber gefährlich von Algen bewuchert. Man schaut also, bummelt, ißt Fisch. Die Landschaft ist angenehm unzersiedelt, im Hintergrund erheben sich die Berge Latiums, das mittelalterliche Dorf Labro auf der Höhe setzt den richtigen Akzent für Fotografen. Nur eine Ansiedlung liegt am Ufer: das Dorf Piediluco, das von einer verfallenen Burg überragt wird. In der Umgebung gibt es lohnende Ausflugsziele: die besonders schönen Dörfer Labro und Stroncone, die Orte der Valnerina (s. S. 130), die Klöster Greccio und San Giacomo in Latium (vgl. S. 177).

Umbriens wilder Osten: die Valnerina

24 Der Sugo war besonders würzig. Ich bin nicht sicher, daß mir in der Dorftrattoria wirklich die beste Tomatensauce meines Lebens zur Pasta gereicht wurde – aber zu den Höhepunkten italienischer Nudel-Kultur zählte sie gewiß. Dabei fehlten all die kostbaren Zutaten, mit denen die edlen Häuser des Landes ihre Küche aufwerten. Keine Steinpilze, keine Trüffel, nicht einmal Wildspargel – nur Tomaten, Salz, Zwiebeln, ein paar Kräuter. Was war das Geheimnis der Sauce? Ich fragte die Signora nach dem Rezept.

»Ganz einfach«, fing sie an, »Sie nehmen die Tomaten, lassen acht Stunden auf kleinem Feuer köcheln...« Acht Stunden? Ich hatte mich nicht verhört. In Terni, 40 Kilometer entfernt, gibt's seit ein paar Jahren die ersten Fast-Food-Stuben. Im Bergdorf der Signora Francesca scheinen sie so weit weg wie der Mond.

Die Valnerina, das langgestreckte Tal des Flusses Nera zwischen Visso und Ter-

ni, lebt noch im eigenen Rhythmus. Erst in den 80er Jahren sind Ochsenpflüge und Maultiere aus der Landschaft verschwunden, erst seit kurzem sind alle Orte auf Asphaltstraßen erreichbar. Doch was Touristen wie ein Idyll erscheinen mochte, bedeutete für die Einheimischen vor allem bittere Armut, die durch die häufigen Erdbeben noch verschärft wurde. Ein Drittel der Bevölkerung verließ zwischen 1962 und 1981 das ohnehin dünn besiedelte Gebiet.

Seither begann ein kleiner Aufschwung: Die Bevölkerungszahl hat sich stabilisiert, die Wirtschaft wächst langsam, der Anschluß an ›modernere‹ Gegenden ist nicht verpaßt. Doch noch immer stellt die Valnerina eine eigene Welt dar. In den kleinen Orten kennt jeder den anderen, Häuser und Autos bleiben vielfach noch vertrauensvoll unverschlossen. Wie lange wird es so bleiben? Gegenwärtig entsteht ein Straßentunnel

In der Valnerina

zwischen Spoleto und Sant' Anatolia di Narco; von der bevölkerten Valle Umbra wird man nach seiner Fertigstellung die Valnerina in wenigen Minuten erreichen. Ob das den alten Lebensformen – und den Tomatensaucen – dieser Gegend gut bekommt?

Für rund 50 km fließt der Nera zwischen Visso und Ferentillo durch eine Schlucht. Links und rechts ragen Felsen und bewaldete Berge auf, ab und an steht ein malerisches Dorf auf einer Anhöhe oder unten im Tal. Die klaren Wasser des kleinen Flusses sprudeln zwischen Wiesen und Feldern dahin. Man kann dem Wasserlauf stundenlang zu Fuß folgen (am schönsten zwischen Piedipaterno und Macenano): Die Spur einer stillgelegten Kleinbahnstrecke erlaubt bequemes Wandern.

Wem das zu romantisch ist, dem bietet die Valnerina auch Schauriges: die Mumien von **Ferentillo**. In der Krypta der Kirche *Santo Stefano* (beim Kustoden im Nebenhaus klingeln, Trinkgeld nicht vergessen!) haben sich Dutzende einst dort begrabener Leichen, zum Teil noch mit ihrer Bekleidung, perfekt erhalten. Sprachkundige sind hier im Vorteil: Bei jeder Mumie erzählt der Kustos anschaulich die Todesart.

Wenige Kilometer weiter findet man die Harmonie wieder. Das Kloster **San Pietro in Valle** ist das schönste Kunstwerk der Region. Es liegt herrlich oberhalb von Macenano in einem Seitental zwischen Felsen, Zypressen und Steineichen. Die Abtei wurde um 720 von dem Langobardenherzog Faraold gegründet. Aus der Entstehungsperiode bewahrt das Kloster noch Reliefplatten mit Flechtbandornamenten; die beeindruckendsten wurden für den Hauptaltar verwendet. Die heutige Kirche entstand um das Jahr 1000. Ihre Wände sind mit einem romanischen Freskenzyklus des 12. Jh.s

geschmückt, einem in seiner Art einzig dastehenden Werk.

Castel San Felice und **Vallo di Nera** sind zwei der besterhaltenen mittelalterlichen Dörfer des Gebiets. Fotografen werden sich aber an Baukränen stören. Seit die italienische Regierung 1987 Subventionen für erdbebensichere Restaurierungen freigab, wird in den Valnerina-Dörfern ständig gebaut. Die Zuschüsse sind großzügig bemessen: Es handelt sich um eine Art Entwicklungshilfe für die arme Region, die in den Augen der römischen Minister zudem Belohnungen verdiente, weil sie im Gegensatz zum restlichen Umbrien immer treu christdemokratisch wählte.

In **Triponzo** zweigt die aufregende Schluchtstraße nach Norcia und Cascia ab. **Cascia** ist einer der bedeutenden Wallfahrtsorte Italiens. Hier lebte die heilige Rita, Schutzpatronin der Dienstmädchen und Hausfrauen. Die Heilige ist besonders bei süditalienischen Gläubigen außerordentlich populär. Zu ihrem Festtag, dem 22. Mai, erreicht der nie abreißende Pilgerstrom den Höhepunkt, Zehntausende von Gläubigen finden sich dann in Cascia ein. Für nichtreligiöse Reisende ist das Städtchen allerdings nicht sonderlich interessant, es sei denn, sie wollten einen Überblick über die zeitgenössische sakrale Andenkenproduktion gewinnen. Den kann man aber auch in Assisi haben.

Norcia dagegen lohnt den Besuch schon wegen seiner herrlichen Lage in eindrucksvoller Berglandschaft (vgl. S. 119). Die Kleinstadt ist als Standort für reizvolle Ausflüge geeignet. Nirgendwo in Umbrien kann man vielfältiger und schöner wandern. Ab Ende Mai sind die Wiesen blumenübersät, häufig findet man Orchideen. Auf einer langen Wanderung oder über eine kurvige Paßstraße erreicht man die landschaftliche Attraktion

Die Hochebene des Piano Grande

des **Piano Grande** 25, einer Hochfläche, die in ihrer kargen Einsamkeit und ihren monumentalen Formen an Anatolien oder die Anden denken läßt – man fühlt sich Welten entfernt von den sanften Hügeln der bekannteren umbrischen Gegenden. Kilometerweit findet sich auf dem vollkommen flachen Altopiano in 1300 m Höhe kein Baum oder Strauch, nur ab und zu ein verfallenes Haus, eine Rinder- oder Schafherde. Die geometrischen Linien der Äcker und Felder (in der Höhe gedeihen vorzügliche Linsen) und die wechselnden Farben lassen den Piano Grande, wie ein immenses abstraktes Gemälde erscheinen. Gelbe, schwarze, braune, grüne, weiße Streifen laufen ne-

beneinander her, dazwischen erscheinen die blauen oder roten Flecken von Distel- und Mohnfeldern. Ein Kreis hoher Berge schließt den Piano Grande ab; in den nahegelegenen Marken liegen die Zweitausender-Gipfel der Monti Sibillini (vgl. S. 233). Von einer Hügelkuppe aus beherrschen die grauen Häuser des Dörfchens **Castelluccio** die Hochfläche. Das höchstgelegene Dorf des Apennin wird im Sommer gern von Drachenfliegern aufgesucht, die hier optimale Voraussetzungen finden; im Winter aber schneit es auf seinen 1453 Metern regelmäßig ein. Nur noch rund 40 Menschen wohnen ganzjährig hier – 1951 waren es 700 Bewohner, 1976 immerhin noch 390!

Latium:
Land
roman-
tischer
Träume

Geheimnisvoll und unerschlossen: Latium, das Land um Rom, hat sich den flüchtigen Reisenden seit jeher entzogen. Wie ein Magnet bindet die Ewige Stadt die Masse der Touristen; nur Kenner und Liebhaber fahren nach Viterbo und Alatri, nach Bracciano und Subiaco. Dabei ist Latium nicht nur eine der großen Kunstregionen der Welt, es bietet auch wunderbare Landschaftsbilder und Dutzende vorzüglich erhaltener mittelalterlicher Orte. Doch im Schatten Roms schlummern alle Schönheiten im Dornröschenschlaf. Der Kuß der Neugier erweckt sie zum Leben; überraschende Freuden belohnen die Reisenden in den Hügel- und Berglandschaften Latiums.

Allein die Künstler haben schon immer gewußt, daß sich's in dieser Gegend gut leben läßt. Das fängt bei den alten Römern an: Horaz besang begeistert sein Anwesen in den Sabinerbergen; Vergils klassisches Epos, die »Aeneis«, spielt im latinischen Land. Im 17. Jh. schufen Claude Lorrain und Nicolas Poussin in der römischen Campagna die Grundlagen der europäischen Landschaftsmalerei. Den großen Vorbildern folgten zu Beginn des 19. Jh.s Scharen romantischer Künstler, die in den Albaner Bergen, in Tivoli, im Sabinergebirge arbeiteten. Allein in Olevano Romano, einem bevorzugten Aufenthaltsort der Romantiker, haben sich in den Jahrzehnten nach 1800 rund 200 Maler aus einem Dutzend europäischer Staaten aufgehalten!

Die Künstler-Tradition setzt sich bis heute fort. Dafür stehen große Namen, wie der des Komponisten Hector Berlioz, der wochenlang zu Fuß durch die Landschaft streifte und von »Tagen der Frei-

◁ Blick auf Calcata

Karte der Region Latium, praktische Hinweise S. 313–319

Umbrien

Terni

Greccio

Rieti 12

Abruzzen

13 • Monteleone
Sabino
Farfa

Monti Sabini

acte
91m

Tiber

LATIUM

18 **Tivoli**

∴ Villa Adriana

Subiaco 14

22
Palestrina

S. Vito
Romano 21

Olevano
Romano

Monti Ernici

Frascati

Lago Albano 23

Nemi

Albano
Laziale

Lago di Nemi

Anagni

9 Alatri

Veroli

Ferentino

Casamari

16

Monti Lepini

Sacco

15

Montecassino

Sermoneta

Latina

17

Fossanova

Monti Ausoni

Monti Aurunci

24

Sabaudia

Terracina

25

Sperlonga

Formia

26

Monte Circeo
541 m

San Felice Circeo

Gaeta

heit …, Freiheit des Herzens, des Geistes, der Seele, Freiheit in allem« schwärmte. Sein Landsmann, der Dichter Chateaubriand, entdeckte »une incomparable grandeur«, eine »unvergleichliche Größe«. Heinrich und Thomas Mann verbrachten mehrfach die Sommermonate in dem Bergstädtchen Palestrina und verewigten ihre Eindrücke in den Romanen »Die kleine Stadt« und »Doktor Faustus«. Und noch in der zeitgenössischen deutschsprachigen Lyrik sind latinische Motive häufig gegenwärtig. Günter Kunert hat »Verlangen nach Bomarzo« dichterisch ausgedrückt, Marie-Luise Kaschnitz »Genazzano am Abend« beschrieben, Peter Huchel über Subiaco und Christa Reinig über Olevano meditiert. Auf italienischer Seite ließen sich vor allem Filmregisseure von dieser Landschaft anregen. De Sica, Fellini, Visconti und Pasolini haben hier gedreht; zu schweigen von den vielen Dutzend Western und historischen Filmen, denen Latium als Hintergrund diente. In den Schluchten von Mazzano ist es einem findigen Regisseur sogar gelungen, eine Schwarzwald-Umgebung nachzustellen – angeblich täuschend echt.

Film, Malerei und Literatur – offenbar wirkt Latium inspirierend. Auch der gewöhnliche Reisende kann das nachvollziehen. Anregend ist der Wechsel der Landschaftsformen: erloschene Vulkane und Kraterseen, Schluchten im Tuffgestein und sanfte Hügel, klar konturierte Kalkberge und versteckte Quellen. Anregend ist die Stille des Landes, das vielerorts von der Industrialisierung ebenso unberührt scheint wie vom Tourismus. Anregend sind aber auch die allgegenwärtigen historischen Zeugnisse, von den Gräberstädten der Etrusker über die mittelalterlichen Dome zu den eleganten Villenanlagen der Renaissancefürsten und -kardinäle.

Reiserouten in Latium

Eine Rundfahrt durch Latium beginnt am günstigsten am Bolsena-See im Norden der Region. Von hier erreicht man über Tuscania Viterbo, das Gelegenheit zu zahlreichen interessanten Ausflügen bietet. Weiter über die Etruskerstädte Tarquinia und Cerveteri und den Bracciano-See nach Tivoli und Palestrina. Am Rand des Apennin gelangt man nach Subiaco und zu den sehenswerten mittelalterlichen Städten Anagni, Alatri, Ferentino, Veroli. Unbedingt lohnend ist der Besuch der Klöster Casamari und Montecassino. Durch die Monti Aurunci ans Meer nach Sperlonga und zum Monte Circeo, dann zurück nach Norden über Fossanova und die Albaner Berge.

Als Standort bieten sich im nördlichen Latium Viterbo sowie die Orte am Bolsena-See an. Die Gegend südöstlich von Rom besucht man am besten von Palestrina und Anagni aus. An der Küste ist Sperlonga konkurrenzlos der schönste Ort, zudem verkehrsgünstig gelegen. Viele Orte Latiums sind auch von Rom aus gut erreichbar.

Rom: Vorsicht – Großstadt!

1 Rom läßt sich nicht ›besichtigen‹, wie man Sevilla oder Florenz, Athen oder Paris besichtigt. Geschichte und Kultur sind hier konzentriert wie nirgendwo sonst auf der Welt. Nicht umsonst verbrachten die Reisenden früherer Jahrhunderte Wochen und oft Monate in der Ewigen Stadt. Jeder Versuch, Rom erschöpfend ›kennenzulernen‹, womöglich noch während eines Kurzaufenthalts, ist zum Scheitern verurteilt. Zudem sind Rom-Reisen nicht nur wegen der Fülle der Eindrücke anstrengend, sondern auch, weil die ungelösten Probleme der modernen Millionenstadt den Aufenthalt erschweren. Nicht selten stört der Verkehrslärm, die Abgaswerte liegen häufig 20mal höher als in Berlin oder München. Um die Schönheit Roms zu genießen, muß man sich – gerade bei einem Besuch von wenigen Tagen – auf Ausschnitte beschränken und immer wieder zurückkehren in die Oasen der Ruhe. Parks und Plätze, Gärten und Aussichtspunkte erlauben inmitten des Großstadtgetriebes erholsame Pausen.

Oasen der Ruhe – Parks und Gärten

Der *Palatin* ist – vor allem an sonnigen Tagen – der ideale Ausgangspunkt für einen Rom-Besuch. Von dem mit uralten Pinien und Steineichen bestandenen Hügel mitten im Zentrum genießt man herrliche Blicke auf die Türme, Dächer und Kuppeln Roms, auf seine Gartenanlagen und Ruinen, auf Peterskirche, Forum, Kolosseum und die Berge Latiums. Die Far-

Auf dem Palatin

ben der Stadt – die Rot-, Braun- und Gelbtöne der alten Bauten, das Grün der Vegetation – leuchten im Sonnenglanz. Licht bricht sich im Laubwerk; von fern – doch hier oben ganz harmlos leise – rauscht Verkehrslärm herauf. Auf dem Palatin gewinnt man einen ersten Eindruck von Rom, ohne seine Schattenseiten zu spüren.

Der Hügel hat eine ehrwürdige Geschichte: Hier lag vermutlich der erste Siedlungskern der Stadt. Man zeigt auf dem Palatin noch eine ›Hütte des Romulus‹ aus dem 8. Jh. v. Chr. Auch andere Epochen des antiken Rom sind durch Ausgrabungen vertreten. Da stehen ein Tempel der orientalischen Göttin Kybele aus dem 2. Jh. v. Chr., das mit Gemälden verzierte ›Haus der Livia‹, die Reste einer gewaltigen Palastanlage des Kaisers Domitian und die Thermen des Septimius Severus. Doch nicht die Ruinen faszinieren in erster Linie, sondern das Gesamtbild von üppiger Vegetation, altem Mauerwerk und begeisternden Stadtpanoramen.

Wer sich tiefer in die römische Antike versenken will, steigt von Palatin hinab zum unterhalb gelegenen *Forum Romanum*. Der weite Platz bildete einst den Mittelpunkt des römischen Weltreichs; hier wurden Entscheidungen getroffen, die über das Leben Tausender von Menschen bestimmten. Zwei Triumphbögen begrenzen das Ruinenfeld: im Westen, unterhalb des Kapitols, der Septimius-Severus-Bogen, im Osten der ältere Titus-Bogen. Dazwischen verläuft die ›heilige Straße‹, die an Tempeln, Gerichtshallen, Lagerräumen, und Geschäften vorbeiführte. Vergleichsweise gut erhalten ist der runde *Vesta-Tempel* in der Mitte des Geländes. In noch besserem Zu-

Hochzeit in Santa Maria in Domnica

stand zeigt sich die *Kurie,* der Versammlungsraum des Senats. Er wurde in frühchristlicher Zeit in eine Kirche umgewandelt und blieb daher von Zerstörungen verschont.

Die große antike Rennbahn des *Circus Maximus* trennt den Palatin vom *Aventin,* ebenfalls einer ruhigen Zone der Stadt, die zwar im frühen 20. Jh. mit Wohnhäusern bebaut wurde, aber an der dem Tiber zugewandten Seite noch reizvolle öffentliche Gärten zeigt. Neben der Kirche *Santa Sabina* befindet sich eine prachtvolle, während der Blütezeit herrlich duftende Orangenpflanzung, von der aus man auf Tiber und Petersdom schaut. Einige Schritte entfernt steht die von dem Kupferstecher Piranesi skurril gestaltete *Piazza dei Cavalieri di Malta.* Durchs Schlüsselloch des Eingangsportals zur Villa des Malteserordens blickt man direkt auf die Peterskuppel – eine bewußt inszenierte perspektivische Spielerei.

Der dritte – aller römischen Bauspekulation zum Trotz – noch immer schön begrünte Hügel am südlichen Rand der Altstadt ist der *Caelius* (italienisch: *Celio*). Die ausgedehnte Parkanlage der *Villa Celimontana* wurde vor gut 400 Jahren angelegt und erfreut einheimische Spaziergänger und – die in diesem Stadtteil allerdings seltenen – Touristen. Im Südteil des Parks blickt man auf die Ruinenanlage der *Caracalla-Thermen* (vgl. S. 148). Auf dem Caelius stehen zwei bedeutende frühchristliche Kirchen: die Rundkirche *Santo Stefano Rotondo* aus dem 5. Jh. und die noch ältere *Santi Giovanni e Paolo* auf den Ruinen eines römischen Hauses. Sie wurde im Mittelalter umgebaut und erhielt dabei einen romanischen Glockenturm. Aus dem frühen 9. Jh. stammt *Santa Maria in Domnica* mit einem schönen Apsismosaik.

Herrliche Blicke genießt man auch vom *Gianicolo* auf der westlichen Tiber-

Seite. Mit dem Bus 41 kann man zur Piazza Garibaldi hinauffahren und von dort zu Fuß ins lebhafte *Trastevere*-Viertel absteigen, in dem die von Raffael ausgemalte *Villa Farnesina* und die mittelalterlichen Kirchen *Santa Cecilia* und *Santa Maria in Trastevere* die größten Sehenswürdigkeiten darstellen.

Ein weiterer Höhepunkt unter den Rom-Panoramen bietet sich vom *Pincio* am Nordrand der Altstadt. Am Pincio erstreckt sich der größte römische Park: die *Villa Borghese.* Stundenlang kann man hier unter alten Bäumen, zwischen Brunnen und kleinen Seen spazieren gehen – nur wenige Minuten vom hektischen Betrieb der Großstadt entfernt.

Orientierung

Der Kern der römischen *Altstadt* – atmosphärisch das interessanteste Gebiet der Stadt – wird im Westen vom Tiber begrenzt, im Osten von der Via del Corso und der Via del Teatro di Marcello. Dies ist das Rom der kleinen Gassen und Plätze, der Handwerksbetriebe und Geschäfte, aber auch der Renaissance-Palazzi und Barock-Kirchen. Architektonisch ist es vorzüglich erhalten und wartet an jeder Ecke mit neuen Überraschungen auf. Störend wirkt allerdings vielfach der Au-

Via del Corso

toverkehr, der auch manche enge Gasse nicht verschont. Auch erfüllt es mit leichter Trauer festzustellen, wie im Laufe der letzten 20 Jahre die ›kleinen Leute‹ immer stärker aus diesem Gebiet verdrängt wurden, das heute beim Bürgertum als schicke Adresse gilt. Das einst sehr lebhafte Straßenleben hat unter dieser Entwicklung gelitten, manche Plätze, wie die Piazza Navona, scheinen heute ganz in der Hand der Touristen und der einheimischen Schickeria.

Im Nordosten schließt sich an das verwinkelte Altstadt-Rom zwischen Piazza del Popolo, Largo Chigi und Via del Quirinale ein ebenfalls historischer Stadtteil an, der jedoch von meist geraden Straßen durchzogen wird und seit jeher zu den elegantesten Vierteln Roms zählt. Hier liegen die vornehmsten Geschäfte und teuersten Hotels, hier befinden sich einige der Haupt-Sehenswürdigkeiten

Via dei Coronari

wie die Spanische Treppe und die Fontana di Trevi, hier residiert im Quirinals-Palast auch der italienische Staatspräsident.

An das mittelalterliche und barocke Rom grenzt im Süden die Zone der *Ausgrabungsstätten* mit Forum Romanum und Palatin, Kolosseum und Konstantinsbogen, Trajansmärkten und Kaiserforen. Noch weiter südlich erheben sich die Hügel Aventin und Caelius, von denen als ›Oasen der Ruhe‹ schon die Rede war.

Im Osten der Altstadt liegen um die Stazione Termini und die Lateransbasilika ausgedehnte *Wohn- und Geschäftsviertel,* die zumeist gegen Ende des 19. Jh.s errichtet wurden. Sie sind, mit Ausnahme der überall verstreuten, häufig kunsthistorisch bedeutenden Kirchen, nicht ›schön‹, haben aber dennoch reizvolle, atmosphärisch interessante Plätze, wie den großen Vormittagsmarkt auf der Piazza Vittorio Emanuele.

Westlich des Tiber liegt – etwa auf der Höhe des Palatin – der Stadtteil *Trastevere,* der einst berühmt war als Zentrum des römischen Volkslebens, heute aber auch Ausländern, Künstlern und Geschäftsleuten als Wohnsitz dient. Nördlich davon befindet sich die Vatikanstadt mit dem Petersdom und dem ausgedehnten Vatikans-Palast.

Alle hier erwähnten Stadtteile liegen innerhalb der Aurelianischen Mauern im Gebiet des antiken Rom. Flächenmäßig erheblich größer sind die *Außenbezirke,* in denen heute rund die Hälfte der 2,7 Millionen Römer lebt. Die zumeist in der Nachkriegszeit erbauten Viertel der *periferia* sind zumeist von exemplarischer Häßlichkeit.

Piazza della Rotonda mit Blick auf das Pantheon

Verwinkeltes Rom:
Die Altstadt

Die *Piazza della Rotonda* ist fest in touristischer Hand. An den Kaffeehaus-Tischen um den hübschen, mit einem ägyptischen Obelisken geschmückten Brunnen in der Platzmitte drängen sich Reisende aus aller Welt. (Die Römer trinken ihren Espresso oder Cappuccino wenige Schritte entfernt, in der vorzüglichen Stehbar *Tazza d'Oro* in der Via degli Orfani.) Ununterbrochen strömen neue Touristenscharen über die Piazza. Ihr Ziel: das *Pantheon,* eines der eindrucksvollsten und besterhaltenen. Monumente der römischen Antike. Bereits um 610 wurde das großartige, 120 n. Chr. unter Kaiser Hadrian errichtete Gebäude in eine christliche Kirche umgewandelt. So blieb es verschont vor der Abriß-Wut späterer Generationen, die das antike Rom als Steinbruch für Neubauten benutzten. Die gewaltige Kuppel stellt symbolisch das Himmelsgewölbe dar; sie hat für zahlreiche Bauten späterer Zeiten als Vorbild gedient – beispielsweise für die Kuppel des Petersdoms. Kuppeldurchmesser und Raumhöhe sind mit genau 43,20 Metern identisch; ergänzte man die Kuppel zur Kugel, so berührte sie den Fußboden in seinem Mittelpunkt.

Wenige Schritte vom Pantheon entfernt steht die einzige gotische Kirche Roms: *Santa Maria sopra Minerva.* In dem Bau des Dominikanerordens erfreuen farbenfrohe Fresken des Renaissance-Malers Filippino Lippi (im rechten Querschiff) und eine Christus-Statue von Michelangelo (links vom Hauptaltar), der wohlmeinende Kleriker ein bronzenes Schamtuch um die Lenden gewickelt haben.

Zwischen dem Pantheon und der Piazza Navona passiert man die Kirche der in Rom lebenden Franzosen, *San Luigi dei Francesi.* Sie birgt Gemälde von Caravaggio, der hier 1590 – gerade 17jährig! – einen neuen Stil begründete: eine sehr realistische Malerei mit raffinierter Lichtführung. Eines seiner Bilder erregte aufgrund der ›provokativen‹ Malweise beim Auftraggeber Anstoß und mußte vom Künstler neu geschaffen werden.

Die *Piazza Navona* zählt zu den berühmtesten – und gewiß auch schönsten – Plätzen der Welt. Sie liegt auf dem Ge-

Piazza Navona, Fontana del Moro

lände einer antiken Rennbahn und hat deren ovale Form behalten. Drei Brunnen schmücken den Platz, unter denen besonders der mittlere, der Vier-Ströme-Brunnen des Barock-Bildhauers Bernini, ins Auge fällt. Bernini hat Personifizierungen der Donau, des Nils, des Ganges und des La Plata geschaffen, die aus einem lebendigen Durcheinander von Felsen, Pflanzen und Tieren hervorschauen. Der La Plata hebt schützend die Hand zur Kirche Sant' Agnese, die von Berninis Konkurrenten Borromini errichtet wurde; Bernini habe mit dieser Geste, so heißt es, seiner Befürchtung Ausdruck verliehen, die Kirche würde bald einstürzen.

Die Piazza Navona ist seit jeher die ›gute Stube‹ für die umliegenden Wohnviertel. Das rege Alltagsleben ist allerdings ruhiger geworden, seit in den letzten 20 Jahren zahllose Mieter aus den umliegenden Gassen in sterile Neubauviertel am Stadtrand umziehen mußten – die Quadratmeterpreise stiegen in unbezahlbare Höhen. So sind heute die Touristen und die neu ins Viertel gezogene Schickeria in der Überzahl.

Nördlich der Piazza Navona führt die *Via dei Coronari* zur Engelsbrücke und der *Engelsburg*. In der langgestreckten Straße reiht sich ein Antiquitätengeschäft ans andere. Auch die Seitengassen haben Charme. Hier finden sich immer noch kleine Handwerksbetriebe und Trattorien, Pizzaläden und vorzügliche Gelaterie, versteckte Innenhöfe und

Markt auf dem Campo dei Fiori

Brunnen. Im Gassengewirr steht die hübsche kleine Kirche *Santa Maria della Pace* mit einer schwungvollen Barockfassade und einem prachtvollen Kreuzgang.

Den *Campo dei Fiori* sollte man unbedingt vormittags aufsuchen: Er beherbergt den lebendigsten Markt der römischen Altstadt. Auch die angrenzenden Gassen, so die Via dei Giubbonari, zeigen intensives Straßenleben. Auf dem Campo dei Fiori wurden einst die von der Inquisition verurteilten Ketzer verbrannt. Dem berühmtesten Opfer der Verfolgungen, Giordano Bruno, haben die Römer in der Platzmitte 1887 ein Denkmal errichtet.

Wenige Schritte führen vom Campo dei Fiori zur Piazza Farnese mit dem herrschaftlichen *Palazzo Farnese* aus der Renaissance-Zeit, an dem unter anderem Michelangelo gebaut hat. Der Bau dient heute als Sitz der französischen Botschaft.

Von hier aus erreicht man in einem Spaziergang am Tiberufer die nach Trastevere führende Fußgängerbrücke *Ponte Sisto* und weiter östlich das im Auftrag des Kaisers Augustus erbaute *Marcellus-Theater* am Rand des alten römischen Judenviertels.

Das elegante Rom – »Roma ladrona«?

»Roma ladrona« ist der Schlachtruf der über Korruption und staatliche Mißwirtschaft aufgebrachten Norditaliener, vor allem der Anhänger der Lega Nord. »Rom, die große Diebin« – das ist gewiß vereinfacht, denn Steuergelder wurden in Mailand und Verona ebenso skrupellos ›privatisiert‹ oder zur illegalen Parteienfinanzierung verwendet wie in der Hauptstadt.

›Il Palazzo‹, die politische Führungsschicht, bewegt sich mit Leibgarde und

Via del Corso zur Hauptverkehrszeit

Blaulicht vorzugsweise im Viertel um die *Via del Corso.*

Am Largo Chigi, gegenüber der Einmündung der Via del Tritone in den Corso, steht der *Palazzo Chigi* aus dem 17. Jh., heute der Sitz des italienischen Ministerpräsidenten. Wenige Schritte entfernt erhebt sich der von Bernini entworfene *Palazzo Montecitorio;* hier tagt das Parlament. Der Platz vor dem Parlamentsgebäude ist weiträumig abgesperrt, doch am gegenüberliegenden Ende bleibt der Zugang frei zur Buchhandlung Herder, die seit Jahrzehnten ein reiches Angebot an deutschsprachiger, insbesonderer spezieller Rom-Literatur liefert.

Auf der entgegengesetzten Corso-Seite führt die Via Marco Minghetti zu einer Sehenswürdigkeit abseits aller Rom-Klischees: zur *Galleria Sciarra,* einem reich mit Bildern und Skulpturen geschmückten Jugendstil-Innenhof.

Zwischen Corso, Piazza Barberini und Piazza del Popolo erstreckt sich das eleganteste Geschäftsviertel. Via Condotti, Via Borgognona, Via Frattina und Via del Babuino bilden das Reich der Haute Couture. Alle großen Namen sind hier mit eigenen Läden vertreten: Armani und Fendi, Krizia und Missoni, Battistoni, Lancetti und Yves Saint Laurent – um nur einige zu nennen. Selbstverständlich fehlen auch die Klassiker italienischen Schuh-Designs wie Beltrami und Ferragomo nicht. Preiswerter – und vielfach dennoch sehr gut – kauft man an der Via del Corso und in den Nebenstraßen Via della Vite und Via della Croce ein. Auch die Via del Tritone ist für einen Ladenbummel geeignet.

Da wir schon beim Luxus sind: In der Via Condotti 10 residiert der Juwelier-König Bulgari. Und die Via del Babuino ebenso wie die ehemalige Ateliers- und

Künstlerstraße Via Margutta sind die Hochburgen der Antiquitätenhändler.

Die *Fontana di Trevi* gehört zu den Standardzielen aller Romfahrer. Wirft man eine Münze in den Brunnen, so heißt es, dann könne man gewiß sein, wieder nach Rom zurückzukehren. Die barocke Schauwand, die ihn schmückt, ist die

Vor dem Quirinalspalast

aufwendigste Brunnendekoration im an Brunnen reichen Rom. In die Filmgeschichte kam das Monument durch Anita Ekbergs Bad in seinen Fluten, von Federico Fellini für »La Dolce Vita« ersonnen.

Von der Fontana di Trevi kann man zum Quirinalshügel ansteigen, von dem man einen schönen Rom-Blick genießt. Im *Quirinalspalast* residiert der italieni-

sche Präsident. Hinter dem Palazzo stehen an der Via del Quirinale die reizvollen Barockkirchen *Sant' Andrea al Quirinale* und *San Carlo alle Quattro Fontane* (vgl. S. 149). Die Via delle Quattro Fontane führt dann zunächst zum *Palazzo Barberini* (vgl. S. 150) und weiter zum Verkehrsknotenpunkt Piazza Barberini mit Berninis vom Autoverkehr umrauschten *Tritonen-Brunnen*. Hier zweigt die *Via Veneto* ab, Schauplatz des mondänen Lebens von Filmstars, Playboys und Superreichen. Über die Via Sistina gelangt man zur Piazza Trinità dei Monti mit der prachtvollen *Spanischen Treppe*. In diesem Viertel wohnten früher die in Rom lebenden Ausländer, vor allem die Künstler. Sie trafen sich im *Caffè Greco* in der Via Condotti, das vor einigen Jahren wegen mangelnder Beachtung der Hygiene-Vorschriften kurzzeitig geschlossen wurde, aber heute, jedenfalls für den oberflächlichen Blick, wieder einen properen Eindruck macht. Die Wände des historischen Kaffeehauses, das zu den geschichtsträchtigsten ganz Italiens zählt, sind mit Bildern romantischer Maler des 19. Jh.s geschmückt. Die Einrichtung erinnert noch an die Zeiten, als das Caffè Greco unumstrittenes gesellschaftliches Zentrum der in Rom residierenden Künstler war. Goethe, Schopenhauer, Gogol, Liszt, Wagner, Heine, Casanova haben hier verkehrt.

Die *Piazza del Popolo* bildete damals gleichsam den Empfangssalon der Stadt. Von Norden ankommende Reisende trafen über die Via Flaminia bei der Porta del Popolo in Rom ein und fanden sich nach dem Durchschreiten des engen – wenn auch prunkvoll geschmückten – Stadttors auf dem lichten, weiten Platz. Mit dem Brunnen in der Mitte, den symmetrisch angelegten Kuppelkirchen *Santa Maria in Monte Santo* und *Santa Maria dei Miracoli* sowie der raffiniert ge-

Hauptstadt des Weltreichs –
Das antike Rom

Auf dem Kapitols-Hügel standen die wichtigsten Heiligtümer des antiken Rom: der Jupiter- und der Juno-Tempel. Politik und Religion waren im antiken Rom unmittelbar miteinander verbunden – so stellte das Kapitol gleichzeitig das politische und religiöse Zentrum der Stadt dar. Hier endeten die Triumphzüge der siegreichen Armeen, hier versuchten Priester, aus der Beobachtung des Vogelflugs die Zukunft vorherzusagen, hier wurden Hoch- und Landesverräter hingerichtet.

Heute ist von den antiken Bauten des *Campidoglio* nur noch wenig zu sehen. An ihrer Stelle erheben sich drei Palazzi im Renaissance-Stil. Der mittlere, der *Senatorenpalast,* dient als Rathaus, die beiden anderen beherbergen Museen mit vorwiegend antiken Ausstellungsstücken. Hinter dem Senatorenpalast genießt man den Blick auf Forum und Palatin. Hier finden sich noch Überreste der antiken Bebauung. Die Mauern des *Tabularium,* des ehemaligen Staatsarchivs, dienen als Unterbau des Senatorenpalastes. Davor erheben sich Ruinen eines Concordia- und eines Vespasian-Tempels.

Unterhalb des Kapitols führt die breite Via dei Fori Imperiali durch die archäologische Zone. Sie beginnt an der verkehrsreichen *Piazza Venezia,* die vom bombastischen ›Altar des Vaterlandes‹ überragt wird, einem Ende des 19. Jh.s. errichteten Monument. Die Römer nennen den Riesenbau aus weißem Kalkstein, der von einem 16 Meter hohen Reiterstandbild des Königs Vittorio Emanuele II überragt wird, gern die ›Schreibma-

Piazza del Popolo

stalteten Auffahrt zum Pincio-Hügel an der Ostseite bildet die Piazza einen würdigen Auftakt für den Rom-Besuch – gewiß erhebender als die heutigen ›Empfangsräume‹ Stazione Termini und Flughafen Leonardo da Vinci. Direkt neben dem Tor steht die bedeutendste der drei Kirchen am Platz, *Santa Maria del Popolo.* In dem dazugehörigen, später abgerissenen Kloster wohnte Martin Luther, als er 1511 – noch als Mönch – nach Rom reiste. Santa Maria del Popolo birgt zwei bedeutende Gemälde von Caravaggio, dem wir schon in San Luigi dei Francesi (vgl. S. 141) begegneten. Die »Bekehrung Pauli« und die »Kreuzigung Petri« sprechen mit ihrem harten, ungeschönten Realismus viele moderne Betrachter an. Caravaggio, ein exzentrischer Maler, dem ein Mord nachgesagt wurde, war schon zu Lebzeiten heftig umstritten; doch erhielt er immer wieder Aufträge auch aus kirchlichen Kreisen, die seine ›volksnahe‹, direkte Malweise schätzten.

*Blick auf das Forum Romanum vom
Palatin aus ▷*

schine‹. Die Via dei Fori Imperiali passiert hinter dem Riesendenkmal zunächst die Ruinen der *Basilica Ulpia,* eine der größten Versammlungshallen des antiken Rom, sowie die relief-geschmückte *Trajanssäule.* Dahinter erstrecken sich die gut erhaltenen *Trajans-Märkte.* In ihren ausgedehnten Lagerhallen wurden Getreide, Wein und Öl aufbewahrt, mit denen die Behörden die arme Bevölkerung Roms kostenlos versorgten, um soziale Unruhen vorzubeugen.

An der Hauptstraße liegen die Ausgrabungen der sogenannten *Kaiser-Foren* – Markt- und Tempel-Stätten, die von verschiedenen Herrschern zusätzlich zum zentralen Forum Romanum im Lauf der Jahrhunderte errichtet wurden. Zur Linken findet man nacheinander das Trajans-, das Augustus- und das Nerva-Forum, zur Rechten das Caesar-Forum, auf das anschließend das *Forum Romanum* vor dem Hintergrund des Palatin folgt (vgl. S. 137). Hinter dem Forums-Eingang passiert man die frühchristliche, im Barock umgebaute Kirche *Santi Cosma e*

Via dei Fori Imperiali mit Kolosseum

Damiano mit einem schönen Apsismosaik aus dem 6. Jh., dann die gewaltigen Backsteingewölbe der aus dem 4. Jh. stammenden *Maxentius-Basilika.*

Die Via dei Fori Imperiali führt schließlich zum *Kolosseum.* Das riesige, um 80

n. Chr. erbaute Amphitheater faßte etwa 50 000 Zuschauer, die sich hier an Gladiatorenkämpfen, Tierhetzen und Seeschlachten (für die der Boden unter Wasser gesetzt wurde) begeisterten. Im Mittelalter baute sich ein römisches Adelsgeschlecht im Kolosseum eine Burg, später wurde es als Steinbruch benutzt. Dennoch ist der fast 50 Meter hohe, knapp 200 Meter lange Bau noch recht gut erhalten. Gefahr droht ihm heute durch die Erschütterungen des Autoverkehrs, der nah an dem Monument vorbeirauscht; bislang konnte der mehrfach vorgebrachte Plan, die gesamte archäologische Zone der Innenstadt für Pkw's zu sperren, nicht durchgesetzt werden.

Links hinter dem Kolosseum steigt der hübsche *Parco Traianeo* zum Esquilin-Hügel an. Hier stehen die Ruinen der *Domus Aurea,* des ›Goldenen Hauses‹, einer Palastanlage des Kaisers Nero. An der entgegengesetzten Seite des Kolosseums wird der reiche Reliefschmuck des *Konstantinsbogens* langsam von Abgasen zerfressen.

Auf der Via di San Gregoria passiert man den *Circus Maximus,* der vorwiegend für Wagenrennen – vor der Erbauung des Kolosseums aber auch für Gladiatorenkämpfe – diente. Er soll bis zu 380 000 Zuschauern Platz geboten haben! Monumentale Ausmaße haben auch die *Caracalla-Thermen,* eine der größten unter den mehreren hundert Badeanstalten im antiken Rom. Sie bestanden nicht nur aus Bädern, sondern auch aus Sporthallen, Bibliotheken, Läden, Schankstuben und waren ein bevorzugter Ort des geselligen Kontakts.

Eine der bedeutendsten Ausgrabungsstätten Italiens liegt einige Kilometer von Rom entfernt und ist vom Stadtzentrum mit öffentlichen Verkehrsmitteln gut zu erreichen. *Ostia antica* war eine Hafenstadt von etwa 50 000 Einwohnern. In ihren Ruinen erkennt man die Überreste von Tempeln, einem Theater, Thermen und vor allem einer Vielzahl von zum Teil mehrstöckigen Wohnhäusern sowie Läden.

Schwingender Barock

Das Stadtbild Roms ist, bei aller Fülle von Kunstwerken aus zwei Jahrtausenden, in erster Linie vom Barock geprägt. Im Zeitalter der Gegenreformation bauten die Päpste ihre Hauptstadt zur prunkvollen Residenz aus; Glanz und Macht der katholischen Kirche sollten in Gemälden, Skulpturen und Architektur erscheinen. Die großen Platzanlagen – wie die Piazza di Spagna, die Piazza Navona, der Petersplatz, die repräsentativen Brunnen wie die Fontana di Trevi und natürlich zahllose Kirchen legen davon Zeugnis ab. Es ist eine phantasievolle, verspielte, sinnenfrohe Kunst, die hier ihren Ausdruck findet. Ihre Farbenfreude und Theatralik drücken Rom noch immer den Stempel auf.

Vor allem *ein* Künstler beherrschte im 17. Jh. die römische Szene: der 1598 in Neapel geborene *Gian Lorenzo Bernini*. Schon als 17jähriger erhielt Bernini seine ersten Aufträge, wenige Jahre später war er als führender Bildhauer und Architekt anerkannt und konnte die städtebauliche Entwicklung der Stadt beeinflussen wie kaum ein anderer in der Geschichte Roms. Auf ihn geht die Anlage des Petersplatzes mit den Kolonnaden, Säulen und Statuen zurück; er schmückte die Engelsbrücke mit Skulpturen, errichtete Palazzi wie den Palazzo Montecitorio, das heutige Parlament, und den Palazzo Barberini und schuf einige der beeindruckendsten römischen Brunnen – so den Vier-Ströme-Brunne und die kleinere Fontana del Moro auf der Piazza Navo-

na sowie den Tritonen-Brunnen auf der Piazza Barberini. Sein Meisterwerk in der Kirchenbaukunst ist das auf einem ovalen Grundriß errichtete Gotteshaus *Sant' Andrea al Quirinale*. Damit aber waren seine vielfältigen Aktivitäten nicht erschöpft. Berühmt sind seine Skulpturen (einige der bekanntesten wie »Apoll und Daphne« oder der »David mit der Schleuder« sind in der Galleria Borghese zu betrachten). Das große Bildwerk »Verzükkung der heiligen Therese« in der Kirche *Santa Maria della Vittoria* steht in fast provozierender Weise an der Grenze zwischen religiöser und erotischer Kunst. Der französische Jurist Charles de Brosses notierte im 18. Jh. über die Skulpturengruppe frivol: »Wenn das die himmlische Liebe ist, kenne ich sie auch.« Doch der erotische Unterton schwingt im römischen Barock – nicht nur bei Bernini – vielfach mit.

Berninis großer Gegenspieler war der Lombarde *Francesco Borromini*. Er erhielt weniger Aufträge als der berühmte Konkurrent und mußte mit geringeren Summen kalkulieren. Dennoch schuf er architektonische Meisterwerke, die sich vor allem durch das musikalische Spiel der schwingenden Linien, der Konkav- und Konvex-Formen auszeichnen. Die kleine Kirche *San Carlo alle Quattro Fontane* beispielsweise, die von armen spanischen Mönchen in Auftrag gegeben wurde, ist gerade so groß wie einer der monumentalen Vierungspfeiler des Petersdoms – aber auf dem engen Raum entfaltet Borromini ein prachtvolles Spiel sich überschneidender Kurven ohne einen einzigen ›nüchternen‹ rechten Winkel. Ebenso originell ist der Bau von *Sant'Ivo della Sapienza* (in der Nähe des Pantheons), der nach dem Wappen der Auftraggeber auf einem bienenförmigen Grundriß errichtet wurde. Von Borromini stammen auch die Kirche *Sant'Agnese in Agone* an

Piazza di Spagna bei Nacht

der Piazza Navona und die nahegelegene schwungvolle Fassade des *Oratorio dei Filippini.*

Barockfreunde werden sich auch an dem phantasievollen Deckengemälde von Pietro da Cortona im *Palazzo Barberini* begeistern. Der Maler feiert hier den Ruhm des Papstes Urban VIII. Musen, Tugenden, griechische Helden und Götter tummeln sich auf dem lichtdurchstrahlten, lebensfrohen Werk.

Ähnlich prunkvolle Bilder entstanden auch in der religiösen Kunst. Die Illusionsmalerei, welche tiefen Eindruck auf die Gläubigen machen sollte, wurde vor allem vom Jesuitenorden gefördert. Der bedeutende Jesuit Andrea Pozzo, der das Deckengemälde in *Sant' Ignazio* schuf, hatte sich in theoretischen Abhandlungen mit der Perspektive auseinandergesetzt und sich mit Theater-Dekorationen befaßt.

Mathematische Kenntnisse und theatralischer Sinn spielten bei der großen Wandmalerei, in der Architektur und Bild täuschend ineinander übergehen, die entscheidende Rolle. Auch die zweite römische Jesuitenkirche, *Il Gesù,* ist durch ein illusionistisches Deckenfresko geschmückt. In Il Gesù befindet sich auch das prunkvolle Grab des Ordensgründers, des heiligen Ignatius von Loyola.

Stadt der 365 Kirchen

Daß es wirklich genau 365 Kirchen gibt in Rom, wie die Legende behauptet, ist eher unwahrscheinlich. Aber eins ist klar: Es sind zuviele Kirchen – viel zuviele! –, um sie alle zu besuchen. An der berühmtesten unter ihnen, dem *Petersdom,* geht allerdings kaum ein Romfahrer vorbei. Fast 200 Jahre lang wurde an dieser größten Kirche der Christenheit gebaut, bevor sie 1626 geweiht werden konnte. Alles atmet hier gewaltige Dimensionen: Die Kirche ist 186 m lang (mit der Vorhalle 211 m), die Kuppel erhebt sich auf 132 m Höhe, im Innenraum befinden sich fast 400 Statuen, davon mehr als 100 aus kostbarem Marmor und 40 aus Bronze. Zehntausende von Gläubigen können sich in St. Peter versammeln. Auf dem großen, von Bernini geschaffenen Vorplatz erteilt der Papst mehr als 100 000 Pilgern den Segen.

Die Kirche, an der zahlreiche Architekten arbeiteten – der berühmteste von ihnen, Michelangelo, entwarf die Kuppel – ist als ein imposanter Versammlungs- und Festraum konzipiert. An bedeutenden Kunstwerken ist sie trotz der Fülle von Statuen und Denkmälern (darunter allein 24 Papst-Gräber) verhältnismäßig arm. Gleich hinter dem Eingang erblickt man rechts in einer Seitenkapelle Michel-angelos bekannte Skulptur der »Pietà«. Seit ein Besucher sie vor einigen Jahren mit Hammer und Meißel beschädigte, steht sie hinter Panzerglas. Bemerkenswert ist der große, von Bernini geschaffene bronzene Altarbaldachin, unter dem nur der Papst und die Kardinäle die Messe lesen dürfen. In der Apsis hat Bernini zwei weitere Hauptwerke geschaffen: den Kathedraltar, der in seinem Innern den ›Stuhl Petri‹ birgt, sowie das Grabmal des Papstes Urban VIII.

Die zweite große Papst-Kirche, die Lateranbasilika *(San Giovanni in Laterano)* liegt am entgegengesetzten Ende der Altstadt. Sie geht bereits auf das 4. Jh. zurück. Hier befand sich die erste römische Papst-Residenz. Der heutige Bau zeigt im wesentlichen das Gesicht des 17.

Auf dem Petersplatz

Jh.s. Aus dem Mittelalter stammt der schöne Kreuzgang.

Eine der wichtigsten römischen Basiliken ist *Santa Maria Maggiore* in der Nähe des Bahnhofs. Ihr Bau wird auf ein erstaunliches meteorologisches Ereignis zurückgeführt: auf das ›Schneewunder‹, bei dem am 5. August 352, mitten im heißen römischen Sommer, auf dem Esquilin-Hügel Schnee fiel. Der heutige Bau zeigt innen die architektonische Form des 5. Jh.s und ist mit Mosaiken aus dieser Zeit geschmückt. Unter dem Hauptaltar findet sich eine der wichtigsten christlichen Reliquien: die Krippe des Jesuskindes.

Ein historisch besonders interessantes Bauwerk ist *San Clemente* in der Nähe des Kolosseums. San Clemente wurde über einem römischen Haus und einem antiken Mithras-Heiligtum errichtet, dessen Reste man unter der Kirche noch sieht. Der Bau des 4. Jh.s fiel im Mittelalter einem Normanneneinfall zum Opfer. Daraufhin entstand, gleichsam in der dritten historischen Schicht, die heute noch bestehende Kirche.

Ein schöner Sakralbau ist *Santa Maria in Cosmedin,* die Kirche der Griechen. In der Vorhalle befindet sich die berühmte »Bocca della Verità«, eine antike Steinmaske, die angeblich zubeißt, wenn man die Hand in ihren Mund legt und dabei eine Lüge erzählt.

Zu den besonderen Schätzen Roms zählen die frühchristlichen, mit leuchtenden Mosaiken geschmückten Kirchen. Außer der schon erwähnten Santi Cosma e Damiano (S. 148) lohnen besonders *Santa Prassede* (in der Nähe von Santa Maria Maggiore) und das etwas außerhalb an der Via Nomentana gelegene Mausoleum *Santa Constanza* wegen ihrer Mosaiken den Besuch.

Unüberschaubare Schätze: die Museen

Bei einem ersten Besuch in Rom wird man sich, zumal wenn nur wenig Zeit zur Verfügung steht, kaum lange in den Museen aufhalten. Zuviele Eindrücke bietet die Stadt, als daß sich die Konzentration von Kunstwerken, welche die römischen Museen bieten, noch verarbeiten ließe. Dennoch soll ein kurzer Überblick hier nicht fehlen.

Die *Vatikanischen Museen* zählen zu den berühmtesten Sammlungen der Welt. Die Fülle ihrer Ausstellungsobjekte ist im wahrsten Sinne des Wortes erschöpfend. Sie reicht von griechischen, römischen, ägyptischen und etruskischen Werken über die Malerei des Mittelalters und der Frührenaissance zu den von Raffael mit Fresken ausgemalten ›Stanzen‹ und der Sixtinischen Kapelle, in der sich Michelangelos Deckengemälde und »Das Jüngste Gericht« nach jahrelanger Restaurierung jetzt in neuen Farben zeigen.

Das *Thermenmuseum* in der Nähe des Bahnhofs (ein Umzug ist für die nächste

Fragmente der Konstantinsstatue ...

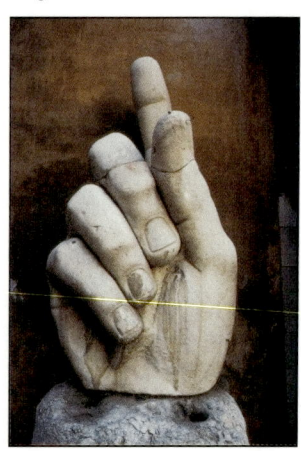

Zeit vorgesehen) ist ein Antikenmuseum hohen Ranges. Es zeigt vorwiegend griechische und römische Funde, darunter vor allem Meisterwerke der Bildhauerei. Antike Arbeiten – z. B. die berühmte Bronzeskulptur der römischen Wölfin – finden sich auch im *Konservatorenpalast* auf dem Kapitol. Das *Museo Nazionale di Villa Giulia* stellt Werke der etruskischen Kultur aus. Kleinere Antikensammlungen befinden sich im *Museo Barracco* am Cor-

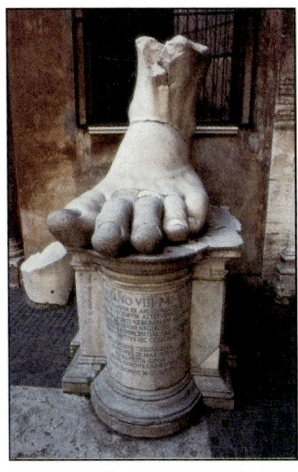

... vor dem Konservatorenpalast

so Vittorio Emanuele und im *Antiquarium des Forum Romanum.*

Bedeutende Galerien mit Hauptwerken der europäischen Malerei befinden sich in der *Galleria Borghese* und im *Palazzo Barberini.* Kleinere Sammlungen hohen Niveaus sind die *Galleria Doria Pamphili,* die *Galleria Colonna,* die Sammlung im *Palazzo Spada.* In der *Galleria d'Arte Moderna Nazionale* sind Maler des 19. und 20. Jh.s vertreten. Die römische Stadtgeschichte wird in der *Engelsburg,* im *Museo di Roma* im Palazzo Braschi und, was das antike Rom angeht, im *Museum der römischen Kultur* im mo-

dernen Stadtteil EUR dokumentiert. Ein vollständiges Verzeichnis der römischen Museen mit den jeweils gültigen Öffnungszeiten erhält man beim Touristenbüro in der Via Parigi 11 (Nähe Piazza della Repubblica).

Flucht aus Rom

So beliebt Rom bei den Touristen ist: Die Römer kehren der Stadt den Rücken. Um gut 5% ist die Bevölkerungszahl zwischen 1981 und 1991 gesunken. Sie liegt jetzt bei rund 2,7 Millionen Einwohnern. Dabei lassen sich noch immer neue Zuzügler in den trostlosen Vororten um den Autobahnring, den Gran Raccordo Anulare, nieder. Im eigentlichen Zentrum aber nimmt der Exodus dramatische Formen an: Fast 20% der rund anderthalb Millionen Bewohner des klassischen Rom sind in den 80er Jahren fortgezogen. Viele von ihnen gingen unfreiwillig. Die steigenden, für Normalverdiener nicht mehr bezahlbaren Mieten und die Umwandlung von Wohnraum in Büros und Geschäfte hat einen Großteil der Bewohner verdrängt, vor allem die ›kleine Leute‹, die einst die Seele der Stadt waren. Immer mehr Römer verlassen aber die Stadt, weil sich die Lebensqualität seit den 70er Jahren spürbar verschlechtert hat. Die Luftverschmutzung erreicht zum Teil katastrophale Werte.

Durchaus glaubwürdig erscheint die Story, bei den ersten Messungen hätten die zuständigen Experten ihren Augen nicht getraut und zunächst die Meßinstrumente zur Kontrolle an den Hersteller zurückgesandt – so unwahrscheinlich erschienen ihnen die gemessenen Daten. Als 1992 die italienische Regierung die regelmäßige Ermittlung der Verschmutzung obligatorisch machte, suchte sich die damalige römische Stadtregierung um die Wahrheit zu drücken, indem sie die Meßgeräte nur an besonders ›sauberen‹ Orten installierte. Es half nichts – Roms Luft ist zum Schneiden dick.

Die chaotische Verkehrssituation führt auch dazu, daß viele Römer auf dem Weg zum Arbeitsplatz täglich mehrere Stunden verbringen – nicht gerade auf die angenehmste Weise. »Bis vor fünfzehn Jahren war es großartig, in Rom zu leben« – das kann man aus dem Munde der Einheimischen hören. Viele von ihnen warten auf bessere Zeiten – schließlich hat die Ewige Stadt schon Schlimmeres überstanden als die gegenwärtigen Umwelt- und Verkehrsprobleme. Immer mehr Bewohner aber ziehen sich, sofern sie die Möglichkeit haben, aufs Land zurück.

Roms Dilemma hat einen tieferen Grund. Seit jeher fehlt der Stadt die Industrie. Sie lebt von der staatlichen Bürokratie mit ihren tausend Ämtern, vom Dienstleistungsbereich – und von der Bauspekulation. Seit der italienischen Einigung 1870 hat die Spekulation, oft in skandalöser Weise, die Stadtentwicklung bestimmt. Durchdachte und vor allem sozial sinnvolle Pläne mußten unter diesen Umständen scheitern, wildwüchsig wuchert Rom in die umgebende Landschaft aus, ohne daß sich die notwendige Infrastruktur entwickelt. Pläne zur Entlastung des Zentrums, wie die Verlagerung von Ministerien und Verwaltungsstrukturen an den Stadtrand, werden seit Jahren ergebnislos diskutiert.

Seit der Wahl des Grünen-Politikers Francesco Rutelli zum Oberbürgermeister Ende 1993 hat sich allerdings einiges verbessert – vor allem die Verkehrssituation in der Altstadt ist erträglicher geworden. Ob es der gegenwärtigen Stadtverwaltung gelingt, die strukturellen Probleme der Stadt in den Griff zu bekommen, bleibt abzuwarten. Die Aufgabe ist schwer genug.

Von Bolsena nach Bracciano: Die Vulkanseen

»Große, stille Augen des latinischen Landes« hat Eckart Peterich sie genannt. Seen vulkanischen Ursprungs prägen das Landschaftsbild zwischen Bolsena und Rom und dann noch einmal – davon in einem anderen Kapitel – im Süden der Hauptstadt, in den Albaner Bergen. Im grünen Hügelland des nördlichen Latium setzten die ausgedehnten Wasserspiegel mit ihren strahlenden Blautönen faszinierende Akzente. Man glaubt, seinen Augen nicht zu trauen: Kilometerweit ziehen sich die Ufer ohne ein einziges Haus dahin, kein Motorboot kreuzt auf den Wellen, kein Surfer gleitet über die Gewässer. Im Schilf glucksen Wellen, Vogelrufe ertönen, ab und zu begegnet man einem Fischer. Die Seen sind vorbildlich sauber. Vor allem der Lago di Bolsena ist zum Baden optimal geeignet. Italien gibt in dieser Gegend, seinem schlechten Ruf zum Trotz, ein Musterbeispiel für Naturschutz. Auch am Vico-See und am Lago di Bracciano sieht es nicht schlechter aus: die intakte Natur bildet ein Paradies für Wasservögel, Fische und ruhebedürftige Gäste.

Doch die *Laghi* bieten viel mehr als nur die Gelegenheit, in der Sonne zu sitzen und zu baden. Reizvolle Uferdörfer

Lago di Bolsena

und viele Orte der Umgebung laden zu ausgiebiger Erkundung ein. Man kann wandern und radfahren. Und die Küche ist noch ganz den ländlichen Traditionen verhaftet, daher im allgemeinen vorzüglich: Neben den obligaten Pasta-Spezialitäten kommen auch Süßwasserfische, Lamm, ausgezeichneter Schafkäse und die örtlichen Weine, wie der *Est-est-est* von Montefiascone auf den Tisch.

Lago di Bolsena: Wasser und Wein

2 Die Aufschriften lassen zunächst das Schlimmste befürchten. Die Jalousie der Macelleria verkündet auf deutsch: »Fleischerei – Wurstwaren«, der örtliche Immobilienmakler nennt sein Unternehmen »Domizil«. »Ferienhäuser zu vermieten« heißt es anderswo, und fehlerfrei preist ein Kaufmann »Obst und Gemüse/ Haushalts- und Putzmittel« auf dem Ladenschild an. Sind wir in einem verborgenen Ableger des Teutonengrills gelandet, einem Rimini des Binnenlandes?

Keine Angst: Bolsena ist trotz einigem Sommertourismus so ursprünglich geblieben, daß hier auch Snobs auf ihre Kosten kommen, die schon verzweifeln, wenn vereinzelte Landsleute ihre Wege kreuzen. Nur im Juli und August erscheinen die Urlauber aus dem Norden – dann allerdings massenhaft. Außerhalb der kurzen Saison aber träumt das 4000-Einwohner-Städtchen so ruhig vor sich hin wie der ganze stille See. Die braunen Tuffhäuser des alten Ortes drängen sich malerisch über der glänzenden Wasserfläche. Die mittelalterliche Burg am höchsten Punkt prägt die Silhouette.

Man gelangt zum Kastell über einen Treppenweg zwischen Steinmauern. Blumen lassen die düstere Gasse freundlich erscheinen, über dem Kopf des Fußgängers schallen Stimmen von Balkon zu Balkon. Aus den Kellern dringt Mostgeruch, hinter den Ziegeldächern erscheint unversehens wieder der blaue Spiegel des Sees, immer von neuem faszinierend.

Daß Italien so ruhig sein kann! Bolsena ist ein freundlicher Ort, der in gemächlichem Rhythmus lebt, und zugleich ein gastlicher Ort: Mehrere Hotels und Campingplätze, vor allem aber zahlreiche Trattorien bieten sich den Reisenden an. Hier wie auch in den anderen Orten am Seeufer werden vorzügliche Fischgerichte serviert, es gibt Spezialitäten wie *coregone* (einen entfernt der Forelle verwandten Süßwasserfisch), Barsch *(persico),* Hecht *(luccio),* Aal *(anguilla)* oder Schlei *(tinca).* Auch die Teigwaren werden – ungewöhnlich, aber schmackhaft – häufig in Fischsaucen angerichtet.

Die Kirche *Santa Cristina* bildet den kunsthistorischen Glanzpunkt des Ortes. Die aufwendige Anlage besteht aus nicht weniger als vier verschiedenen Gebäuden. Hinter der prunkvoll mit Renaissance-Reliefs geschmückten Hauptfassade überrascht ein romanischer Innenraum. Die plötzlichen Stilwechsel setzen sich fort. Man gelangt in den hohen Barockbau der *Cappella del Miracolo* und von dieser in die dunkle *Grotte der heiligen Christina,* die den Eingangsteil einer römischen Katakombenanlage darstellt. Die Grotte war Schauplatz des berühmten ›Wunders von Bolsena‹ (vgl. S. 109). Dieses kirchengeschichtlich bedeutsame Mirakel erklärt, daß an der Kirche jahrhundertelang gebaut wurde und immer neue Teile entstanden.

Auch das 15 Kilometer südlich von Bolsena gelegene **Montefiascone** lebt mit einer historischen Erzählung aus

Fischer am Lago di Bolsena

dem Dunstkreis des Unwahrscheinlichen. Allerdings fließt hier nicht Blut, sondern Wein, und die Folgen sind eher tragikomisch.

Ein Augsburger Prälat aus der Familie der Fugger, so heißt es, habe auf der Reise nach Rom seinen Diener vorausgeschickt: Er solle unterwegs alle Weine probieren und dort, wo er einen besonders guten Tropfen fände, »Est« (Hier ist er) an die Türe des Wirtshauses schreiben. In Montefiascone war der Diener so begeistert, daß er gleich »Est! Est! Est!« notierte. Sein nachfolgender Herr habe sich dann, ähnlich fasziniert wie der Wein-Tester, so hemmungslos besoffen, daß er zusammenbrach und starb. Seither heißt der örtliche Weiße *Est! Est! Est!.*

Er lohnt das Probieren, wird aber kaum jemanden dazu bringen, sich zu Tode zu trinken. Die Grabplatte des haltlosen Prälaten kann man in einer Seitenkapelle der Kirche *San Flaviano* besichtigen; angeblich hat sie der Diener setzen lassen. Die – stark verwitterte – Inschrift verkündet: »Est Est Est pr(opter) nim(ium) est hic Jo(annes) De Fuk do(minus) meus mortuus est« – »Est Est Est, wegen zuviel davon ist hier mein Herr Johannes Fugger gestorben.«

San Flaviano wartet noch mit weiteren Kuriositäten auf. Das romanisch-gotische Gotteshaus zählt zu den wenigen Sakralbauten Italiens, die aus Ober- und Unterkirche bestehen. Die Kapitelle zeigen besonders schöne und zum Teil ungewöhnliche Plastiken. Am vorletzten Pfeiler rechts kann man ein Männchen bewundern, das sich den Bart streicht. Ein lateinischer Spruch besagt: »Ihr, die ihr unsere Kirche anschaut, betrachtet auch meinen Bart.« Gleich daneben hält sich dieselbe Figur lachend den Bauch und behauptet per Inschrift: »Hier bin ich, ein gemeißelter Wächter, um die Dummköpfe hereinzulegen.«

Montefiascone liegt hoch über dem See – der ideale Aussichtspunkt für überwältigende Sonnenuntergänge, die ständig neu beweisen, daß die Natur keine Angst vorm Kitschverdacht kennt. Wie in allen See-Orten speist man vorzüglich, so z. B. im *Dante* in der Via Roma. Die Wirtin könnte in jedem Italien-Film problemlos die Rolle der kochenden Mamma übernehmen. Dementsprechend gut sind die hausgemachten Nudeln. Auch in anderen Lokalen findet man vorzügliche Pasta und köstliche Fischgerichte.

Marta ist noch ein richtiges Fischerdorf. Am 14. Mai findet hier ein ungewöhnliches Fest statt: Bei der *Barabbata* stellen Fischer und Bauern auf großen Karren die landwirtschaftlichen Aktivitäten dar, vom Pflügen bis zum Käsemachen. Der farbige Umzug, an dem die Bevölkerung engagiert teilnimmt, wirkt wie eine Show der ländlichen Traditionen, ein ›fahrendes Museum‹, wie eine Volkskundlerin formulierte.

Capodimonte liegt malerisch auf einer Halbinsel. Seine Burg ist der Stammsitz der Farnese-Familie, die sich vom kleinen Adelsgeschlecht zu einer der mächtigsten Sippen Europas entwickelte. Tizian hat den Farnese-Papst Paul V. und seine Kardinalsneffen gemalt. Der prunktvolle Farnese-Palast in Rom ist heute Sitz der französischen Botschaft, der Landsitz der Familie in Caprarola (vgl. S. 182) einer der wichtigsten Bauten des Manierismus. Von all dem verrät das stille Capodimonte nichts. Seine farbigen Häuser spiegeln sich im Wasser, an der Uferpromenade trödeln langsame Spaziergänger – die vollkommene Idylle.

Zahlreiche Ausflüge lassen sich vom Bolsena-See aus unternehmen, so in das großartig über einer Erosionslandschaft gelegene Dorf Civita di Bagnoregio (S. 169), nach Acquapendente (S. 174), nach Tuscania (S. 175) und Viterbo (S. 170).

10 Km südöstlich von Montefiascone liegt die Ausgrabungsstätte **Férento**. Einst erhob sich hier eine blühende Stadt. Sie wurde 1172 von den Truppen Viterbos dem Erdboden gleichgemacht. Die erhaltenen Ruinen stammen noch aus der Römerzeit: ein Theater, das für heutige Aufführungen wiederhergerichtet wurde, Reste der Thermen und der gepflasterten Hauptstraße. Besonders reizvoll ist die Atmosphäre des Ortes – vollendete Ruinenromantik. Mauerwerk antiker Wachttürme bröckelt, Schirmpinien breiten ihre riesigen Kronen aus. Auf sattgrünen Wiesen weiden Rinder und Pferde, ein Brunnen rauscht, im Tal verteilen sich als helle Punkte ein paar Dutzend Schafe. Kein lauter Ton stört den Frieden. Weit entfernt liegt Viterbo im Dunst am Hang der Ciminischen Berge.

Am Vico-See

3 Völlig einsam erstreckt sich der Vico-See auf 507 m Höhe inmitten von Wäldern und ausgedehnten Haselnußpflanzungen. Keine Ansiedlung befindet sich an den Ufern des Gewässers. Nur an der Südseite sind einige Ferienhäuser emporgewachsen. Bevor die Zersiedlung der Umgebung größere Ausmaße annahm, wurde das Gebiet 1982 unter Naturschutz gestellt. So bildet der See heute eine Oase der Ruhe. Besonders wohl fühlen sich die Wasservögel. Vor allem in den Sümpfen am Nordwestufer leben zahlreiche seltene Arten: Eisvögel, Reiher, Taucher, Wasserhühner und andere.

Zwei Hotels bieten die Möglichkeit, direkt am See zu übernachten und in die Atmosphäre der Stille einzutauchen, die hier gemeinhin herrscht. Am Wochenende allerdings können Ausflügler oder Hochzeitsgesellschaften den Zauber beeinträchtigen. Badebetrieb dagegen entwickelt sich am Lago di Vico kaum. Für italienische Maßstäbe ist sein Wasser meist zu kühl. Wer an Nordsee-Temperaturen gewöhnt ist, wird damit aber keine Probleme haben ...

Eine alte Legende berichtet, der See sei durch einen Keulenstoß des Herkules entstanden. Hirten hätten ihn gebeten, eine Probe seiner Kraft zu geben. Er habe dem Wunsch entsprochen, indem er seine Waffe in die Erde rammte. Kaum hatte er sie wieder entfernt, so entsprang eine mächtige Quelle und bildete binnen kurzem den See. Eine andere Überlieferung spricht von einer versunkenen Stadt unter dem Wasserspiegel. Lange Zeit war der Vico-See von dichten Wäldern umgeben und kaum zugänglich. Das hat ihn zum Ort der Sagen gemacht. Auch feuerspeiende Drachen, so berichteten Reisende glaubwürdig, hätten hier lange Zeit ihr Unwesen getrieben.

Der See liegt inmitten des über 1000 m hohen Vulkangebirges der *Monti Cimini*. An seinem Hang befinden sich verschiedene interessante Ortschaften. **Ronciglione** hat ein hübsches mittelalterliches Zentrum. In **Caprarola** erhebt sich der bedeutende Palazzo Farnese (vgl. S. 182). **San Martino al Cimino** zeigt eine sehenswerte Ortsanlage aus der Barockzeit. Kleine Häuser mit farbigen Dächern reihen sich am Hang um den Palast der Adelsfamilie Pamphili und um eine große Zisterzienserkirche aus dem 13. Jh. Bei klarer Sicht blickt man von hier weit über die Hügel des nördlichen Latium bis zum Meer.

Lago di Bracciano: Rom scheint weit entfernt

4 Nur knapp 20 Kilometer trennen die Ufer des Bracciano-Sees vom Stadtrand Roms. Um so erstaunlicher, daß das reizvolle Gewässer durch die Nähe der Millionenstadt keinen Schaden genommen hat. Die Landschaft ist lobenswert intakt. Zwar entstanden einige Ferienhäuser und Campingplätze, doch blieb die Natur um die hübschen Dörfer Bracciano, Trevignano und Anguillara Sabazia gut erhalten. Am Wochenende allerdings bersten die Fischlokale mit ihren Panorama-Terrassen von römischen Ausflüglern. Montags ist der Trubel vorbei, die Orte gehören wieder den Einheimischen.

Bracciano, die größte Ansiedlung am See, hat ein großes und bemerkenswert reich ausgestattetes *Schloß* aus dem 15. Jh. Es wird noch heute von einer römischen Adelsfamilie bewohnt. Auf geführten Rundgängen sind die luxuriösen Repräsentationsräume, der Renaissancehof und die große Küche zugänglich. Aufwendige Dekorationen und reizvolle Fresken erfreuen den Besucher; immer

Blick auf Bracciano und den See

wieder genießt man aus den Fenstern und von den Terrassen herrliche Blicke über den See.

In der Nähe des Bracciano-Sees lohnt auch das 10 km nördlich gelegene **Sutri** den Besuch. Sein in den Fels geschlagenes *etruskisches Amphitheater* ist einzigartig: Solche Bauten wurden gewöhnlich freistehend errichtet. Wenige Schritte entfernt befindet sich die Felskirche *Madonna del Parto,* die zur Etruskerzeit als Grabanlage, dann unter den Römern als Heiligtum des Mithras-Kultes diente. Im Ortszentrum erhebt sich der romanische *Dom* mit einer über tausendjährigen Krypta.

Auf den Spuren der Etrusker

Unvorstellbar: rund eine halbe Million Etruskergräber blieb im nördlichen Latium bis heute erhalten. Eine Katastrophe, wenn man die alle besichtigen sollte ... Bei den meisten von ihnen gibt es allerdings nicht viel zu sehen. Es sind Höhlen im Erdboden oder im Fels; häufig werden sie von Bauern als Geräteschuppen oder Ställe genutzt. Wer als unbedarfter Reisender an einer Felswand vorbeizieht, in der versteckte Hühner hinter Maschendraht gackern oder einsame Hunde die seltenen Passanten hoffnungsvoll anbellen, ahnt kaum, daß die eingesperrten Tiere in historischen, oft 2500 Jahre alten Löchern hocken. Der Umgang mit der Geschichte ist alltäglich in dieser Region, wo um 800 v. Chr. die erste Hochkultur auf dem europäischen Festland erblühte – eben die der Etrusker. Noch immer finden die Einheimischen beim Pflügen der Felder gelegentlich kleine Bronzestatuen oder Keramikbruchstücke. Der scheinbar unerschöpfliche Vorrat an echt Etruskischem geht allerdings zur Neige; heute stellen in Latiums Dörfern findige Fälscher den Nachschub für den internationalen Schwarzmarkt eigenhändig her.

Zwischen Rom und dem Bolsena-See lag das Kerngebiet der Etrusker; von hier aus erweiterten sie ihren Einfluß nach Norden, über die Toscana und Umbrien bis in die Po-Ebene. Vor allem in der Frühzeit der etruskischen Epoche, im 7. und 6. Jh., blühte in den Zentren Latiums ein raffiniertes, oft prunkvolles Leben. Davon ist allerdings wenig erhalten geblieben. Nach den Etruskern kamen die Römer – und die haben die Erinnerung an ihre bedeutenden Vorgänger so gründlich wie möglich gelöscht, obwohl (oder vielleicht gerade weil?) sie den Etruskern einen Gutteil ihrer Kultur verdankten. Nur die Gräber blieben bestehen. Zwar waren Grabräuber schon in der Antike am Werk und ließen insbesondere Gold- und Silberobjekte systematisch verschwinden. Aber die Etrusker hatten ihre Toten so großzügig mit Gaben fürs Jenseits ausgestattet, daß auch Generationen von Dieben diesen Schatz nicht aufbrauchten. Als sich vor rund 200 Jahren die Archäologen für das ›geheimnisvolle Volk‹ zu interessieren begannen, fanden sie noch genügend an Schmuck, Keramik, Skulpturen, Sarkophage, Münzen, um sich ein Bild des damaligen Lebens zu machen.

Auf die Spuren der Etrusker stößt man im nördlichen Latium überall. An den unwahrscheinlichsten Plätzen weisen verblichene Hinweisschilder zu versteckten Gräbern, die von Schlingpflanzen überwuchert sind und vor denen leise ein Bach sprudelt. Unversehens tauchen auf einer Hochfläche sorgfältig freigelegte Grundmauern einer jahrtausendealten Kleinstadt auf, wie in Acquarossa südlich des Bolsena-Sees. Abgelegene Orte, wie Barbarano Romano oder Tuscania, sind stolz auf ihr *Museo Etrusco*. Die unbestrittenen Höhepunkte des etruskischen Latium aber bilden Tarquinia, Cerveteri sowie die Felsnekropolen bei Viterbo.

Tarquinia: Farbwunder in kühler Tiefe

5 Schwarzgelockte Jünglinge und blonde Frauen ruhen beim festlichen Gelage; Flöten- und Gitarrenklänge ertönen; ekstatische Tänzer drehen sich in mitreißendem Schwung; Jäger kehren reich beladen heim; Liebespaare geben sich selbstvergessen ihren Umarmungen hin. Die Wandmalereien von Tarquinia scheinen das irdische Paradies zu schildern, eine Welt der Bankette, Spiele, Musik, ein Reich ungehemmter Freude. Selten ist in der bildenden Kunst so eindrücklich die Lust am Leben dargestellt worden. Und doch: Diese Bilder, die zum Bedeutendsten zählen, was aus der antiken Malerei erhalten blieb, schmücken Kammern des Todes; sie finden sich viele Meter unter dem sonnenverbrannten Erdboden der Campagna in der kühlen Tiefe jahrtausendealter Gräber.

Nur hier in Tarquinia gibt es eine solche Fülle von Grabfresken, nur hier erreicht die bildliche Darstellung der Etrusker eine solche begeisternde Qualität. Warum? Wir wissen es nicht. Waren vielleicht griechische Maler die Anreger? Die Präsenz zahlreicher Künstler und Handwerker aus dem östlichen Mittel-

Die Etrusker –
das geheimnisvolle Volk

Gut sieben Jahrhunderte, vom 8. Jh. v. Chr. bis etwa zur Zeitenwende, blühte die etruskische Kultur in Mittelitalien, vor allem im Gebiet des heutigen Latium und der Toscana. Sie stellte die erste Hochkultur auf italienischem Boden dar. In erstaunlich kurzer Zeit entwickelten sich aus den ländlichen Ansiedlungen der steinzeitlichen Bauern und Hirten Städte mit gewaltigen Verteidigungsmauern, mit Handel und Industrie, einer raffinierten Kunst und komplexen Religion.

Wie es zu einem solchen plötzlichen Aufschwung kommen konnte, wurde schon in der Antike unter den Gelehrten diskutiert. Noch heute gibt es auf die Frage keine gesicherte Antwort. Die Historiker nehmen an, daß Einwanderer aus dem östlichen Mittelmeerraum die Entwicklung angestoßen haben. Der rege Handelsverkehr zwischen Etrurien, das wertvolle Metalle besaß, sowie Griechenland, Kleinasien und Ägypten habe dann der Entwicklung der etruskischen Kultur weitere Impulse gegeben.

Über das ›geheimnisvolle Volk‹ ist verhältnismäßig wenig bekannt. Das hängt damit zusammen, daß fast alle seine Schriftzeugnisse verlorengegangenen sind oder vernichtet wurden. Die Historiker sind vor allem auf die Grabfunde angewiesen, um sich eine Vorstellung vom Leben der Etrusker zu machen. Die Spuren ihrer Kultur wurden von den Römern zudem systematisch vernichtet. Die Römer mochten nicht zugeben, wieviel sie ihren Vorgängern verdankten: neben religiösen Vorstellungen und der damit verbundenen Kunst der Zukunftsdeutung aus Tiereingeweiden, Blitzschlag und Vogelflug vor allem einen Großteil ihrer technischen Kenntnisse.

Die Etrusker waren auch hervorragende Techniker. Sie bauten Aquädukte, entwässerten Sumpfgebiete, verhütteten Metall in kleinen Hochöfen, experimentierten mit dem Gewölbebau. Im Gegensatz zur militärischen Strenge der Römer pflegten sie aber offenbar ein lockeres, sinnenfrohes Leben. Wenn die Wandmalereien von Tarquinia wirklich die Beschäftigungen der Oberschicht zeigen, so muß es ein Vergnügen gewesen sein, dieser Gruppe anzugehören: Eßgelage und Tanz, Spiel und Jagd hatten offenbar eine große Bedeutung.

Die etruskische Kultur war ›feministischer‹ als die der Griechen und Römer. Frauen waren nicht ins Haus verbannt, sondern traten in der Öffentlichkeit auf. Ihre Freiheit und ›Sittenlosigkeit‹ wurde von den antiken Autoren anderer Völker entrüstet angeprangert.

Ab dem 4. Jh. v. Chr. gelang es den militärisch stärkeren Römern, Etrurien zu unterwerfen. Die etruskische Sprache und Kultur blieben noch bis zur Zeitenwende bestehen; dann aber verschwanden sie spurlos.

meerraum in Tarquinia ist seit dem 8. Jh. v. Chr. belegt. Tarquinia war das erste bedeutende Zentrum der aufblühenden etruskischen Kultur. Die Metalle aus den nahegelegenen Tolfa-Bergen machten den Ort reich. Vor allem Kupfer, Eisen und Zinn wurden nach Griechenland und Kleinasien verschifft, daneben auch das begehrte, als Bindemittel für Farben benutzte Alaun. Im Austausch gelangten kostbare Importwaren aus den Hochkulturen des Ostens an die latinische Küste, vor allem aber kamen orientalische und griechische Kaufleute und Techniker. Von ihnen haben die Einheimischen gelernt: den Gebrauch des Alphabets, neue Handwerksverfahren, einen verfeinerten Lebensstil. Da scheint es nicht ausgeschlossen, daß auch die Freskenmalerei auf griechische Anregungen zurückging.

Rund 150 bemalte Gräber hat man bei Tarquinia gefunden. Nur die städtische Oberschicht konnte sich solchen Aufwand leisten – die Mehrzahl der vielen tausend Grabkammern in der Umgebung blieb ohne Schmuck. Bis vor 20 Jahren durften ausdauernde Reisende in Begleitung der Kustoden noch 30 der schönsten Gräber besuchen. Dann wurde der Zugang drastisch eingeschränkt: Der Besucherandrang droht die Bilder zu ruinieren, die sich in ständigen Temperaturschwankungen und unter dem Einfluß der Atemfeuchtigkeit zersetzen. So bekommt man heute nur noch einen partiellen Eindruck. Abgenommene Fresken aus sechs Gräbern sind im Nationalmuseum zu betrachten, vor Ort kann man rund zehn durch Glasscheiben geschützte Gräber besichtigen. Das ist nur ein Teil der Schätze von Tarquinia, doch er lohnt schon die Fahrt – ganz abgesehen davon, daß die Kleinstadt noch mehr bietet als nur die farbigen Bilder.

Die aber bleiben der Hauptanziehungspunkt. Trotz aller Konservierungs-

probleme erstrahlen sie noch in kräftig leuchtenden Farben. Auf den Kalkstein des Untergrunds haben die Maler eine dünne Schicht aus Ton und gelöschtem Kalk aufgetragen, die dann mit Erd-, Pflanzen- und Mineralfarben bemalt wurde. Der Bio-Anstrich hält seit nunmehr gut 2500 Jahren! Herrlich sind die Motive. Vor allem die frühen Fresken aus dem 7.–5. Jh. v. Chr. zeigen immer wieder Tänzer, Musikanten, Jäger, Reiter, Spieler, Speisende, daneben auch Tiere: Pferde und Hunde, Delphine und Vögel, Leoparden und Stiere. In den späteren Bildern aus dem 4.–2. Jh. wird die Thematik düsterer, die Farben stumpfer; man sieht Dämonen, Unterweltgötter, Waffen, als habe Tarquinia nach der Unterwerfung durch Rom im Jahr 307 v. Chr. alle Lebensfreude verloren.

Ein Besuch im *Nationalmuseum* ergänzt den starken Eindruck der Gemälde. »Das Museum ist für jeden, der auch nur ein wenig Empfindung für die Etrusker hat, hochinteressant und ein Genuß«, schrieb D. H. Lawrence in »Etruskische Stätten«. Es ist nicht zu groß, übersichtlich und zeigt reizvolle Arbeiten. Berühmt sind die *Geflügelten Pferde,* eine Terrakotta-Skulpturengruppe aus dem 4./3. Jh. v. Chr. Zahlreiche Objekte dokumentieren, wie sich die Oberschicht der Stadt mit ausgesuchter Importware umgab: So finden sich ägyptische Vasen, Statuetten und Schmuck sowie griechische Keramik. In stärksten Kontrast zu diesen raffinierten Zeugnissen eines verfeinerten Lebens stehen die Urnen, Waffen und Spangen der vor-etruskischen Villanova-Kultur. Sie zeigen die ›primitive‹ Ausgangsbasis, aus der in erstaunlich kurzer Zeit das etruskische Reich emporwuchs.

Tarquinia erfreut den Reisenden auch mit seinem wohlerhaltenen mittelalterlichen Zentrum. Kaum jemand weiß, daß

*Szene eines Toten-
mahles aus der
Tomba delle
Leonesse, Tarquinia*

der Ort fast so viele mittelalterliche Geschlechtertürme aufweist wie das berühmte San Gimignano in der Toscana.
Malerische Gassen und Winkel findet
man auf Schritt und Tritt. Den Höhepunkt
bildet die altertümliche *Via delle Torri,* die
ihren Turmreichtum schon im Namen an-
deutet. Am Stadtrand, beim Tor *Porta Castello* liegt die schöne romanische Kirche
Santa Maria di Castello. Fragen Sie im
Haus links neben der Kirche nach dem
Schlüssel (Trinkgeld nicht vergessen!) –
der lichtdurchflutete, klare Innenraum
lohnt den Besuch! Auf dem Rückweg ins
Zentrum sollte man in den *Dom* schauen.
Die Fassade von 1933 läßt nichts Großar-
tiges erwarten, doch die Fresken der
Apsis zählen zu den künstlerischen Überraschungen, mit denen die italienische
Provinz immer wieder unverhofft aufwar-
tet. Der kaum bekannte Renaissance-
Maler Antonio da Viterbo (auch Pastura
genannt), schildert in anmutigen Szenen
und ansprechenden Farben die Marien-
geschichten; schöne Landschaften und
lebendig bewegte Personen erfreuen

den Betrachter. »So etwas wie ein makel-
loses Wunder und Stille« erlebte D. H.
Lawrence in Tarquinia. Das Wunder der
etruskischen Werke findet man noch immer leicht, die Stille aber muß man in
den Seitengassen suchen, am Ortsrand
oder eben vor der unbekannten Kunst,
wie hier im Dom.

Cerveteri: Die Vielfalt der Gräber

6 Die große Konkurrentin Tarquinias
war Cerveteri, das bei den Etruskern *Kys-
ry* hieß. Beide Städte stritten sich um die
Beherrschung der Erzvorkommen in den
nahegelegenen Tolfa-Bergen. Tarquinia
hatte zunächst einen Machtvorsprung,
doch bald sicherte sich Cerveteri seinen
Teil. Die Ortschaft, die heute rund 12 000
Einwohner zählt, war eine Großstadt der
antiken Welt. Von drei Häfen stach ihre
Handelsflotte in See. Schnell wuchs ab
dem 7. Jh. v. Chr. der Wohlstand der Aristokraten und Kaufleute.

Von der etruskischen Stadt ist nichts erhalten geblieben. Die Nekropolen Cerveteris aber weisen eine solche Vielfalt der Grabformen und so monumentale Grabstätten auf wie kein anderes Zentrum Etruriens. Seit langem zwar sind die Totenhäuser ihrer Ausstattung beraubt. Schon die römischen Diebe zog es hierher, wo reiche Beute die skrupellosen Plünderer lockte. Später besorgten Archäologen den Rest: Was an Ort und Stelle gefunden wurde, wanderte in die großen Museen der Welt, nach Rom, London und Paris. Nur, was nicht abzutransportieren war, verblieb an seinem Platz: die gemeißelten Reliefs der Wände, die in den Stein geschlagenen Pfeiler, Stühle, Bänke, Säulen und Balken. Die Gräber von Cerveteri sind innen nach dem Muster von Wohnhäusern gestaltet, als sollten die Verstorbenen ein normales Alltagsleben weiterführen.

Die größten Gräber von Cerveteri stellen gigantische Konstruktionen dar. Über vergleichsweise kleinen Totenkammern wurden auf zylindrischen Steinsockeln Erdhügel angehäuft, die bis zu 50 Metern Durchmesser erreichen. Vermutlich war nur bedeutenden Personen solcher Aufwand zugestanden. Immerhin, in der Banditaccia-Nekropole im Nordwesten der heutigen Stadt drängen sich derartige Monumentalgräber dicht an dicht!

Später entstanden auch bescheidenere Bauten, die sogenannten *Kammergräber.* Das sind kleine Steinhäuser, oft mit komplizierter Raumaufteilung. Sie bilden in Cerveteri ganz Straßenzüge. Noch einfacher sind die *Hypogäen,* unterirdische Höhlungen mit jeweils nur einem Bestattungsraum, sowie die unmittelbar ins Tuffgestein geschlagenen *Felsgräber.*

Die Gräber von Cerveteri können gewiß nicht in gleicher Weise begeistern wie die Malereien von Tarquinia. Doch einen Überblick über die Vielfalt etruskischer Grabformen bekommt man nirgendwo leichter als in dem kleinen Ort nordwestlich von Rom. Auf engem Raum verwirklicht sich hier die ganze Phantasie der etruskischen Architekten. Wie so vieles in der etruskischen Geschichte bleibt sie rätselhaft. Auch die Spezialisten wissen nicht zu erklären, warum – oft zur gleichen Zeit – Hügel und Kammergräber, Fels- und Erdhöhlen geschaffen wurden. Und warum gerade in Cerveteri die aufwendigsten Gräber entstanden, wird wohl ewig ein Geheimnis bleiben.

Die Felsnekropolen bei Viterbo: Verwunschene Stätten

Dichte Vegetation umfängt den Wanderer. Goldene Ginsterbüsche leuchten und duften, Eidechsen huschen durchs Unterholz. Schlingpflanzen ranken sich an Felsblöcken empor, selbst im Hochsommer steigt feuchte Kühle vom Talgrund auf. Kleine Bäche winden sich durchs Gestein. Ihr Plätschern und das Zwitschern der Vögel sind die einzigen Geräusche. Es herrscht Stille. Nirgendwo sonst spürt man die mysteriöse Vergangenheit eines Volkes, das vor zweieinhalbtausend Jahren lebte, so intensiv wie in den Felsnekropolen der Etrusker. Man fühlt sich außerhalb der Zeit. In die versteckten Schluchten des nördlichen Latium ist kein Zeichen der Gegenwart gedrungen. Nur zu Fuß kann man sie erkunden. Ab und zu zieht ein Hirte mit seinen Schafen durchs Gelände, der einzige Mensch weit und breit.

Felsnekropolen entstanden in Etrurien nur dort, wo der leicht zu bearbeitende vulkanische Tuff das Landschaftsbild prägt, vor allem im Gebiet zwischen dem Vico-See, Tarquinia und Viterbo. Hier

Nekropole von Norchia

wurden die Grabkammern direkt in den weichen Fels gehöhlt und an den steil aufragenden Wänden darüber eine großartige Scheinarchitektur geschaffen, gleichsam Attrappen von Tempeln, Portalen, Gesimsen und Fassaden. Einst war die aufwendige Fels-Dekoration schon von fern zu erkennen. Die Nekropolen lagen an viel begangenen Durchgangswegen; sie erinnerten die Lebenden an die Kraft des Todes. Dann verlagerten sich die Straßen, die Totenstädte verfielen, üppiger Pflanzenwuchs hüllte sie ein. Erst Mitte des 19. Jh.s ›entdeckten‹ Archäologen diese lange vergessenen Orte, von deren Existenz nur die einheimischen Bauern und Hirten wußten. Doch die Felsnekropolen blieben verwunschene Stätten. Noch immer träumen sie ungestört im Halbschatten ihrer subtropischen Vegetation vor sich hin. Nur wenige Touristen gelangen hierher.

Vor allem drei der Gräberstädte lohnen den Besuch. Die kleinste von ihnen, **Castel d'Asso,** ist von Viterbo aus leicht erreichbar (9 km von der Provinzhauptstadt entfernt, die Abzweigung von der Straße Viterbo-Tuscania ist ausgeschildert). Die erheblich ausgedehntere Nekropole von **Norchia** 7 liegt zwischen Viterbo und Tarquinia. (Ausgeschilderte Abzweigung 10 km westlich von Vetralla. Achtung: Auf dem Parkplatz oberhalb der Gräberstadt ist es gelegentlich zu Autoeinbrüchen gekommen.) Der Etruskologe Stephan Steingräber zählt Norchia zu den »eindrucksvollsten architektonischen Hinterlassenschaften der Etrusker überhaupt«. Die Felswände zeigen eine Vielfalt von Ornamenten. Oberhalb der Schlucht steigern die Ruinen eines mittelalterlichen Kastells und einer Kirche den Reiz des Ortes. Eine recht große Nekropole findet sich auch in der Nähe von Barbarano Romano (südlich von Vetralla). An den Ausgrabungen von **San Giuliano** war der frühere schwedische König und Amateur-Archäologe Gustav Adolf II. maßgeblich beteiligt. Ältere Einheimische erinnern sich noch an den freundlichen Monarchen, der gern auch in den Dorfkneipen der Umgebung einkehrte.

»Diese Landschaft bleibt immer neu und groß für mich« – Schriftsteller, Musiker, Maler über Latium

»Berge gereiht an Berge, die nur ein beschattetes Tal trennt, So doch, daß es zur Rechten der nahende Helios anblickt, Links es mit Duft umhüllt beim Scheiden auf flüchtigem Wagen. Mild zum Lob ist die Luft ...«

Horaz, um 30 v. Chr.

»Weithin öffnet sich die Gegend
Unten glänzt ein blauer See ...
Wie der Weg sich senkt
Steigen Inseln, Felsen aus dem Wasser
Sanft verschmolzen
Lieblich erhellt
Als wenn der violblaue Duft
See und Insel und Fels
Löste in lieblichen Traum«

Ludwig Tieck 1805 über den Bolsena-See

»Du, Soracte, der einsam ragt und nimmer den Mantel
aus Schnee dir über die Hüften breitest,
du bannst mir den Blick, die Gedanken.«

Lord Byron über den Soracte

»Das ist ein wahres Zauberland, gewiß einer der schönsten und bedeutendsten Punkte Italiens, und dennoch wird es fast von keinem der Fremden, die Italien in unzähliger Menge bereisen, besucht ... Überhaupt ist die ganze Gegend dort so phantastisch, daß man es in Deutschland gar nicht glauben würde, wenn man Zeichnungen davon sähe.«

Franz Horny, 1817

»Dies italische Traumgesicht kennt nur der, der selber hier gewesen und allmählich begreifen gelernt«

Victor Hehn, 1840

»Wir hatten gerade eine langen, sich über acht bis zehn Meilen erstreckenden Hügel erklommen, als wir plötzlich eines einsamen Sees ansichtig wurden, dessen eine Seite sehr schön und dicht mit Wald bewachsen, während die andere völlig kahl und von schwarzen vulkanischen Bergkegeln umschlossen war .. Die vulkanischen Bergkegel stehen wie geisterhafte

Wesen da, denen sich die Unterwelt plötzlich verschlossen hat, und die keine Möglichkeit haben, dorthin wieder zurückzukehren.«

Charles Dickens 1845 über den Vico-See

»Kein Teil Italiens kann sich an erhabenem Ernst mit Latium messen.«

Johann Jakob Bachofen, 1851

»Die Linien des römischen Horizonts, die leichte Neigung der Ebenen, die weichen und flüchtigen Umrisse der Berge sind von unvergleichlicher Schönheit ... Eine einzigartig harmonische Färbung vereint Erde, Himmel und Wasser.«

François René de Chateaubriand, 1852

»Die fremdartigen Dörfer mit ihren wenig zahlreichen, zerlumpten, verdächtig aussehenden Bewohnern, deren abgenutzte Gewehre weit tragen und nur zu oft ihr Ziel erreichen! Diese bizarren Landschaften, deren geheimnisvolle Einsamkeit mich so lebhaft berührte!«

Hector Berlioz, 1854

»Ich habe die meisten Gefilde Italiens durchzogen, ich habe die berühmten Fluren von Agrigent und Syrakus durchwandert, aber trotz aller Farbenpracht jener südlichen Zone muß ich doch bekennen, daß mir die Campagna von Rom und Latium den mächtigsten Eindruck macht. Diese Landschaft bleibt immer neu und groß für mich.«

Ferdinand Gregorovius, 1860

»Wir treten ans Geländer und erblicken auf einmal eine der entzückendsten Landschaften, die ich je zu sehen bekam: die echte Jungfräulichkeit eines grünen Hügellandes.«

D. H. Lawrence 1927 in Tarquinia

»Der Ort war Palestrina ... eine pittoresk am Berge lehnende Siedlung, in welche vom unteren Kirchplatz eine von den Häusern beschattete, nicht eben reinliche Treppengasse hineinführte. Eine Sorte kleiner schwarzer Schweine lief darauf herum, und leicht konnte von den breitbepackten Eseln einer, die dort ebenfalls auf und ab schritten, mit seiner ausladenden Last den unachtsamen Fußgänger an die Häuserwand drücken.«

Thomas Mann 1947

»Aber fern im Osten standen die Berge des Apennin, hoch und edel im wildnishaften Glanz, und einsam wuchs weit noch vor ihnen, umlagert vom Heer der Höhen und Hügel, sonnentriefend und den Wind wie eine Fahne entfaltend, der Soracte.«

Alfred Andersch, 1952

»Unter den Landschaften, die der südliche Apennin, der Kalkappennin, mit seinen klassischen Konturen eingrenzt, ist Latium bei weitem die bedeutendste. Die Toskana, Umbrien sind lieblicher, heiterer; Kampanien ist hellenisch herrlich. Aber Latium übertrifft sie wie alle italienischen Regionen an Gewalt, an Dramatik, an tragischer Würde.«

Eckart Peterich, 1961

Reiz des Mittelalters: Dörfer und Kleinstädte

Gibt es irgendwo sonst in Europa eine solche Fülle mittelalterlicher Orte wie in Latium? Wohl kaum. Alle paar Kilometer stößt man auf ein postkartenschönes Dorf, in dem auf den ersten Blick nur die Fernsehantennen – und zugegebenermaßen: die oft unerfreulichen Neubauten am Ortsrand – davon künden, daß das 20. Jh. auch hierher vorgedrungen ist. Die Dorfkultur Latiums ist, zumindest unter architektonischem Gesichtspunkt, einzigartig. Bis in die 60er Jahre unseres Jahrhunderts wurde in den lange Zeit bettelarmen Orten kaum ein Gebäude verändert. Der Kunsthistoriker Harald Keller berichtete noch 1965 aus Latium: »Das Einkaufen einer Pfanne, eines Messinggeschirrs, eines Stuhles auf einem Jahrmarkt, das ist für den Käufer eine der wichtigsten Wegmarken durch das ganze Jahr.« An Resopalfenster und Betonverputz war unter solchen Umständen nicht zu denken. Anders als das angrenzende, ebenfalls arme Süditalien blieb Latium aber auch von verheerenden Erdbeben und mafiöser Bauspekulation verschont. So erhielten sich Ortsbilder, die wohl in jeder anderen Region der Welt Touristenattraktionen erster Ordnung wären, hier aber – im Bannkreis von Rom – fast unbeachtet bleiben. Rund 250 mittelalterliche Zentren zählt der Historiker Luciano Zeppegno in einer Aufstellung latinischer Orte, davon gelten ihm – bei strengen Maßstäben – 60 als »gut erhalten«. Gewiß sind mit dem steigenden Wohlstand der letzten Jahrzehnte häufig Bausünden begangen worden. Manche Neubauviertel wirken neben dem historischen Dorfkern wie die sprichwörtliche Faust aufs Auge. Dennoch bieten sich bei der Fahrt durch Latium ständig begeisternde Anblicke: Dicht aneinander gedrängte, verschachtelte Steinhäuser; darüber die Silhouette des Kirchturms und der Burg; eine oft atemberaubende Lage der Dörfer, die fast verwachsen mit der Umgebung wirken, auf Hügelkuppen, Felsen oder am Rand einer Schlucht. Wie Kaskaden-Tropfen scheinen die Gebäude einen Hang hinabzufallen oder sie drängen sich gleich einer Krone um einen Hügel. Die wechselnden Farben sind der Landschaft angepaßt: vom Gelbbraun des Tuffsteins zum hellen Grau des Kalks und zu den dunklen Tönen des Peperins. Durch alte Tore gelangt man auf schattige Treppengassen, zu Brunnen und blumengeschmückten Wegen, unter Bögen und Balkone. Oft kann man sich dem Eindruck nicht entziehen, mit dem Gang durchs Dorf in eine fremde Wohnstube eingedrungen zu sein: Da sitzen die Bewohner auf Stühlen vor ihren Haustüren, unterhalten sich quer über die Gasse, spielen auf offener Straße.

Diese Orte sind meist relativ kleine Ansiedlungen, deren Enwohnerzahl im Schnitt zwischen 2000 und 5000 liegt. In der Architektur ist aber immer ein städtischer Zug spürbar. Nie fehlt die Piazza, selten das Rathaus. Die Kirche ist meist ein repräsentativer, oft künstlerisch bedeutsamer Bau. Stadttore und -mauern sind ebenso vorhanden wie eine Hauptgasse zum Flanieren. Richtige Städte aber sind in der dünn besiedelten Region selten. Einige der größten von ihnen, wie die Provinzhauptstädte Latina und Frosinone, bieten zudem keinerlei Reize. So bilden, von manchen Ausnahmen abgesehen, kleine Ortschaften die interessantesten Reiseziele. Unmöglich, sie alle aufzuzählen! Auch mit dem Reiseführer in der Hand wird man in Latium viele Überraschungen erleben – so groß ist die Fülle faszinierender Ansiedlungen.

Hitliste der Dörfer: Wo liegt das schönste im Land?

Die Frage ist nicht zu beantworten. Paris, der Held der griechischen Sage, mußte nur zwischen drei Schönheiten eine Auswahl treffen – und es kam Unheil dabei heraus. Aber wer entscheidet sinnvoll zwischen 50 Anwärterinnen auf den Schönheitspreis?

Gute Chancen hätte gewiß **Cività di Bagnoregio.** Der kleine Ort, einige Kilometer östlich des Bolsena-Sees, bringt einen besonderen Vorzug mit: Die einzigartige Lage hoch über einem Erosionsgebiet kahler Schluchten. Lange wurde Cività als »la cità che muore«, als die »sterbende Stadt« bezeichnet: Man befürchtete, der Ort werde irgendwann einmal in den Abgrund gespült. Das nur über eine lange Fußgängerbrücke zugängliche Dorf kennt zudem keinerlei Motorfahrzeuge. Auch das galt ja in nicht allzu lange zurückliegenden Zeiten als sicheres Zeichen des Niedergangs. Nur noch sieben Bewohner waren in Cività di Bagnoregio geblieben. Doch dann kam, der unsicheren Lage zum Trotz, ein rasanter Aufschwung. Seit gut zehn Jahren werden immer mehr Gebäude als Zweithäuser instand gesetzt, eine amerikanische Universität hält Sommerkurse ab, Investoren aus der Wirtschaft drängen nach. Ob das dem Ort gut bekommt? Der baldige Tod scheint ihm jedenfalls nicht bevorzustehen.

Auch **Bagnaia,** wenige Kilometer östlich von Viterbo, zählt gewiß zu den schönsten unter den vielen schönen Dörfern Latiums. Touristen fahren hierher wegen der Parkanlage der Villa Lante (vgl. S. 182). Dabei wird der mittelalterliche Ortskern meist völlig übersehen. Er ist vorzüglich erhalten, allerdings in keiner Weise herausgeputzt, so daß die Fans eines geschmäcklerisch hergerichteten Komfort-Italien nicht auf ihre Kosten kommen. Es fehlen die Weinhand-

Cività di Bagnoregio

Bagnaia

lung und das gehobene Kunstgewerbe. Dafür residiert an der kleinen Piazza mit dem eleganten Barockbrunnen der *Juventus Club* neben dem Barbier, und beim Gang durch die Gassen meint man, Italien-Klischees pur zu erleben: Wäsche über der Gasse, blumengeschmückte Madonnenbilder, Blumentöpfe an den Häusern, aus den Fenstern lehnende und nach den Kindern schreiende Mammas, Radiogeräusche. Jemand hackt Holz. An den dunklen Steinhäusern findet sich ab und zu ein Renaissance-Portal oder ein eleganter Fenstersturz. Manche Fassade aber bröckelt, als sei das Hochglanz-Italien des Wirtschaftswunders hier nicht

Barbarano Romano

Sermoneta

angekommen. Nur der Barbesitzer hat sein Etablissement modern umgebaut. Im Torbogen ein verblichenes Marienbild. »Per amore mio, non bestemmiare«, steht dort geschrieben: »Aus Liebe zu mir – nicht fluchen!«

Noch ein paar Tips für das nördliche Latium. Von der Kleinstadt Tarquinia war bereits die Rede (S. 162 f.). Bomarzo ist durch den *Parco dei Mostri* bekannt (S. 183) – kaum jemand weiß, wie reizvoll der Dorfkern ist. Faszinierend liegt Barbarano Romano am Rand einer Schlucht, übrigens ganz in der Nähe der etruskischen Nekropole San Giuliano. Vitorchiano östlich von Viterbo ist vielleicht das besterhaltene mittelalterliche Dorf in ganz Latium. In dem großartig in einem wildromantischen Naturschutzgebiet gelegenen Calcata (S. 132/133) haben sich zahlreiche Künstler niedergelassen. Östlich des Tiber sind vor allem Montenero Sabino, das vorbildlich restaurierte Labro an der Grenze zu Umbrien (in der Nähe des Piediluco-Sees, S. 129) und die Bergstadt Leonessa bemerkenswert.

Ein Fülle begeisternder Ortsbilder findet sich auch in der ›Malerlandschaft‹ östlich von Rom (vgl. S. 185 f.). Zwar haben Neubauten hier manchmal besonders schmerzhafte Wunden geschlagen, aber aus der richtigen Perspektive sehen Dörfer wie San Vito Romano, Olevano Romano, Zagarolo und viele andere immer noch aus wie zu den Zeiten der romantischen Künstler. In den Albaner Bergen ragen Rocca di Papa und Nemi heraus. Weiter südlich sind Cori, das gepflegte Sermoneta, Priverno, Veroli und Sperlonga (S. 191) besuchenswert, dazu die Kleinstädte Anagni, Alatri, Ferentino, von denen noch ausführlicher die Rede sein wird (S. 172 f.).

Viterbo: Die Stadt der Päpste

8 Rom, Avignon, Viterbo. Zwei der drei mittelalterlichen Papstresidenzen sind weltbekannt. Die dritte, Viterbo, versteckt sich hinter ihrem perfekt erhaltenen Mauerring und ist nur den ausgebufftesten Italienkennern vertraut. Die meterhohen, mit Türmen bewehrten Stadtmauern, die das alte Zentrum noch vollständig umgeben, sind für den Geist der Stadt charakteristisch. Bis vor wenigen Jahren lebte man hier abgeschlossen im provinziellen Kreis; nichts wurde getan, um Fremde anzulocken. Das ändert sich jetzt langsam. Ein Barock-Festival im Juni und eine landesweit beachtete Antiquitätenmesse im Spätherbst ziehen Besucher an. Doch Viterbo ist trotz bedeutender Kunstwerke und intakter mittelalterlicher Viertel kein Touristenort. Das bringt Vor- und Nachteile zugleich. Man erlebt unverfälschtes italienisches Alltagsleben, manchmal aber wünscht man sich einen liebevolleren Umgang mit der alten Bausubstanz oder weniger Autoverkehr auf einer besonders malerischen Piazza. Der Besuch lohnt auf jeden Fall: Inmitten einer Fülle von Sehenswürdigkeiten und reizvollen Winkeln verleihen die ungeglättete Atmosphäre, das Fehlen jeder touristischen Tünche der Stadt unverkennbare Originalität.

Um die Alltagsstimmung einzuatmen, bummele man den *Corso Italia* entlang, die zentrale Fußgängerstraße, die sich vor allem am Spätnachmittag und frühen Abend mit Passanten füllt. Sie endet an der hübschen *Piazza delle Erbe* mit einem barocken Löwenbrunnen, um den sich zu jeder Tageszeit schwätzende Einheimische versammeln. Gleich nebenan steht das *Gran Caffè Schenardi,* eines der traditionsreichen Kaffeehäuser Italiens. Die klassizistische Einrichtung von 1855 – Stuckverzierungen, vergoldete Spiegel, Nischen mit Statuen – wurde unlängst musterhaft restauriert, am geschwungenen Tresen gibt's zu freundlichen Preisen eine große Kuchenauswahl. Vor 1870 stand das Lokal ständig unter Polizei-

kontrolle – die Gendarmen des Kirchenstaats fürchteten Verschwörungen der Anhänger des Risorgimento, der italienischen Einigungsbewegung. 1980 entging das historische Ensemble nur knapp der Zerstörung. Gerade noch rechtzeitig wurde es unter Denkmalschutz gestellt und blieb dann zur Renovierung ganze sieben Jahre geschlossen.

Viterbo, Brunnen vor dem Palazzo dei Priori

Ein Kontrastprogramm zum eleganten Café bilden die rustikalen Märkte, auf denen vielfach noch die Bauern der Umgebung ihre Ware anbieten. Ein kleiner Markt findet täglich an der Piazza del Gesù statt, ein großer – unbedingt besuchenswert! – samstags auf der Piazza della Rocca.

An der Piazza della Rocca steht auch die mittelalterliche *Burg,* Symbol der jahrhundertelangen päpstlichen Herrschaft über Viterbo. Zwischen 1145 und 1280 wählten die Päpste die Stadt immer wieder als Aufenthaltsort – im allgemeinen dann, wenn ihnen im unruhigen Rom der Boden unter den Füßen zu heiß wurde. Allein vier Papstwahlen fanden in Viterbo statt, häufig unter turbulenten Umständen. Die Residenz der Heiligen Väter war der *Papstpalast* mit seiner schönen gotischen Loggia. Daneben erhebt sich die romanische Kathedrale *San Lorenzo.* Der *Palazzo Farnese,* die romanisch-gotische *Casa di Valentino della Pagnotta* und – einige Schritte entfernt – die *Loggia della Morte* bilden zusammen mit Palast und Dom ein suggestives historisches Ensemble.

Nicht weit entfernt erstreckt sich das *Quartiere San Pellegrino,* das besterhaltene mittelalterliche Viertel. Überall finden sich hier die für Viterbo charakteristischen Außentreppen an den Häusern, dazu überwölbte Gassen, Torbögen, Brunnen und zahlreiche Geschlechtertürme. Folgt man von der Piazza San Pellegrino der Via San Gemini abwärts, so gelangt man zu einer Brücke mit besonders schönem Blick auf die Altstadt.

Anagni, Alatri, Ferentino: Städte der Ciociaria

9 Die Ciociaria, die Landschaft des Sacco-Tals südwestlich von Rom, ist wohl die einzige Region, die ihren Namen nach einer Fußbekleidung trägt. Man kann den Namen mit ›Sandalenland‹ übersetzen; die *ciocia* war der aus Esels- oder Pferdehaut hergestellte leichte Schuh der armen Bauern und Hirten. Bis vor wenigen Jahren war die Gegend ökonomisch rückständig und äußerst traditionsverbunden. Dann kam eine rasche Industrialisierung und überzog das verkehrsmäßig günstig gelegene Gebiet mit Kleinbetrieben und Neubauten wie kaum einen anderen Bereich Latiums. Die Landschaft hat darunter gelitten; doch als Inseln der Schönheit blieben historische Stadtzentren erhalten, in denen man die Bausünden der Umgebung vergißt.

Anagni spielt eine wichtige Rolle in der Kirchengeschichte. Hier begegneten sich Kaiser und Päpste, hier wurden Bernhard von Clairvaux und Klara, die Gefährtin des Franziskus, heiliggesprochen, hier traf den Papst Bonifaz VIII. 1303 die Demütigung der ›Ohrfeige von Anagni‹ durch die Gesandten des französischen

Königs – ein Skandal, der damals die christliche Welt erschütterte. Von der großen Vergangenheit kündigt der romanische, in klaren massigen Formen erbaute *Dom* am höchsten Punkt des Städtchens. Eine kunstgeschichtliche Besonderheit stellen die romanischen Fresken der Krypta dar. Die farbenkräftige Malerei aus dem 13. Jh. wurde von drei verschiedenen Künstlern geschaffen. Im Ortszentrum finden sich vorzüglich erhaltene mittelalterliche Straßenzüge. Interessant sind vor allem die Hauptstraße Corso Vittorio Emanuele und ihre Seitengassen. Von der *Piazza Cavour* genießt man einen herrlichen Blick ins Land, über das Sacco-Tal zu den scharf geschnittenen Konturen der Lepinischen Berge. Zwar ist durch die Zersiedelung der Ebene der Anblick nicht mehr ganz

so schön wie zu den Zeiten des Italien-Wanderers Ferdinand Gregorovius, der 1858 schwärmte: »Von diesem Platz aus ist der Blick so schön, daß er auch denjenigen hinreißt, welcher ganz Italien von den Alpen bis an das Afrikanische und Ionische Meer gesehen hat.« Doch noch immer trägt die Umgebung Anagnis großartige Züge. Unter den beherrschenden Formen der nahen Kalkgebirge wirken die verstreuten Konstruktionen der letzten Jahrzehnte wie geschmacklose Spielzeughäuser, unerfreulich, aber belanglos. Den Landschaftseindruck können sie nicht zerstören.

Ähnlich wie Anagni genießt auch **Ferentino** eine wunderbare Lage auf einem Hügel am Rand des Apennin, oberhalb des Flußtals. In seinen schönen Stadtmauern sind vorrömische, römische und mittelalterliche Bauteile zu einem harmonischen Ganzen verbunden. Die Zisterzienserkirche *Santa Maria Maggiore* und der romanische *Dom* lohnen den Besuch. Besonders reizvoll aber ist der Bummel durch die alten Gassen und über die Plätze, von denen man auch hier weite Ausblicke ins Land genießt.

Auch **Alatri** hat ein gut erhaltenes altes Zentrum. Bekannt ist es vor allem wegen seiner »Zyklopenmauern«, die sich auf rund 2 km Länge in der und um die Stadt erstrecken. Am besten erhalten ist der Mauerring um die antike Akropolis. Die gewaltige Anlage, in der bis zu 5 Meter hohe Steine verbaut worden, stammt aus der Epoche der Herniker (4. Jh. v. Chr.), eines einheimischen Volksstamms, der das Gebiet vor der römischen Eroberung beherrschte.

Stätten des Glaubens: Kirchen und Klöster

Die Ausstrahlung Roms ist überall in Latium spürbar. Die Umgebung der Ewigen Stadt ist reich an bedeutenden Kirchen und Klöstern: von den mittelalterlichen Bauten an der ›Frankenstraße‹, der alten Verbindungsstrecke von Nordeuropa nach Rom, über die Klöster des heiligen Franziskus im Nordosten der Region zu den ältesten Abteien des Benediktinerordens und den großen Bauten der Zisterzienser. Die meisten dieser Anlagen stammen aus der Zeit der Romanik, aus dem 11.–13. Jh.; doch finden sich auch frühchristliche, gotische und Renaissance-Kirchen.

An der ›Frankenstraße‹: Kirchen im nördlichen Latium

Pilger und Kaufleute, Ritter und gekrönte Häupter zogen jahrhundertelang über die ›Via Sancti Petri‹, die ›Frankenstraße‹ nach Rom. Der Hauptverbindungsweg verlief damals nicht wie die heutigen Verkehrsadern durch die Ebenen, die damals versumpft und malariagefährdet waren. Er zog sich vielmehr durch das toscanische und latinische Hügelland, berührte Lucca, San Gimignano, Siena, Bolsena und Viterbo. Dutzende von Pilgerherbergen, Kirchen und Klöstern standen an dieser Strecke und sorgten für das geistige und körperliche Wohl der Romfahrer.

Schon damals gab es Reisehandbücher. In keinem von ihnen fehlte der Hinweis auf das heute ganz unbekannte **Acquapendente** im nördlichsten Winkel Latiums. Der Dom *San Sepolcro* besaß nämlich hochverehrte Reliquien: Steine von der Gerichtshalle des Pilatus in Jerusalem. Kein Pilger zog achtlos vorbei, ohne in die eindrucksvolle Krypta hinabzusteigen und vor dem Reliquienschrein zum Gebet niederzuknien. Heute liegt Acquapendente abseits der vielbegangenen Wege. Der Dom aber lohnt noch immer den Besuch. Vor allem die Krypta des fast tausendjährigen Baus beeindruckt mit ihren klaren Formen und den ausdrucksstarken Kapitellen, die – vermutlich um das Jahr 1000 entstanden –

Tuscania, Santa Maria Maggiore

zu den ersten Bildhauerarbeiten des Mittelalters zählen.

Wenige Kilometer weiter südlich liegen – ebenfalls an der alten Hauptstrekke nach Rom – die Kirchen Santa Cristina in **Bolsena** und San Flaviano in **Montefiascone,** von denen im Abschnitt über den Bolsena-See die Rede war (S. 155 f.). Ein Abstecher führt in westlicher Richtung nach **Tuscania** 10, wo San Pietro und Santa Maria Maggiore Höhepunkte der mittelalterlichen Baukunst darstellen. Mächtig erhebt sich die wehrhafte Anlage von *San Pietro* auf einem Hügel etwas außerhalb der Stadt. Die Apsis am Hang scheint absturzgefährdet, so nah klebt sie am Abgrund. Die Kirche und der angrenzende ehemalige Bischofspalast sind von Verteidigungsmauern umgeben, vier Wachttürme ragen hoch empor. Die burgartigen Bauten zeugen von unsicheren Zeiten, von Kämpfen um die Macht. Dann aber fasziniert die elegante Feinheit der Baudetails und Ornamente.

Reich geschmückt ist die Fassade aus dem 12. Jh. mit dem großen Rosenfenster. Im eindrucksvollen Innenraum stehen sieben etruskische Sarkophage und herrliche Chorschranken des 8. Jh.s aus einer Vorgängerkirche. Sehenswert ist auch die neunschiffige Krypta mit 28 antik-römischen Säulen.

Wenige Schritte unterhalb steht die kleinere Schwesterkirche *Santa Maria Maggiore,* die ebenfalls im 11.–12. Jh. errichtet wurde und San Pietro in vielem ähnelt. Auch hier finden wir eine reich mit Skulpturen geschmückte Fassade. Der Innenraum wird durch ein großes Fresko des Jüngsten Gerichts aus dem 14. Jh. beherrscht. Die prachtvolle Kanzel wurde aus Marmorplatten des 8. Jh.s zusammengesetzt.

Eine Fülle romanischer Kirchen steht in der Papststadt **Viterbo** (vgl. S. 171): Neben dem Dom *San Lorenzo* sind vor allem *Santa Maria Nuova, San Sisto* und *Il Gesù* erwähnenswert. *San Francesco* beher-

Sant'Elia in Castel Sant'Elia

bergt die fein gestalteten gotischen Grabmale der Päpste Hadrian V. und Clemens IV.

Wenige Kilometer südlich von Viterbo erhebt sich am Rand der Ciminischen Berge die Zisterzienserkirche von **San Martino al Cimino**. Mit dem harmonischen Rhythmus ihrer Formen, der Schönheit des präzis behauenen Steins, den schönen Lichtwirkungen stellt sie ein wunderbares Beispiel des zugleich schlichten und monumentalen Baustils der Zisterzienser dar.

Eine versteckte Kostbarkeit ist die Basilika von **Castel Sant' Elia** bei Civita Castellana **11**. Unterhalb der kleinen Ortschaft liegt sie am Rand einer dicht bewachsenen Tuff-Schlucht. Schon der einheimische Volksstamm der Falisker und später die Römer errichteten an dieser eindrucksvollen Stelle Heiligtümer. Kurz nach 500 entstand hier eines der ersten Klöster des Abendlandes. Der heutige

Kirchenbau stammt aus dem 11. Jh. Erwirkt von außen schlicht, doch der Innenraum birgt bemerkenswerte Kostbarkeiten: antike Säulen, Marmorreliefs aus langobardischer Zeit, romanische Kapitelle, farbige Mosaiken des 13. Jh.s Den stärksten Akzent aber setzen die bewegten, farbenfrohen Fresken der Apsis. Sie wurden um 1100 geschaffen und zählen damit zu den ältesten erhaltenen Wandmalereien des Mittelalters.

Eine heilige Stätte besonderer Art ist der aus dem Hügelland emporragende **Soracte** am Rand des Tibertals. Trotz seiner geringen Höhe (691 m) scheint er das Land weithin zu beherrschen. Sein klarer Umriß, seine prägnanten Formen und seine isolierte Lage lassen ihn größer erscheinen, als er tatsächlich ist. Zumindest seit der Römerzeit, vielleicht schon früher, galt der Soracte als ›heiliger Berg‹. Hier erhob sich ein Apollo-Heiligtum; in Verbindung damit scheinen sich Reste schamanischer Praktiken lange erhalten zu haben, wie die merkwürdigen Berichte über einen Kult der ›Wolfsmenschen‹ bezeugen. Seit dem 6. Jh. stand auf dem Gipfel ein christliches Kloster. Das heutige Kirchlein *San Silvestro* aus dem 8./9. Jh. hat den frühchristlichen Grundriß bewahrt.

Die Franziskanerklöster um Rieti

12 Rieti liegt abseits aller Reiserouten. Die Provinzhauptstadt im Nordosten Latiums, die bis 1923 noch zu Umbrien gehörte, zählt trotz einiger interessanter Bauten, wie dem Dom, dem Bischofspalast und dem Palazzo del Governo nicht zu den sehenswertesten Ortschaften der Region. Ihre Umgebung aber ist landschaftlich sehr reizvoll. Am Rand einer fast kreisrunden Hochebene von 10 km

Monteleone, Santa Vittoria

Den franziskanischen Geist von Friede, Ruhe und Geborgenheit in der Natur meint man an diesen einsamen Orten eher zu spüren als im berühmten Pilgerzentrum Assisi.

Das 20 km nordwestlich von Rieti gelegene **Greccio** ist vor allem durch die Weihnachtslegende bekannt. Der Überlieferung nach begründete Franziskus hier 1223 die in Italien sehr lebendige Tradition der Weihnachtskrippen. Mit Menschen und Tieren ließ er damals die Geburt Christi nachstellen. Die Szene ist häufig gemalt worden und hat zur großen Popularität des Heiligen beigetragen.

La Foresta und **Fonte Colombo** liegen verborgen in schattigen Wäldern, **San Giacomo** dagegen mit herrlicher Aussicht auf 818 m Höhe am Hang. Allen Klöstern gemeinsam ist die Stimmung von Bescheidenheit und Stille, die von der Natur, aber auch von den schlichten

Benediktiner-Abtei Farfa

Durchmesser, der *Conca Reatina,* steigen auf einer Seite die Sabinerberge an, auf der anderen das Hochgebirge der Monti Reatini mit dem 2216 m hohen Terminillo. Begeistert notierte auf seiner Italienreise 1804 der preußische Architekt Karl Friedrich Schinkel: »Der Schnee auf den Höhen, das blinkende Wasser in den Tiefen, die gigantischen Bergformen, die ringsumher die Aussicht schließen, die Wachfeuer der Winzer in der Ebene, welche in langen Linien den Rauch bald gradauf, bald flach an über den Boden fortwirbeln, die einsamen Ortschaften, welche an den Abhängen schweben – alles gibt der Einbildungskraft unendlichen Raum.«

In dieser Landschaft liegen auf halber Höhe am Rand des Gebirges vier stimmungsvolle Franziskanerklöster. Sie entstanden an Orten, die Franziskus besonders lieb waren, und sind untrennbar mit der Geschichte des Heiligen verbunden.

Steingebäuden ausstrahlt. Die zurückhaltenden, niedrigen Bauten passen sich der Landschaft an, ohne sie zu beherrschen. Zur Zeit des Franziskus befanden sich hier nur primitive Holzhütten, in denen der Heilige und seine Gefährten übernachteten; die heutigen Gebäude wurden zumeist im 15. Jh. errichtet.

Einige weitere Kirchenbauten sind in der Provinz Rieti bemerkenswert. *San Vittorino* bei **Terme di Cotilia** (östlich von Rieti) ist halb im Wasser versunken, durch den verfallenen Innenraum fließt ein Bach – ein bizarrer Eindruck, den der russische Regisseur Andrej Tarkowskij für eine Szene seines Films »Nostalghia« nutzte.

Bei **Monteleone Sabino** liegt der hübsche romanische Bau *Santa Vittoria,* der an der Stelle eines antiken Heiligtums errichtet wurde. Die Benediktinerabtei **Farfa** 🄳, ebenfalls in den Sabiner Bergen, zählte einst zu den mächtigsten Klöstern Europas. Der heutige Klosterkomplex ist nach der mittelalterlichen Blütezeit neu entstanden; er stammt im wesentlichen aus dem 15.–17. Jh.

Glockenturm von Santa Scolastica, Subiaco

Wiege des abendländischen Mönchtums: Subiaco und Montecassino

Zwei Abteien Latiums sind von zentraler Bedeutung für die Geschichte des europäischen Mönchswesens. In Subiaco und Montecassino wurde der Grundstein für die Kultur der Klöster gelegt, die jahrhundertelang das christliche Abendland entscheidend prägen sollte. Im frühen Christentum gab es zwar viele Eremiten, aber keine Mönchsgemeinschaften. Diese neue Lebensform wurde um das Jahr 500 von Benedikt von Nursia begründet. Benedikt hatte in Rom studiert und dann drei Jahre lang als Einsiedler in einer Felsgrotte am Rand des Apennin bei dem Städtchen Subiaco gelebt. Dort führte er dann andere Eremiten in einem ersten kleinen Konvent zusammen. Der Überlieferung nach entstanden in kurzem Abstand insgesamt zwölf Klöster. Das Mönchstum wurde so zu einer sozialen Kraft. Der unaufhaltsame Siegeszug des Benediktinerordens, der ihn vorübergehend zur stärksten Macht innerhalb der Kirche werden ließ, hatte begonnen.

Benedikt allerdings mußte sich, vermutlich nach Konflikten mit dem Bischof von Tivoli, im Alter von 49 Jahren auf den Monte Cassino im südlichen Latium zurückziehen. Hier lebte er in einer neugegründeten Abtei bis zu seinem Tode 547, hier entstand auch die Ordensregel mit den drei Geboten der Armut, der Keuschheit und des Gehorsams sowie dem berühmten Satz »Ora et labora! – Bete und arbeite!« Montecassino wird allgemein als Mutterkloster des Benediktinerordens angesehen.

Subiaco 🄝 aber ist die eigentliche Keimzelle der Klöstergründungen. Es ist heute ein suggestiver Ort. Zwei Konvente sind in der Einsamkeit der Aniene-Schlucht erhalten geblieben – dort, wo sich einst Benedikt zum Einsiedlerleben zurückzog. *Sacro Speco* (oder *San Benedetto*) wurde im 12.–14. Jh. über der Höhle erbaut, in welcher der Heilige drei Jahre lang meditierend gelebt hatte. In beeindruckender Lage kleben die Klostergebäude hoch über dem Tal an einer Felswand. Die bescheidenen Bauten passen sich mit ihren Natursteinfassaden der Umgebung unauffällig an. Innen aber sind sie fast vollständig mit farbenfrohen Fresken des späten Mittelalters und der Renaissance ausgemalt. Römische, toscanische und umbrische Künstler haben hier biblische Geschichten und die Benedikts-Legende dargestellt.

Etwas unterhalb liegt *Santa Scolastica,* dessen Gründung noch auf Benedikts Lebzeiten zurückgeht. Die heutigen Gebäude stammen zumeist aus dem 16.–18. Jh. Älter sind der romanische Glockenturm (11. Jh.) sowie zwei fein dekorierte mittelalterliche Kreuzgänge. In Santa Scolastica befand sich die älteste Druckerei Italiens. Sie wurde kurz nach der Erfindung des Letterndrucks 1464 von zwei deutschen Mönchen eingerichtet.

Im Gegensatz zu den Klöstern von Subiaco bildet die Abtei **Montecassino** 🄯 einen machtvollen Klosterkomplex. Sie liegt in beherrschender Position auf einem Berg oberhalb der Durchgangsstrecke Rom-Neapel. Die strategisch günstige Lage, von der aus sich die wichtigste Verbindung zwischen Mittel- und Süditalien kontrollieren ließ, hat dazu geführt, daß Montecassino im Lauf der Geschichte immer wieder heftig umkämpft

und häufig zerstört wurde – zuletzt in den monatelangen Schlachten des Zweiten Weltkriegs. Mitte 1944 war das erste große Kloster Europas nur noch ein Trümmerhaufen. In der Nachkriegszeit wurde die Anlage so rekonstruiert, wie sie vor 1944 aussah: als Spätrenaissance- und Barockabtei. Von der mittelalterlichen Bausubstanz war schon vor dem Krieg kaum noch etwas erhalten geblieben.

Zwar spürt man in Montecassino, daß man sich in neuerbauten Mauern bewegt: Den Steinen fehlt die historische Patina. Dennoch kann man in der monumentalen Anlage eine Vorstellung von der einstigen Macht des Ordens gewinnen. Großartig sind zudem die Panoramen. Bei klarer Sicht überblickt man von hier weite Teile des südlichen Latium.

Schlichte Größe: Die Zisterzienser-Abteien

Zisterzienserklöster haben sich im 12. Jh. in ganz Europa ausgebreitet. Sie wurden nach einem einheitlichen Bauplan gemäß den Vorstellungen des Ordensgründers Bernhard von Clairvaux errichtet. Der heilige Bernhard wandte sich gegen Prunk und Verschwendungssucht, er wollte die Rückkehr der Mönche zu einem einfachen Leben und den Verzicht auf jeden Aufwand beim Kirchenbau. So wirken die Zisterzienserklöster nicht durch prunkvolle Dekoration, sondern durch die schlichte Klarheit ihrer Formen. Die Schönheit des behauenen Steins, die Reflexe des Lichts, die architektonischen Grundlinien kommen in diesen Gotteshäusern unverfälscht zur Geltung. Latium weist mehrere solcher Klöster auf. Von San Martino al Cimino bei Viterbo war bereits die Rede (S. 176). Im südlichen Latium stellen **Casamari** 🄰 und **Fossanova** 🄱 Höhepunkte der sakralen

Baukunst dar. In beiden Abteien sind neben den schönen Klosterkirchen auch eindrucksvolle Kreuzgänge und weitere Klostergebäude erhalten. In Fossanova zeigt man das Sterbezimmer des heiligen Thomas von Aquin, des bedeutenden Theologen der mittelalterlichen Scholastik.

Stätten des Luxus: Paläste, Villen, Gärten

Der Kardinal war über seinen Kollegen verärgert. Carlo Borromeo, sittenstrenger Bischof von Mailand, mochte nicht billigen, daß ein Mitglied der römischen Kurie mit großem Aufwand eine luxuriöse Villen- und Parkanlage schuf. »Ihr hättet besser getan«, sagte er, »ein Nonnenkloster zu erbauen mit dem Geld, daß Ihr weggeworfen habt, um diesen Ort zu errichten.«

Doch es war zu spät. Die Villa Lante in Bagnaia bei Viterbo war bereits fertiggestellt, keine Kritik machte die Ausgaben rückgängig. Der Auftraggeber, Kardinal Gambara, konnte sich Luxus leisten: Er gehörte zu den reichsten Männern Roms. Auch sein Nachfolger in Bagnaia, Kardinal Montalto, ließ sich nicht lumpen. Bei einem opulenten nächtlichen Gastmahl befahl er den Dienern, nicht weniger als 14 000 Kerzen zu entzünden!

Die Würdenträger der römischen Kirche lebten im 16. Jh. prunkvoll wie weltliche Fürsten – und oft noch aufwendiger. In Rom ließen sie sich prächtige Palazzi errichten. Auf dem Land aber entstanden Sommersitze, deren Luxus und Raffinesse ohnegleichen waren. Die Villa d'Este in Tivoli, die Villa Lante in Bagnaia und der Palazzo Farnese in Caprarola sind die interessantesten dieser ländlichen Residenzen. Dazu kommt der skurrile *Parco dei Mostri* in Bomarzo, der gleichzeitig mit den Villen entstand, aber ausnahmsweise nicht einem Kardinal gehörte.

Schon zu den Zeiten der alten Römer besaßen die Wohlhabenden Anwesen auf dem Lande. Auch aus dieser Zeit ist eine prunkvolle Villenanlage erhalten geblieben: die Villa Adriana bei Tivoli.

Villa d'Este in Tivoli: Fest des Wassers

18 Brunnen strömen, Wasser rauscht und plätschert und beruhigt sich dann wieder in großen Teichen, Vögel zwitschern, üppige Vegetation spendet wohltuenden Schatten. Die *Villa d'Este* in Tivoli vereint Kunst und Natur. In immer neuen Formen fließen die Wasserströme der großen Gartenanlage. Aus Tier- und Dämonenmasken spritzen Fontänen, von einer balustradengesäumten Terrasse stürzt eine Kaskade. Am ›Brunnen der Mutter Natur‹ fließt das kühle Naß aus einem Dutzend steinerner Brüste. Am Käuzchen-Brunnen betrieb der Wasserstrom einst mechanische Vogelkonzerte, andernorts setzte er eine hydraulische Orgel in Gang. Kaum irgendwo ist mit dem Wasser so raffinierter Aufwand getrieben wie in dieser Villa des Kardinals Ippolito d'Este aus dem späten 16. Jh.

Seit alters her besitzt in den mittelmeerischen Kulturen das Wasser eine Be-

Ovato-Brunnen im Park der Villa d'Este

deutung, die man sich im regenreichen Norden kaum vorstellen kann. Wo dieses Element knapp ist, wird viel unmittelbarer deutlich, wie alles Leben von ihm abhängt. So wurde ihm schon in den ältesten Kulten religiöse Bedeutung beigemessen, Quell- und Flußgottheiten spielten eine zentrale Rolle. In der Villa d'Este sind solche Traditionen lebendig. Ihr lag ein durchdachtes philosophisches Programm zugrunde. Pirro Ligorio, der neapolitanische Architekt, der die Anlage schuf, hat sich dazu geäußert. Das Wasser, so schrieb er, sei die Ursubstanz des Lebens und der Welt, die Brunnen ein Abbild der menschlichen Seele: So wie der Mensch sich ständig wandle, sei auch das Wasser in ewiger Bewegung. Bei der Betrachtung der Brunnen sehe der Mensch daher sich selbst gleichsam im Spiegel.

Die Villa d'Este war nach den Vorstellungen ihres Erbauers ein eigener Kosmos – eine Welt, die Selbsterfahrung und Selbstbetrachtung ermöglichte.

Hält man sich länger in den Alleen, auf den Brunnenrändern und steinernen Bänken der Gartenanlage auf, so bekommt man eine Ahnung, was damit gemeint war. Man fühlt sich, umgeben vom ständigen Rauschen des Wassers, an Herz und Seele erfrischt – als werde man selbst durchströmt von jenem Element, das Pirro Ligorio als Urkraft des Lebens bezeichnete.

Bagnaia und Caprarola: Prunkvolle Sommersitze

19 Auch die *Villa Lante* in **Bagnaia** bei Viterbo wird durch ihre Wasserspiele belebt. Sie ist nicht ganz so aufwendig gestaltet wie die Villa d'Este, doch ebenso wie in Tivoli erfreuen zahlreiche Brunnen und das harmonische Zusammenspiel von Kunst und Natur. Zwei kleine, elegante Palazzi stehen oberhalb eines geometrisch angelegten *Giardino all'italiana* mit regelmäßig angeordneten Blumenbeeten, niedrigen Hecken und einem großen Brunnen. Geheimnisvoller wirkt der obere Teil des Parks, in dem zwischen verwitterten Mauern und moosbewachsenen Balustraden Kamelien, Azaleen, Rhododendren und Hortensien blühen und jahrhundertealte Steineichen von den Zeiten träumen, als in ihrem Schatten opulente Gastmahle stattfanden. Das Rauschen des Wassers ist allgegenwärtig. Es strömt sogar in der Mitte eines langen steinernen Tischs, an dem die Gäste des Besitzers, des Kardinals Gambara, im Sommer speisten; so konnten sie sich mühelos die Hände benetzen. Eine kunstvolle ›Wassertreppe‹ erzeugt musikalische Plätscher-Töne. Am höchsten Punkt stürzt die Flüssigkeit aus dem Maul eines Dämonen in den Teich.

Die Villa Lante hat illustre Gäste gesehen. Schon bald nach der Fertigstellung besuchte 1581 der französische Philosoph Michel de Montaigne den Ort und zeigte sich sehr angetan. Neun Jahre später kam Papst Clemens VIII. nach Bagnaia. Er wurde nicht enttäuscht. »Die Unterbringung des Papstes war großartig und königlich«, schrieb ein Begleiter, »diejenige der Kardinäle wunderbar, mit größter Bequemlichkeit und Reichtum an Möbeln und Betten.«

Der *Palazzo Farnese* in **Caprarola,** ebenfalls in der Umgebung Viterbos, diente bis vor wenigen Jahrzehnten als Sommersitz des italienischen Staatspräsidenten. Zuvor hatte er den Königen von Neapel-Sizilien gehört, ursprünglich aber der mächtigen Adelsfamilie der Farnese, die mit Paul III. den bedeutendsten Papst der Gegenreformation stellte. Pauls Enkel, der einflußreiche Kardinal Alessandro Farnese, ließ um 1570 das Sommerschloß erbauen. Der massige fünfeckige Bau in zarten Rot-Tönen er-

Garten der Villa Lante in Bagnaia

hebt sich dominierend über den dunklen Häusern des malerischen Dorfes Caprarola. Eine aufwendig gestaltete Rampe, die das Vorfahren der Kutschen erlaubte, führt vor das Hauptportal. Die Innenräume sind mit Fresken ausgemalt, von denen viele den Ruhm der Farnese-Familie verkünden, andere christliche oder antik-mythologische Motive zum Gegenstand haben. Im ›Saal der Engel‹ kann man sich vom Kustoden überraschende akustische Effekte zeigen lassen. Klatscht man in der Mitte des Raumes in die Hände, so scheint das Echo wie eine Ton-Kaskade niederzufallen, während Besucher an anderen Stellen des Saals gar nichts hören. Hinter dem Palazzo befindet sich eine Parkanlage mit der *Palazzina,* dem Liebesnest der Herren von Caprarola. Mit der Moral nahmen es die Kirchenfürsten des 16. Jh.s nicht so genau ...

Bomarzo: Der Park der Ungeheuer

20 Die ungewöhnlichste, skurrilste Parkanlage Latiums und wohl ganz Italiens befindet sich bei dem malerischen Dorf Bomarzo, östlich von Viterbo. Der *Parco dei Mostri,* der ›Park der Ungeheuer‹, zeigt eine Fülle bizarrer, rätselhafter Steinfiguren. Bis vor nicht allzu langer Zeit interessierte sich niemand für die Skulpturen. Der heutige Besitzer des Geländes konnte noch in den 50er Jahren das Areal zum Schleuderpreis erwerben – weil die Statuen die Landwirtschaft behinderten ... Dann aber explodierte das Interesse an der mysteriösen Anlage aus der zweiten Hälfte des 16. Jh.s. Die Besucher wurden immer zahlreicher. Wissenschaftler verfaßten ausführliche Texte über den Park. Heute sieht man sich am Eingang der Anlage zunächst organisiertem Rummel gegenüber. Ein Mini-Zoo,

ein Kinderspielplatz und eine große Souvenir-Kollektion lassen den Verdacht aufkommen, die Bildwerke dienten nur noch als Attraktion in einem Freizeitpark. Nach Bomarzo fährt man besser nicht an Feier-

Elefant im Park von Bomarzo

tagen oder Wochenenden, wenn das Gelände von Ausflüglermassen im Sturm genommen wird.

Den *Parco dei Mostri,* auch *Bosco Sacro* (Heiliger Hain) genannt, ließ der Fürst Vicino Orsini ab 1550 anlegen. Orsini war ein wohlhabender Adliger, der sich als 35jähriger aus dem mondänen Leben in Rom zurückgezogen hatte und auf seinem Landschloß fortan philosophische Studien betrieb. Er interessierte sich vorurteilslos für die Kulturen der Welt: für die Antike, die Ägypter, selbst die Indianer des neuentdeckten Amerika. Mit dem Parco dei Mostri, an dessen Symbolgehalt die Kunsthistoriker immer noch herumrätseln, hat er vermutlich einer philosophischen Lebensauffassung Ausdruck verleihen wollen. Die merkwürdigen Skulpturen beziehen sich – was man auf den ersten Blick kaum vermutet – auf literarische Werke (vor allem von Ariost und Petrarca) und religiöse Vorstellungen (die Lösung von der Fleischeslust, die Läuterung der Seele).

Wandert man unbefangen durch das Gelände, so denkt man jedoch nicht an solch komplizierte Hintergründe. Man sieht sich vielmehr unversehens einer riesigen Dämonenmaske gegenüber, deren aufgesperrtes Maul den Betrachter zu verschlingen droht. An anderer Stelle trägt eine Schildkröte eine rätselhafte Frauengestalt auf dem Rücken, ein Löwe kämpft mit einem Drachen, ein Gigant reißt einem Feind brutal ein Bein aus. So geht es weiter: eine märchenhafte, aber auch beunruhigende Welt mysteriöser Szenen. Die – nur teilweise erhaltenen – Inschriften verstärken das Geheimnis. »Für solche Eitelkeiten habe ich . . .« oder »Nur um das Herz sich austoben zu lassen«. »Die Seele wird also klüger, wenn sie zur Ruhe kommt« – diese unbestreitbare Wahrheit steht an einem absichtlich mit starker Schrägneigung errichteten Bau, dem ›schiefen Haus‹. Am *Tempietto,* dem kleinen Tempel am höchsten Punkt des Geländes, aber ist die Welt wieder in Ordnung, die Harmonie erreicht. Durch Widersprüche und Gefährdungen, so läßt sich der Weg des ›Heiligen Hains‹ interpretieren, gelangt der Suchende zur Erlösung.

Landsitze der alten Römer: Villa Adriana und Horaz-Villa

Die Tradition des ländlichen Sommeraufenthalts hat in Italien eine lange Geschichte. Schon die Römer der Antike flohen – wenn sie es sich leisten konnten – während des Hochsommers aus der

Villa Adriana, Teatro Marittimo

stickigen Hauptstadt aufs Land. Wer in italienischer Sommerhitze schwitzt, kann das noch heute nachvollziehen. Nahe bei Rom, an der Strecke nach Tivoli, ließ der Kaiser Hadrian ab 125 n. Chr. die **Villa Adriana** erbauen. Ihre gewaltigen Ruinen zeugen von der Prachtentfaltung, aber auch der Bildung dieses weitgereisten und vielseitig interessierten Mannes. Hadrian beauftragte seine Architekten, Sehenswürdigkeiten der antiken Welt nachzubauen, die er auf seinen Reisen kennengelernt hatte. So findet man eine Halle aus Athen und einen Tempel aus dem ägyptischen Alexandria, den sogenannten Kanopos. Von Hadrians kulturellen Neigungen künden die Bibliothek und das Theater. Daneben gibt es, wie es für eine solche Anlage selbstverständlich war, einen Palast, Thermen, Wirtschaftsgebäude. Zwar sind die einzelnen Gebäude verfallen; doch noch immer trifft zu, was ein Reisender des 19. Jh., Victor Hehn, inmitten der alten Mauern, der reizvollen Vegetation und der kühlen Gewässer notierte: »Noch nie sah ich so malerische Ruinen.«

Viel bescheidener ist das **Landgut des Horaz** bei Licenza, gut 30 km nordöstlich von Tivoli. Der berühmte Dichter hatte das Anwesen von dem Geschäftsmann Maecenas – nach dem fortan die Mäzene hießen – zum Geschenk erhalten. In der reizvollen Berglandschaft sind nur noch die Grundmauern des einstigen Landsitzes zu sehen. Der Ausflug lohnt dennoch: Anschaulich kann man sich in der abgelegenen Gegend das bukolische Leben vorstellen, von dem der Lyriker in seinen Gedichten schwärmte. Am besten fährt man mit einem Horaz-Band im Gepäck. »... Dem viel Wünschenden mangelt viel. / Glücklich der, dem ein Gott reichte mit sparsamer / Hand, soviel das Bedürfnis heischt.« Ganz so bescheiden, wie er sich gab, war der Dichter allerdings nicht. Immerhin fünf Pächterfamilien bewirtschafteten das Land, acht Sklaven waren im Herrenhaus beschäftigt. Ein Gutsverwalter stand dem Anwesen vor. Er langweilte sich offenbar in der Idylle, denn Horaz suchte ihn mit einem eigens verfaßten Gedicht von den Vorzügen des Landlebens zu überzeugen.

Am Rand des Apennin: Landschaften romantischer Maler

»Die unzähligen Farben, die das landschaftliche Bild vor unseren Augen annahm, vom düsteren Braun des Vordergrundes bis zum ätherischen Violett der Berge, jene Gruppen der Architektur und der Bäume zu unseren Füßen, jene erhabenen Linien der unabsehbaren Ebene und die Feenbildung des Sabinergebirges und des Soracte, dieses italische Traumgesicht kennt nur der, der selber hier gewesen und allmählich begreifen

gelernt.« Das »italische Traumgesicht«, das Victor Hehn in seinem Reisebericht von 1840 anschaulich beschreibt, faszinierte unzählige Künstler. Mehrere tausend Mal sind die latinischen Landschaften am Rand des Apennin in der romantischen Kunst dargestellt worden. In vielen Museen Europas finden sich Bilder der Wasserfälle von Tivoli, der Dörfer um Olevano, der Hirten in den Sabiner-Bergen. In der klassischen Malerlandschaft

bei Bellegra und Olevano Romano haben im 19. Jh., wie eifrige Kunsthistoriker nachzählten, mehrere hundert Künstler gearbeitet – vorwiegend Deutsche, aber auch Franzosen, Engländer, Schweizer, Österreicher, Ungarn, Norweger, Schweden, Russen und sogar Italiener...

Das Gebiet hat seinen Reiz bewahrt. Zwischen Tivoli, Palestrina, Subiaco und Fiuggi existiert noch ein ursprüngliches Italien, in dem zwar die Maultiere längst durch Pkws ersetzt wurden, die alten Orts- und Landschaftsbilder sich aber vielfach intakt erhielten. Fruchtbare Gegenden der Wein-, Obst-, Gemüsekulturen wechseln mit kargen Zonen, in denen auf steinigen Hängen Schafherden weiden und niedriges Gesträuch mühselig seine Wurzeln verankert. Die klaren Linien der Kalkberge geben dem sanft geschwungenen Hügelland einen eindrucksvollen Hintergrund. An Hügelrükken klammern sich die alten Orte, dicht an dicht die Häuser, überragt vom Kirchturm und verfallenen Kastellen. Vor allem die Landschaftseindrücke verleihen dieser Region ihre Anziehungskraft. Daneben finden sich aber in Orten wie Palestrina, Subiaco oder Tivoli bedeutende Kunstwerke. Nicht zu vergessen sind die kulinarischen Reize: In den Trattorien der Bergdörfer kommen einfache schmackhafte Gerichte aus der ländlichen Kochtradition auf den Tisch.

Zwischen Palestrina und Subiaco: Künstlerdörfer des 19. Jhs.

21 Fährt man von Rom in östlicher Richtung, so verdünnt sich hinter der Umgehungsautobahn *Grande Raccordo Anulare*

Blick auf Olevano Romano

allmählich der Brei der Verkehrsstaus und Neubauten. Für eine Weile bleibt die Nähe der Großstadt noch spürbar, dann aber gelangt man in Landschaften, deren ungestörte Ruhe nach dem Trubel Roms fast unwirklich erscheint. Auf Schritt und Tritt begegnet man den Motiven der Künstler, die sich im 19. Jh. hier aufhielten. In **Olevano Romano,** dessen alter Ortskern gut erhalten, allerdings von unschönen Neubauten der 60er Jahre umgeben ist, fanden die Maler in der *Casa Baldi* inmitten des Eichenwalds der *Serpentara* Unterkunft. Das Gelände gehört heute der Bundesrepublik Deutschland, die in dem traditionsreichen Haus Stipendiaten unterbringt. Der Kunsthistoriker Friedrich Noack schrieb über das Dorf:»Olevano ist fast durch das ganze 19. Jahrhundert das eigentliche Paradies der deutschen Künstler, vorzüglich der Landschafts- und Genremaler gewesen.«

Ebenso malerisch ist das Ortsbild des nahegelegenen, eng an einen Hang geklammerten **San Vito Romano.** Viele andere Dörfer der Gegend begeistern mit intakten, harmonischen Ansichten, so Genazzano, Capranica Prenestina, Casape, San Gregorio da Sassola, Zagarolo. In einigen Orten hat sich die Künstler-Tradition im 20. Jh. fortgesetzt: In **Cervara di Roma,** einem der höchstgelegenen Dörfer Latiums mit großartiger Fernsicht (1053 m. ü. M.), lebte der spanische Lyriker Raffaele Alberti, in **Anticoli Corrado** hielt sich neben zahlreichen anderen Malern auch Oskar Kokoschka auf. Das Dorf besitzt eine Galerie zeitgenössischer Kunst mit Werken der ortsansässigen Maler.

Palestrina 22 , neben Tivoli der größte Ort des Gebiets, ist in der deutschen Literatur gleich zweifach vertreten. Es bildet den Hintergrund für Heinrich Manns Roman »Die kleine Stadt«; auch ein Schlüsselkapitel von Thomas Manns »Doktor Faustus« spielt dort. »Die pittoresk am Berge lehnende Siedlung«, wie es im »Doktor Faustus« heißt, war 1895 und 1897 Aufenthaltsort der Brüder. Thomas

San Vito Romano

Mann hat in dem Städtchen mit der Arbeit an seinem ersten Roman »Die Buddenbrooks« begonnen.

In Palestrina befand sich eines der größten Heiligtümer der römischen Antike, der *Fortuna-Tempel.* Er zog sich den Hang hinauf, an dem die heutige Stadt angelegt ist. In späterer Zeit wurden Wohnhäuser über den antiken Ruinen errichtet. Durch Luftangriffe im Zweiten

Capranica Prenestina

Weltkrieg wurde der größte Teil der Kultstätte wieder freigelegt. Die gewaltigen Mauern, Rampen, Treppen und Terrassen führen hangaufwärts zum *Palazzo Barberini,* der 1640 am höchsten Punkt der Anlage errichtet wurde. Der Palast beherbergt ein interessantes kleines Museum. Ein römisches Mosaik aus dem 2. Jh. n. Chr. stellt sein Prunkstück dar. Es zeigt farbenfroh und anschaulich das Nil-Delta während der jährlichen Überschwemmungsperiode mit Tieren, Jagdszenen, Tempeln, Banketten und vielen anderen reizvollen Details.

Bedeutende Kunstschätze finden sich auch in **Subiaco,** wo sich die ältesten Klöster des Benediktiner-Ordens erheben (vgl. S. 178). Fährt man von hier noch weiter ins Gebirge, so gelangt man – schon am Rand der Abruzzen – in abgelegenen malerische Dörfer wie Jenne, Vallepietra und Trevi nel Lazio.

Tivoli: Verblichener Zauber

Die Kleinstadt 25 km nordöstlich von Rom vereinte, wenn man alten Reiseberichten Glauben schenken darf, alle nur denkbaren romantischen Reize: reges Volksleben, pittoreske Ruinen, eine malerische Altstadt und vor allem die begeisternde Anlage der Villa d'Este. Generationen von Romfahrern sind hierher gezogen, um latinisches Landleben kennenzulernen. Unzählige Male wurde die Wasserfälle, der Sibyllentempel, die Gassen von Tivoli in der europäischen Kunst dargestellt.

Der Ort zehrt von diesem Ruhm. Noch immer spucken die Linienbusse aus Rom halbstündlich Massen von Reisenden aus. Doch der Zauber ist längst verblichen. Im Zweiten Weltkrieg wurde Tivoli bombardiert, das alte Zentrum schwer beschädigt. Schwerwiegender jedoch ist der atmosphärische Wandel. Der Ort gehört heute spürbar zum Einzugsbereich der nahegelegenen Großstadt; man erlebt nicht die idyllische Ruhe anderer Orte Latiums, sondern den eher unangenehmen Rhythmus provinzieller Hektik. So lohnt die Fahrt nur wegen der Kunsteindrücke; wegen der allerdings unvergleichlichen Villa d'Este (S. 180 f.), der mit schönen romanischen Fresken ausgemalten Kirche *San Silvestro,* des antiken *Sibyllen-Tempels.* Selbst die vielgemalten Wasserfälle unterhalb dieses Heiligtums sind nicht mehr, was sie früher waren. Durch mehrere Regulierungen des Flusses Aniene, der die Kaskaden speist, verringerte sich die Wassermenge, die den Felsen hinabströmt.

Nördlich und östlich der Stadt allerdings erstrecken sich einsame, interessante Landschaften. Orte wie Vicovaro, Roccagióvine und Licenza (mit der nahegelegenen Horaz-Villa, S. 185) bieten die atmosphärischen Reize, die man heutzutage in Tivoli vergeblich sucht: schöne Ortsbilder, intakte Landschaften und jenen ruhigen Lebensrhythmus, durch den man sich aus der modernen Alltagswelt herausgetragen fühlt.

Die Albaner Berge: Freizeitpark Roms

23 Zu den klassischen Malerlandschaften des 19. Jh.s zählen auch die südlich von Rom gelegenen Albaner Berge. Neben Tivoli bilden sie das zweite wichtige Ausflugsziel der Rom-Reisenden, obwohl sie – ähnlich wie Tivoli – wegen ihrer Nähe zur Großstadt zu den weniger reizvollen Gebieten Latiums gehören. Die Fahrt in die Monti Albani bietet heute nur noch eine Karikatur des Landschaftserlebnisses, das die Reisenden vergangener Zeiten feierten. Das Gebiet ist zer-

siedelt, die einstmals idyllischen Orte sind durch Neubauten entstellt und durch dichten Autoverkehr verstopft. Nur noch wenige Dörfer lohnen den Besuch: vor allem das unversehrte **Rocca di Papa** und das schön gelegene **Nemi.** Das berühmte **Frascati** aber, aus dessen Umgebung ein bekannter Weißwein kommt, ist ebenso wie **Albano Laziale** eine eher unschöne Kleinstadt. Beide Orte haben im Zweiten Weltkrieg schwer unter Bombardements gelitten.

In den Albaner Bergen setzt sich die Kette der latinischen Vulkanseen mit dem **Albaner See** und dem **Nemi-See** fort. Landschaftlich reizvoller ist der kleine, weniger durch die Zersiedlung beschädigte Nemi-See. Auch er kann sich allerdings mit den Seen des nördlichen Latium (S. 154 ff.) kaum messen. Vor allem am Wochenende wird er, wie ein Großteil des kleinen Gebirges, zum Freizeitpark für römische Ausflügler.

Bei Olevano Romano

Die Küste und die Inseln

Nur in ihrem südlichen Teil bietet die Küste Latiums große landschaftliche Reize. Der nördliche Abschnitt ist zwar verschont geblieben von der lückenlosen Bebauung, die beispielsweise die Adria-Ufer kennzeichnet. Immer wieder findet man angenehme Strände und – außerhalb der Sommersaison – einsame Küstenstrecken. Doch lädt kein Ort in besonderer Weise zum Besuch ein. Civitavecchia, wo die Fährschiffe nach Sardinien ablegen, ist im Hochsommer überfüllt von wartenden Urlaubern. Weiter südlich trifft man bei Santa Severa auf ein hübsches Schloß, dann im Einzugsbereich Roms auf die verbauten Seebäder Fregene und Lido di Ostia. Auch südlich der Hauptstadt geht es zunächst relativ reizlos weiter. Erst bei den Dünenseen von Sabaudia wird die Küste interessant. Man gelangt zum Vorgebirge des Monte Circeo, dann in die sehenswerte Kleinstadt Terracina und nach Sperlonga, dem schönsten Küstenort Latiums. Entlang einer zerklüfteten Steilküste führt die Straße zum herrlich gelegenen Gaeta. Von Formia erreicht man die Ponzianischen Inseln, den Höhepunkt unter den Reisezielen an Latiums Ufern.

Vom Monte Circeo nach Formia: Südliche Gefilde

Landschaft und Lebensart tragen bereits süditalienischen Charakter. Die Umgangssprache ähnelt dem neapolitanischen Dialekt. Das Klima ist mild, vor allem im Winter, und läßt eine üppige Vegetation gedeihen: Palmen, Eukalyptus, Kakteen, Granatäpfel, Orangen und Zitronen. Auch historisch steht diese Gegend Neapel näher als Rom: Sie gehörte – mit Ausnahme Terracinas – nicht zum Kirchenstaat, sondern zum Königreich beider Sizilien, dessen Herrscher am Vesuv residierten.

Steil ragt der **Monte Circeo** aus der Ebene von Latina empor. Trotz seiner nur 541 m Höhe ist er von weither sichtbar. Seinen Namen trägt er nach der legendären Zauberin Circe, die hier, wie Homers Odyssee berichtet, einst den Odysseus ›bezirzte‹ und seine Gefährten in Schweine verwandelte. In diesen grauen Vorzeiten war der Monte Circeo noch eine Insel; erst später entstand die Verbindung mit dem Festland.

Der Berg mit seiner reichen Vegetation ist seit Jahrzehnten Naturschutzgebiet. Doch wurden die Bauverbote lange systematisch unterlaufen, so daß stellenweise unschöne Ferienhäuser emporwuchsen. Das Dorf **San Felice Circeo**

Blick auf Sperlonga

am Osthang des Berges hat aber seinen reizvollen Ortskern mit farbigen Häusern, blumengeschmückten Balkonen und Außentreppen bewahrt.

Die Kleinstadt **Terracina** 24 wird von den mächtigen Ruinen eines römischen *Jupiter-Tempels* überragt. Von der ausgedehnten, 3 Km vom Stadtzentrum entfernten Kultstätte genießt man einen herrlichen Blick über den gesamten Küstenbogen zwischen Monte Circeo und Gaeta. Wilde Anemonen und Asphodelen blühen, Ginster streckt seine wuchernden Zweige dem Himmel entgegen. Auch der mittelalterliche Kern Terracinas hat seine Reize – im Gegensatz zu den Neubauvierteln um den Ort. Die Kathedrale *San Cesareo* erhebt sich über einer großen Freitreppe mit einer prachtvollen, säulengeschmückten Fassade und einem romanischen Glockenturm. Im Kircheninneren erfreuen der Osterleuchter und die Kanzel mit ihren farbigen mittelalterlichen Mosaiken. Beim ziellosen Bummel durch die Stadt stößt man auf hübsche Gassen, kleine Läden, antike Ruinen und versteckte Kirchen.

Sperlonga 25 ist eine Überraschung. Das kleine Fischerdorf auf einem Felsen über dem Meer kann auch den erfahrensten Kenner italienischer Küsten noch begeistern. Mit seinen hellen, gekalkten Häusern, den Treppengassen, Höfen und alten Stadttoren erinnert es an griechische Orte und gibt ein für Mittelitalien einzigartiges Bild. Hier kann man sich genüßlich einige Tage lang aufhalten. Das Hotelangebot ist gut, das Dorf – außer im Juli/August – nicht überlaufen, und zahlreiche sehenswerte Orte der Umgebung sind – auch mit öffentlichen Verkehrsmitteln – leicht erreichbar.

Sperlonga besitzt zudem mit der *Tiberius-Villa* und dem *Archäologischen Museum* Sehenswürdigkeiten von hohem Rang. Der römische Kaiser Tiberius hatte sich an dem landschaftlich herrlichen Küstenabschnitt einen Landsitz anlegen lassen. Die Ruinen wurden 1957 zufällig bei Straßenbauarbeiten entdeckt. Der Ingenieur, der die Bauarbeiten leitete, fand, wie Bernard Andreae schreibt, »zwischen dem 11. und dem 25. September 1957 mehr Skulpturen als je ein anderer

Die Ponzianischen Inseln:

Ein Traum vom Mittelmeer

Die Ponzianischen Inseln erreicht man mit dem Schiff am besten von Formia aus. Sie gehören atmosphärisch vollends zu Neapel und seiner Umgebung. Ihre Landschaften und Dörfer erinnern an Ischia, Capri oder die amalfitanische Küste. Auf der Hauptinsel **Ponza** empfängt ein lebhafter kleiner Hafen die Ankömmlinge. Blau- und rotgestrichene Fischerboote dümpeln an ihren Tauen, kubische Häuser bilden den Hintergrund. An den zerklüfteten Steilufern öffnen sich kleine Buchten. Steile Hänge, deren einst dem Weinbau dienende Terrassen allmählich von Buschwald überwuchert werden, ziehen sich zu mehreren kleinen Gipfeln, darunter dem mit 280 m höchsten Punkt, dem Monte La Guardia, empor. Die Landschaft ist architektonisch fast unversehrt. Auf der 8 km langen und maximal knapp 2 km breiten Insel steht außer dem Hauptort Ponza nur noch ein zweites Dörfchen, La Forna. Hier findet man noch Gerüche, Geräusche und Stimmungen, die im frenetischen Bauboom an den Festlandküsten selten geworden sind. Man streift durch die kräuterduftende Macchia und blickt zwischen leuchtendem Ginster immer wieder aufs fast unwirklich blaue Meer. Oder man badet in einsamen Buchten, wo noch im Juni kein

Hafen von Ponza

anderer Urlauber erscheint, und steigt dann auf schmalem Fußpfad zwischen Felsen hinauf zu einer kleinen Gartenwirtschaft, in der Strohmatten vor der Sonne schützen und der Fisch frisch auf den groben Holztisch kommt.

Fisch, das ist hier allerdings oft ein heikles Thema. Natürlich möchten alle Gäste auf Ponza Fisch. Soviel geben aber, zumal beim Massenandrang der Tagesausflügler im Hochsommer, die leergefischten Fanggründe nicht mehr her. So wird in den meisten Restaurants hemmungslos tiefgefrorene Ware auf den Tisch gebracht. Schaut man am Hafen in die versteckten Ecken, so findet man dort Stapel dänischer Fischkisten ...

Während Ponza ein bewegtes Relief zeigt, ist das kleinere und noch ruhigere **Ventotene** recht flach. Die Insel steigt wie eine schiefe Ebene allmählich von Nordosten nach Südwesten an. Ventotene ist nur knapp 2 km lang und maximal 850 m breit, für einen längeren Aufenthalt also wohl nur für meditative Charaktere geeignet.

Vier andere Inseln des Ponzianischen Archipels: Palmarola, Zannone, Gavi, La Botte, sind unbewohnt. Man kann sie auf Tagesausflügen von Ponza erreichen. Auf Santo Stefano war jahrzehntelang der Zutritt verboten, außer für Strafgefangene und ihre Wärter: Sie diente als Gefängnisinsel. Damit stand sie in einer langen Tradition. Schon 1768 wurde auf Ponza ein einzigartiges Resozialisierungs-Projekt begonnen. Der neapolitanische König schickte Gefängnisinsassen, Diebe und Prostituierte auf die Insel, in der Hoffnung, die heile Natur würde die ›bösen Menschen‹ bessern. Das Experiment schlug fehl. 170 Jahre später wurden unter der faschistischen Regierung auf Ponza und Ventotene zahlreiche Oppositionelle interniert. Die Ironie des Schicksals wollte es, daß Mussolini selbst nach seinem Sturz 1943 kurze Zeit auf Ponza inhaftiert wurde, wo er inmitten seiner politischen Gegner lebte. Bald darauf, als das Ende des Regimes abzusehen war, bildeten christliche Demokraten und Sozialisten auf Ventotene eine Art Exil-Regierung. Die italienische Demokratie der Nachkriegszeit hat eine ihrer Wurzeln auf diesen Inseln – inmitten der Schönheit des Mittelmeers.

Blick von Ponza auf die Inseln des Archipels

Archäologe im ganzen 20. Jahrhundert«. Die wertvollen Funde sollten nach Rom abtransportiert werden. Doch die Einwohner Sperlongas rebellierten. Mit Barrikaden und eiligst ausgehobenen Gräben blockierten sie die Zufahrt zur antiken Villa. Schließlich gaben die Behörden nach. Das Dorf erhielt ein eigenes Museum.

Der Bau beherbergt hervorragende Werke der antiken Bildhauerkunst, darunter vor allem vier Statuengruppen mit Szenen aus der »Odyssee«. Die Skulpturen wurden in mühevoller Kleinarbeit aus Tausenden von Einzelteilen zusammengesetzt, fehlende Stücke hat man mit Gips ersetzt. Dennoch erhält man nicht den Eindruck lebloser Rekonstruktionen. Vielmehr beeindrucken die Bildwerke, die vermutlich um die Zeitenwende als Kopien griechischer Originale geschaf-

Gasse in Sperlonga

fen wurden, durch ihre Lebendigkeit und die Genauigkeit der Darstellung.

Die Tiberius-Villa befand sich in traumhafter Lage direkt am Meer. Besonders schön ist die Grotte, in der die Skulpturen gefunden wurden. Sie diente zu des Kaisers Zeiten für Gastmahle und Empfänge. Das Plätschern des unaufhörlich rinnenden Wassers, der Schilf auf einer künstlichen Insel vor der Höhle, die Geräusche der Seevögel – das alles schafft eine geheimnisvolle Stimmung und macht das kleine Ausgrabungsgelände zu einem der eindrucksvollsten archäologischen Plätze überhaupt.

In **Gaeta**  dagegen geht es süditalienisch laut und unruhig zu. Die Altstadt liegt mit farbigen Häusern herrlich auf einem Hügel, der an drei Seiten vom Meer umgeben wird. Von außen wirkt der Anblick großartig. Beim Gang durch das Zentrum bemerkt man dann allerdings zahlreiche heruntergekommene und verfallene Gebäude; selbst die Bombenschäden des Zweiten Weltkriegs sind noch nicht überall behoben. Dabei hat die Stadt interessante Bauten, wie das römische *Mausoleum des Lucius Atratinus* oder die schöne Barockkirche *Santissima Annunziata* mit ihrem spielerisch-

bewegten Innenraum. Auch der *Dom* und das *Kastell* setzen reizvolle Akzente. Am wohlsten aber fühlt man sich am Rand der Altstadt in der hübschen *Via dell'Indipendenza* und ihren Nebengassen. Dieser Stadtteil trägt ein malerisch-mediterranes Gepräge. Geschäfte und Marktstände beleben ihn, von blumengeschmückten Balkonen erschallen volltönende Stimmen, an farbigen Häusern blättert melancholisch der Putz, filmreif flattert die Wäsche quer über die Straße. Man kann hier Abschied nehmen von Latium, das 20 km weiter bei Minturno endet, und sich vorbereiten auf Neapel.

Die Marken: Verborgene Reize

Die Marken sind kein Touristenziel erster Ordnung – und sie werden es nie werden. Es ist keine Region italienischen Spektakels und herausragender Höhepunkte. Das benachbarte Umbrien weist mehr und bedeutendere Kunstwerke auf, die Abruzzen grandiosere Landschaften. Wer Baedeker-Sternen nachreist, findet in den Marken kaum ein ›Muß‹. Nur die großartige Renaissance-Stadt Urbino steht ebenbürtig neben den wichtigsten Kunstzentren Italiens; auch Ascoli Piceno zählt zu den landesweit berühmten Sehenswürdigkeiten. Doch Italien wäre nicht Italien, wenn es nicht gerade in den unbekanntesten Winkeln immer wieder mit Überraschungen aufwartete. Die Marken sind ein Land der ungewöhnlich lebendigen Stadtkultur; zahlreiche kaum bekannte Orte, wie Iesi und Macerata, Fano und Fermo, Fabriano und Sassoferrato – um nur einige Namen unter vielen zu nennen – überraschen mit gut erhaltenen historischen Bauten, vor allem aber mit einem intakten urbanen Leben, in dem sich Tradition und Modernität auf originelle Weise verbinden. Franco Mariotti, der Direktor des Rossini-Festivals von Pesaro, behauptet stolz: »Wir leben in einer ›avancierten Provinz‹, der einzigen Gegend, wo sich heute eine Idee des Humanismus wiedergewinnen läßt.«

Der abendliche *Corso* in Fano, Fermo oder Ascoli Piceno wird zum Erlebnis, das man nicht so schnell vergißt. Wie sich da die autofreien alten Zentren für zwei Stunden mit Tausenden von Menschen füllen, wie Junge und Alte scherzen und schwatzen, wie der Chor der Stimmen auf den Plätzen summt – das ist ein ungewöhnlicher Eindruck urbaner Kommunikation. Dabei sind die Marken alles andere als rückständig. Längst haben Industrie und Dienstleistungsgewerbe die agrarischen Strukturen in den Hintergrund gedrängt. Aber das positiv Provinzielle vergangener Zeiten, Ruhe und Kontakt, blieben vielfach erhalten, allen Neuerungen zum Trotz.

Die Spannung von Tradition und Moderne schlägt sich auch in der Landschaft nieder. Der größte Teil der Region ist bäuerliches Hügelland. So weit der Blick reicht, wellen sich sanfte, mit Getreide bestandene Erhebungen. Schön ist es vor allem dort, wo die alte Agrarlandschaft unversehrt blieb, wo Wiesen und Felder, Waldstücke und gewundene Wege die Akzente setzen – wie z. B. in der Umgebung Urbinos oder im Hinterland der Küste in den südlichen Marken. Sobald aber die Besiedlung dichter wird, Neubauten oder gar kleine Industriezonen auftauchen, zeigt sich die Landschaft als extrem verletzlich. In der offenen, vegetationsarmen Region läßt sich kein architektonischer Irrtum diskret übersehen, jede mißglückte Villa und jedes bonbonfarbene Einfamilienhaus fallen schmerzhaft ins Auge. Manche Gegenden, so etwa das Hinterland von Ancona, machen daher den Reisenden nicht mehr recht glücklich. Vollends verbaut ist die Küste, an der nur vereinzelte Gebiete noch den Besuch lohnen – vor allem das kleine Gebirge des Monte Cónero, die einzige nennenswerte Erhebung an der Adria zwischen Triest und dem apulischen Gargano. Überall in den Marken aber sind hübsche Kleinstädte verstreut. Die braunen Ortschaften mit ihren verschachtelten, aus Ziegelsteinen erbauten Häusern erheben sich meist auf Hügelkuppen. Die Silhouetten erscheinen bewegt durch die Kirchtürme, oft ist der Ring der Stadtmauern gut erhalten. In dem fruchtbaren Land liegen die Städtchen nahe beieinander, häufig sieht man vom *Punto panoramico* des einen fünf oder

◁ *Cartoceto*

Karte der Region Marken, praktische Hinweise S. 319–324

acht andere in der näheren Umgebung. Im Tal, unterhalb des *Centro storico,* stehen die Neubauviertel, an den Durchgangsstraßen finden sich oft kleine Industrieanlagen.

Nähert man sich dem Apennin, so hört die Zersiedlung vollständig auf. Die Hügel werden unregelmäßiger und höher, die Vegetation vielfältiger, und das Hochgebirge bildet einen immer abwechslungsreichen Hintergrund. Im Landesinneren – im Westen und vor allem Südwesten der Region – liegen daher die landschaftlich reizvollsten Zonen.

Reiserouten in den Marken

Eine Rundfahrt durch die Marken kann mit der Strecke beginnen, der wir im Abschnitt »Streifzüge durchs Hinterland« folgen. Man fährt also über San Leo nach Urbino und weiter nach Sassoferrato, Fabriano und zur Höhle von Frasassi. Über San Severino Marche erreicht man den landschaftlichen Höhepunkt der Marken: die Monti Sibillini. Ascoli Piceno lohnt einen ausgiebigen Besuch, bevor die Rückreise entlang der Küste beginnt.

Als Standquartier für einen mehrtätigen Aufenthalt bieten sich in den nördlichen Marken vor allem die Küstenstadt Fano sowie Urbino an. Weiter südlich sind am Meer Sirolo und Numana (am Monte Cónero), im Binnenland Macerata ansprechende und für Ausflüge günstig gelegene Orte. Die südlichen Marken erkundet man gut von den Städten Fermo und Ascoli aus; wer eine kleine Ortschaft

vorzieht, findet in dem küstennahen Acquaviva Picena einen angenehmen Aufenthaltsort.

Naturfreunde und Wanderer werden sich in Sarnano am Rand der Sibillinischen Berge wohlfühlen. Alle genannten Orte – mit Ausnahme von Fermo und Numana, wo einfache Unterkünfte fehlen – haben ein breites Hotelangebot in allen Preisklassen.

Lebendige Stadtkultur

Fano: Fischdampfer und Römerbauten

1 In Fano hat alles Kleinformat: die Häuser, Plätze, Straßen und Sehenswürdigkeiten. Nichts drängt sich auf, doch die freundliche Stadt lädt ein zum genüßlichen Promenieren und Schauen. Die Anlage des Zentrums geht auf die Römerzeit zurück. Ein rechtwinkliges Muster regelmäßiger Gassen durchzieht die Altstadt. Sie ist konsequent für Motorfahrzeuge gesperrt, ein Fußgängerparadies, das beim abendlichen *Corso* überquillt vom Gedränge und Gespräch der Einheimischen.

Zum Meer hin erstreckt sich eine moderne Vorstadt mit zahlreichen Hotels. Der breite Strand zieht in jedem Sommer Zehntausende von Gästen an. Außerhalb der Hochsaison liegt er verlassen da, und man kann ungestört dem lebhaften Treiben im Fischerhafen zuschauen. Ein Erlebnis eigener Art ist der Besuch in der urigen Hafen-Trattoria *Da Quinta* (Viale Adriatico 42, sonntags geschlossen, ℘ 07 21-80 80 43). Nur auf Klingeln wird man eingelassen, doch das umfangreiche Fisch-Menü lohnt die Mühe des

Wartens, selbst wenn sich eine Schlange hungriger Gäste bildet, was gar nicht so selten vorkommt.

Fano war eine wichtige Römerstadt; sein Name leitet sich vom *Fanum Fortunae,* einem in der Antike berühmten Fortuna-Tempel, her. Aus der Römerzeit stammt auch sein bedeutendstes erhaltenes Baudenkmal, der fast zweitausendjährige *Augustusbogen.* Der Sandsteinbau ist mit Travertin verkleidet; an der besonders gut erhaltenen Außenseite sieht man noch einen Teil der Inschrift mit der Widmung für den Kaiser Augustus. Ganz in der Nähe blieb am Viale della Rimembranza ein Stück des römischen Mauerrings bestehen.

Vor dem Augustusbogen steht die Kirche *San Michele* mit einem reizvollen Renaissance-Portal. Durchquert man das Stadttor, so findet man gleich dahinter den hübschen Renaissance-Bau der *Logge di San Michele,* der ursprünglich als Heim für Findelkinder errichtet wurde. Man staunt, was für elegante Waisenhäuser vor 500 Jahren entstanden (auch das berühmte Findelhaus in Florenz ist ja ein Meisterwerk)! Die Erklärung: Die reichen Spender karitativer Werke setzten sich damit selbst ein Denkmal und beauftragten deshalb gern bedeutende Architekten.

Von den Logge ist es nicht weit zur Kirche *Santa Maria Nuova,* die zwei schöne Werke des umbrischen Malers Perugino beherbergt: in der zweiten Kapelle links eine »Verkündigung«, in der dritten Kapelle rechts die »Madonna mit Kind und Heiligen«. An den Predellenbildern dieser Tafel – den kleinen »Szenen aus dem Marienleben« unter dem Hauptbild – hat der Überlieferung nach auch Peruginos Schüler Raffael mitgemalt.

Fanos Hauptplatz, die Piazza XX Settembre, ist ebenso sympathisch und ebensowenig aufregend wie die ganze Stadt. Ein hübscher, von vier steinernen Löwen bewachter Brunnen schmückt die Piazza. Im Hintergrund erhebt sich das 1299 errichtete Rathaus, der *Palazzo della Ragione.* Sein alter Turm wurde 1944 von deutschen Truppen zerstört; der 1949 errichtete Nachfolge-Turm paßt in seiner kühlen Glätte nicht recht zu dem historischen Bau. An das Rathaus schließt sich, durch einen Bogen mit ihm verbunden, die *Corte Malatestiana* an, einst Sitz der Malatesta-Familie, die vom 13. bis ins 15. Jh. Fano regierte. Der Palazzo wurde in späteren Jahrhunderten umgebaut, doch im Hof blieb die schöne Innenfassade aus dem frühen 15. Jh. erhalten. Durchschreitet man den Bogen zwischen Rathaus und Malatesta-Bau, so erreicht man in wenigen Schritten den Markt (vormittags), dessen Besuch unbedingt lohnt: Blumen, Obst, Käse und Fisch werden in einem farbenfrohen Schauspiel dargeboten – die Provinz lebt!

Weiter auf den Spuren der Malatesta: die Festung *Rocca Malatestiana* diente lange Zeit als düsteres Gefängnis, heute wird sie – freundlicher – für Kunstausstellungen genutzt. Und in der Vorhalle der

Kirche *San Francesco* befinden sich die Gräber des Herrscherpaars Pandolfo III Malatesta und Paola Bianca sowie der Sarkophag ihres Leibarztes Bonetto da

Fano, Loggia di San Michele

Castelfranco. Das Pandolfo-Grab wird dem bedeutenden Renaissance-Künstler Leon Battista Alberti zugeschrieben.

Fano gilt als Jazz-Zentrum der Marken; von den Einwohnern heißt es, sie seien besonders musikalisch. In der Tat finden häufig Konzerte statt, zumal beim sommerlichen Festival, das außerdem auch Theateraufführungen bietet. Berühmt sind die Karnevals-Veranstaltungen: den Fanesen reicht offenbar der ›Adriatische Karneval‹ im Februar nicht aus, sie feiern auch im Hochsommer Fasching und lassen sich vom *Carnevale d'Estate* ins Schwitzen bringen.

Iesi: Geburtsstadt des Kaisers

2 Der zweite Weihnachtstag des Jahres 1194: Auf der Piazza von Iesi erhebt sich ein großes Zelt. Die Einheimischen haben sich drumherum versammelt,

aber auch Fremde lagern unter ihnen: deutsche Ritter, Soldaten, Priester. Allenthalben herrscht Aufregung. Was geschieht? Im angespannten Murmeln der Bevölkerung klingt es durch: Konstanze von Hauteville, die Gemahlin des Kaisers Heinrich IV., liegt in dem Zelt in den Wehen. Sie ist mehr als 40 Jahre alt; unglaublich erscheint es den Leuten, daß eine Frau dieses Alters noch gebären soll, ist doch die Lebenserwartung so gering, daß eine 40jährige bald als Greisin erscheint. Und gab es nicht merkwürdige Prophezeiungen für dieses Ereignis: Die Stadt würde im Höllenfeuer untergehen, das Kind sich in einen Löwen verwandeln? Viele schlagen verstohlen das Kreuzeszeichen.

Der Kaiser, der mit seinem Gefolge auf einer Reise nach Sizilien in Iesi Station gemacht hat, kennt die wilden Gerüchte. Vor allem weiß er: Wenn hier ein Thronfolger zur Welt kommt, so wird seine legitime Geburt zeitlebens bezweifelt werden. Er braucht Zeugen dafür, daß es sich wirklich um ein Kind seiner Gattin handelt, soviele Zeugen wie möglich. So greift er zu einer unerhörten Maßnahme: Die Geistlichen der Stadt und alle verheirateten Frauen sollen der Geburt zuschauen. Das Zelt öffnet sich dem Publikum. Und das Wunder geschieht: Die Kaiserin gebiert einen gesunden Sohn. Keineswegs verwandelt sich das Baby in einen Löwen, es stößt gewöhnliche Kinderschreie aus.

Unter so dramatischen Umständen kam Friedrich II. zur Welt, der große Stauferkaiser, der in ständigem Konflikt mit den Päpsten von Palermo aus das Reich regieren sollte. Für einen kurzen Augenblick trat Iesi auf die große Bühne der europäischen Geschichte. Es war damals keine unbedeutende Stadt. Die freie, von wohlhabenden Bürgern selbstverwaltete Kommune behauptete sich erfolgreich gegen benachbarte Republiken und führte, wenn es darauf ankam, ein Heer von 5000 Mann ins Feld. Als Friedrich geboren wurde, blickte Iesi bereits auf mehr als 1500 Jahre Geschichte zurück. Es war eine Gründung der Umbrer, die lange unter römischer Herrschaft stand.

Des Kaisers Geburtsplatz bildet noch heute das Zentrum der Stadt; wie könnte er anders heißen als *Piazza Federico II*? Hier befand sich schon das römische Forum, und wo sich heute der *Dom* erhebt, stand einst wohl der Haupttempel von *Aesis,* wie sich der Ort in der Römerzeit nannte. Die häufig umgebaute Kathedrale mit ihrer Fassade von 1889 kann nicht recht begeistern. In der ersten Seitenkapelle rechts wurde 1710 ein großer Sohn der Stadt getauft: der Komponist Giovanni Battista Pergolesi. Der bedeutende Musiker, der im Alter von nur 26 Jahren verstarb, gilt als ein Vorläufer Mozarts.

Iesis Altstadt wird von vorzüglich erhaltenen *Stadtmauern* umgeben, einem Symbol mittelalterlichen Bürgerstolzes. Als Fußgängerpromenade zieht sich ein langgestreckter Corso durch das weitgehend autofreie Zentrum; unregelmäßige Platzanlagen, Barock- und Renaissance-Palazzi, Treppengassen, Bogengänge und Stadttore schaffen ein abwechslungsreiches Bild. Das besterhaltene mittelalterliche Viertel liegt zwischen Piazza della Repubblica und Piazza San Pietro. (Schlagen Sie von der Piazza della Repubblica die Costa Mezzalancia ein und bummeln Sie dann durch die besonders hübsche Via Andrea da Iesi – es lohnt sich!)

Das Rathaus, der *Palazzo della Signoria,* ist ein schöner Renaissance-Bau aus der Zeit um 1500 mit einem wohlproportionierten mehrgeschossigen Innenhof. Kunstliebhaber erleben aber vor allem im *Palazzo Pianetti-Tesei* Begeisterndes. Der ehemalige Adelspalast, ein großer Rokoko-Bau aus der Zeit um 1730, verrät mit seinen schwungvollen Linien bayerisch-österreichische Einflüsse. Im verfallenen Innenhof erwartet uns ein kleiner Garten; bemooste Statuen träumen vor sich hin, auf dem Brunnen drängen sich Putten unter einen Schirm. »Avvocato Tesei« steht neben einem Klingelknopf: Im Anwaltsbüro ist offenbar noch ein Nachfahre der alten Besitzer tätig. Die Rokoko-Galerie des ersten Stockwerks zeigt farbige Stuckarbeiten, die Innenräume sind mit Fresken ausgemalt.

Der Palazzo beherbergt eine Pinakothek, deren Besuch unbedingt lohnt. Die Bilder des Venezianers Lorenzo Lotto (vgl. S. 219) zählen zu den schönsten Kunstwerken der Marken. Man mag sie sich lange anschauen: Immer wieder neu faszinieren die abgründige Tiefe psychologischer Menschendarstellung, die strahlende und leichte Farbgebung, die Fülle der erzählerischen Details. Daneben besitzt das Museum auch eine gute Sammlung zeitgenössischer italienischer Kunst – eine der seltenen Gelegenheiten in Mittelitalien, moderne italienische Maler kennenzulernen.

Iesi liegt im Zentrum einer Weinbauregion, die den *Verdicchio* produziert, einen spritzigen, auch im Ausland bekannten Weißwein. In der *Enoteca Brunori* (Viale Vittorio 103) wird man freundlich und gut beraten; der Inhaber ist selbst ein angesehener Verdicchio-Winzer. Auch die Enoteca in der Via Federico Conti 5 bietet eine reiche Auswahl an lokalen Weinen.

Iesi

Lob der Provinz – Die Städte der Marken

»Für uns Einheimische ist es schwierig zu beurteilen, ob man hier besser lebt als im übrigen Italien. Aber wer von außerhalb kommt, hat diesen Eindruck. Ich bemerke das, wenn leitende Beamte aus anderen Regionen nach Pesaro versetzt werden. Nach einer oder zwei Wochen sind sie begeistert: von der Ruhe, den menschlichen Beziehungen, dem kulturellen Angebot und davon, wie wir, jedenfalls teilweise, die Negativseiten Italiens vermieden haben. Und viele von ihnen bleiben hier, wenn sie in Pension gehen, obwohl sie von anderswo stammen ...«

Der Sprecher ist nicht unparteiisch: Aldo Amati, Bürgermeister von Pesaro, der zweitgrößten Stadt der Marken. Doch mit seiner Meinung vom guten Leben in dieser Region steht er nicht allein. Die Sozialgeographie der Marken ist ungewöhnlich. Keine beherrschende Großstadt konzentriert Menschen und Wirtschaftskraft; vielmehr steht ein gutes Dutzend kleiner Zentren fast gleichberechtigt nebeneinander. Jede dieser Städte – mit jeweils 10 000 bis 60 000 Einwohnern – hat ihr Eigenleben: Lokalstolz und eigene Traditionen, Feste und besondere Dialektformen, vor allem aber eine solide Wirtschaftsstruktur und kulturelle Aktivitäten. Ein Beispiel: Die Marken weisen 23 Theater auf – bei 1,4 Millionen Einwohnern stellt das vermutlich einen europäischen Rekord dar! Der Schriftsteller Guido Piovene hat behauptet, die Marken seien »ein Plural«. Soziologen sprechen vom Polyzentrismus der Region. Nur Pesaro und Ancona sind mit jeweils rund 100 000 Einwohnern Großstädte. Die 50 000er-Grenze überschreiten Ascoli Piceno und Fano, dann folgen Macerata, Iesi, Fermo, Fabriano, Osimo, Recanati und Tolentino. Noch das kleine Urbino mit knapp 20 000 Einwohnern ist als Universitätsstadt ein kulturelles Zentrum ersten Ranges.

Die Städte der Marken demonstrieren die Vorzüge der Bescheidenheit. Auch die zahlreichen Wirtschaftsunternehmen erreichen nie große Dimensionen. Noch vor 30 Jahren arbeiteten fast zwei Drittel der Marchigiani in der Landwirtschaft. Heute ist der Anteil der Industrie höher als im italienischen Durchschnitt. Manche Industriezweige haben sich aus jahrhundertealten lokalen Handwerkstraditionen entwickelt. So besitzt Fabriano, wo schon im 13. Jh. Papier geschöpft wurde, wichtige Papierfabriken; in Pesaro hat die Keramik-Produktion Bestand; um Castelfidardo sind aus der Herstellung von Musikinstrumenten auf dem Umweg über ›Computer-Musik‹ zahlreiche Elektronik-Betriebe entstanden. Aus dem Wirtschaftsleben früherer Zeiten geht auch die bedeutende Lebensmittelbranche hervor: die Zuckerproduktion von Fermo, die Wurstverarbeitung in Fabriano, der Handel mit Verdicchio-Wein in Iesi und der Getreidehandel in Macerata, um nur einige Beispiele zu nennen.

Der größte Teil der Firmen aber ist seit den 60er Jahren aus dem Nichts entstanden. Zahlreiche unternehmungslustige, tatkräftige Bauern, wichen vor dem ökonomischen Niedergang der Landwirtschaft in die Gründung kleiner Familienbetriebe aus. Mit Erfolg: Die Wirtschaftsstruktur der Marken ist heute vielfältig und flexibel. Da werden Kleider und Schuhe gefertigt, Möbel und Kücheneinrichtungen, Werkzeugmaschinen und Elektrokabel, Ziegelsteine und Elektroden, Streichhölzer und Traktoren, Haushaltsgeräte und Baumaterial. So ist die Region wohlhabend geworden. Doch die bäuerlichen Traditionen bleiben lebendig. Anders als in Norditalien erlebt man kaum protzig zur Schau gestellten Reichtum.

Die kleinen Städte sind Muster an Lebensqualität. Das soziale Netz ist stabil, die Kommunikation intensiv. Man kennt sich und findet im Heimatort angenehme Treffpunkte – vor allem in den überall gut erhaltenen historischen Zentren. Auf der Piazza kommen Schüler wie Pensionäre zum Plausch zusammen, in den Bars und Konditoreien schlürft man den Espresso oder trinkt den Aperitif. Zum Einkaufen muß niemand in die Großstadt fahren: Kleidung und Lebensmittel finden sich in reicher Auswahl am Ort. Die Vorteile urbanen Lebens lassen sich – ein seltener Glücksfall! – ohne seine Mängel genießen. Die Umwelt ist weitgehend intakt, die Entfernungen sind gering, das offene Land ist immer schnell erreichbar. Wie eng sich Stadt und Land verbinden, spürt man auf den Märkten: Da kommen Bauern mit ihren frischen Produkten, auf umgestürzten Holzkisten lagert ein Bund Kräuter oder selbstgemachter Schafskäse, lebende Hühner gackern. Daß die fleckigen, schmackhaften Äpfel – runzlig wie das Gesicht der Bauersfrau daneben – ungespritzt sind, braucht nicht erst gesagt zu werden; man sieht es selbst.

In den meisten Kleinstädten entfalten sich beachtenswerte kulturelle Aktivitäten. Von den Theatern der Region war bereits die Rede. Die Universitätsstädte Urbino und Macerata haben ein besonders großes Angebot an Vorträgen und Diskussionsveranstaltungen. Pesaro feiert seinen großen Sohn Gioacchino Rossini mit einem Opern-Festival, in Recanati bildet die Erinnerung an den Poeten Leopardi und den Sänger Gigli den Anlaß für Festspiele. Auch in Fano, Iesi und Fermo finden sommerliche Festivals statt. Zahlreiche Städte haben bedeutende, gut geführte historische Bibliotheken. Aus Lokalstolz achtet man auf kulturelle Autonomie. So bleiben die örtlichen Aktivitäten erhalten.

Dem Reisenden sind die Vorzüge der Marken-Städte nicht so unmittelbar zugänglich wie den Einheimischen. Er sieht die Oberfläche: das rege Leben auf den Plätzen, die schönen Geschäfte und Cafés, die farbigen Märkte. Von den 107 Kulturzirkeln in Pesaro oder der Bibliothek in Recanati wird er dagegen kaum profitieren. Bei der Auswahl der Reiseziele wird man sich eher an Kunstwerken, schönen Stadtbildern und atmosphärischen Reizen orientieren als an der Intensität des kulturellen Kleinstadtlebens. Urbino vereint in idealer Weise alle diese positiven Aspekte; es ist unbedingt besuchenswert. Ascoli Piceno, Iesi und Fermo zeigen ein interessantes urbanes Ambiente und große Kunst; Macerata, Fano, Sassoferrato, San Severino sind atmosphärisch reizvoll. Doch sein märkisches Lieblingsstädtchen wird jeder Reisende selbst finden, vielleicht unerwartet und durch Zufall …

Macerata: Universitätsstadt mit Viehmarkt

3 Macerata hat kaum Sehenswürdigkeiten im klassischen Sinn des Wortes. Doch man bewegt sich gern in den Gassen und auf den Plätzen der Hügelstadt: Mit ihren Türmen und Kuppeln, ihren Kirchen, Bürgerhäusern und Palazzi bietet sie ein angenehmes Bild. Trotz eines schweren Bombardements im April 1944 blieb das historische Zentrum erhalten. Hier geht es immer lebhaft zu. Unter den Arkaden der Piazza della Libertà treffen sich nicht nur – wie überall in Mittelitalien – Hausfrauen, Rentner und Angestellte; in Macerata kommen noch zahlreiche Studenten hinzu. Zwei Fakultäten zählt die Hochschule: Jura und Geisteswissenschaften. Schon 1290 gab es in Macerata ein *studium legum,* eine Rechtsschule; doch erst 250 Jahre später verlieh Papst Paul III. die offizielle Gründungsurkunde.

Macerata, Prefettura

Macerata profitiert von seiner kleinen Universität: Das kulturelle Angebot ist für eine Stadt von 45 000 Einwohnern ungewöhnlich vielfältig. Es reicht von Vorträgen und Kongressen bis zu den Opernfestspielen im Juli.

Der Ort ist ein wichtiges Handelszentrum; die Industrie spielt nur eine Nebenrolle. Fast 60 % der Berufstätigen sind im Dienstleistungs-Bereich tätig. Hier befindet sich der größte Umschlagplatz Mittelitaliens für Getreide; auch der Rinder- und Schweinemarkt zieht Händler von weither an. Im *centro storico* wird man allerdings weder Viehkäufern noch Kühen begegnen: Das Wirtschaftsleben hat sich längst in die ausufernden Vorstädte verlagert, wo mittlerweile neun Zehntel der Bevölkerung wohnen.

Die Altstadt ist aber Mittelpunkt des öffentlichen Lebens geblieben. Schauen Sie bei einem Cappuccino an der Piazza della Libertà dem regen Kommen und Gehen, dem Diskutieren und Gestikulieren zu! Es ist interessanter als die historischen Gebäude, die den Platz säumen. Nur die elegante Säulenhalle der *Loggia dei Mercanti* in reinem florentinischem Renaissance-Stil fesselt die Aufmerksamkeit. Sie besteht seit fast 500 Jahren, war aber mehr als die Hälfte dieser Zeit schwer verunstaltet: 1641 ließ ein päpstlicher Gouverneur die Öffnungen zumauern, um sich dahinter nicht mehr und nicht weniger als ein Schlafzimmer einzurichten. Erst 1905 wurde das ästhetische Verbrechen rückgängig gemacht.

Die anderen Bauten an der Piazza – Rathaus, Palazzo della Prefettura und Kirche San Paolo – können nicht recht begeistern. Reizvoller ist das *Teatro Rossi* mit einem schönen Innenraum im Rokoko-Stil. Aus dem 18. Jh. stammt auch die interessanteste Kirche der Stadt, die *Madonna della Misericordia.*

Beim Gang durch die Altstadt fallen immer wieder Barock-Kirchen und -Palazzi ins Auge. Den ungewöhnlichsten Bau aber stellt das merkwürdige *Sferisterio* dar, das sich als Kombination von Theater, Amphitheater und Stadion annähernd beschreiben läßt. Es entstand um 1825 durch Spenden von hundert reichen Einheimischen und diente zunächst für ein damals sehr populäres, heute vergessenes Ballspiel, den *Gioco del pallone al bracciale*. Auf der fast 100 m langen Spielfläche fanden später auch Zirkusveranstaltungen statt. Heute wird sie für Konzerte, Opern- und Theatervorführungen genutzt. Die Akustik gilt als ausgezeichnet. In den über 100 Logen des klassizistischen Baus finden mehr als 7000 Zuschauer Platz.

Osimo: der fliegende Mönch

4 Osimo hat eine bedeutende Vergangenheit. Es war römische Kolonie, später Festung der Goten im Kampf gegen die Byzantiner, schließlich freie Stadtrepublik, die über Jahrhunderte ihre Autonomie gegen die Päpste verteidigte. Um 1500 setzte sich der Kirchenstaat durch. Unter der päpstlichen Herrschaft wurde Osimo bevorzugt behandelt und aufwendig mit Kirchen und Palazzi ausgebaut.

Heute aber scheinen die Straßen und Gebäude des Ortes fast zu monumental für das bedächtige Provinzleben, das sich in ihnen abspielt. Die Dimensionen stimmen nicht, es fehlt ein wenig die Intimität mittelalterlicher Gassen und Plätze, die solch ruhigen Orten besser ansteht als die großen Repräsentationsbauten. An der breiten Hauptachse Via Matteotti – Corso Mazzini – Via dell'Antica Rocca reihen sich Paläste und Kirchen aus dem 17. und 18. Jh., zumeist hochaufragende Backsteingebäude. Das *Collegio Campana* beherbergt eine Bibliothek, die für Provinzverhältnisse wahrhaft gewaltige Ausmaße zeigt: Hier werden nicht nur 65 000 Bücher, sondern auch fast 1000 mittelalterliche Pergamente und Kodizes, dazu Archivmaterial aus zehn Jahrhunderten aufbewahrt. In Eingangsflur und Hof des *Palazzo Municipale,* des Rathauses, stehen römische Statuen und Reliefs. Das künstlerisch interessanteste Bauwerk ist der Dom *San Leopardo*. Die Seitenfassade hat ein schönes romanisches Portal; der Innenraum zeigt gotische Formen. In der stimmungsvollen Krypta wachen 16 unterschiedlich große römische Säulen über seltene Werke: drei frühchristliche Sarkophage aus dem 4./5. Jh. mit interessanten Reliefs. Auf dem mittleren Grab der ›Märtyrer von Osimo‹ erkennt man Jagdszenen; nach antikem Brauch werden dabei Hirsche in Netze getrieben. Daneben erscheinen die Weisen aus dem Morgenlande, Moses an der Felsquelle, Noah in der Arche, Jonas mit dem Wal.

Wenige Schritte führen vom Dom durch die Via Gomero zur Piazza Gramsci mit der angrenzenden Gartenanlage. Von hier schweift der Blick über Hügel und Städtchen der Marken bis zum Monte Catria im Westen und den Monti Sibillini – ein herrliches Bild.

Wem da Gedanken ans Fliegen kommen, der wende sich noch einmal ins Zentrum. In der Kirche *San Francesco* liegt der heilige Joseph von Copertino begraben. Der einfache Mönch fiel zu Lebzeiten durch seine Flugkünste auf. Immer wieder erhob er sich vom Erdboden – manchmal sogar gegen den eigenen Willen. Die Vorgesetzten untersagten ihm das Abheben; es war der kirchlichen Hierarchie nicht ganz geheuer, da ja auch der Teufel seine Hand im Spiel haben mochte. Joseph gab sich redliche Mühe zu gehorchen; doch ab und an schwebte er, so berichten die Zeitgenossen, unwillkürlich doch davon. Da sein Lebenswandel untadelig war, sah man ihm den Ungehorsam gnädig nach. Nach seinem Tod hat Rom des Mönchs Abheben vollgültig anerkannt – er wurde heiliggesprochen.

Giacomo Leopardi

Kein Ausländer könne die Bedeutung ermessen, die Giacomo Lepoardi für die italienische Literatur habe, schrieb Italo Calvino, einer der bedeutendsten italienischen Autoren unserer Tage. In der Tat: Das Mißverhältnis zwischen Leopardis Ruhm im eigenen Land und seinem geringen Bekanntheitsgrad außerhalb ist ungewöhnlich. Die Hauptursache liegt vermutlich in Leopardis meisterhafter, musikalischer Sprache: Ihr Klang und Rhythmus lassen sich in keiner Übersetzung wiedergeben.

Giacomo Leopardi wurde am 29. Juni 1798 in Recanati als Sohn einer Grafenfamilie geboren. Der Vater, ein Privatgelehrter, gab so viel Geld für seine Bibliothek aus, daß schließlich die Ehefrau die Verwaltung der Finanzen übernahm – sie fürchtete zu Recht um das Familienvermögen. Der kleine Giacomo wuchs in großer Einsamkeit auf; angeblich ging er als 20jähriger erstmalig allein auf die Straße.Schon als Kind flüchtete er sich in die Bücher. Mit elf Jahren übersetzte er selbständig Oden des Horaz; ein Jahr später wurden die Hauslehrer verbschiedet, die den Jungen nichts mehr lehren konnten. Er bildete sich in der väterlichen Bücherei weiter, lernte sechs Sprachen, verfaßte mit 15 eine »Geschichte der Astronomie« und war als 18jähriger durch altphilologische Veröffentlichungen selbst in ausländischen Fachkreisen bekannt. Das Leben aber ging an ihm vorbei, wie er schmerzhaft feststellte.

In diesen Jahren entstanden seine ersten Gedichte. Ein pessimistisches Lebensgefühl und die Konfrontation mit dem Schmerz finden in ihnen vollkommenen Ausdruck. Leopardis Weltsicht ist gewiß aus seinen Lebensumständen erklärbar. Er war körperlich

Recanati:
Musen und Museen

5 »Hier, mein liebenswürdiger Herr, ist alles tot, hier gibt es nur Dummheit und Stumpfsinn . . . Was gibt es so Schönes in Rencanati, das man gern sehen oder kennen lernen möchte? Nichts!«

Der sich so über Recanati äußerte, Giacomo Leopardi, wird heute in dem Städtchen allgemein verehrt. Der Hauptplatz heißt nach ihm, vor dem Rathaus steht sein Denkmal, das Museum zeigt die Totenmaske, sein Wohnhaus wurde Pilgerziel. Zu schweigen von den Tafeln mit Leopardi-Versen, die über die ganze Stadt verteilt sind. Das harte Urteil über die Heimat allerdings taucht nicht auf, eher die elegischen Zeilen, die den Dichter berühmt machten: »... Und so/ Ertrinkt in Unermeßlichkeit mein Geist/ Und Scheitern ist mir süß in diesem Meer«.

Viel reizvoller ist Recanati seit Leopardis Zeiten nicht geworden. Die provinzielle Enge, unter welcher der Poet litt, ist

schwach, häufig krank, litt chronisch unter Schmerzen. Die Liebe hat er nie erfahren. In seiner Heimatstadt fühlte er sich unglücklich und unverstanden. Dennoch wäre es irreführend, seine Gedichte psychologisch zu deuten. In der Auseinandersetzung mit der Realität des Leidens gehen sie weit über die rein persönliche Erfahrung des Dichters hinaus. Für Leopardi ist das Glück eine Illusion; einen Sinn des Lebens gibt es nicht, erst der Tod wird uns dem Schmerz entreißen. Ohne den Trost der Religion suchte Leopardi auszukommen, doch das »Unendliche« – wie sein berühmtestes Gedicht heißt – klingt immer wieder an.

Mit 24 Jahren verließ Leopardi erstmals die Heimatstadt. Fünf Monate verbrachte er in Rom, wo ihm der preußische Gesandte eine Professur in Berlin anbot. Doch der Poet kehrte nach Recanati zurück. Bis 1830 lebte er teilweise im Elternhaus, teilweise in Mailand, Bologna, Florenz und Pisa. Er hatte kaum eigene Einkünfte; die Eltern waren nicht reich genug, ihm ein Leben andernorts zu finanzieren. Schließlich setzten Freunde und Verehrer ihm eine Rente aus, von der er ab 1830 in Florenz, ab 1833 in Neapel wohnen konnte. Kurz vor seinem 39. Geburtstag er 1837 in Neapel starb.

»Die Ruhe nach dem Gewitter« heißt eines der schönsten Gedichte Leopardis. Der Poet des Weltschmerzes hat immer wieder vollendete Glücksmomente beschrieben:

»Ecco il sol che ritorna, ecco sorride
Per li poggi e le ville. Apre i balconi
Apre terrazzi e logge la famiglia:
E, dalla via corrente, odi lontano
Tintinnio di sonagli ...«

Und sieh, die Sonne kehrt zurück und lacht,
Sieh, über Haus und Höhen. Diener schlagen
Die Fenster auf und öffnen die Terrassen:
Und von der großen Straße hört man hell
Die Schellen klingeln ...

Doch das Glück ist, eben, nur »Ruhe nach dem Gewitter«: »Die Lust ist Kind des Leids; die Freude nur die Frucht vergangener Angst ...« Und so ist der Mensch, am Schluß des Gedichts und der Philosophie Leopardis »doch glücklich erst, wenn du von allem Schmerz im Tod genesen«.

noch heute spürbar. Hier scheint kein Platz für Höhenflüge irgendwelcher Art. Lebte der gefeierte Dichter in unseren Tagen – er bliebe gewiß ein Außenseiter wie vor 160 Jahren. Sonntagmorgen in Recanati: Unter dem Leopardi-Denkmal wird ein Hochzeitspaar video-gefilmt, auf Wandzeitungen erregen sich Bürger, weil die örtliche Polizei ein Radarmeßgerät erwarb. Was hätte der große Sohn der Stadt dazu gesagt?

Doch in Recanati, so langweilig es auf den ersten Blick erscheint, haben gleich drei überragende Künstler Spuren hinterlassen. Um ihretwillen lohnt sich der Besuch. Leopardi-Freunde kommen ausgiebig auf ihre Kosten: im städtischen Museum, im Wohnhaus und am *ermo colle*, jenem keineswegs mehr einsamen Hügel, wo das berühmte Gedicht »L'infinito« entstand. Dann finden sich Erinnerungen an den gefeierten Tenor Beniamino Gigli, der 1890 hier geboren wurde. Das Gigli-Museum im Rathaus zeigt seine Opernkostüme, seine Schallplattensammlung, Erinnerungsfo-

Fermo: im Rhythmus des Mittelalters 7

In Fermo fühlt man sich schnell heimisch. Die wohlerhaltene Architektur der Stadt scheint im Rhythmus des Mittelalters zu atmen. Schmale Gassen führen auf großzügig angelegte Plätze, verschachtelte Häuser drängen sich am Hang, Kirchen, Wohntürme und Adelspaläste ragen empor. Ab und an trifft man im Gewirr der rotbraunen Ziegelhäuser auf ein kleines Gärtchen hinter bröckelnden Steinmauern. Details fesseln den Blick: ein prunkvolles Portal, das Wappen eines Bürgerhauses, eine schwungvolle Balkonbrüstung. Und immer wieder öffnet sich zwischen den Backsteinbauten überraschend der Ausblick aufs nahe Meer, auf Hügel und Berge. Nie fühlt man sich in Fermo beengt. Fernsicht und weite Piazze setzen den Kontrapunkt zu den mittelalterlich dunklen, verwinkelten Gassen. Besonders angenehm: Der Autoverkehr wird aus dem historischen Zentrum großenteils herausgehalten.

So kommt die *Piazza del Popolo* als Fußgängerbereich in ihren ursprünglichen Proportionen zur Geltung. Sie stellt eine der schönsten Platzanlagen der Marken dar. Der langgezogene, von Bogenreihen gesäumte Salon unter freiem Himmel ist zu allen Tageszeiten – vor allem aber am späten Nachmittag – Treffpunkt der Einheimischen, die hier Neuigkeiten austauschen, politisieren oder einfach ihren Aperitif trinken. Über dem Rathausportal segnet die Bronzestatue des Papstes Sixtus V. ununterbrochen die auf dem Platz Versammelten. Das Standbild erinnert an die Zeit, als Fermo – wie die meisten Städte der Marken – zum Kirchenstaat gehörte; es war damals Sitz einer bedeutenden Universität, die 1826 auf-

tos und Zeitungsartikel. Und der große Renaissance-Maler Lorenzo Lotto, wie Leopardi ein verkanntes Genie (vgl. S. 219), hat in Recanati Hauptwerke hinterlassen: die »Verkündigung«, die »Verklärung« und die »Madonna mit Kind und Heiligen« in der Pinakothek, dazu einen »Hl. Vinzenz« in der Kirche *San Domenico*.

Fermo, Piazza del Comune

gelöst wurde. Heute gibt es in der Stadt immerhin eine angesehene Techniker-Fachschule mit rund 3000 Studenten.

Über steile Gassen erreicht man den Domplatz am höchsten Punkt das Stadthügels. Großartig ist die Aussicht über die Küste, das Hügelland mit seinen Dörfern und den von November bis Mai meist schneebedeckten Apennin. Im Südwesten erheben sich die Monti Sibillini, im Süden erblickt man den höchsten Berg der Abruzzen, den Gran Sasso. Bei klarer Sicht reicht der Blick noch weiter nach Süden bis zum imposanten Bergrücken der Maiella.

Der Dom *Santa Maria Assunta,* stammt aus dem 13. Jh., wurde innen aber 1781 umgebaut. Original mittelalterlich ist die schöne Fassade mit dem Rosenfenster und dem Campanile. Der Innenraum bewahrt ungewöhnliche Werke: ein frühchristliches Bodenmosaik aus dem 5. Jh., einen ebenfalls frühchristlichen Sarkophag mit Reliefs aus dem Leben des hl. Petrus (in der Krypta), eine wertvolle griechisch-byzantinische Ikone und in der Sakristei das schöne Meßgewand des heiligen Thomas von Canterbury mit Stickereien aus Gold- und Seidenfäden und feinen Verzierungen von einem arabischen Königsmantel.

Sehenswert sind in Fermo auch die *Pinacoteca cívica,* deren bedeutendstes Werk eine »Anbetung der Hirten« von Peter Paul Rubens darstellt, sowie die ausgedehnte *römische Zisterne.* Das fast 200 m lange unterirdische Gewölbe ist in 30 Räume unterteilt, von denen sechs noch immer der Trinkwasserversorgung Fermos dienen! Die Besichtigung allerdings wird uns nicht leicht gemacht: Nur zweimal am Tag ist die Anlage eine halbe Stunde lang geöffnet, sonn- und montags bleibt sie geschlossen. (Informationen erhält man im Touristenbüro an der Piazza del Popolo.)

Im Juli und August feiert Fermo sein Musik-Festival mit Konzerten, Ballett- und Opernaufführungen. Kann man sich eine schönere Bühne vorstellen als die Piazza del Popolo? Da treten international bekannte Künstler auf und auch, wie das Programm treuherzig informiert, die »Munkner Symphoniker«. Keine Angst – die falschen Töne bleiben auf die Rechtschreibung beschränkt.

Fabriano: Stadt des Papiers

6 Fabriano hat schöne Ecken und Winkel: kleine Gassen, Gärtchen, ruhige Plätze. Ganz glücklich bin ich hier allerdings nie geworden: In vielen Straßen stört der Autoverkehr. Er nimmt auch der zentralen *Piazza del Comune* viel von ihrem Reiz. Was für ein städtebauliches Ensemble: der Palazzo del Podestà, eines der besterhaltenen mittelalterlichen Rathäuser der Marken; die langgestreckten Arkaden des Loggiato di San Francesco; das Bischofspalais mit dem hübschen Uhrturm; der schöne dreischalige Brunnen Fontana Rotonda. Aber gnadenlos rauschen die Autos vorbei, neben dem Brunnen parken sie, unter den Torbögen hupen sie – man möchte weinen über solch dämlichen Umgang mit dem urbanistischen Schmuckstück. Ein paar Schritte weiter geht's ruhiger zu. Am Domplatz stehen sich der barocke Dom *San Venanzo* und das hübsche spätgotische *Ospedale del Buon Gesù* gegenüber. Von hier ist es nicht weit zur reizvollen

Rokoko-Kirche *Sacro Cuore* aus dem 18. Jh. Fabrianos Besonderheit aber zeigt sich im *Papiermuseum* (Zugang im Kreuzgang von San Domenico). Papier ist der ganze Stolz der Stadt, Papierherstellung noch heute der wichtigste Produktionszweig. Hier standen im 12. Jh. die ersten Papiermühlen Italiens. 1293 wurde durch ein Versehen eine folgenreiche Entdeckung gemacht: das Wasserzeichen. Von Fabriano ging daher die Technik des Banknoten-Papiers aus; noch immer beliefert die Stadt Geld-Druckereien in aller Welt, daneben entstehen in den örtlichen Fabriken zahlreiche Spezialpapier-Arten. Vier Betriebe mit über 1000 Beschäftigten setzen gegenwärtig die jahrhundertealte Tradition fort. Die historischen Produktionsgeräte und -techniken kann man im *Museo della Carta* bestaunen.

Adriatische Ufer

So richtig glücklich wird man nicht: Der größte Teil der Marken-Küste ist konsequent mit Ferienhäusern und Hotels verbaut. Da braucht man keine Algenpest, um sich gelangweilt abzuwenden ... Es gibt schönere Ufer in Italien, es gibt tausendmal schönere Landschaften in den Marken als den adriatischen Küstenstreifen. Nur am Monte Cónero südlich von Ancona, wo ein steil zum Meer abfallendes Vorgebirge die Zersiedelung verhindert, lohnt sich ein längerer Aufenthalt. Ansonsten heißt es: selektiv reisen – nur in Abständen bietet die Uferstrecke Sehenswertes. Und das liegt dann oft einige Kilometer im Hinterland. Wie zum Beispiel **Gradara** im Norden der Marken, gleich hinter der Grenze zur Romagna. In dem befestigten, von starken Mauern umgebenen Dorf werden Kinderträume von Ritterburgen wahr. Alles ist da: das mächtige Kastell, die Wachttürme, der Wehrgang mit Schießscharten. Die vorzüglich erhaltene Verteidigungsanlage in aussichtsreicher Position über dem Hügelland fasziniert als intaktes Ensemble mittelalterlicher Militärarchitektur. Durch die Nähe zu den Adria-Stränden ist Gradara allerdings ein Ausflugsziel ersten Ranges geworden. Für die Besuchermassen wird es geradezu beunruhigend sauber gehalten und zeigt einen musealen Charakter, wie man ihn in den Orten der Marken sonst kaum findet. Das Sträßchen zur Burg hinauf ist von Andenkenläden gesäumt; man kann vollständige Ritterrüstungen in Originalgröße erwerben oder auch, gleich unter dem Kastell, eine Show lebender Schlangen aus allen Erdteilen besichtigen. Im Winter aber liegt das Dorf verlassen da, zwei unermüdliche Barbesitzer unterhalten sich in ihren leeren Cafés mit Zeitungslektüre, hinter verschlossenen Türen werkelt der Rüstungsmacher an seinen Modellen.

Der Küstenabschnitt zwischen **Gabicce Mare** und **Pesaro** gehört zu den angenehmeren Strecken der mittleren Adria. Die Hügel treten nah ans Meer heran, streckenweise fallen sie steil zum Ufer ab. Hauptstraße und Bahnlinie verlaufen entfernt im Binnenland, ein Panorama-Küstensträßchen windet sich kurvenreich am Wasser entlang. In Pesaro allerdings ist der Traum vorbei – auf den nächsten sechzig Kilometern bis Ancona bieten die Adria-Ufer nichts Erfreuliches mehr.

Pesaro: ohne Monumente

8 Pesaro, die kulturell und wirtschaftlich sehr aktive zweitgrößte Stadt der Marken (95 000 Einw.), lohnt den Besuch nur bei speziellem Interesse für die örtlichen Museen. So besitzt das *Museo Civico* eine umfassende Sammlung italienischer Keramik vom 15. Jh. bis heute – Pesaro war mit Urbino lange Zeit das wichtigste Zentrum der Majolika-Produktion des Landes. In der Gemäldesammlung desselben Hauses hängen mehrere Werke des venezianischen Renaissance-Malers Giovanni Bellini, darunter die berühmte »Pala di Pesaro«. Das *Archäologische Museum* zeigt etruskische und römische Funde. Im *Rossini-Geburtshaus* sind Gegenstände aus dem Besitz des Komponisten und andere Erinnerungsstücke ausgestellt.

Daneben bietet die Stadt dem Touristen nicht viel, es sei denn, er käme im Juli zu den Rossini-Festspielen. In seiner »Reiß-Beschreibung von gantz Italien« notierte Heinrich van Huyssen bereits 1701: »Wir haben allda nicht das geringste Monumentum gefunden«. Seither sind zwar ausgedehnte Neubauviertel hinzugekommen (seit 1945 hat sich die Bevölkerungszahl fast verdoppelt), eine touristische Badestadt entstanden, Fabriken breiteten sich aus (allein 350 Betriebe im wichtigsten Sektor, der Holzverarbeitung und Möbelproduktion). Das alles aber macht Reisende nicht glücklich, so gern man vom vorbildlichen Mäzenatentum der örtlichen Industriellen und von den mehr als hundert kulturellen Zirkeln der Stadt hört (vgl. »Lob der Provinz«, S. 204). Es bleibt allenfalls der Gang auf die zentrale *Piazza del Popolo,* den belebten Treffpunkt der Rentner, Schüler und Hausfrauen. Der *Palazzo Ducale* aus der Renaissance und ein – allerdings rekonstruierter – barocker Brunnen atmen den

Hauch italienischer Städteschönheit, doch die klassizistische Fassade der Hauptpost und vor allem die Brutal-Architektur des noch 1954 im faschistischen Stil errichteten Rathauses ruinieren den Eindruck. Man flüchtet in die Via Branca, wo ein farbenfroher überdachter Markt stattfindet.

Sehr viel reizvoller ist das 12 km südlich von Pesaro gelegene **Fano,** das auf

Trödelmarkt in Fano

S. 200 beschrieben wird. Von Fano lohnt der Ausflug in die anmutigen Hügel um **Cartoceto** (Foto S. 196/97). Kaum verläßt man das zersiedelte Metauro-Tal, so gelangt man in eine liebliche Gegend der Ölbaumhaine, Zypressen und Weinberge, die an toscanische Gartenlandschaften erinnert. Das Dorf Cartoceto fügt sich mit farbigen Häusern in diese Umgebung ein – den schönsten Anblick bietet es bei der Anfahrt von Lucrezia.

Versteckt in einem kleinen Tal befindet sich in 4 km Entfernung von Cartoceto der kulinarische Tempel der Marken – das Restaurant *Symposium Quattro Stagioni.* ›Tempel‹ ist vielleicht nicht ganz der richtige Ausdruck – kaum eines der edleren Restaurants Italiens zeigt so zurückhaltende Eleganz. Schon die Anfahrt ist ungewöhnlich: ein Hinweisschild weist auf Käse-, Öl- und Wurstverkauf hin, als ginge es zu einem beliebigen Landgasthof; dann senkt sich ein staubiger Holperweg zu dem schön gelegenen Anwesen. Nichts deutet auf die Snob-Allüren hin, die manchmal schmerzhaft beim Genuß von Haute Cuisine zu ertragen sind. Der erste Eindruck täuscht nicht: Der Empfang ist freundlich, stilvoll und doch nicht steif; der Gastraum ästhetisch gestaltet mit alten Schränken, Damastdecken und einem Blick durch große Fenster auf die Schafherde am gegenüberliegenden Hang. Nun aber das Essen: eine kreative, delikate, verfeinerte Küche mit immer neuen Überraschungen. Nach jedem Gang fragt man sich, was dem Koch als nächstes einfällt – und ihm fällt immer Neues ein: Fasanenterrine mit einer Veilchen-Moutarde; Lasagne im Tauben-Ragout; Truthahnbrust in einer Sauce aus zerkleinertem Basilikum, Olivenöl und Nüssen; in feuchten Höhlen gereifter Schafkäse, allen Ernstes mit hausgemachter Aprikosenmarmelade serviert; Anis-Parfait in Vanille-Feigen-Sauce. Die Ideen sind extravagant, doch die Küche wirkt nicht überdreht: Hier feiert kein ausgeflippter Küchenchef sich selbst, die Kreationen überzeugen. Man möchte wiederkommen und weiterprobieren: den Kaninchenrücken auf Steinpilzcreme beispielsweise oder das Fohlen-Filet mit Aprikose, Wacholder, Zitrone oder die kalten (!) Spaghetti mit Kapern, Tomaten, Fisch oder oder ...

Zwischen Fano und Ancona bietet die Küste nichts Erfreuliches. Bahnlinie und Straße verlaufen direkt am Meer, erbarmungslos ist man einer ununterbrochenen Reihe von gesichtslosen Appartementhäusern und kastenförmigen Kleinfabriken ausgesetzt. Die wesentliche Abwechslung auf diesem Küstenstück – wenn auch keine ästhetische Verbesserung – bieten die Raffinerien von Falconara ...

Ancona und der Cónero

9 Ancona wirkt wie eine ausgewachsene Großstadt, obwohl es gerade 110 000 Einwohner zählt. Die betriebsam-nüchterne Atmosphäre, der Hafen, die großenteils moderne Architektur schaffen ein für die Marken untypisches Ambiente. Historie, Kunst und Idylle verstecken sich fast so gründlich wie in den Großstädten Mitteleuropas. Ancona war als Hafenstadt von strategischer Bedeutung und hat daher in beiden Weltkriegen stark unter Bombenangriffen gelitten. Ein Erdbeben vernichtete 1972 weitere Bausubstanz. Der Wiederaufbau ging zum Teil unter funktionalen, zum Teil unter spekulativen Gesichtspunkten vonstatten; beides hat die Schönheit der Stadt nicht gesteigert. Trotz aller architektonischen Wunden aber behält der Ort den unzerstörbaren Reiz mittelmeerischer Hafenstädte. Noch das chaotische Durcheinander der Kräne, Kais, Zollbüros und Schiffahrts-Agenturen provoziert den Traum von der Ferne.

Goethes Vater bemängelte 1740 auf seiner Italienreise, die Bucht von Ancona sei »zu wenig vor den starken Nordwinden geschützt«. Die griechischen Siedler, die sich im 4. Jh. v. Chr. hier niederließen, sahen die Windverhältnisse offenbar anders als der Binnenländer Goethe senior. Seither war der Hafen ununterbrochen von Bedeutung: unter den Römern, die ihn zum Militärstützpunkt ausbauten; im Mittelalter, als Ancona für 500 Jahre eine unabhängige Republik bildete; im Kirchenstaat, der von 1532 bis 1860 die Stadt beherrschte. Noch heute hat Ancona den wichtigsten Hafen an der mittleren Adriaküste. Er ist bedeutsam vor allem durch den Fährverkehr nach Griechenland und Jugoslawien.

Bis zu den Zerstörungen des Zweiten Weltkriegs erstreckte sich am Stadtberg Monte Guasco ein pittoreskes, typisch levantinisches Viertel der Fischer und Seeleute. Davon ist nichts geblieben. Die Spuren des alten Ancona sind nur vereinzelt aufzufinden, nicht mehr in geschlossenen historischen Stadtteilen wie andernorts in Mittelitalien. Direkt am Hafen steht das bejahrteste Baudenkmal, der 115 n.Chr. errichtete römische *Trajansbogen.* Die Stadt feierte mit dem Marmor-Monument den Kaiser Trajan, der die Bucht von Ancona durch eine Mole geschützt und den Hafen vergrößert hatte.

Von der mittelalterlichen Selbstverwaltung kündet noch der stark restaurierte *Palazzo del Senato* aus dem 13. Jh., von untergegangener Kaufmannsherrlichekeit die zwei Jahrhunderte später entstandene *Loggia dei Mercanti.* Venezianischer Einfluß wird an den prunkvollen gotischen Kirchenfassaden von *San Francesco* und *Sant'Agostino* deutlich. Der schönste Kirchenbau aber ist der Dom *San Ciriaco,* der von einer Anhöhe aus Stadt und Hafen dominiert. Er wurde auf den Grundmauern eines antiken Heiligtums – vielleicht eines Venus-Tempels – errichtet. Grundriß und Kuppel des romanischen Gotteshauses sind von byzantinischen Vorbildern beeinflußt; ähnlich wie in Venedig schlug sich auch in Ancona der intensive Kontakt mit den Kulturen des östlichen Mittelmeerraums nieder.

Kunstfreunde werden in Ancona auch die Museen aufsuchen. Das *Diözesanmuseum* zeigt unter anderem einen frühchristlichen Sarkophag des 4. Jhs.; die *Nationalgalerie der Marken* besitzt interessante Funde aus der bronzezeitlichen,

Am Monte Cónero

der gallischen und der römischen Kultur; in der *Pinacoteca Civica* sind schöne Renaissance-Gemälde, u. a. von Tizian und Lorenzo Lotto ausgestellt.

Man verläßt Ancona ohne Bedauern. Die Attraktionen der Umgebung sind verlockender als die nüchterne Stadt. Gleich am südlichen Ortsrand beginnt der schönste Abschnitt der Marken-Küste. Das Vorgebirge um den 572 m hohen **Monte Cónero** bringt Bewegung in das eintönige Landschaftsbild der flachen Adria-Ufer; zudem ist hier endlich einmal ein Stück Natur intakt geblieben. Zum Meer hin fällt der Berg steil ab und schützt einsame Buchten vor dem Massenandrang der Badenden. Nach Westen blickt man auf ein harmonisches Hügelland der Wiesen, Obstbäume, Weinberge und Landhäuser. Auf den Rebflächen gedeiht der kräftige *Rosso Cónero,* der interessanteste Rotwein der Marken. Der größte Teil des Höhenzugs aber ist mit dichtem mittelmeerischem Buschwald überzogen. In der Macchia wachsen Steineichen und Lorbeer, Ginster und Wacholder, Baumheide und Pistazien; nach einer der charakteristischen Pflanzen, dem Erdbeerbaum (auf griechisch: *komaros*), trägt der Cónero vermutlich seinen Namen.

Seit dem frühen Mittelalter hat der Berg Einsiedler und Mönche angezogen. Eine Panoramastraße führt zur **Abtei San Pietro** unterhalb des Gipfels. Die romanische Klosterkirche wurde gründlich renoviert, die Konventsgebäude dienen heute als Hotel. Bei einem Kaffee auf der Terrasse gedenkt man der Zeiten, als die Mönche von San Pietro den Glaubensgenossen in der unterhalb gelegenen, heute verfallenen Abtei San Benedetto Steine aufs Dach warfen, bis es den drangsalierten Brüdern zu bunt wurde und sie Feuer an San Pietro legten . . .

Architektonisch bedeutsamer ist **Santa Maria di Portonovo** am nördlichen Steilabbruch des Vorgebirges. Der schön gegliederte, vorzüglich erhaltene Bau in hellem Stein stammt aus dem 11. Jh. In der Nähe steht eine unter Napoleons Vizekönig Eugène Beauharnais 1808 errichtete Festung – heute Hotel wie das Kloster San Pietro.

Die ehemaligen Fischerdörfer **Sirolo** und **Numana** gehören dank ihrer Lage am Cónero zu den angenehmsten Orten der Küste. Vor allem Sirolo erfreut durch die Abwesenheit der üblichen deprimierenden Ferienhaus-Architektur. Man genießt den freien Blick auf Berg und Meer ohne landschaftszerstörende Zutaten. Hier kann man sich niederlassen und in

Tagesausflügen das Hinterland erkunden. Recanati, Osimo, Loreto, Castelfidardo sind nicht weit entfernt.

Castelfidardo: im Reich der Ziehharmonika

10 Nach Castelfidardo kann man der Aussicht wegen fahren. Von dem Hügelort reicht der Blick zum Meer und weit über die wellige Landschaft der Marken. Täler und Anhöhen sind mit Hunderten von Bauernhäusern gesprenkelt, auf den Kuppen erheben sich kleine alte Städte. Jede Jahreszeit schenkt andere Bilder und Farben, vom satten Grün des Frühlings zu den Brauntönen des Herbstes.

Doch das Panorama stellt nicht die eigentliche Besonderheit des Ortes dar. Aussichtsreich liegen auch andere Städte der Marken: Cingoli beispielsweise oder Osimo, Recanati oder Fermo, um nur einige zu nennen. Nur in Castelfidardo aber gibt es ein *Akkordeon-Museum.*

Straße in Castelfidardo

Selbst Musik-Banausen fühlen sich im *Museo della Fisarmonica* wohl, das von einem spannenden Kapitel der Handwerks- und Musik-Geschichte erzählt. Die Gegend um den Ort bildet seit 130 Jahren ein weltweit renommiertes Zentrum des Instrumentenbaus. Das Museum berichtet von der Pionierzeit und dem Siegeszug des Akkordeons durch ganz Europa. Unter den Klängen von Ziehharmonika-Klassikern betrachtet man historische Instrumente, Fotos und Jugendstil-Werbeplakate.

Das fliegende Haus von Loreto

11 Seit 1920 ist die Madonna von Loreto Schutzheilige der Flugzeugpiloten. Doch nicht deshalb pilgert jährlich rund eine Million Gläubige in das Hügelstädtchen über dem Meer. Sie besuchen vielmehr die *Santa Casa,* das heilige Elternhaus Christi. Der steinerne Bau, der inmitten der mächtigen Basilika Loretos steht, hat viel mit dem Fliegen zu tun. Dem Papst Benedikt XV. mag er gar wie ein metaphysischer Vorgänger moderner Aeroplane erschienen sein, als er die Piloten unter Loretos Schutz stellte.

Vier Flüge unternahm die Santa Casa, bevor sie in Loreto landete. Als die Mohammedaner Palästina unterwarfen, ging die heilige Stätte im Jahre 1291 erstmals auf die Reise. Engel hoben den bescheidenen Bau auf und trugen ihn an die Ufer Dalmatiens. Drei Jahre später näherte er sich seinem Zielort: Ein zweiter Flug in Engelshänden brachte das Haus in die Nähe von Recanati. Doch war der Landeplatz inmitten eines Lorbeerhains unglücklich gewählt – er wimmelte von Räubern. So verlagerte sich das Gebäude nochmals und gelangte auf das Anwesen zweier Brüder. Die beiden

Dummköpfe gerieten über den kostbaren Schatz in Streit, so daß die Santa Casa letztmalig entschwebte – diesmal an ihren heutigen Aufenthaltsort, wo sie mit einer gewaltigen Basilika umgeben wurde und sich zum Ziel bedeutender Wallfahrten entwickelte. Vor allem zu den großen Marienfesten strömen die Pilger herbei, am 25. März (Verkündigung), am 15. August (Himmelfahrt), am 8. September (Geburt), am 8. Dezember (Unbefleckte Empfängnis) und zum Jahrestag der Ankunft des Hauses in Loreto (Nacht vom 9. zum 10. Dezember). Am 9. Dezember flammen überall in der weiteren Umgebung große Feuer im Lande auf, die an das wunderbare Ereignis erinnern sollen.

Atmosphärisch hinterläßt Loreto zwiespältige Eindrücke. Seit jeher haben Reisende sich über Sakral-Business und Andenkenkitsch mokiert. Schon aus dem 18. Jh. hört man Klagen über den »Tand der geistlichen Industrie«, im 19. Jh. beschwerte sich ein Reisender über »unzählige mit Rosenkränzen, Bildern und allerlei anderen geweihten Gegenständen angefüllte Krambuden«. Dennoch lohnt sich der Besuch auch ohne religiöse Motive: wegen der Kunstwerke in Basilika und Museum.

Die gewaltigen *Stadtmauern* wurden im 16. Jh. errichtet, um das Heiligtum vor Piratenangriffen zu schützen. Vom Stadttor *Porta Romana* erreicht man über den Corso Boccalini, vorbei an Souvenirläden und Bars, die *Piazza della Madonna* vor dem Heiligtum. Sie wird an zwei Seiten vom *Palazzo Apostolico,* an der dritten vom *Palazzo Illirico* eingefaßt. Das dominierende Bauwerk aber ist die monumentale *Basilika des Heiligen Hauses.*

Das Gotteshaus entstand ab 1468 unter Mitwirkung zahlreicher bedeutender Renaissance-Architekten (Francesco di Giorgio Martini, Bramante, Andrea Sansovino u. a.), wurde aber erst im 18. Jh.

Loreto, Piazza delle Madonna

Eher kurios wirkt die Ausmalung der Kapellen im Chor und den Querschiffen. Jeder der Räume ist einem anderen Land zugeeignet, es gibt Kapellen der Schweizer, Spanier, Amerikaner, Polen, Deutschen usw. Die Ausstattung wurde von Vertretern dieser Nationen übernommen, meist Künstlern des 19. und 20. Jh.s, die sich einer angestrengten Altertümelei befleißigten. So dekorierte Ludwig Seitz die deutsche Kapelle (zentral im Chorumgang) zwischen 1892 und 1908 in einem vage nachempfunden ›gotischen‹ Stil.

Die schönsten Kunstwerke Loretos befinden sich im Museum des *Palazzo Apostolico.* Es besitzt eine ungewöhnlich reiche Sammlung künstlerischer Keramik des 16. und 17. Jh.s, darunter zahlreiche Apotheker-Gefäße. Vor allem aber sehen wir acht Spätwerke Lorenzo Lottos, die der Maler während seines Aufenthalts im Kloster schuf. Es sind großartige Bilder. So jugendlich-schön und verführerisch wie auf »Luzifers Sturz« ist der Teufel selten gemalt worden! Die »Anbetung der Könige« bringt das einzigartige Motiv des liegenden bärtigen Weisen, der dem segnenden Christuskind den Fuß küßt. Die »Taufe Christi« spielt in einer phantastischen Nachtlandschaft, ungewöhnliche Lichteffekte lenken den Blick auf die zentrale Handlung. »Christus und die Ehebrecherin« ist ein zeitloses Denkmal des selbstgerechten Konformismus. Heuchlerisch klagen feiste Spießer die Sünderin an – und grabschen zugleich, unter dem Vorwand der Entrüstung, nach ihrem Körper. Die erhobenen Zeigefinger, die stumpfe Begeisterung des moralischen Urteils stehen vor dem Leiden der verfolgten Frau und der ruhig abwehrenden Haltung Christi. Das ist eine einzigartige psychologische Studie, vor allem aber: ein faszinierendes Gemälde.

fertiggestellt. Die lange Bauzeit hat zu Stilbrüchen geführt; trotz der Uneinheitlichkeit wirkt die Kirche aber durchaus eindrucksvoll. Besonders schön sind die hohen Apsiden.

Die *Santa Casa,* der Überlieferung nach das Geburtshaus Marias, in der auch Jesus aufwuchs, steht im Innenraum unter der hohen Kuppel. Sie wurde außen mit prunkvollen Marmorverzierungen verkleidet; schöne Renaissance-Reliefs zeigen biblische Szenen sowie die Flug-Legende. Interessante Renaissance-Kunstwerke befinden sich in den beiden Sakristeien am Eingang des rechten Querschiffs: Fresken von Luca Signorelli und Melozzo da Forlì. Besonders reizvoll ist der farbenfrohe, heitere »Einzug in Jerusalem« Melozzos, dessen Leichtigkeit erfreulich absticht von der strengen Atmosphäre in der Wallfahrtskirche.

Lorenzo Lotto

Ein großer Maler ist jung aus den Marken fortgezogen: Raffael von Urbino, aus dessen reichem Werk nur zwei Bilder in seiner Heimatregion zu sehen sind. Ein anderer großer Maler, fast gleichaltrig mit Raffael, ist aus Venedig in die Marken eingewandert und hat dem Land fast zwei Dutzend Meisterwerke hinterlassen: Lorenzo Lotto. Man kann sich kaum einen größeren Gegensatz vorstellen als den zwischen dem geselligen, lebensfrohen, erfolgreichen Raffael und dem schüchternen, pessimistischen, einzelgängerischen Lorenzo. Als junge Männer haben sie gleichzeitig in Rom im Vatikan gearbeitet. Dann trennten sich ihre Wege.

Lotto war schon zu Lebzeiten umstritten. Den Modetendenzen seiner Zeit mochte er sich nicht anpassen. Auch fehlte ihm die Durchsetzungskraft der Erfolgsmenschen. Introvertiert, voller Zweifel, oft sorgenvoll führte er ein unstetes Leben. Dabei war er als bedeutender Künstler durchaus anerkannt. Schon als Jugendlicher gelangte er erstmalig in die Marken. Aus dieser Region erhielt er immer wieder Aufträge, vor allem vom Dominikanerorden, dem er religiös verbunden war. Ab 1503 arbeitete er in Treviso, 1508 in Rom, 1511–13 in Recanati und Iesi. Dann folgte seine längste Periode der Seßhaftigkeit. Zwölf Jahre blieb er im norditalienischen Bergamo. Nun erst wagte er sich zurück in seine Heimatstadt Venedig, wo Tizian unange-

fochten die Kunst-Szene dominierte. Lotto schuf in diesen Jahren eine Fülle von bedeutenden Werken; sie sind heute über die Museen der ganzen Welt verstreut. Doch mit Tizian, dem vitalen Genie, konnte er nicht konkurrieren. Immer zurückgezogener lebte der alternde Künstler, schließlich verließ er Venedig. Als 72jähriger fand er 1552 seine letzte Heimat, eine Mönchsstube im Kloster von Loreto. Noch immer malte er großartige Bilder. 1556 ist er gestorben; auf eigenen Wunsch wurde er »wie ein Klosterbruder« begraben.

Eine romantische Legende hat sich um Lottos Namen gesponnen, seitdem 1890 in Loreto die Tagebücher seiner letzten Jahre gefunden wurden. Er schien der Prototyp des ›verkannten Genies‹. Besonderen Eindruck machten Ereignisse wie der vergebliche Versuch, seine Meisterwerke auf dem Trödelmarkt von Ancona zu verkaufen. Doch Lotto fehlte es nicht an Erfolg. Er hatte beachtliche Einnahmen. Mit den praktischen Fragen des Alltags aber kam der einsame Künstler kaum zurecht; er konnte und wollte nicht haushalten. Wo andere am Material knauserten, verfiel er ins Gegenteil: Für die Rahmen seiner Bilder wählte er kostbarstes Holz, und auch an der Vergoldung wurde nicht gespart.

In Farbgebung und Komposition zeigt sich Lorenzo Lotto den größten Künstlern seines Jahrhunderts ebenbürtig. Was seine Bilder aber besonders interessant macht – gerade für den modernen Betrachter – sind die einfühlsame psychologische Darstellung, die Vielzahl der menschlichen Typen und die ungewöhnlichen Bilderfindungen. Da sieht man beispielsweise in einer Verkündigungs-Szene ein erschrecktes Kätzchen vor dem angeschwebten Engel davonspringen (»Verkündigung« in Recanati); Christus und Johannes, bärtig und langhaarig, erscheinen als wirkliche Außenseiter der Gesellschaft (»Taufe Christi« in Loreto); eine farbige Dienerin hält ein Kind fest, das sich schwungvoll der heiligen Lucia nähern will (»Altarbild der hl. Lucia« in Iesi).

Werke Lottos finden sich in vielen Orten der Marken. In **Iesi** (Pinakothek) sind vor allem die »Verkündigung«, die »Heimsuchung« und die »Grablegung« bemerkenswert. Das Hauptwerk aber stellt hier die »Altartafel der hl. Lucia« dar, mit ihrer Vielfalt von Gestalten, Gesten, ausdrucksstarken Gesichtern eine begeisternde Bilderfolge. Voll reizvoller Details ist insbesondere die Szene, in der ein Zug von 16 Ochsen die Heilige davonschleifen soll. Lucias Glaube aber wirkt, zum Erstaunen des Volks, stärker als die vereinte Kraft der Rinder. In **Recanati** finden sich Lotto-Bilder in der Pinakothek (darunter die erwähnte »Verkündigung« mit der schreckhaften Katze) und in der Kirche San Domenico. **Loreto** besitzt die bedeutenden Alterswerke des Künstlers, die er kurz vor seinem Tode schuf.

In dem kleinen **Monte San Giusto** bei Macerata findet sich eine großartige »Kreuzigung«, in der Pinakothek von **Ancona** eine »Madonna mit Kind« und schließlich in **Cingoli** die «Rosenkranz-Madonna«. Auf den Spuren Lorenzo Lottos durch die Marken zu reisen – das führt auf Wege zu einem kaum bekannten Meister in einer unbekannten Region.

Sanfte Hügel

Südlich des Cónero wird die Küste bald wieder eintönig. Hinter dem Sandstrand wechseln sich Hotelanlagen, Feriensiedlungen, Tankstellen, Kleingärten, Pizzerien ab. Die interessanteren Orte liegen einige Kilometer im Landesinneren. Hügelstädtchen wie Potenza Picena, Sant'Elpidio a Mare, Moresco, Ripatransone haben ihr historisches Antlitz bewahrt. **Monte San Giusto** lohnt den Abstecher wegen der großartigen Kreuzigungsdarstellung von Lorenzo Lotto am Hochaltar der Kirche *Santa Maria della Pietà*. Bemerkenswert ist auch das örtliche Rathaus mit seinem aufwendig gestalteten Portal und einem eleganten Renaissance-Hof.

Weiter südlich ist **Acquaviva Picena** ein hübscher alter Backsteinort in aussichtsreicher Lage. Das Panorama reicht von der Küste zum Gran Sasso und dem Maiella-Gebirge. In dem Städtchen fühlt man sich weit entfernt vom Trubel und den architektonischen Scheußlichkeiten der Küste. An der Hauptstraße bietet der *Gelartista* (›Eiskünstler‹) *Laghi* sein vorzügliches ›*Gelato ecologico*‹ an, das allein schon den Abstecher lohnt. Im sanften Hügelland der Umgebung gedeiht der angenehme *Rosso Picentino*. Das kurvige Sträßchen nach Offida führt durch die Weinberge; bei Winzern wie Cocci Grifoni in San Savino oder Fratelli Rozzi (Villa Pigna) in Offida bekommt man gute Qualitäten im Direktverkauf.

Urbino: Idealstadt der Renaissance

12 Urbino ist die vollkommenste Frührenaissance-Stadt Italiens. Nirgendwo sonst, auch nicht in den berühmten Orten der Toscana, wird diese geschichtliche Epoche so anschaulich. Die Ursache liegt in der Kürze von Urbinos Goldener Zeit. Sie fällt mit der Regierung des Herzogs Federico von Montefeltro zusammen, der zwischen 1444 und 1482 seiner Residenz ihr heutiges Bild gab. Weder vorher noch nachher spielte der Ort eine wichtige politische oder ökonomische Rolle. So blieb die Stadtanlage des 15. Jh.s weitgehend erhalten.

Wie ein bewußt entworfenes Kunstwerk wächst Urbino aus der Landschaft empor. Backsteinmauern und verschachtelte Ziegeldächer färben zwei Hügel in rötlich-braunen Tönen; Dom und Herzogspalast setzt darüber mit Kuppel, Türmen und Apsiden schwungvolle Akzente. Kein Fremdkörper stört das Ensemble, das historische Zentrum und die Landschaft bilden eine Einheit. Vor den Stadtmauern erstrecken sich blühende Wiesen und kleine Gärten wie vor 500 Jahren. In der Ferne erheben sich als bewegter Hintergrund die Gipfel des Apennin. So reich Italien an schönen Orten ist: Das harmonische Bild Urbinos bleibt einzigartig.

Als hervorragend erhaltenes Modell einer historischen Epoche fällt mir zu Urbino immer San Gimignano ein. Die toscanische ›Stadt der schönen Türme‹ ist sehr viel bekannter, aber die Gemeinsamkeiten sind offenkundig: Wie in San Gimignano das Mittelalter anschaulich blieb,

Blick auf Urbino

so erhielt sich in Urbino der Renaissance-Charakter. Doch Urbino konnte seine urbane Atmosphäre besser bewahren. Da es abseits der gängigen Italienrouten liegt, bleibt ihm der ganz große Touristenandrang erspart. Zudem entfaltet es bei gut 15 000 Einwohnern ein reges Eigenleben. Dazu tragen in der traditionsreichen Universitätsstadt auch die zahlreichen Studenten bei. Zu fast jeder Tageszeit trifft man auf der zentralen Piazza della Repubblica Gruppen diskutierender, schwätzender, scherzender Menschen.

Autos sind erfreulicherweise aus der Altstadt verbannt. So bilden Stimmen und Schritte die Geräuschkulisse: Laute im menschlichen Maß. Menschlich und kommunikationsfördernd ist die gesamte Stadtanlage, in der geradlinige Durchgangsstraßen sich zu kleinen Plätzen erweitern und an den Seiten den Blick auf winklige Viertel freigeben. Der ständige Wechsel zwischen intim wirkenden schmalen Gassen und der Weite der Piazze entspricht einem Leben, in dem man sich in Familie und Nachbarschaft zurückzieht und dann wieder Kontakt aufnimmt mit der städtischen Gemeinschaft. Moderne Stadtplaner könnten hier lernen!

Federico von Montefeltro – der freundliche Fürst

Urbino verdankt seine Schönheit vor allem dem Herzog Federico, der 38 Jahre lang die Stadt regierte. Er war ein unehelicher Sprößling aus dem Geschlecht der Montefeltro, das seit dem 13. Jh. über Urbino herrschte. Als 22jähriger kam Federico 1444 an die Macht. Schon als Jugendlicher, mit gerade 16 Jahren, hatte er sich als Heerführer ausgezeichnet. Sein militärisches Talent nutzte Federico

zum Geldverdienen. Die italienischen Kleinstaaten besaßen im 15. Jh. keine festen Armeen, sondern führten ihre Kriege mit Söldnerheeren. Federico kämpfte mit seinen Soldaten wechselweise für Florenz, Neapel, Mailand, den Papst. Als geschickter Organisator und Experte für Menschenführung – sein Umgang mit den Söldnern war beispielhaft – wurde er bald in ganz Italien bekannt und konnte Rekord-Honorare fordern. Die Einnahmen investierte er in den Bau des Herzogspalastes von Urbino. Daneben ließ er in seinem gesamten Herrschaftsbereich Burgen und Residenzen errichten – sein Hausarchitekt Francesco di Giorgio Martini überwachte zeitweise 130 Bauvorhaben!

Federico war bei seinen Untertanen ungewöhnlich beliebt. Er verhielt sich freundlich und ›bürgernah‹. Wenn er nicht gerade auf Kriegszügen war, so heißt es in zeitgenössischen Berichten, sei er täglich durch die Straßen Urbinos gegangen, habe in die Läden hineingeschaut, die Bürger von gleich zu gleich gegrüßt und sich mit ihnen unterhalten. Die Stadt entwickelte sich unter seiner Regierung zu einem der führenden kulturellen Zentren Italiens. Architekten, Künstler und Gelehrte von internationalem Ruf lehrten und arbeiteten in der kleinen Residenz. Federicos Bibliothek, in der ständig 34 Kopisten mit dem Abschreiben kostbarer Handschriften beschäftigt waren, zählte zu den wichtigsten des Landes; Theater und Orchester genossen einen großen Ruf.

Der Palazzo Ducale – das Haus des Herzogs

Von seinem Palazzo sprach Federico da Montefeltro bescheiden immer nur als von der »Casa«. Der Palazzo Ducale ist gewiß viel geräumiger und erheblich aufwendiger gestaltet als die ihn umgebenden Bürgerhäuser. Er fügt sich ihrer Ordnung aber harmonisch und fast unauffällig ein. Was für ein Unterschied zu den gewaltigen mittelalterlichen Zwingburgen oder den aufwendigen Residenzen des Barock! Erst beim näheren Hinschauen bemerkt man seine Raffinessen: Die ungewöhnliche Westfassade mit der mehrstöckigen Loggia bestimmt die gesamte Stadtansicht, der Innenhof ist ein Musterbeispiel eleganter Renaissance-Architektur, die Intarsienarbeiten, Reliefs und Stucke an Türen und Kaminen zählen zum Feinsten ihrer Art. Aber die Dekoration wirkt nie aufdringlich – man fühlt sich leicht und beschwingt in den großen Sälen.

Das Mobiliar und große Teile der Ausstattung sind verlorengegangen; doch die im Herzogspalast untergebrachte Nationalgalerie der Marken zeigt Kunstwerke höchsten Ranges. Auch die hellen, weiten Räume und der immer wiederkehrende Ausblick in die Landschaft tragen dazu bei, den Gang durch den Palazzo zu einem der angenehmsten Museumsbesuche in Mittelitalien zu machen. Im schwingenden Gleichmaß der Architektur meint man, etwas von den Grundgedanken des ›mathematischen Humanismus‹ zu spüren, der damals in Urbino stark vertreten war. Mathematik wurde von den Denkern des 15. Jh.s als ein Ausdruck kosmischer Harmonie verstanden; die räumlichen Proportionen waren zugleich musikalische Maßverhältnisse.

Der Entwurf der Residenz geht auf den aus Dalmatien stammenden Architekten Luciano Laurana zurück, der ab 1466 in Federicos Auftrag in Urbino arbeitete. Aus unbekannten Gründen verließ der Baumeister die Stadt nach wenigen Jahren, wobei er überstürzt auch sein Landhaus verkaufte, das er hier erworben hatte. Der Fürst vertraute die Arbeiten nun Francesco di Giorgio Martini aus Siena an, einem vielseitig begabten Künstler, der sich als Architekturtheoretiker, Bildhauer, Ingenieur und Maler einen Namen machte. Seine technischen Einrichtungen sorgten für einen hohen Komfort-Standard. Es gab Heißwasser- und Heißluftleitungen, einen Eiskeller, Abwassersysteme, Lastenaufzüge für die Küchen. Das Leben in der Residenz mit ihren 500 Bediensteten war gut organisiert. Genaue Pläne regelten den Transport aller für das Hofleben nötigen Materialien, mit dem ständig eine große Zahl von Fuhrleuten, Reitern und Eseltreibern beschäftigt war. Man achtete auf Sauberkeit: Die Diener wurden angehalten, 14tägig ihr Bettzeug zu wechseln; ein Bediensteter war eigens dazu angestellt, den Kot der zahlreichen Hunde zu entfernen. Die Musiker hatten ihre Wohnungen im Palast, denn sie mußten oft bis tief in die Nacht hinein spielen.

In der Gemäldesammlung der *Nationalgalerie* finden sich zahlreiche Bilder, die von Federico selbst in Auftrag gegeben wurden. Gelegentlich ist der Herzog selbst zu sehen – übrigens immer im Profil, denn im Krieg hatte er ein Auge verloren. Ein von dem Spanier Pedro Berruguete gemaltes Porträt zeigt den Fürsten mit seinem damals fünfjährigen Sohn Guidobaldo. Auf Justus van Gents »Abendmahl« erscheint Federico als Nebenperson hinten rechts (auch hier ist, in der Nische neben dem Herzog, sein Sohn zu erblicken).

Der große Renaissance-Maler Piero della Francesca ist mit zwei Hauptwerken vertreten: der »Geißelung Christi« und der »Madonna von Senigallia«. Von Raffael, dem berühmtesten Künstler Urbinos, der allerdings schon als Jugendlicher seine Heimatstadt verließ, besitzt das Museum zwei Frauenbilder: »Die

Stumme« und »Die Heilige Katharina«. Von Raffaels Vater Giovanni Santi sind zahlreiche Werke ausgestellt. Eine interessante »Architekturphantasie« mit Renaissance-Gebäuden wird einem der Baumeister des Herzogspalast, Luciano Laurana oder Francesco di Giorgio Martini, zugeschrieben.

Besonders schön ist das *Studiolo,* das Studierzimmer des Herzogs. Seine Wände sind mit kostbaren Holzintarsien verkleidet, die Bücher, Waffen, Landschaften, Musikinstrumente und wiederum ein Profil-Porträt Federicos zeigen. Wollte der Fürst seine Arbeit unterbrechen, so trat er von hier hinaus auf die Aussichtsloggia, wo sein Land in aller Schönheit vor ihm lag.

Kreuz und quer durch Urbino

Die *Piazza della Repubblica* ist die gute Stube der Stadt. Hier trifft man sich zum Gespräch, zur Zeitungslektüre, zum Sehen und Gesehen-Werden. Der Platz erhielt sein heutiges Aussehen erst um 1830, wirkt aber mit seinem Backsteinbauten genauso ›historisch‹ wie die älteren Straßenzüge und Piazze Urbinos. Unter einem Bogengang erreicht man von hier über den Corso Garibaldi das ebenfalls aus dem 19. Jh. stammende *Theater.* Direkt neben dem Bau führt der Treppenweg Scalette del Teatro zu einer besonders reizvollen Stelle des alten Urbino: zu einem Wehrgang, der auf der Stadtmauer verläuft und das Stadttor Porta Valbona überquert. Links unterhalb liegt die große *Piazza Mercatale,* die Herzog Federico für seinen Truppen anlegen ließ, die aber auch lange Zeit als Viehmarkt diente. An der Mercatale steht – in die Stadtmauer gebaut – die *Data,* der größte Pferdestall des Landes, in dem 300 Rösser untergebracht waren.

Vom Ende des Wehrgangs genießt man einen Postkartenblick auf den Herzogspalast mit der mehrstöckigen Westloggia. Man gelangt in ein stilles Viertel am Rand der Altstadt. Ein Querweg führt nach links aufwärts zum *Oratorio di San Giovanni.* Der Besuch des Kirchleins lohnt: Es ist mit herrlich lebendigen Fresken ausgemalt, die Szenen aus dem Leben Johannes des Täufers schildern. Die Brüder Lorenzo und Iacopo Salimbeni haben 1416 die farbenfrohen Gemälde geschaffen. Sie wirken frisch wie am ersten Tag. Eine Fülle reizvoller Details erfreut den Betrachter, man sieht Pferde und Falken, Kinder und weinende Engel, Pflanzen und schöne Architekturen.

Wenige Schritte weiter bietet das *Oratorio di San Giuseppe* einen Kunsteindruck ganz anderer Art. Die große, im 16. Jh. geschaffene Krippe von Federico Brandani ist eines der ältesten erhaltenen Beispiele für die italienischen *Presepi,* die heute noch in der Weihnachtszeit in vielen Kirchen aufgebaut werden. Anschaulich und realistisch wird die Geburt Christi dargestellt; an den Wänden sieht man verschiedene Stadtbilder.

Über kleine Gassen ständig ansteigend, erreicht man am höchsten Punkt der Altstadt die Reste einer Festung und die Parkanlage des *Parco della Resistenza.* Der Blick auf die Stadt ist von hier besonders schön. Man schaut von oben auf die ineinander verschachtelten Hauswände und -dächer, den Turm und die Kuppel des Doms, die schlanken Türme und die anmutige Loggia des Herzogspalastes. In der Nähe steht am Piazzale Roma das Denkmal für den großen Sohn der Stadt – für Raffael. Das Werk ist etwas unglücklich geraten. Der Maler in kurzem Rock hält Pinsel und Palette in die Luft, zu seinen Füßen lächeln sechs Putten, ein halbnacktes Paar zeigt Muskeln und Busen. Die Jugendlichen des

Ortes klettern gern zwischen den Figuren herum – man mag es ihnen nicht übelnehmen.

Die breite Via Raffaello führt nun bequem zurück ins Stadtzentrum. Auf halbem Weg passiert sie das *Geburtshaus Raffaels*. In dem Bürgerhaus aus dem 15. Jh. wurde der Künstler am 6. April 1483 geboren. Er blieb nur wenige Jahre in Urbino. Sein Vater, der Maler Giovanni Santi, starb 1494; bald darauf muß Raffael Urbino verlassen haben, denn schon 1500 wird er als Maler in Perugia genannt.

Das Raffael-Haus enthält nur wenige Zeugnisse aus dem Leben des Meisters; es ist aber interessant als Beispiel für die Wohnkultur des 15. Jh.s. Im Untergeschoß hatte Giovanni Santi, der zeitweise zahlreiche Gehilfen beschäftigte, seine Werkstatt; darüber befand sich die Wohnung der Familie.

Man kehrt zurück zur Piazza della Repubblica. Geradeaus gelangt man über die Via Veneto zum *Dom.* Er wurde etwa gleichzeitig erbaut wie der benachbarte Herzogspalast, mit dem er durch einen Gang verbunden ist. Die Kuppel entstand aber erst 1604, und nach einer starken Beschädigung bei einem Erdbeben wurde Ende des 18. Jh.s ein Großteil der Kirche erneuert. So ist die gesamte Originalausstattung verlorengegangen.

Wenige Schritte entfernt steht an der Ecke der Piazza Rinascimento das älteste Universitätsgebäude. Die Universität, an der rund 12 000 Studenten eingeschrieben sind – aber nur 4000 wohnen ständig in Urbino – ist zum großen Teil in eine Vorstadt ausgelagert worden.

Streifzüge durchs Hinterland

Kreuz und quer durchs Hinterland der Marken – das sind noch wirkliche Entdeckungsfahrten. Eine ausgebaute touristische Infrastruktur gibt es hier nicht (aber keine Sorge: gute Trattorien und ordentliche Landhotels finden Sie überall!). Wenn Sie mit deutschem oder Schweizer Nummernschild in Cagli oder Serra San Quirico einparken, werden Ihnen diskret neugierige Blicke folgen. Sprechen Sie italienisch? In der Bar und im Lebensmittelgeschäft treffen Sie jederzeit Gesprächspartner, Ausländer gehören noch nicht zum Alltagsbild und erwecken Interesse. Ansichtskarten allerdings werden Sie vielerorts vergeblich suchen,

Landschaft bei Urbino

und auch das Souvenir- und Kunstgewerbe ist nicht entwickelt. Was macht's? Statt aufs standardisierte Warenangebot für Touristen stoßen Sie ständig auf Überraschungen. Da stehen Dutzende von Orchideen am Rand einer kurvigen Straße, im ländlichen Restaurant kommen Trüffeln und ein köstlicher Wein auf den Tisch, nie zuvor gehörte Ortsnamen füllen sich mit Leben, um romanische Landkirchen blühen Mohnfelder und weht ein sanfter Wind …

Die im folgenden beschriebene Route verläuft fast ausnahmslos durch landschaftlich schöne Gebiete – meist durch ruhiges Hügelland am Rand des Apennin, zum Schluß in das atemberaubende, grandiose Gebiet der Monti Sibillini mit ihren sagenumwobenen Gipfeln und imposanten Hochflächen. Sie ist geeignet als Teil einer Marken-Rundfahrt, die dann entlang der Küste – mit Abstechern ins Binnenland – zurückführt. Die Tour beginnt in San Leo, das man – von Norden kommend – am besten über Rimini erreicht. Alternativ bietet sich die zügigere Anfahrt über Pesaro nach Urbino an. Von San Leo bis Ascoli sind es auf der beschriebenen Strecke rund 450 km – für gut Trainierte übrigens eine herrliche Fahrradtour! Als Übernachtungsorte sind Urbino, Sassoferrato, Iesi, Sarnano, Ascoli Piceno gut geeignet; man findet darüber hinaus Hotels in Dutzenden von Orten am Weg.

San Leo und das Montefeltro: abseits der großen Straßen

13 Ein winziges Dorf, uralte Häuser mit roten Ziegeldächern drängen sich aneinander, darüber eine mächtige Burg auf einem schroffen Kalkfelsen – das war einmal die Hauptstadt Italiens? Man mag es

kaum glauben, und doch: 962 zog Berengarius II. mit Hofstaat, Heer, Kronschatz und Familie in den befestigten Ort, um sich gegen den deutschen Kaiser Otto I. zu verteidigen. Zwei Jahre lang dauerte die Belagerung, dann setzte Otto sich durch. Berengarius wurde nach Bamberg verschleppt, wo er bald darauf starb.

San Leo, heute ein malerisches Bergnest, zählte einst zu den berühmten Stätten Italiens. Umbrer, Etrusker, Gallier, Römer ließen sich hier nieder, Goten und Griechen kämpften mit wechselndem Erfolg um den Platz. Seit dem 8. Jh. war San Leo Bischofssitz, noch bis 1816 Provinzhauptstadt. Dante und Machiavelli haben den Ort beschrieben, der heilige Franziskus hat ihn besucht. Die Erklärung für soviel historische Bedeutung springt ins Auge, wenn man das Dorf erreicht: Sicherer konnte eine Festung nicht liegen. Steile Felsen machen sie fast unangreifbar, die einzig zugängliche Seite war leicht zu verteidigen.

Die heutige Form der *Burg* geht auf das 15. Jh. zurück. Francesco di Giorgio Martini schuf im Auftrag der Herzöge von Urbino das Musterbeispiel einer Renaissance-Festung. Sie ging sogar ins Sprichwort ein »Un sol Pépa, un sol Dé – un sol Fort d'San Lé« heißt es im Dialekt: Einmalig sei die Burg wie Papst und Gott. Unter der Herrschaft des Kirchenstaates wurde die Wehranlage als Kerker benutzt. 1795 starb hier nach vierjähriger Haft der Graf Cagliostro, wohl der berühmteste Hochstapler aller Zeiten, dessen schillernder Lebenswandel Goethe (»Der Großkophta«) und Schiller (»Der Geisterseher«) inspirierte. Die Burg steht Besuchern offen. Sie beherbergt ein kleines Museum.

Sehenswert sind auch die beiden Kirchen San Leos. Der romanische *Dom* stammt aus dem 12. Jh.; besonders

San Leo

schön wirken die warmen Farbtöne des Sandsteinbaus. Die *Pieve* ist über 1000 Jahre alt; sie wurde im 9. Jh. errichtet und im 11. Jh. vergrößert. Ein ungewöhnliches Kunstwerk ist der um 880 geschaffene Altarbaldachin.

Das Gebiet des *Montefeltro* im Nordwesten der Marken, zu dem auch San Leo gehört, schiebt sich wie ein Keil zwischen die Romagna und die Toscana. Es liegt abseits aller Durchgangsstraßen und zählt zu den am wenigsten besiedelten Zonen Italiens. Orte mit 3000 Einwohnern wie Sant'Agata oder Sassocorvaro stellen hier schon regionale Zentren dar; oft trifft man kilometerweit keinen Menschen. Die Landwirtschaft ist noch immer die wichtigste Einkommensquelle. Man findet vorzüglichen Schafskäse, und der Ort Carpegna wirbt mit seinem Schinken. Eine Gegend für Insider: Erfolgsautor Umberto Eco schreibt hier im Ferienhaus an seinen Romanen; die römische oder Mailänder Schickeria aber

wird sich im Montefeltro niemals zeigen. Dafür ist schon die Szenerie zu rauh. Sie zeigt bizarre Formen: Über kargen Hängen ragen merkwürdige Bergkegel empor, von der Erosion ausgewachsene Hänge lassen an Mondlandschaften denken, gottverlassen wirkende Dörfer verstecken sich zwischen Wiesen und Wäldern. Ab und an taucht eine Burg auf oder ein verfallenes Kirchlein. Ein vollkommen unbekanntes und allen Klischees entzogenes Italien – gerade 40 Kilometer von den überfüllten Adria-Stränden entfernt! Wenn Sie es kennenlernen wollen: Nehmen Sie sich Zeit – die kurvigen, oft sehr steilen Straßen sind nur im Bummeltempo zu bewältigen.

Am Monte Catria: einsame Berglandschaft

Urbino ist der Ausgangspunkt der nächsten Etappe. Für das Renaissance-Städtchen, einen Höhepunkt jeder Mittelitalien-Reise, sollte man mindestens einen Tag einplanen (vgl. S. 221). Von Urbino kann man direkt nach Acqualagna fahren, doch landschaftlich reizvoller ist der kleine Umweg über Calmazzo und die *Furlo-Schlucht.* Verzichten Sie auf die bequeme, aber langweilige Schnellstraße und schlagen Sie die alte Via Flaminia ein, die zwischen hohen Felswänden am Ufer des Candigliano entlangführt. An der schmalsten Stelle treffen wir auf ein Meisterwerk römischer Straßenbaukunst: die *Galleria del Furlo,* einen fast 40 Meter langen und 6 Meter hohen Tunnel durch den harten Kalk. Über der Einfahrt ist noch eine Inschrift aus dem Baujahr 76 zu sehen. Am Ausgang der Schlucht steht das hübsche romanische Kirchlein *San Vincenzo al Furlo* direkt am Fluß.

Acqualagna ⓯ scheint reizlos, doch im Winter erwacht es zum Leben. Der unscheinbare Ort ist ein Zentrum des Trüffelhandels in Italien. Zwischen Oktober und März findet alle 14 Tage ein Trüffelmarkt statt. Anfang November kann man auf der zehntägigen *Fiera del Tartufo* alle Arten von Trüffelgerichten kosten und sogar einem Trüffelhunde-Wettbewerb erleben. In der Umgebung Acqualagnas gedeihen die kostbaren weißen Knollen, deren Kilopreis in manchen Jahren über 2000 DM liegt. Doch auch weniger noble Sorten, wie die schwarzen Norcia-Tartufi oder die ›zweitklassigen‹ Sommer-Trüffel, werden im Ort gehandelt.

Cagli ⓯ ist ein hübsches Städtchen: Auf einem Hügel über dem Fluß Burano drängen sich rötlich-braune Häuser aneinander und werden von Türmen überragt. Besonders schön wirkt die Silhouette von der Brücke an der Straße nach Pergola. Ein kräftiger Burgturm prägt das Stadtbild; er wurde von Francesco di Giorgio Martini errichtet, dem Baumeister von San Leo. Der gleiche Architekt gab auch dem Rathaus die heutige Form.

Immer reizvoller wird die Landschaft, je mehr wir uns dem Hauptkamm des Apennin nähern. Der **Monte Catria** dominiert weithin das Bild. Er ist zwar nur 1701 m hoch, ragt aber markant aus dem Hügelland hervor. Unter seinen Felswänden liegt in faszinierender Einsamkeit das Kloster **Fonte Avellana** ⓰. Wählt man die Anfahrt über Serra Sant'Abbondio, so gelangt man in ein felsiges, dicht bewaldetes Tal. Ein Bach rauscht romantisch in der Tiefe, mehrfach erblickt man kleine Wasserfälle, am Straßenrand weiden Kühe und drohen, vors Auto zu laufen. Am Talschluß erhebt sich das in die Landschaft eingebettete Kloster. Die hellen Steingebäude leuchten inmitten der Grüntöne der Wiesen und des Waldes, massiv ragt der Glockenturm über den Ziegeldächern der Klosterbauten auf. Trotz der rauhen Umgebung und der dro-

Cagli

henden Felswände entsteht der Eindruck vollkommener Harmonie. Der Wind rauscht, Kuhglocken läuten – sonst herrscht Stille. Kamaldulenser-Mönche bewohnen das rund 1000 Jahre alte Kloster. Aus der Entstehungszeit ist allein die Krypta unter der romanisch-gotischen Klosterkirche erhalten. Ein Mönch führt durch Schreibstube und Bibliothek, Kapitelsaal und Refektorium.

Man möchte hier lange verweilen. Wanderwege laden zu Spaziergängen ein. Der rot-weiß markierte Weg Nr. 69 führt in rund dreieinhalb Stunden auf den Gipfel des Catria, der auch auf einer nicht-asphaltierten Holperstraße zu erreichen ist (14 km von Fonte Avellana). Die Aussicht ist an Tagen mit klarer Sicht überwältigend; sie reicht über weite Teile der Marken, Umbriens und der Abruzzen.

Der Berghintergrund begleitet die Weiterfahrt nach **Sassoferrato** 17. Der schöngelegene Ort teilt sich in Ober- und Unterstadt, *Castello* und *Borgo*. Unten spielt das Alltagsleben, oben herrscht die Idylle. Es ist fast unwirklich ruhig, ein paar Schritte verhallen in einer Gasse, irgendwo tönen Stimmen – nicht aufgeregt und voluminös, sondern unitalienisch verhalten. Die Bauten der mittelalterlichen Oberstadt wurden aus Kalkstein errichtet, dessen sanfte Rot-Tönung dem Viertel ein besonderes Gepräge gibt. Vor allem im Abendlicht kommen die warmen Farben zur Geltung. An der weitläufigen Piazza zeugen gleich zwei Rathäuser von der Zeit, als Sassoferrato freie Stadtrepublik war.

Man fühlt sich außerhalb der Welt. Doch Sassoferrato hat sich nicht in die Vergangenheit eingesponnen. Die Kleinbetriebe der Umgebung produzieren Baumaterial, Möbel, Kleidung, Schuhe, Werkzeug und Papier. Alljährlich im August findet eine landesweit beachtete Ausstellung zeitgenössischer Malerei

Kloster Fonte Avellana

Sassoferrato

statt. Das örtliche Museum moderner Kunst im *Palazzo dei Priori* besitzt über 1000 Werke. Zur Erinnerung: Sassoferrato hat 7361 Einwohner ...

Von Sassoferrato nach Tolentino – Hügel und Canyons

Östlich von Sassoferrato verengt sich das ruhige Wiesental des Sentino zu einer wilden Schlucht, der *Gola di Frasassi*. Auf einer Strecke von mehr als zwei km winden sich Fluß und Straßen unter steilen Kalkfelsen. In zahlreichen Grotten hat man hier Spuren prähistorischer Besiedelung gefunden. Die größte Höhle des

Tals wurde jedoch erst 1971 entdeckt. Amateur-Speleologen aus Ancona stießen nach abenteuerlichen Abseilmanövern in die *Grotta Grande del Vento* vor, einen unterirdischen Salon von atemberaubenden Dimensionen. Über einer Grundfläche von 130 x 180 m erreicht die Grotte bis zu 240 m Höhe! Wie sich bald herausstellte, gehört sie zu einem ausgedehnten, in Italien einzigartigen Höhlenkomplex. Bisher sind 18 km unterirdischer Gänge freigelegt worden; die Höhlenforscher rechnen damit, daß sich die Strecke noch verdoppeln läßt.

Die touristische Nutzung des Naturwunders ließ nicht lange auf sich warten. 1974 wurden die *Grotte di Frasassi* 18 dem Publikum zugänglich gemacht. Sie entwickelten sich schnell zur größten Attraktion der Region. Rund 400 000 Besucher im Jahr schieben sich mittlerweile durch das Tropfsteinspektakel, das mit gesicherten Wegen und farbiger Illumination gebührend erschlossen wurde. Der enorme Parkplatz am Eingang hat Rekordgröße wie die Grotte selbst. 50 Andenkenbuden vereinen sich zu einem beeindruckenden Freilichtmuseum des zeitgenössischen Souvenirs. Trotz des Andrangs aber lohnt der Besuch der Höhle. Eine Stunde lang wird man durch ein Wunderland phantastischer Formationen geleitet. Unterirdische Seen spiegeln raffiniert beleuchtete Stalaktiten, wie wohlwollende Geister wachsen überraschend immer neue Tropfsteine empor. Sie sind bis zu 20 Metern hoch. Doch der Sinn für Dimensionen geht in den gewaltigen Räumen schnell verloren; nur noch hilflos staunend nimmt man zur Kenntnis, daß in der Grotta del Vento der ganze Mailänder Dom spielend Platz fände. Übrigens: Ziehen Sie sich warm an – die Temperatur in der Höhle beträgt konstant 14 Grad, die Luftfeuchtigkeit liegt bei 96 %.

Das Dorf **San Vittore Terme** am Grotteneingang ist seit altersher ein Heilbad; schwefelhaltige Quellen bringen Genesung bei Atemwegs- und Hautkrankheiten. Schon den Römern war der Ort bekannt; man vermutet, hier habe ein antikes Quellenheiligtum gestanden. An der Stelle des Tempels erhebt sich heute die romanische Kirche *San Vittore delle Chiuse,* die mit ihren zahllosen Apsiswölbungen und der zentralen Kuppel Einflüsse byzantinischer Architektur verrät.

Auf der Weiterfahrt ist wieder einmal die alte, allerdings kaum beschilderte Straße der neuen Superstrada vorzuziehen. Sie führt durch den einsamen Canyon der *Gola della Rossa* (werktags 11.30–12.30 und 16.30–17.30 Uhr wegen Steinbrucharbeiten gesperrt). An ihrem Ausgang gelangt man nach **Serra San Quirico,** einer besonders schön erhaltenen mittelalterlichen Ansiedlung. Der kleine Ort, der im 13. Jh. vorübergehend freie Kommune war, zeigt im Miniaturformat die Merkmale städtischer Architektur. An der malerischen Piazza erhebt sich hinter einem Brunnen das Rathaus mit dem Gemeindeturm, von einer repräsentativen Bogenhalle – der *Loggia Manin* – blickt man weit ins Tal, überdachte Gassen blieben als Spuren früherer Wehrgänge bestehen.

Es ist nicht mehr weit bis Iesi (vgl. S. 201). Unterwegs mag man in **Moie** haltmachen, einem unschönen Straßendorf, in dem sich eine bemerkenswerte romanische Klosterkirche erhalten hat. Sie wurde zwar spürbar restauriert und ist zudem unglücklich eingekeilt zwischen zwei Bankinstituten an der Durchgangsstraße. Wem es aber gelingt, das Drumherum zu ignorieren, der findet Freude an dem fein gegliederten Bau. Der konzentrierte Innenraum mit den gegeneinander verschobenen Wölbungen und den schlichten Steinwänden läßt die un-

Cingoli

erfreuliche Umgebung vollends vergessen.

Cingoli bezeichnet sich stolz als »Balkon der Marken«. In der Tat: Der 630 m
hoch gelegene Ort befindet sich in einer
außergewöhnlichen Panorama-Position.
»Noch ist nicht Nacht in Cingoli« lautet
ein Sprichwort der Gegend: Cingoli bekommt die letzten Sonnenstrahlen, steht
daher für unser »Noch ist nicht aller Tage
Abend«.

Das hübsche Städtchen mit seinen
mittelalterlichen Steinhäusern, seinen
Gassen und Renaissance-Palazzi lädt
zum Bummeln ein. Am Domplatz trinkt
man den Kaffee und ärgert sich über die
Autos, die das historische Ensemble von
Kathedrale, Rathaus und Uhrturm gnadenlos zuparken. Die altertümliche Via
del Podestà hinter dem Rathaus ver-
söhnt dann wieder mit der Stadt. Der zentrale, von zahlreichen Palazzi gesäumte

Corso Garibaldi führt zur Kirche *San Nicolò* mit dem meisterhaften Gemälde der
»Rosenkranzmadonna« von Lorenzo Lotto (vgl. S. 219).

Der Altstadtkern von **San Severino
Marche** 19 liegt malerisch auf einem Hügel; der Gemeindeturm und der ehemalige Dom San Severino sind von weither
über den mittelalterlichen Häusern sichtbar. Das pittoreske Ensemble hat allerdings kein Eigenleben mehr, die meisten
Bewohner sind in die lebendigere Unterstadt gezogen. Deren Zentrum, die weit-
läufige *Piazza del Popolo,* wird von Arkaden gesäumt, über denen sich barocke
Palazzi erheben. Das Stadttheater allerdings stammt aus dem Jahre 1827; mit
seinen drei Logenreihen und dem bemalten Vorhang zeugt es vom kulturellen Engagement der Kleinstadt. Die Pinakothek
im *Palazzo Tacchi-Venturi* zählt zu den
schönsten kleinen Museen des Landes.

San Severino Marche

Man konzentriert sich gern auf die vorzüglichen Werke in den sechs Ausstellungsräumen: ein hölzernes Kruzifix des 13. Jh.s, kostbare Reliquienbehälter, die »Madonna lactans« von Allegretto Nuzi, das Polyptichon Vittore Crivellis und vor allem die »Madonna della Pace« des Umbrers Pinturicchio mit den ausdrucksvollen Gesichtern und dem wunderbaren Landschaftshintergrund.

Tolentino 20 ist vor allem als Wallfahrtsort bekannt. Der Ortsheilige Nikolaus – nicht zu verwechseln mit dem berühmteren Nikolaus von Bari – zog schon zu Lebzeiten im 13. Jh. Scharen von Gläubigen an, die seinen schwungvollen Predigten lauschten oder sich von dem wundertätigen Mann kurieren ließen. Die *Basilica San Nicolò* lohnt den Besuch wegen der bedeutenden Fresken eines unbekannten, als ›Meister von Tolentino‹ bezeichneten Künstlers, der um 1340 bibli-

sche Geschichten und Legenden aus dem Leben des Heiligen malte. Schön ist auch der große Kreuzgang. An der Piazza della Libertà fällt der *Uhrturm* ins Auge. Das raffinierte Zifferblatt gibt nicht nur Tag und Stunde an, sondern auch die Mondphase und die dem Klosterrhythmus entsprechende ›italische Uhrzeit‹; dazu kommt als fünftes Element eine Sonnenuhr. Außer Heiligem hat Tolentino Heiteres zu bieten: das *Internationale Museum der Karikatur.* Zeichnungen, aber auch Gemälde und Statuen aus allen Epochen dokumentieren hier die Geschichte des Witzes. Wer es ernst meint mit dem Humor, kann sich in die umfangreiche Spezialbibliothek versenken. Das Museum entstand 1970 auf Initiative eines Tolentiner Malers. Alle zwei Jahre erweitert sich sein Bestand: Die auf der *Biennale dell'Umorismo* vertretenen Künstler stiften gern ihre Werke. Die nächste Humorismus-Show findet übrigens im September/Oktober 1997 statt.

Von Tolentino aus erreicht man zügig **Macerata** (vgl. S. 206). Wenige Kilometer abseits der Verbindungsstraße liegt die Zisterzienserabtei **Chiaravalle di Fiastra**. Die eindrucksvolle, ungewöhnlich große Klosterkirche wurde leider zu gründlich restauriert; mit dem Schmutz der Jahrhunderte verschwand auch die historische Patina. Bemühte Schatzkästlein-Ästhetik sind wir zwar aus unseren Breiten gewohnt; in Italien stellt sie zum Glück die Ausnahme dar.

Die Monti Sibillini: geheimnisvolle Berge

Der Gebirgszug der Sibillini im südwestlichen Winkel der Marken bildet den landschaftlichen Höhepunkt der gesamten Region. Markant geformte Kalkberge, deren Gipfel sechs Monate im Jahr von Schnee bedeckt sind, erheben sich über einem grünen Hügelland der Obstbäume, Blumenwiesen, Weinreben und Schafweiden. Bis zu fast 2500 m Höhe ragen die Berge auf. Seit jeher ist dies ein Land der Mythen und Mysterien, der Magier, Dämonen und Hexen. Am Monte Sibilla (2175 m) lebt nach alter Überlieferung die Zauberin Sibylle in einem unterirdischen Wunderreich. Ein Jahr lang dürfen gewöhnliche Sterbliche sie dort besuchen; wer aber die Frist überschreitet, bleibt gefangen bis zum Tag des Jüngsten Gerichts. Zahllose Geographen und Reisende vergangener Jahrhunderte, darunter auch der Papst Pius II., haben die Sibyllen-Grotte beschrieben; Antoine de la Sale lieferte im »Paradise de la reine Sybille« 1420 sogar eine

detaillierte Aufzählung der in der Höhle verschollenen Ritter.

Vorsicht ist auch am *Pilatus-See* unterhalb des höchsten Gipfels der Marken, des Monte Vettore (2476 m), geboten. Er gilt als bevorzugter Aufenthaltsort bösartiger Berggeister. Besonders verärgert reagieren die Teufel, wenn ein Besucher Steine in das Gewässer wirft; als Mindeststrafe muß der Provokateur mit gewaltigen Unwettern rechnen. Trotz solcher Risiken hat der einsam in 1949 m Höhe gelegene See ständig Teufelsanbeter und Neugierige angezogen. Schon im 14. Jh. ließ der zuständige Bischof die Zugangswege vermauern sowie zur Abschreckung am Ufer einen Galgen errichten. Es half nicht viel. Hartnäckigen Interessenten gelang es immer wieder, sich illegal mit den Wasserteufeln in Verbindung zu setzen. Man kann ihnen kaum einen Vorwurf deshalb machen; selbst die braven Einwohner von Norcia warfen

Landschaft bei San Ginesio

den Dämonen jährlich einen Menschen zum Fraße vor, meist einen rechtskräftig verurteilten Verbrecher.

Wandert man zu Fuß über die imposanten Hochflächen, auf den Kammwegen und steinigen Wiesen des Gebirges, so erscheinen die alten Legenden in der herben Natur bald glaubhaft. In den freundlichen Orten unterhalb der Berge fühlt man sich dagegen vor Teufelsspuk geschützt. Das 680 m hoch gelegene **San Ginesio** 21 nennt sich ›Balkon der Sibillini‹ und bietet in der Tat faszinierende Ausblicke auf den Höhenzug. Das Städtchen hat zahlreiche mittelalterliche Bauten, unter denen das *Pilgerhospital* hinter dem Stadttor besonders auffällt. An der spätgotischen Pfarrkirche *(Collegiata)* überrascht die Backsteinfassade mit einer reichen Dekoration im Stil der französischen ›Flammengotik‹. Ein deutscher Baumeister, Enrico Alemanno, hat sie 1421 geschaffen.

Noch näher am Gebirge zeichnet sich **Sarnano** 22 durch seine wunderbare Lage im Hügelland und sein reizvolles Ortsbild aus. Rötlich-braune Ziegelhäuser klettern einen Hang hinauf, an dessen höchster Stelle sich die Piazza mit der romanischen Kirche *Santa Maria* ausbreitet. Das Gotteshaus birgt eine erstaunliche Fülle von Kunstwerken: gleich rechts vom Eingang ein prachtvolles Madonnenbild mit musizierenden Engeln von Lorenzo d'Alessandro (1483), dann ein hölzernes Kruzifix des 16. Jh.s und bemalte Holzskulpturen (Maria und Josef), die vermutlich aus einer Tiroler Krippe des 15. Jh.s stammen. Links vom Chor zeigt eine beidseitig bemalte Tafel weitere Bilder des 15. Jhs.: »Verkündigung« und «Kreuzigung« von Girolamo di Giovanni sowie die »Schutzmantelmadonna« von Pietro Alemanno.

Von Sarnano aus erreicht man Ascoli Piceno auf einer landschaftlich schönen

San Ginesio

Straße über Amandola und Comunanzá (54 km). Man kann statt dessen auch eine längere, kurvenreiche Strecke durchs Gebirge einschlagen, die über Muccia, Visso und Arquata del Tronto nach Ascoli führt (132 km). Vorsicht: Auf den Paßstraßen über Passo di Gualdo (1496 m) und Forca di Presta (1540 m) liegt im Frühling und Spätherbst unter Umständen Schnee!

Diese längere Fahrt führt zunächst durch eine schöne Schlucht am Stausee **Lago di Fiastra**. In **Muccia** lohnt der Halt für ein Essen im *Cacciatore* (dienstags geschl.): klassische Landküche von den Antipasti (geröstetes Brot mit Trüffelpaste, Schinken) über die hausgemachten

Monte Bove

Teigwaren (in Steinpilz-, Trüffel- oder Wildschweinsauce) und die Hauptspeisen (Reh, Wildschwein, Rebhuhn, Lamm, Forelle) bis zu den Dolci. Auf der Weiterfahrt nach Visso zweigt am Passo dei Fornaci ein Sträßchen zur einsam gelegenen Renaissance-Kirche **Macereto** ab. Eine Ziegenherde und Pferde weiden vor dem harmonischen Bau, den Hintergrund gibt die schroffe Felspyramide des Monte Bove (2169 m). **Visso** hat eine überraschend urban wirkende Piazza mit zahlreichen Häusern des 14./15. Jh.s sowie zwei schönen Kirchen. In *Santa Maria* wurde 1988 unter Verputz ein riesiges Christophorus-Fresko entdeckt. Der um 1400 gemalte Heilige ist 12 Meter groß, allein seine Ohren messen einen halben Meter! Mit dem Kolossalgemälde werden die Restauratoren noch jahrelang zu tun haben. Künstlerisch bedeutsamer sind das romanische Kirchenportal und eine farbige Madonnenskulptur aus der Zeit um 1200. In der Apsis der Taufkapelle finden sich anrührende, schlichte Fresken eines unbekannten Malers des 14. Jh.s.

Die Monti Sibillini sind nach wie vor hauptsächlich landwirtschaftlich geprägt. Appetitliche Arrangements in den Schaufenstern der kleinen Läden vom Visso machen Lust auf die örtlichen Köstlichkeiten: Teigwaren und Trüffel, Schafkäse, Lammfleisch, Honig und Wildschweinsalami.

Hinter Visso erreicht man über den Gualdo-Paß (1496 m) die faszinierende Hochfläche des Piano Grande, die zu Umbrien gehört (vgl. S. 131). An der Forca di Presta (1540 m) gelangen wir wieder in die Marken. Am Hang des Monte Vettore senkt sich die Straße zum malerisch von einer Burgruine überragten **Arquata del Tronto**. Ein wenig unterhalb im Tronto-Tal liegt **Acquasanta Terme** 🔢.›Bad Heiligwasser‹ bedeutet der Ortsname auf deutsch, doch es riecht eher teuflisch: Schwefeldüfte steigen von der Thermalquelle auf, die mit knapp 40 Grad Wassertemperatur unterhalb der Hauptstraße entspringt. Flüchten Sie ins Restaurant *Terme* an der gleichnamigen Piazza, um Nase und Gaumen an edleren Aromen zu erfreuen – vorzüglich sind die *Antipasti misti,* eine nicht enden wollende Folge köstlicher Vorspeisen, exzellent auch die Pilzgerichte.

Ascoli Piceno: Stimmen auf der Piazza

24 Den Markusplatz in Venedig, den Campo von Siena, die Piazza Navona in Rom kennt jeder, und sei es von Abbildungen. Ascolis Piazza del Popolo gehört in die Reihe der sensationellen Platzanlagen Italiens – doch wer hat von ihr gehört? Die 60 000-Einwohner-Stadt versteckt sich im Tronto-Tal, 30 km vom Meer entfernt, abseits aller touristischen Routen. So bleiben die Einheimischen unter sich. Und kaum ein Fremder kommt in den Genuß des einzigartigen Schmuckstücks, das sich im Zentrum Ascolis verbirgt.

Der Eindruck eines großen Versammlungsraums unter freiem Himmel, eines Salons der städtischen Öffentlichkeit, drängt sich unmittelbar auf. Blank und spiegelglatt wie ein Parkett wirkt der mit grau-weißen Travertinplatten gepflasterte Boden. Renaissance-Häuser und die hohe Flanke der Kirche San Francesco begrenzen den Platz, so daß eine wohnlich-intime Atmosphäre entsteht. Niedrige Laubengänge beschirmen die zahlreichen Cafés und Läden.

In vielen Städten Mittelitaliens ist der abendliche *Corso* ein Ereignis ersten Ranges. Nirgendwo aber habe ich das Zusammentreffen der Bürger als so eindrucksvoll erlebt wie in Ascoli Piceno. Der Rahmen der Architektur ist wie geschaffen für den sozialen Kontakt. Um sechs Uhr geht es zaghaft los, ein paar Grüppchen diskutierender Männer stehen locker herum. Das sieht nach nichts Besonderem aus, und um sieben scheint die Piazza leerer als zuvor. Aber halb acht strömen promenierende und schwatzende Menschen aus ihren Wohnungen, binnen kurzem wimmelt der Platz von dichtgedrängten Passanten. Hunderte schlendern auf und ab, in Gruppen zu zweien, dreien, zu fünft oder acht – da bleibt kein einziger allein. Es ist ein elementares Bild städtischer Kommunikation. Und die Stimmen! Sie brechen sich an den Mauern, schallen zurück, brausen in Höhen und Tiefen – die Stimmkulisse der Piazza del Popolo ist einmalig auf der Welt.

Ich will Ascoli nicht idealisieren. Zur Stadt gehört auch dies: Nach einer halben Stunde auf der Piazza glauben wir zu wissen, wer der örtliche Drogen-Dealer ist – das Verhalten des Typen, seine Beziehung zu den Jugendlichen, das kurze Verschwinden in Seitengassen scheinen uns deutlich genug. Wenig später bestätigt unser Hotelier den Verdacht. »Räumen Sie ihr Auto leer«, empfiehlt er. »Bis vor wenigen Jahren war Ascoli eine Stadt ohne Kriminalität. Jetzt sind die Drogen angelangt. Leider.« Ein wenig naiv frage ich, warum dagegen nichts unternommen werde – die Verhältnisse lägen doch klar auf der Hand. Der Gastwirt zuckt die Achseln. »Es wird nirgendwo etwas dagegen gemacht, weder hier noch in Rom noch in Mailand. Ist es bei Ihnen besser?«

So wenig wie die anderen Städte der Marken hat sich Ascoli in eine Idylle eingesponnen – und das bringt eben auch Probleme mit sich. Bis nach dem Zweiten Weltkrieg war die Stadt vorwiegend landwirtschaftlich geprägt; in der fruchtbaren Umgebung gedeihen Oliven und Wein, Getreide, Gemüse und Obst. Heute sind 40 % der Berufstätigen in der Industrie beschäftigt. Es gibt eine große Papierfabrik, in Spezialbetrieben werden Elektrokabel und Elektroden gefertigt; daneben sind Textilproduktion, Lebensmittelverarbeitung und Keramikindustrie

Auf der Piazza von Ascoli Piceno

Das große Fest:
Palio della Quintana

Die engen Gassen dampfen vor Hitze. Unter der brütenden Sonne fürchtet man um die jahrhundertealten Bauten: Werden sie nicht doch einmal dahinschmelzen wie Pistazieneis? Wir retten uns von Schatten zu Schatten, von einem Bogengang zum überdachten Innenhof, in eine klimatisierte Bar, unter die seltenen Bäume. Das T-Shirt klebt, die leichten Hosen sind immer noch zuviel Bekleidung.

Doch wer wandert in diesem Backofen in schweren Brokatkleidern, in Samtjacken, mit Hüten, Umhängen und Schleppen? Wer trägt kniehohe Stiefel und wollene Strumpfhosen? Wer zwängt sich in kiloschwere Rüstungen und marschiert so verhüllt durch die glühenden Straßen der Stadt?

700 Frauen und Männer aus Ascoli nehmen das Opfer auf sich. Jedes Jahr am ersten August-Sonntag zieht eine lange Prozession in historischen Kostümen über Piazze und *Rue,* wie die Gassen der Stadt mit französischem Anklang heißen. Da schwitzen Konsuln und Pagen, Ritter und adlige Damen, Ratsherren und Edelfräulein, Soldaten und Trommelschläger, Fahnenschwinger und Trompetenbläser. Ein ungeheuer farbenfrohes Bild belebt die in der Hitze vor sich hindämmernde Stadt. Zehntausende von Zuschauern begeistern sich an dem Spektakel, das

von Bedeutung. In den sozialen Umwälzungen aber verbinden sich Tradition und Moderne meist auf produktive Weise. Trotz der Klagen unseres Hoteliers sind Straftaten, wie überall in den Marken, selten.

Ascoli ist eine alte Ansiedlung der Pizener, der italischen Urbevölkerung der Region. Schon damals war es ein wichtiges Handelszentrum. Araber, Kleinasiaten und Dalmater ließen sich hier nieder. 286 v. Chr. eroberten die Römer die Stadt. Gegen deren Herrschaft lehnte sich Ascoli 91 v. Chr. in blutigen Kämpfen auf; die Ermordung zweier römischer Beamter im örtlichen Theater war der Auslöser für die Rebellion großer Teile Italiens gegen Rom. Zwei Jahre später aber mußte Ascoli sich nach monatelanger Belagerung endgültig mit der Fremdherrschaft abfinden.

Der Trierer Missionar Emidius brachte im frühen 4. Jh. das Christentum in die Region. Für 200 Jahre stand der Ort unter langobardischer Herrschaft, 774 gelangte er an die Kirche. Bis ins 15. Jh. aber genoß Ascoli trotz der päpstlichen Rechte weitgehende Autonomie. 1185 bildeten Kaufleute und reiche Handwerker die freie Kommune. Ascoli war damit

sie wie eine Zeitmaschine in die Renaissance katapultiert. Selbst die Gesichter der Akteure scheinen verwandelt: Manch eines wirkt wie ein Modell für Botticelli, Perugino oder Raffael.

Der dumpfe Klang von hundert Trommeln schafft einen untergründigen Rhythmus, der an schamanische Riten und afrikanische Tanzorgien denken läßt. Darüber tönen trompetenartige Instrumente, die ›Chiarine‹. Perfekt koordiniert wirbeln die Fahnenschwinger ihr farbiges Tuch; ein Jahr lang haben sie für den großen Tag geübt.

Der *Palio della Quintana* ist ein uraltes Fest. Schon die Stadtstatuten von 1377 beschreiben das Ritual. Im Lauf der Zeit aber hatte sich die Tradition verloren. Doch 1955 wurde sie neu aufgenommen – unter genauer Befolgung der überlieferten Regeln. Seither findet die Quintana wieder jährlich statt.

Wie viele italienische Feste – der *Palio* von Siena, der *Calendimaggio* von Assisi, die *Corsa dei Ceri* in Gubbio – bringt auch die Quintana die Rivalität verschiedener Stadtteile zum Ausdruck. Die einzelnen Quartiere waren im Mittelalter viel enger zusammengeschlossen als heute; in manchen Städten hafteten die Angehörigen eines Pfarrbezirks wechselseitig für die Schulden – ob sie wollten oder nicht! Die Konkurrenz mit den Nachbarvierteln führte häufig zu blutigen Raufhändeln. In den Festen wurde sie ritualisiert und unschädlich gemacht.

Ein Lanzenstechen bildet das zentrale Ereignis der Quintana. Reiter, welche die einzelnen Stadtteile vertreten, sprengen je neunmal mit der Waffe gegen die Statue eines Mohren an. Eine Jury bewertet Treffsicherheit und Geschwindigkeit. Nicht immer sind die unterlegenen Parteien einverstanden mit dem Urteil; oft kommt es bei der Siegerehrung zu wüstem Geschrei. Doch die Gemüter beruhigen sich schnell, das Fest geht bis in die Nacht hinein weiter ... Ascoli weiß übrigens auch im Winter zu feiern. Der *Carnevale in Piazza* bringt am Faschingssonntag und -dienstag Tausende von Maskierten auf die Beine. Doch die eindrucksvolle Geschlossenheit der Quintana, ihrer Umzüge und Zeremonien, erreicht der Karneval nicht.

faktisch selbständige Republik. Es begann eine Blütezeit, in der sich das heutige, weitgehend mittelalterlich geprägte Stadtbild entwickelte. Wie ›fortschrittlich‹ der Ort damals war, zeigt ein Detail: Als eines der ersten Zentren Italiens besaß er eine Druckerei.

Oliven und Cafés

In der Umgebung Ascolis werden seit jeher besonders schmackhafte Oliven angebaut. *Olive all'ascolana* und *Fritto ascolano* sind die Spezialitäten der Stadt. Die Früchte werden gefüllt (z. B. mit Huhn, Fleisch oder Kräutern) oder fritiert und mit ausgebratenem Gemüse – wie Zucchini oder Auberginen – serviert. Das gibt, je nach Menge und Art der Beilagen, ein kleines Antipasto oder einen sättigenden Hauptgang.

Die Einheimischen sind stolz auf das besondere Aroma ihrer Oliven. Das Geheimnis: Die Produktionsmenge wird niedrig gehalten, man setzt auf Qualität statt Quantität. Nach der Ernte kommen die Früchte mit etwas wildem Fenchel für kurze Zeit (10–12 Tage) in eine Salzlake; bei diesem Verfahren, das in den Klöstern der Umgebung erfunden wurde, bewahren sich Geschmack, Farbe und Konsistenz der Oliven angeblich besonders gut.

Die landwirtschaftliche Tradition der Stadt macht sich auch sonst in Restaurants und Lebensmittelgeschäften angenehm bemerkbar. Wurst und Schinken, Lammfleisch und Schafskäse der Region gelten als ausgezeichnet. Probieren Sie die lokalen Weine, den *Rosso Piceno* und den weißen *Falerio!* Zum Abschluß der Mahlzeit: die *Anisetta,* des landesweit bekannte hiesige Anislikör.

Das farbigste Ensemble kulinarischer Genüsse zeigt der lebhafte Bauernmarkt im Kreuzgang von San Francesco an der Via del Trivio. Unter den Renaissance-Bögen haben professionelle Obst- und Gemüsehändler ihren Platz, im inneren Areal um den Brunnen aber hocken auf ihren Schemeln Bauern und Bauersfrauen aus der Umgebung hinter Holzkisten und großen Körben, aus denen sie Tomaten und Paprika, Feigen und Granatäpfel, Knoblauch und Kartoffeln, Trauben und Pfirsiche verkaufen. Von gigantischen Rosmarin-, Basilikum- und Fenchelbüscheln steigen köstliche Düfte auf, Hühner und Tauben kreischen in winzigen Käfigen nach Freiheit, ab und zu entkommt ein Hahn mit stäubenden Federn und wird unter allgemeinem Geschrei wieder eingefangen. Ein schmaler Durchgang führt weiter zum Fischmarkt – und man erinnert sich, daß das Meer nahe liegt: Der größte Fischereihafen Italiens, San Benedetto del Tronto, ist eine halbe Autostunde entfernt.

Bürgerlich-elegant geht es im *Caffè Meletti* an der Piazza del Popolo zu, einem der reizvollsten historischen Kaffeehäuser Italiens. Es hat seine Jugendstil-Einrichtung perfekt bewahrt: die runden Tische und mit rotem Samt bezogenen Stühle, die Spiegel und kupfernen Lampenhalter, den mit geschnitztem Blattwerk verzierten Tresen. Der Raum diente ursprünglich als Postamt – aus dieser Zeit stammen noch die Säulen mitten im Saal.

Das Caffè Meletti ist seit 1989 geschlossen. Das Gebäude wurde verkauft, die neuen Besitzer wollten in den traditionsreichen Räumen eine Bank unterbringen. Solch barbarischen Absichten schob das Denkmalsschutzamt einen Riegel vor. Das Lokal muß weiter als Café genutzt werden, die historische Inneneinrichtung ist nicht anzutasten. Doch die Renovierung braucht Zeit. Irgendwann wird das Meletti zu neuem Leben erstehen, ähnlich wie das *Gran Caffè Schenardi* von Viterbo (S. 171), das immerhin zehn Jahre lang geschlossen war. Ein kleiner Ersatz: Die *Bar Sestilli* am Corso Mazzini 75, gleich um die Ecke von der Piazza del Popolo, zeigt ebenfalls noch ein Interieur aus der Zeit um die Jahrhundertwende.

Stadtspaziergänge

Ascoli lernt man am besten in drei Etappen kennen. Der erste Gang führt auf die Piazza del Popolo, zur Kirche San Francesco und durch den verwinkelten Stadtteil, der sich zum Fluß Tronto hin erstreckt. Die zweite Tour ist der Piazza Arringo, dem mittelalterlichen Zentrum, gewidmet. Der dritte, je nach Interesse mehr oder weniger ausgedehnte Spaziergang macht mit den in der Altstadt verstreuten römischen Ruinen sowie den Kirchen und Palazzi aus Romanik und Renaissance bekannt. Auf allen Wegen genießt man das guterhaltene Ambiente der historischen Stadt. Ihre Bauten sind meist aus grau-weißem Travertin errichtet, der in Steinbrüchen der näheren Umgebung gewonnen wird.

Stadtplan von Ascoli Piceno *1 Palazzo del Capitano del Popolo 2 S. Francesco 3 Loggia dei Mercanti 4 Theater 5 Ponte Romano 6 Baptisterium 7 Palazzo Comunale 8 Dom S. Emidio 9 Bischofspalast 10 S. Maria inter Vineas 111 S. Pietro Martire 12 SS. Vincenzo e Anastasia 13 Palazzetto Longobardo u. Torre Ercolani 14 S. Giacomo 15 Porta Gemina 16 S. Agostino 17 S. Maria della Carità 18 S. Gregorio 19 Palazzetto Bonaparte 20 Palazzo Malaspina*

Die *Piazza del Popolo* erhielt ihr heutiges Aussehen im Jahre 1509. Damals wurden die hübschen Renaissance-Häuser an den Seiten errichtet – eine bewußte, einheitlich geplante Verschönerung des Platzes, an dem zuvor Buden, Werkstätten und Wohnbauten in wildem Durcheinander standen. Der *Palazzo dei Capitani del Popolo* unterbricht die Reihe der niedrigen Laubengänge. Das mittelalterliche Rathaus wurde um 1530 von dem Architekten Cola dell'Amatrice umgebaut; nur der Turm blieb in den Originalformen erhalten. Der Palazzo wendet der Piazza eine bewegte Renaissance-Fassade zu. In der Nische über dem aufwendig gestalteten Portal sitzt segnend der Papst Paul III. Zu seiner Linken aber

schaut ein geschworener Gegner kirchlicher Macht auf den Platz: Giuseppe Garibaldi, der wesentlichen Anteil am Ende der päpstlichen Herrschaft über die Marken hatte.

An der Nordseite wendet die Kirche *San Francesco* der Piazza ihre Flanke zu, als zeige sie dem Versammlungsort der Bürger die kalte Schulter. Doch bekanntlich kann auch ein schöner Rücken entzücken. Die schwungvollen, stark bewegten Apsiden, das kunstvolle Seitenportal (darüber wieder ein Papst: Julius II.), die hohen gotischen Fenster, die Kuppel und der Turm – das alles ist der Piazza stilistisch nicht angepaßt, gibt ihr aber dennoch einen eleganten Abschluß. Geht man um das Gotteshaus herum zum

Markt im Kreuzgang

Haupteingang, so passiert man zunächst die *Loggia dei Mercanti,* einst Versammlungsort der Wollhändler, und erreicht dann die Kirchenfassade mit einem reizvollen gotischen Portal. Im übersichtlich-klaren, ebenfalls gotischen Innenraum provozieren die modernen Glasfenster zum Teil komische Effekte.

Zur Linken der Kirche steht ein Renaissance-Kreuzgang, wo vormittags der Markt stattfindet (vgl. S. 240) und nachmittags Kinder spielen. Hinter dem klassizistischen *Theater* biegt man nach links in die Via Nicolò IV. Sie führt in das besterhaltenehistorische Viertel Ascolis, das sich zwischen dem Corso Mazzini, der Via delle Torri und dem Tronto er-

streckt. Orientieren Sie sich auf dem ersten Bummel nicht an Sehenswürdigkeiten, sondern lassen Sie sich ziellos auf die immer wechselnde Szenerie der alten Palazzi, Wohntürme und schmalen Gassen ein – es macht mehr Spaß! Nur den *Ponte Romano* sollte man unbedingt aufsuchen: Von der alten Römerbrücke genießt man einen herrlichen Blick auf die Altstadt, den Fluß und das mittelalterliche Stadttor Porta Solestà.

Der zweite Gang führt zur *Piazza dell'Arringo.* Schon zur Römerzeit befand sich hier das Forum, im Mittelalter pulsierte am Dom und den Rathäusern das Herz städtischen Lebens. Der Name leitet sich von den Reden *(arringhe)* her, die auf dem Platz vor versammeltem Volk gehalten wurden. Trotz ihrer historischen Bedeutung gibt die Piazza dell'Arringo, im Unterschied zur Piazza del Popolo, leider kein einheitliches Bild mehr. Zu viele Bauten wurden im Lauf der Jahrhunderte – nicht immer mit glücklicher Hand – verändert. Noch ärgerlicher: Die Atmosphäre wird von den überall herumlärmenden und -stinkenden Autos ruiniert, zudem dient ein großer Teil der Piazza als Parkplatz.

Einzig das *Baptisterium* hat sein originales Aussehen bewahrt. Die achteckige Taufkirche steht noch da wie zur Entstehungszeit vor 800 Jahren. Der Innenraum allerdings ist meist verschlossen – und noch ärger als die anderen Bauten wird das Baptisterium vom Autoverkehr umtost.

Der *Palazzo Comunale* an der Südseite der Piazza hat dagegen sein altes Aussehen vollständig verloren. Einst standen hier zwei mittelalterliche Rathäuser. Unter der päpstlichen Regierung wurden die Überreste alter Städtefreiheit im 17. Jh. durch eine monumentale, aber langweilige Fassade zusammengeschlossen. Im Inneren kann man noch den einstigen Ratssaal, die *Sala della Vittoria,* bewundern. Die im Rathaus untergebrachte *Pinakothek* besitzt als Hauptwerke Bilder von Tizian, Tiepolo und van Dyck, daneben einen goldbestickten, im 13. Jh. in England geschaffenen Papstmantel.

Das dritte bedeutende Baudenkmal der Piazza ist der Dom *Sant'Emidio.* Die sehr alte, noch auf das 5. oder 6. Jh. zurückgehende Kirche wurde im Lauf der Jahrhunderte immer wieder umgebaut. Den ältesten erhaltenen Bauteil stellt die Krypta aus dem 11. Jh. dar. Ein römischer Sarkophag dient als Altar; er enthält die Reliquien des heiligen Emidius von Trier, des ersten Bischofs in Ascoli. Sehens-

wert ist im rechten Seitenschiff das große Bild der »Madonna mit Heiligen« des venezianischen Renaissance-Malers Carlo Crivelli.

Zwischen Dom und Palazzo Comunale steht der *Bischofspalast.* Er besteht aus drei unterschiedlichen Bauten, von denen der 1532 geschaffene Palazzo Roverella (ganz rechts, neben dem Palazzo Comunale) die alte Patina bewahrt hat. Ein prunkvoll mit Fresken (»Szenen aus dem Leben Moses'« von Marcello Fogolino, 16. Jh.) ausgemalter Salon im 1. Stock ist auf Anfrage für Besucher zugänglich.

Der dritte Rundgang führt zu zahlreichen Kunstdenkmälern der Altstadt: römischen Überresten, Bauten aus Romanik und Renaissance. Hier findet man keine überragenden und faszinierenden Werke mehr, aber doch eine Fülle reizvoller, meist kleinerer Monumente. Wer sich auf eine Auswahl beschränken möchte, dem empfehle ich den Besuch der interessanten Tempel-Kirche San Gregorio, des prunkvollen Renaissance-Palazzo Malaspina und der Rokoko-Residenz Parisani.

Der Weg führt uns zunächst wieder in den Nordteil der Altstadt am Tronto. Hier stehen dicht beieinander drei der vielen romanischen Kirchen Ascolis: *Santa Maria inter Vineas, San Pietro Martire* und *Santi Vincenzo e Anastasia.* Die parallel zum Fluß verlaufende Via Soderini ist besonders reich an alten Palazzi; einer der schönsten ist der *Palazzetto Longobardo* aus dem 12. Jh. (Nr. 26); gleich daneben steht der guterhaltene Wohnturm *Torre Ercolani,* den man besteigen kann (Zugang über Palazzetto Longobardo). Wenig später folgt das romanisch-gotische Gotteshaus *San Giacomo.*

Am westlichen Altstadtrand erhebt sich das römische Tor *Porta Gemina,* unweit davon stehen die Ruinen des *römi-*

schen Theaters. Über den zentralen Corso Mazzini gehen wir zurück in Richtung Zentrum und passieren die Renaissance-Kirche *Sant'Agostino.* An der Via del Trivio biegen wir rechts ab und erreichen an der Piazza Roma einen weiteren Renaissance-Bau: *Santa Maria della Carità.* Von hier kann man in einer Viertelstunde zum *Colle della Santissima Annunziata* hinaufwandern, wo sich Ruinen aus der Römer-

zeit – vermutlich Substruktionen eines Tempels – befinden. Von dem Hügel genießt man einen schönen Blick über die Stadt.

Wenige Minuten von der Piazza dell'Arringo entfernt steht *San Gregorio,* die sehenswerteste unter Ascolis romanischen Kirchen. Sie wurde in einen römischen Tempel hineingebaut, der noch gut erkennbar ist. An der Fassade stehen

Die Türme von Ascoli Piceno

römische Säulen, der Innenraum entspricht der alten *Cella.*

Man geht zurück zur Piazza dell'Arringo und biegt an der linken Seite des Doms in die Via dei Bonaparte. Der hübsche *Palazzetto Bonaparte* (Nr. 24) stammt aus dem frühen 16. Jh. Wenig später erreicht man den Corso Mazzini, geht nach rechts und findet zwei aufwendig gestaltete Stadtpalais: den *Palazzo Parisani* im Rokoko-Stil (Nr. 229) und den Renaissance-*Palazzo Malaspina* (Nr. 224). Von hier gelangt man schnell zurück zur Piazza del Popolo, Ausgangs- und Endpunkt aller ascolanischen Spaziergänge. Bei *Anisetta* oder Kaffee erholt man sich vom langen Fußmarsch und überläßt sich wieder dem größten Reiz der Stadt: der herrlich urbanen Atmosphäre in ihrem traumhaften ›Salon‹.

Die Abruzzen: Das Dach Italiens

Durch die Abruzzen zu reisen bedeutet vor allem, eine Fülle von Landschaftserlebnissen zu genießen. Das höchste Gebirge der italienischen Halbinsel bietet ständig wechselnde Bilder. Fast 3000 m hoch ragt das Massiv des Gran Sasso auf. Der langgestreckte, wie ein enormer Walrücken über dem Hügelland lagernde Bergkamm der Maiella ist nicht viel niedriger. Und Dutzende von weiteren Höhenzügen, Gipfeln, Felsgebilden durchziehen die Region.

Im Gegensatz zu den Alpen sind die Abruzzen – von wenigen Punkten abgesehen – weder überlaufen noch durch Skianlagen, Hotels und Ferienhäuser verunstaltet. Die grandiosen Berglandschaften am Dach Italiens präsentieren sich in wilder Ursprünglichkeit. Die Abwanderung der Einheimischen läßt das Gebiet vielfach einsamer erscheinen als in früheren Jahrzehnten. Mit der Schaffung von drei neuen Nationalparks – neben dem seit 1923 bestehenden – wurde 1991 ein deutliches Zeichen gesetzt: Die Natur der einzigartigen Region soll unversehrt erhalten bleiben, die Tier- und Pflanzenwelt wird noch stärker geschützt als bisher. Zahlreiche seltene Tiere leben in diesem Gebiet: Braunbären und Wölfe, Gemsen und Steinadler, Fischotter und Stachelschweine.

Wilde Berglandschaften, Schafherden auf einsamen Hochflächen, verfallene Dörfer – den Urbildern der Abruzzen begegnet der Reisende immer wieder. Doch die Region zeigt auch andere Seiten. Östlich des Hochgebirges erstreckt sich ein fruchtbares Hügelland. Es ist im Norden stellenweise unangenehm zersiedelt, weiter südlich aber erfreut es mit anmutigen Weinbergen, alten Ölbaumhainen und leuchtend gelben Getreidefeldern. Verstreute Ortschaften erheben sich auf den Hügelkuppen. Immer wieder genießt man den Ausblick aufs Meer.

Die Abruzzen sind, im Gegensatz zu den anderen Gegenden Mittelitaliens, kein Land städtischer Kultur. Handel und Gewerbe konnten sich in dem schwer zugänglichen, kaum von großen Verkehrsadern durchzogenen Gebiet nie so entfalten wie in der Toscana, den Marken oder Umbrien. Die Städte sind daher nicht mit den faszinierenden mittelalterlichen Zentren der Nachbarregionen vergleichbar. Zudem haben unglückliche Modernisierungen oft das alte Bild beschädigt. Zwar gibt es einzelne vorzüglich erhaltene historische Orte. Doch bilden sie eher die Ausnahme.

Auch als Kunstlandschaft steht die Region Abruzzen hinter den anderen Gebieten Mittelitaliens deutlich zurück. Allerdings besitzt sie eine Fülle romanischer Kirchen, die oft an einsamen Orten in traumhaftem Einklang mit der Natur stehen. Daneben sind auch römische Ausgrabungsstätten, Kastelle, einige Renaissance- und Barockbauten für den Kunstreisenden von Interesse. Immer aber ist die Landschaft dominierend gegenwärtig. Auch die Kunstwerke wirken vor allem im Zusammenspiel mit der Bergwelt der Umgebung.

Reiserouten in den Abruzzen

Die Abruzzen auf einer Reise vollständig kennenzulernen, ist unmöglich. Wollte man alle interessanten Orte aufsuchen, so müßte man in den Gebirgen und Tälern ständige Bögen und Schlenker fahren. Eine normale Rundtour mit bequemen Abstechern überall hin ist in dem schwer zugänglichen Bergland nicht durchführbar. So wird man bei einer ersten Fahrt eine Auswahl treffen müssen. Wenn sich genügend Zeit dafür findet, sind zudem einige Fußwanderungen unbedingt empfehlenswert; die Gebirgs-

Karte der Abruzzen, praktische Hinweise S. 324–329

landschaft der Abruzzen erschließt sich vom Auto aus nicht vollständig (vgl. Hinweise zu Wanderungen S. 329).

Eine Rundreise durch die landschaftlich schönsten Gebiete könnte in L'Aquila beginnen, von dort zum Lago di Campotosto und über Assergi zum Campo Imperatore unterhalb des Gran Sasso führen. Auf dem direkten Weg über Torre de' Passeri oder mit einem Abstecher durchs Hügelland über Penne – Loreto Aprutino – Chieti erreicht man den Osthang der Maiella, fährt über Fara San Martino nach Pescocostanzo. Über Pacentro gelangt man nach Sulmona. Nun

geht es entweder direkt in westlicher Richtung nach Tagliacozzo und Albe, oder man wendet sich nochmals für einen großen Bogen nach Süden und steuert auf einer landschaftlich besonders schönen Straße Scanno und den Nationalpark an. Villetta Barrea, Pescasseroli und Tagliacozzo sind dann die nächsten Ziele. Über Albe und Rocca di Mezzo gelangt man zurück nach L' Aquila.

Für mehrtägige Aufenthalte bietet sich im Bergland vor allem L' Aquila an, für Wanderer auch die Orte der Maiella und im Nationalpark. Das Hügelland läßt sich von Chieti aus gut erkunden.

Blick vom Campo Imperatore

Grandiose Gebirge

Im Mai 1871 bestaunte der deutsche Historiker Ferdinand Gregorovius, einer der wenigen Reisenden, die sich damals in das abgelegene Gebiet vorwagten, das »wundervolle Panorama des Abruzzenlandes, worin die beschneiten Hochalpen Italiens sich machtvoll zusammen-

drängen oder in großen Gebirsgzügen auseinanderfalten«. Inmitten der Bergketten des Gran Sasso, der Maiella und des Sirente wußte sich der erfahrene Italienreisende vor Begeisterung kaum zu halten. »Es ist ein Zentrum gewaltiger Alpenwelt, aber einer italienischen, in dem smaragdenen feenhaften Lichte des Südens. Auch auf diesen vom Sonnenglanz umflossenen Bergen liegt wie auf den Schweizer Alpen ewiger Schnee, doch lastet er nicht darauf mit Lawinenwucht als Element, er ist nur über die leuchtenden Felsenzacken wie von Geisterflügeln hingehaucht, um die magische Schönheit dieser Berge zu erhöhen. Unter dem Azurblau des Himmels bringt dieser Schneeschimmer der Gipfel eine ganz zauberhafte Wirkung hervor.«

Im Maiella-Gebirge

Campo Imperatore

Die Faszination der Abruzzen ist heute noch spürbar wie zu Gregorovius' Zeiten. Die imposanten Gebirgszüge bieten ein Landschaftsbild von einzigartiger Vielfalt. Schroffe Felswände erheben sich über exotisch wirkenden Hochflächen, kahle Bergkuppen überragen Täler mit dichten Buchenwäldern, schmale Canyons führen zu Wasserfällen und kleinen Seen. Auf blumenübersäten Sommerweiden grasen Schaf- und Ziegenherden, in der Höhe ziehen Falken oder Adler ihre ruhigen Kreise. Steinerne Bergdörfer ducken sich im Windschutz der Hänge, in abgelegenen Tälern träumen verlassene Klosterkirchen von besseren Zeiten. Die herbe und großartige Landschaft zeigt immer wieder auch liebliche Züge. Von den Höhen blickt man auf das vorgelagerte Hügelland der Weinberge und Kornfelder und die blaue Fläche des Meers.

Das Gebirgsland der Abruzzen besteht aus zahlreichen Bergmassiven, die durch Taleinschnitte oder Hochebenen voneinander getrennt sind. In dem verwickelten Durcheinander der Gipfel, Höhenzüge, Täler und Hochflächen lassen sich drei Hauptketten unterscheiden. Die bedeutendste beginnt im Norden mit den knapp 2500 m hohen *Monti della Laga* und setzt sich im *Gran-Sasso-Massiv*

Schäfer auf dem Campo Imperatore

fort, dessen Corno Grande (2912 m) die höchste Erhebung der Abruzzen – und der gesamten italienischen Halbinsel – darstellt. Südlich schließt sich die langgestreckte, bis 2793 m aufragende *Maiella* an.

Ein zweiter Gebirgsstrang verläuft weiter westlich. Er beginnt bei L'Aquila mit dem *Monte Ocre,* teilt sich dann in die imposanten Gruppen des *Velino* (2487 m) und des *Sirente* (2349 m). Im Süden des Höhenzugs befindet sich der *Nationalpark der Abruzzen.*

Die dritte Bergkette erreicht mit gut 2000 m geringere Höhen. Sie gehört zum Teil zur benachbarten Region Latium und führt von Carsoli über die *Monti Simbruini* und die *Monti Ernici* ebenfalls in das Gebiet des Nationalparks.

All diese Gebirge stellen ungewöhnliche, gut erhaltene Naturlandschaften dar. Zwar haben Straßenbauten und Feriensiedlungen gelegentlich Wunden geschlagen. Doch ist die wilde Urtümlichkeit der Gegend im großen und ganzen erhalten geblieben. Davon zeugt die Tierwelt. Neben den – seltenen – Braunbären und Wölfen sind beispielsweise auch Steinadler und Geier, Fischotter, Stachelschweine und Stinktiere in den Bergen heimisch. Die Umweltzerstörung hat – sofern sie überhaupt stattfand – unvergleichlich geringere Ausmaße als in den Alpen angenommen. 1991 wurden zudem die Monti della Laga, das Gran-Sasso-Massiv und die Maiella zu *Parchi Nazionali* erklärt. Damit waren jahrzehntelange Bemühungen der Umweltschützer

von Erfolg gekrönt. Zusammen mit dem bereits seit 70 Jahren bestehenden Nationalpark in den südwestlichen Abruzzen sind nun bedeutende Teile des Gebirges vor weiterer Gefährdungen geschützt – die einzigartige Landschaft wird ohne wesentliche Veränderungen erhalten bleiben.

Monti della Laga: Unberührte Natur

Seit Jahrhunderten sind die *Monti della Laga* Grenzgebiet. Hier stießen das Königreich Neapel und der Kirchenstaat aneinander. Noch heute gehört das Gebirge zu drei Regionen: Der größte Teil liegt in den Abruzzen, einige Ausläufer in den

Marken, das historische Zentrum des Gebiets – der Ort Amatrice – im Latium. Im wahrsten Sinn des Wortes befanden sich die Laga-Berge immer am Rand; niemand interessierte sich für die Gegend, nie wurde sie erschlossen.

So bilden sie heute das unberührteste Gebirge der Abruzzen, eine der einsamsten Zonen in ganz Italien. Man kann hier – übrigens auf markierten Wegen – tagelang wandern, ohne auf eine Ansiedlung oder auch nur eine Schutzhütte zu treffen. Der neu einzurichtende Nationalpark entsteht in einer intakten Natur, in der menschliche Eingriffe seit jeher beschränkt blieben.

Das Gebirge besteht vorwiegend aus Sandstein- und Mergelformationen. Sie zeigen weniger markante Konturen als die Kalkberge des benachbarten Gran-Sasso-Gebiets. Der höchste Gipfel, der Monte Gorzano, erreicht 2458 m Höhe. Die Bergkuppen sind kahl, doch in den Tälern finden sich ausgedehnte Buchen- und Tannenforste. Die Nadelbäume wurden – eine Ausnahme im Zentralapennin – nicht von Menschen gepflanzt, sondern gehen auf alte, spontan gewachsene Wälder zurück. In den niedrigen Lagen trifft man häufig auf Wasserfälle; berühmt sind die ›Hundert Kaskaden‹ des Tals Fosso dell'Acero an der Ostseite des Gebirges.

Der **Lago di Campotosto** ▮ bildet einen landschaftlichen Höhepunkt. Urbilder der Abruzzen tauchen vor dem Auge des Reisenden auf, der sich dem großen Stausee von L'Aquila aus nähert. Die Straße windet sich durch eine rauhe, gegerbte, unwirtliche Landschaft bis auf 1400 m Höhe. Plötzlich erscheinen der blaue Wasserspiegel, ein paar Bäume am Ufer, im Hintergrund die Zweitausen-

Am Lago di Campotosto

der des Gran-Sasso-Massivs und der Laga. Stoppelbärtige Schäfer grüßen am Weg, winzige Lämmer hoppeln über die Straße. Ab und zu bietet eine einsam gelegene Schäferei Ricotta, Hartkäse und Fleisch zum Verkauf. In der völligen Stille hört man nichts als das Blöken und die Glocken der Herden, das leichte Plätschern der Wellen, einzelne Vogelrufe. Weit und breit steht kaum eine Ansiedlung, die wenigen Dörfer wirken wie außerhalb der Welt. Wasserhühner und Reiher, Enten und Kraniche sind die legitimen Bewohner dieses Gebiets, der Mensch – so scheint es – nur ein geduldeter Gast.

Eine kurvenreiche Bergstraße führt vom Campotosto-See am Südhang des Gran-Sasso entlang. Zwischen dem Paß von Capannelle und Assergi reist man für 20 km durch eine fast vegetationslose Landschaft, die beeindruckend und auch ein wenig unheimlich wirkt in ihrer steinernen Härte. 20 km nur Herden, Hochflächen, Hügel – hier zeigen sich die Abruzzen von ihrer wilden, spröden und zugleich grandiosen Seite.

Gran Sasso:
König des Apennin

2 Der gigantische Felsblock des *Corno Grande* ist in Mittelitalien weithin sichtbar. Von der Ostseite präsentiert er sich als gewaltiger Riegel über dem grünen Hügelland, das er um 2 500 m überragt. Im Süden begrenzt er die ausgedehnte Hochebene des Campo Imperatore mit steilen Wänden und schroffen Zacken. An klaren Tagen steht er mächtig im Hintergrund der Berge Umbriens und Latiums, der Dörfer und Felder der Marken. Nicht umsonst heißt er – mit einem Begriff, welcher der Topologie der Indianer

entlehnt sein könnte – der »Große Stein«. Er ist wirklich der Herrscher der Region. So sah ihn schon Ferdinand Gregorovius: als »König der Apenninen«.

Der Corno Grande ist mit 2912 m der höchste Berg der Halbinsel; nur im Alpenbogen hat Italien noch höhere Gipfel. Das gesamte Gran-Sasso-Massiv ist etwa 25 km lang und teilt sich in zwei Ketten, aus denen zahlreiche Spitzen zwischen 2000 und 2700 m aufragen. Auf 1600 bis 1800 m Höhe erstreckt sich im Gebirge die faszinierende Landschaft des Campo Imperatore, eine 27 km lange und durchschnittlich 7–8 km breite Hochebene. An der Nordseite des Corno Grande befindet sich der südlichste Gletscher Europas, der Ghiacciaio del Calderone.

Das Gebirge wird viel besucht, ist gut erschlossen und stellenweise auch von der technischen Zivilisation verwundet worden. Ein 11 km langer Autobahntunnel durchquert das Bergmassiv; ein kernphysikalisches Forschungszentrum von internationaler Bedeutung ist bei Assergi in 1400 m Tiefe eingebunkert. Störender als diese unterirdischen Fortschrittszeichen wirken auf den Besucher die Spuren der Ski-Kultur, so etwa in dem rücksichtslos ausgebauten Freizeitzentrum Prati di Tivo. Die gut ausgebaute Straße und die Seilbahn zum Campo Imperatore führen vor allem an Wochenenden Scharen von Auflüglern herbei.

Dennoch hat der Gran Sasso seine Faszination bewahrt. Die großartige Felslandschaft mit ihren bizarren Bergformen verkraftet selbst emsig herumwimmelnde Besuchermassen. Vermeidet man die Schulferien und Feiertage, so hat man zudem gute Chancen, sich auf der phantastischen Hochfläche des *Campo Imperatore* allein mit einigen Hirten und ihren Tieren wiederzufinden. Hier wirkt alles großartig und monumen-

Blick auf den Corno Grande

tal. In der kargen Hochebene lenkt kein Detail von den reinen Formen der klar gegliederten Landschaft ab. Felswände, Mulden, sanft gebogene Ausbuchtungen, dann wieder endlose flache Weiden – aus solchen Elementen setzt sich das Bild zusammen. Kilometerweit erblickt man weder Baum noch Strauch, nur die Schaf-, Kuh- und Pferdeherden und die Blumen am Wege setzen winzige Tupfer in das große Gemälde der Erdformen. Ab und an jagt ein Schäferhund durch das Gelände, oder sein Herr taucht an einer Straßenecke auf, geruhsam auf einen Stock gestützt. Wenn es überhaupt vergleichbare Landschaften gibt, so wird man sie nicht in Europa finden; eher denkt man an die Hochebenen Anatoliens oder der Anden.

Die schönsten Monate sind hier Mai und Juni, wenn nach dem langen Winter Orchideen, Enziane, Narzissen, Veilchen, Margeriten und zahllose andere Blumen die Wiesen als farbiger Teppich überziehen. Sobald die Gipfel schneefrei sind, kann man sich auf Wanderungen und Klettertouren machen. Vom Albergo Campo Imperatore führt ein etwa dreiviertelstündiger Fußmarsch zur Schutzhütte ›Duca degli Abruzzi‹, von der man herrliche Blicke auf die Felsgipfel genießt. Auf einer anspruchsvollen Gebirgswanderung über Geröll und Fels erreicht man vom Hotel in gut drei Stunden den Corno-Grande-Gipfel. Wunderschön ist die Tour quer durch das Gran-Sasso-Massiv nach Prati di Tivo (drei bis vier Stunden Wanderzeit); allerdings sollte man sich nicht ohne Gebirgserfahrung auf den Weg machen.

Am Hang des Gran Sasso liegen einige sehenswerte Ortschaften. **Castelli** war im 17. und 18. Jh. eines der bedeutendsten Keramikzentren Italiens; das örtliche Keramikmuseum zeigt Meisterwerke aus der lokalen Produktion. Nicht weit entfernt befindet sich der Wallfahrtsort **San Gabriele**. Die moderne Kirche hat Roger Willemsen bissig als »Bau von eher sanitärer Architektur« bezeichnet, doch die Einheimischen schätzen das Heiligtum: Der heilige Gabriel ist der Schutzpatron der in dieser Gegend zahlreichen Auswanderer.

Unter den Bergdörfern an der Südseite des Gebirges ist das einsam gelegene **Santo Stefano di Sessanio** besonders schön. Weiter unterhalb erstrecken sich ausgedehnte Hochflächen, auf denen Safran angebaut wird. Das hübsche **Navelli** wurde durch den Safranhandel wohlhabend. Es zeigt noch noble alte Gebäude.

Liebhaber romanischer Baukunst finden südlich des Gran Sasso eine Fülle reizvoller Kirchen: San Pietro ad Oratorium bei Capestrano, Santa Maria Assunta und San Pellegrino in Bominaco, Santa Giusta in Bazzano, Santa Maria delle Grotte in Fossa (vgl. S. 281). Die Fahrt zu den versteckten Kostbarkeiten geht auf kurvigen Straßen langsam voran; überall in diesem Gebiet lohnen aber herrliche Landschaften die Mühe.

Maiella:
Zuflucht der Verfolgten

3 »Blockhaus« heißt der Endpunkt der Höhenstraße. Die heimatlichen Klänge verwirren. Ausgerechnet hier, im Herzen der Maiella, 2140 m über dem gar nicht weit entfernten Meeresspiegel, haben unbekannte Germanen einen deutschen Begriff in das harte Kalkgestein gemeißelt? Die Ruinen des Gebäudes mit dem nordischen Namen sind noch sichtbar. Kein Indianerfilm wurde hier gedreht, kein Abenteuerspielplatz von einem wahnwitzigen Freizeitunternehmer eingerichtet. Das Blockhaus diente ernsten Zwecken. Es war im letzten Jahrhundert eine Polizeistation, die zur Bekämpfung der Bri-

ganten auf den höchsten Punkt des nördlichen Maiella gesetzt wurde. Deutsche Ausdrücke waren offenbar schon damals Bestandteil der internationalen Militärsprache. Das 20. Jh. hat dann das Italienische noch um so schöne Begriffe wie Bunker, Panzer und Blitzkrieg bereichert.

Die Maiella ist für die Abruzzesen die ›Große Mutter‹, ein heiliger Gebirgszug, dessen Name auf denjenigen der Erdgöttin Maja zurückgeführt wird. Die *Montagna Madre* breitet ihre schützenden Wälder, Schluchten und Kuppen um Flüchtende aller Art. Einsiedler und Mönche haben seit jeher hier Zuflucht gefunden, aber auch politisch Verfolgte, Partisanen und eben die Briganten – jene Outlaws, die, oft von der Bevölkerung gedeckt, eine Mischung zwischen Freiheitskämpfern und Banditen darstellten. Fünf Jahre lang konnte sich einer der berühmtesten von ihnen, Domenico di Sciascio aus Guardiagrele, in der Maiella vor den Carabinieri verbergen.

Die Maiella ist fast ebenso hoch wie das Gran-Sasso-Massiv. Ihr höchster Gipfel, der *Monte Amaro,* erreicht 2793 m. Das langgezogene Gebirge bietet aber ein völlig anderes Bild. Wie der Rükken eines gewaltigen Walfischs erhebt es sich aus dem Hügelmeer – nicht schroff und felsig aufragend, sondern in gleichmäßigem Schwung das Land dominierend. Nirgendwo sticht ein einzelner Berg markant hervor; die höchsten Erhebungen sind nur Buckel auf dem gestreckten Kamm. Von fern gesehen, strahlt die Maiella mit ihren kompakten Formen zugleich Ruhe und Autorität aus; vielleicht konnte sie daher zum mythischen Berg schützender Weiblichkeit werden?

Aufregend bewegte Formen zeigt das Gebirge in den niedrigen Lagen. Wasserläufe haben im Kalkgestein die wildesten Canyons der gesamten Abruzzen geschaffen. Die Taleinschnitte des *Offrento* (bei Caramanico), der *Mandrelle* und des *Santo Spirito* (bei Fara San Martino) sowie von *Selvaromana* (bei Pennapiedimonte) sind die bekanntesten in einer Fülle hochinteressanter Schluchten.

Eine landschaftlich begeisternde Straße führt rund um das Gebirge. Im Herzen der Maiella sind allein das Skigebiet der Maielletta und der Blockhaus-Gipfel per Auto erreichbar. Von dieser einzigen Stichstraße abgesehen, erschließt sich das Massiv nur Wanderern und Ski-Tourenfahrern. So ist es gut, so wird es bleiben: Die starke Betonfraktion, die den Höhenzug gern in den Griff genommen hätte, hat seit der Einrichtung des Maiella-Nationalparks (1991) keine Chancen mehr.

Goldschmiede, Bäder und Pasta: Orte im Maiella-Gebiet

Caramánico Terme ist das wichtigste Thermalbad der Abruzzen, eine hübsche Ortschaft, die jährlich von rund 300 000 Kurgästen besucht wird. Bei **Serramonacesca** liegt in einem einsamen Tal die schöne romanische Klosterkirche *San Liberatore a Maiella* (vgl. S. 280). **Guardiagrele** stellt seit altersher ein Zentrum des Metallhandwerks dar. Noch heute wird in dem Städtchen Gold- und Silberschmuck gefertigt. Im Straßenbild fallen aber vor allem die Kupfergeräte ins Auge, die überall zum Verkauf stehen.

Wenige Kilometer südlich liegt das von Treppengassen durchzogene **Pennapiedimonte,** eines der malerischsten Dörfer der Gegend. Der Ort ist Ausgangspunkt für Wanderungen in die spektakulären Schluchten *delle Tre Grotte* und *di Selvaromana*. **Fara San Martino** lebt von Nudeln. Die Firmen *De Cecco* und *Del Ver-*

de zählen zu den besten Pasta-Produzenten Italiens; angeblich ist das Wasser von Fara besonders geeignet für die Teigwaren. Bei Taranta Peligna führen eine kleine Bergstraße und eine Seilbahn zur größten Höhle der Abruzzen, der **Grotta del Cavallone,** die sich in 1425 m Höhe

Caramanico Terme

öffnet. Sie ist Besuchern allerdings nur im August täglich zugänglich, im Juli und in der ersten Septemberhälfte nur sonntags geöffnet. Ein besonders sehenswertes Städtchen ist **Pescocostanzo** mit seinen Barockbauten (vgl. S. 276).

Bei Sulmona liegt das mittelalterliche **Pacentro 4** , dessen fotogene Silhouette jeden Abruzzen-Bildband schmückt. Drei Türme überragen das Kastell vor dem Hintergrund der Berge, darunter schließen sich verwinkelte Häuser zum Kalenderbild zusammen. Beim Gang durch das Dorf stimmt es dann ein wenig melancholisch, daß allzu oft alte Steinfassaden unter der Einheitstünche grauen Zementverputzes verschwunden sind. Ehrenbürgerin Pacentros ist niemand Geringeres als Maria Luisa Ciccone, die unter dem Künstlernamen ›Madonna‹ Weltruf gewann. Der Rockstar hat zwar zum

Pennapiedimonte

Leidwesen der Einheimischen den Ort nie besucht – aber die Großeltern der blonden Bombe wanderten 1925 von hier nach Detroit aus. Ein von Fans geplantes Denkmal für Madonna konnte bislang noch verhindert werden.

Velino und Sirente: Felspyramiden über dem Tal

5 Südlich von L'Aquila gelangt man in eine eindrucksvolle Landschaft karger Hochebenen, über denen sich die Massive des Monte Velino (2487 m) und des Monte Sirente (2349 m) markant abzeichnen. Die Dörfer Rocca di Cambio, Rocca di Mezzo und Ovindoli sind zwar für den Skitourismus zugerichtet worden, mit allen ästhetischen Verirrungen, die solche Umbauten mit sich bringen. In der weitläufigen Region vergißt man

aber schnell die paar Appartementhäuser am falschen Platz. Kilometerweit sieht man kein einziges Gebäude, nur Wiesen, Schafherden, knorrige Bäume, steinerne Mauern und die schneebedeckten Berge. Jede Fahrt hier ist ein Hochgenuß. Die Panoramastraße von Rocca di Mezzo nach Castelvecchio Subequo führt in ein Hochtal mit gut erhaltenen alten Dörfern; auf der Route über Ovindoli – Celano – Forme – Albe gelangt man durch bizarre Berggegenden und zu interessanten Kunstwerken. In **Celano** steht eine Renaissance-Festung. **Albe** und **Santa Maria in Valle Porclaneta** gehören zu den großen Kunststätten der Abruzzen (vgl. S. 277 ff.). In Albe notierte Ferdinand Gregorovius 1871: »Der Monte Velino mit seinen Schneefeldern, alle die prachtvollen Berge umher, der blaue, sonnige Seespiegel, die betürmten Kastelle auf den grünen Hügeln glänzten in unbeschreiblicher Klarheit: es ist all zauberisches, trunken machendes Licht hier und durchgeistigte Form wundervoller Linien und Gestalten . . .«

Das Bild ist gleich geblieben, nur der »blaue Seespiegel« fehlt. Südlich des Monte Velino schimmerte bis 1875 der drittgrößte See Italiens, der Lago del Fucino. Heute erstreckt sich dort ein landwirtschaftliches Gebiet mit rechtwinklig angelegten Straßen und prosaischen Dörfern. Die Trockenlegung des Sees war eine der großen Ingenieurleistungen des 19. Jh.s. Gregorovius, der die Landschaft kurz vor der Beendigung der Arbeiten besuchte, äußerte sich entsetzt über den Eingriff: »Ein herrliches Werk der Natur wird zerstört und Italien um ein Wunder der Landschaft, um eines seiner schönsten Juwele für ewige Zeiten gebracht werden. Ich kann mich nicht damit zufrieden geben, daß dieser entzückende See, in dessen blauen Wellen sich jahrtausendelang jene majestätischen Berge und jene uralten Städte gespiegelt haben, nun für immer verschwinden soll. Ich fürchte, es wird über kurz oder lang auch dem Trasimeno nicht besser ergehen. Auch ihn wird man ins Meer spedieren, um Acker und Weideland zu gewinnen, und wer weiß, welche neue mörderische Kapitalisten und Austrocknungsmenschen schon an seinen reizenden Ufern umherschleichen und die Kosten berechnen, mit denen diese zaubervolle Dichtung der Natur in rentable Industrieprosa umzuwandeln sei. Geld und Dampfmaschinen trocknen die Poesie der Welt aus: nur wer ein Kaufmann ist, wird dessen froh.« Wir müssen Gregorovius recht geben. In einer Zeit der Agrarüberschüsse und des Naturdefizits hät-

Celano

Blumenwiese in der Ebene von Fucino

ten wir lieber einen See als Ackerland. Immerhin: Die Befürchtung des Historikers, auch der umbrische Lago Trasimeno werde nicht überleben, hat sich zum Glück nicht bestätigt.

Die Ortschaften im Fucino-Gebiet sind reizlos. Die Gegend wurde 1915 von einem katastrophalen Erdbeben verwüstet, bei dem kaum ein Stein auf dem anderen blieb. **Avezzano,** mit 35 000 Einwohnern eine der größeren Städte der Abruzzen, stellt sich als planlos wachsende Boomtown dar. In **Pescina** am Ostrand der Piana del Fucino wurde 1900 der Schriftsteller Ignazio Silone geboren, an den ein schlichtes Grabmal erinnert.

»Freiheit muß man sich nehmen« – Ignazio Silone, der Erzähler der Abruzzen

Die Ruinen stehen noch da, 80 Jahre nach dem großen Erdbeben. Zusammengebrochene Dächer, dunkle Fensterhöhlen, bröckelnde Mauern. Hohle Häuser, in deren leerem Inneren Feigenbäume wachsen und Efeu die Wände emporklimmt.

Aber Pescina lebt. Neubauten unterschiedlichster Stile erheben sich neben verfallendem Gemäuer. Manch ein historisches Gebäude ist restauriert worden. Unten an der Hauptstraße wird die *Bar Centrale* gerade umgebaut. Das Spielzeuggeschäft heißt *Happy Days,* die Kleiderboutique *Euromoda.* Es gibt einen Schönheitssalon und einen Immobilienmakler. Das örtliche Drei-Stern-Hotel bietet sich für Kongresse an; man speist dort ausgezeichnet. Neben der Tankstelle weist ein winziges Schild zur *Tomba I. Silone.*

Der große Sohn des Ortes hat in seinen Romanen eine Welt beschrieben, die wir in Pescina nicht mehr finden. »Das Innere des ländlichen Ladens war recht ärmlich. Der Fußboden bestand aus gestampfter Erde, die Wände waren ungetüncht, nur aus Stein und nacktem Fels, und als Decke diente ein Flechtwerk aus Rohr. Die Ware beschränkte sich auf Teig, Olivenöl, Stockfisch, Seilerzeug, Schwefel und Seife.« Das ist nicht einmal 50 Jahre her, doch was hat dieser Laden gemein mit *Euromoda* und

Vanità, dem Fast-Food und dem Blumenladen *Pollice Verde* ↄGrüner Daumenↄ? »Bei uns haben die Kinder nicht oft Gelegenheit, fröhlich zu sein, und wenn sich ein Anlaß bietet, wird er ausgenutzt. Sei es auch nur, daß ein Motorrad daherkommt ...« Selbst in Pescina müßte heutzutage schon ein Jaguar oder Lamborghini einparken, um kindliche Begeisterung hervorzurufen. Silones Abruzzen-Bilder sind nicht mehr aktuell.

Und doch ist der Schriftsteller, dessen Werk Millionenauflagen erlebte und in zwei Dutzend Sprachen übersetzt wurde, noch für heutige Leser interessant. Seine Bücher sind historische Dokumente aus dem Leben der Bauern und Tagelöhner der Abruzzen – aber darin erschöpft sich ihr Reiz nicht. Der packende, oft witzige Erzählstil, die spannenden Handlungsabläufe, die klare Sprache stellen Silone in die Reihe der großen italienischen Autoren unseres Jahrhunderts.

Dabei hatte sich Silone keineswegs zum Romancier berufen gefühlt. In seiner Jugend dachte er nicht ans Schreiben. Der 1900 in Pescina geborene Secondo Tranquilli (so lautet sein eigentlicher Name) war schon frühzeitig politisch engagiert; er nahm teil an Streiks und Aufständen der Landarbeiter seiner Region. Vor dem faschistischen Regime flüchtete er ins Schweizer Exil. Hier wurde das Schreiben für ihn zur seelischen Zuflucht. Es war, so schildert Silone seinen damaligen Zustand, »die einzige Abwehr gegen das trostlose Gefühl der Verlassenheit, und da ich nach Ansicht der Ärzte nur noch eine kurze Lebenszeit vor mir hatte, schrieb ich atemlos, in fieberhafter Eile, um mir, so gut ich es vermochte, dieses kleine Dorf aufzubauen, das die Quintessenz meines Wesens und meiner Heimat enthalten und es mir möglich machen sollte, wenigstens unter den Meinen zu sterben«.

Silone überlebte, sein erster, 1930 erschienener Roman »Fontamara« wurde zum Welterfolg. Er hatte, wie auch die folgenden Bücher, ein seltsames Schicksal. Die Werke durften im faschistischen Italien nicht veröffentlicht werden. So erschienen sie zunächst nicht im Originaltext, sondern in deutscher Übersetzung in der Schweiz. Exilverlage brachten dann auch italienischsprachige Ausgaben auf den Markt. Doch als Silone nach dem Weltkrieg in seine Heimat zurückkehrte, war er international weitaus bekannter als in Italien. Erst 1952 wurde eines seiner Bücher »Eine Handvoll Brombeeren« früher auf italienisch gedruckt als auf deutsch.

Kaum ein Schriftsteller hat das Leben einfacher und armer Leute so ›von innen heraus‹ beschrieben wie Silone. Er war eben kein neugieriger Gast im Leben der abruzzischen Bauern, sondern stammte selbst aus ihrer Welt. Sein Vater, ein kleiner Landbesitzer, starb bei dem verheerenden Erdbeben von 1915; seine Mutter war Weberin. Silone zeichnet ein überzeugendes Bild der Menschen, unter denen er aufwuchs. Er hat sie nicht idealisiert. Aufrichtigkeit hielt er für die erste Pflicht des Schriftstellers. Seine Romane zeigen das Leiden und die Unterdrückung der Bauern ebenso wie ihren Egoismus und Aberglauben. In einzelnen Gestalten aber glimmt in jedem von Silones Büchern der Funke der Rebellion. Sie bringen seine Freiheits-Vorstellung zum Ausdruck, die er in »Wein und Brot« so formulierte: »Der Mensch, der seinen Kopf zum selbständigen Denken benutzt und dessen Herz unbestechlich bleibt, ist frei. Der Mensch,

Der Nationalpark

6 »In der Rangliste der Sparguthaben schlägt Civitella Mailand.« Die angesehenste Wirtschaftszeitung Italiens, »Il Sole/24 Ore«, brachte die Falschmeldung am 4. Dezember 1989 vierspaltig auf die Titelseite. Jede Familie des abruzzesischen 300-Einwohner-Dorfes habe durchschnittlich 400 000 DM auf der hohen Kante, hatten die Redakteure herausgefunden. Beim zweiten Nachrechnen war es dann gerade noch ein Sechstel dieser Summe: rund 65 000 DM. Die Mailänder sind doch reicher.

Warum interessiert sich die italienische Öffentlichkeit für die Gelder von Civitella Alfedena? Dahinter steckt ein politisches Problem. Civitella liegt im Nationalpark der Abruzzen, einem von den Segnungen des totalen Fortschritts abgekoppelten Gebiet. Wohnungs- und Straßenbau sind hier nur sehr eingeschränkt möglich, von Industrieansiedlungen ganz zu schweigen. Wenn solch eine Gegend ökonomisch floriert, ist der Beweis erbracht, daß Naturschutz sich

der für das kämpft, was ihm richtig scheint, ist frei. Dagegen kann man im demokratischsten Lande der Erde unfrei sein, wenn man feige, stumpf und innerlich träge ist ... Die Freiheit ist nicht etwas, was man von anderen erhält. Man muß sie sich nehmen, jeder soviel er kann.«

Auf selbständiges Denken hat Silone nie verzichtet. Sein Engagement für die Landarbeiter seiner Heimat brachte ihn als Gründungsmitglied zur Kommunistischen Partei. Bald gelangte er in eine führende Position und wurde zu den Sitzungen der Kommunistischen Internationale nach Moskau entsandt. Dort erkannte er schnell, wie sich in der Sowjetunion ein Unterdrückungssystem herausbildete. Er verließ die Partei und wurde einer ihrer hellsichtigsten Kritiker. In dem Roman »Eine Handvoll Brombeeren« und dem autobiographischen Bericht »Notausgang« hat er die Fehlentwicklung des Kommunismus eindrucksvoll dargestellt. Anders als viele intellektuelle Ex-Kommunisten wandelte er sich aber nicht zum Konservativen; vielmehr

blieb er zeitlebens überzeugter demokratischer Sozialist.

Silones Werk ist aufs engste mit den Abruzzen verbunden. Hier spielen fünf seiner sechs Romane. Fast alle seine Texte beziehen sich, so schreibt er »auf den Teil meiner Heimat, den man von dem Haus überblicken konnte, in dem ich geboren bin, und der in der einen wie in der anderen Richtung nicht mehr als dreißig oder vierzig Kilometer mißt.« Den Landschaftshintergrund von Silones Werken erleben wir als Reisende noch heute. Die soziale Wirklichkeit hat sich – zum Glück! – geändert. Das materielle Elend ist nicht mehr unausweichliches Schicksal der Menschen, »so althergebracht und naturgegeben wie Regen, Wind und Schnee«.

Ignazio Silone ist 1978 in Genf gestorben. Seine konservative Heimatgemeinde tut sich schwer mit dem Schriftsteller. Eine Piazza wollte man nicht nach ihm benennen. So erinnert – neben der *Bar Silone* und der *Gelateria Fontamara* – nur eine versteckte Grabstätte an den Künstler.

auch wirtschaftlich für die Bevölkerung lohnt. Umweltschützer behaupten seit langem: Die abgelegenen Bergregionen der Abruzzen haben nur durch ›sanften Tourismus‹ eine ökonomische Chance. Autobahnen und Skilifte werden die Entvölkerung nicht bremsen.

Der 1923 eingerichtete Nationalpark der Abruzzen, im Südwesten der Region um die Monti Marsicani und die Monti della Meta gelegen, zählt zu den ältesten Naturschutzgebieten in Europa. Doch jahrzehntelang drückten Politiker und Polizei beide Augen zu, wenn die Schutz-

vorschriften unterlaufen wurden. Im Gegensatz zu den großen Reservaten der USA wird der Abruzzen-Nationalpark von Menschen bewohnt; in dem 300 Quadratkilometer ausgedehnten Territorium liegen fünf Dörfer und mehrere verstreute Ansiedlungen. Die Bevölkerung stand der Park-Idee lange Zeit feindselig gegenüber. Sie fühlte sich in ihren Rechten beschränkt: Man durfte nicht mehr frei jagen, Holz schlagen, die Herden weiden, bauen. Vorteile hatten die Einheimischen aber davon nicht. So waren ihnen die Naturschützer bald verhaßt.

Im Nationalpark Abruzzen

Erst seit den 70er Jahren wird das Gebiet konsequent vor der Bauspekulation geschützt. Die Parkverwaltung unter dem tatkräftigen Direktor Franco Tassi setzte ein Programm in Gang, bei dem die Entwicklung des Tourismus und die Sympathiewerbung ebenso eine Rolle spielten wie die Bewahrung der Tier- und Pflanzenwelt. Wanderwege wurden markiert, Besucherzentren und Schutzhütten eingerichtet, die Zimmervermietung durch Privatleute gefördert. Heute zählt der Nationalpark zu den Hauptattraktionen des Landes: Rund eine Million Besucher – vorwiegend Italiener – suchen das Gebiet jährlich auf, das sind 15mal mehr als 1969! Im Gegensatz zu früher profitieren mittlerweile auch die Einheimischen vom Naturschutz. Civitella ist zwar nicht reicher als Mailand, aber die Touristen bringen immerhin jährlich rund 6 Millionen DM in die Kassen der 308 Be-

wohner. 75 % der Gäste kommen bei Privatvermietern unter, so daß sich die Einnahmen einigermaßen gerecht verteilen. Trotzdem gibt es noch immer Opposition. Manch ein Parkbewohner mag nicht einsehen, warum er mit dem verdienten Geld keinen Neubau errichten darf. Besonders ungehalten sind die passionierten Jäger. Wilderei stellt eine der Hauptgefährdungen für die Tierwelt dar.

So werden fast jedes Jahr einige Exemplare des raren Abruzzen-Braunbärs zur Strecke gebracht. Trotz strenger Schutzmaßnahmen hat sich in letzter Zeit die Zahl dieser Bären, deren Lebensgewohnheiten auch Biologen fast unbekannt sind, vermutlich verringert. Maisfelder und Schafherden, von denen sich die Tiere unter anderem ernähren, werden seltener. Nach Auffassung einiger Forscher ist es den Bären im vielbesuchten Nationalpark zudem nicht mehr ruhig genug: Sie flüchten vor den Touri-ston. In der Tat tauchen die Tiere seit einiger Zeit häufiger in entfernten Gebieten auf, beispielsweise in der Maiella und am Monte Sirente. Ihre Anzahl im Reservat wird auf 50 bis 80 geschätzt.

Den Wölfen geht es besser. Ende der 60er Jahre waren sie der Ausrottung nahe; im gesamten Apennin lag der Bestand bei rund 100 Tieren. 1971 setzten die Umweltschutzorganisation WWF und der Abruzzen-Nationalpark gemeinsam die *Operazione San Francesco* zur Rettung der Wölfe in Gang; 1976 stellte ein Gesetz die Tiere unter Schutz. Mit Erfolg: Ihre Anzahl hat sich mittlerweile verdreifacht; wenn sich ihr Lebensraum weiterhin ausbreitet wie in den letzten Jahren, könnten sie in absehbarer Zeit sogar wieder in den Alpen auftauchen. Der Wolf, ein eher scheues Tier, greift Menschen nur im Märchen an. Gefährdet ist er nach wie vor: durch seine gelegentlichen Liebespartner, die verwilderten Hunde im Apennin. Die Mischlinge aus solchen Paarungen sind außerordentlich resistent und könnten langfristig die reinrassigen Wölfe verdrängen.

Nicht so berühmt wie Wolf und Bär, aber ebenso ungewöhnlich sind die Abruzzengemsen, die ausschließlich im Nationalpark vorkommen. Ihr Bestand wird auf 300 bis 500 Tiere geschätzt. Zu den rund 40 weiteren wildlebenden Säugetierarten des Gebiets zählen Marder, Füchse, Dachse, Wildkatzen, Hirsche, Rehe, Wildschweine, Stinktiere, Fischotter und Schneemäuse.

In der riesigen ökologischen Nische des Schonbezirks nisten rund 300 Vogelarten, darunter Steinadler, Bussarde,

Falken, Habichte, Uhus, Kolkraben, Alpendohlen, Käuze. 30 verschiedene Reptiliensorten kriechen durchs Gelände. Zu den 1200 Pflanzenarten zählen Frauenschuh, Türkenbund, Feuerlilie, Alpenanemone, Akelei und Enzian.

Kurz und gut, der *Parco Nazionale* ist ein Paradies für Tiere, Pflanzen und ihre

Gemse (o.) und Marsicanischer Braunbär (M.) im Nationalpark sowie Wolfsgehege in Civitella Alfedana (u.)

Freunde. Landschaftlich dagegen kann sich das Gebiet nicht mit dem Gran Sasso, der Maiella oder dem Velino messen. Die Berggipfel sind niedriger (meist zwischen 1600 und 2000 m, maximal 2247 m) und zeigen weniger markante Formen.

Die ausgedehnten Buchenwälder – zwei Drittel des Parks sind bewaldet – wirken auf italienische Naturfreunde faszinierend, sind aber für Reisende aus dem Norden weniger aufregend als die kargen Steinlandschaften in den anderen Abruzzen-Gebirgen. Auch der starke Besucherandrang ist nicht jedermanns Sache. Im Juli und August sollte man den Nationalpark eher meiden – es sei denn, man begibt sich auf abgelegene Wanderrouten. Ruhigere Monate sind Juni, September und Oktober. Man erkundet das Gebiet am besten zu Fuß. Zahlreiche Wege sind markiert; die Parkverwaltung gibt zudem eine übersichtliche Wanderkarte heraus.

In allen Ortschaften des Naturschutzgebiets findet man Unterkunft bei Privatvermietern. **Barrea** liegt schön an dem gleichnamigen Stausee; berühmt und besonders bei Fotografen beliebt sind die vielfarbigen Sonnenuntergänge über dem Gewässer. In **Civitella Alfedena** erlaubt ein Freigehege, die Apenninwölfe von nahem zu beobachten. **Pescasseroli** ist Sitz der Parkverwaltung; hier befindet sich auch ein kleines naturkundliches Museum.

Lago di Barrea

Orte mit Charakter

L' Aquila: Stadt aus 99 Burgen

7 L' Aquila, der Hauptort der Region Abruzzen, ist keine strahlend schöne Stadt. Erdbeben haben sie im Lauf der Geschichte immer wieder zerstört. In den letzten 40 Jahren kamen moderne Bausünden dazu. So zeigt das historische Zentrum ein verwirrendes Bild unterschiedlicher Stile. Häufig stößt man auf unerfreuliche Nachkriegsarchitektur. Doch die Lage unterhalb des Gran-Sasso-Massivs ist großartig, und die 67 500 Einwohner entfalten ein reges, immer interessantes Alltagsleben. Auf der zentralen Fußgängerstraße Corso Vittorio Emanuele drängen sich mittags und am frühen Abend dicht an dicht die Passanten. Am Domplatz findet jeden Vormittag ein farbenfroher Markt statt. Bemerkenswert ist die große Zahl der Bars, Konditoreien und kleinen Trattorien. Kinos, Theater und Konzerte unterstreichen die kulturelle Bedeutung der regionalen Hauptstadt. Auch die traditionsreiche Universität trägt zur Belebung bei. So bietet sich L' Aquila als Standort an, zumal man von hier aus die herrlichen Landschaften und die romanischen Kirchen der Umgebung schnell erreicht.

Die Stadt wurde 1254 gegründet, ist also jung für ein Land, wo jeder Ort, der auf sich hält, mindestens 2 000 Jahre alt ist . . . Zum Ausgleich muß in solchen Fällen wenigstens eine pittoreske Entstehungsgeschichte her. L' Aquila hat sie zu bieten. Die Bewohner von 99 Kastellen, behauptet die Überlieferung, hätten sich zusammengefunden, um die Stadt zu errichten. In 99 Quartieren lebten sie; jeder Stadtteil habe seine eigene Kirche, seine eigene Piazza, seinen eigenen Brunnen besessen. 99mal schlägt noch heute allabendlich die Glocke am Gerichtsgebäude, um die Tradition zu bekräftigen.

Ganz falsch ist die Legende nicht. In der Tat entstand L' Aquila aus dem Zusammenschluß vieler befestigter Siedlungen – die Historiker meinen, es seien 86 Burgen gewesen. Der Ort war gerade 40 Jahre alt, als er ein für damalige Zeiten weltbewegendes Ereignis erlebte: eine Papstkrönung. Sie fand in der Kirche *Santa Maria di Collemaggio* statt. Der Bau zählt zu den Hauptanziehungspunkten für Kunstfreunde. Ungewöhnlich ist vor allem die rot-weiß gemusterte Fassa-

Domplatz mit Markt in L'Aquila

Stadtplan von L'Aquila *1 S. Maria di Collemaggio   2 Fontana delle 99 cannelle   3 Kastell (mit Nationalmuseum)   4 S. Maria di Paganica   5 S. Giusta   6 S. Bernardino   7 Teatro Communale   8 Dom*

de mit drei aufwendig verzierten Portalen und drei Rosenfenstern. Der Innenraum wirkt ein wenig steril: Man hat ihn in den 70er Jahren radikal von Barockzutaten befreit, ohne damit die ursprüngliche Atmosphäre der romanisch-gotischen Kirche wiederherzustellen.

In der rechten Chorkapelle befindet sich das Renaissance-Grabmal des heiligen Coelestin, der hier 1294 zum Papst gekrönt wurde. Er war ein ungewöhnlicher Heiliger Vater. Sein Leben hatte er als Einsiedler verbracht. 85jährig wurde

er überraschend zum Papst gewählt. Bereits nach fünf Monaten dankte der Eremit auf dem Papstthron ab. Den Forderungen des hohen Amtes fühlte er sich nicht gewachsen, es zog ihn in sein Kloster zurück. Doch der Nachfolger Benedikt VIII. setzte ihn gefangen, da er eine Rückkehr des populären Greises fürchtete. In der Haft starb Coelestin zwei Jahre später. Bereits 1313 wurde er heiliggesprochen.

Ebenso wie Santa Maria di Collemaggio liegt auch eine zweite Sehenswürdigkeit am Stadtrand: die *Fontana delle 99 cannelle*. Der mittelalterliche Brunnen hat zwar nur 93 Wasserspeier – die alle mit steinernen Masken verziert sind –, doch die Zahl 99 wird in L' Aquila wo immer möglich angebracht ...

Der dominierende Bau der Altstadt ist das *Kastell*. Es wurde im 16. Jh. als Zwingburg der Könige von Neapel errichtet. Der gewaltige Komplex aus hellem Kalkstein beherbergt heute das *Nationalmuseum der Abruzzen,* das Kunstwerke der Region aus allen Jahrhunderten seit dem Mittelalter zeigt, aber auch das versteinerte Skelett eines Mammuts, das 1954 in der Umgebung gefunden wurde. Das Riesentier war fast 4 m hoch und doppelt so schwer wie ein ausgewachsener Elefant; es ist rund 1 1/2 Millionen Jahre alt.

Mittelalterliche Kirchen, Renaissance-Palazzi und Barockbauten sind überall in der Stadt verstreut. *Santa Maria di Paganica* hat eine schöne romanische, *Santa Giusta* eine gotische Fassade mit eindrucksvoller Rose. Die Innenräume wurden, wie viele Bauten in der Stadt, im Barockstil umgebaut, nachdem ein Erdbeben 1703 die Anlagen zerstört hatte. *San Bernardino,* die bedeutendste Renaissance-Kirche der Abruzzen, ist innen ebenfalls barock ausgeschmückt. Hier liegt der heilige Bernhardin von Siena begraben, einer der populärsten Prediger seiner Zeit. Sehenswert ist sein von dem Bildhauer Silvestro dell'Aquila 1505 geschaffenes Grabmal im rechten Seitenschiff. Derselbe Künstler errichtete auch das Grab der Maria Pereira, der spanischen Ehefrau eines wohlhabenden Einheimischen (neben dem Hauptaltar). Geht man an der linken Flanke von San Bernardino entlang, so gelangt man zu

dem noblen klassizistischen Bau des *Teatro Comunale* aus der Mitte des 19. Jhs.

Immer wieder führen die Stadtspaziergänge zum *Domplatz* zurück. Hier schlägt das Herz L' Aquilas. Von den lebendigen Szenen des morgendlichen Marktes man man sich kaum losreißen. Am Nachmittag locken dann eher die Cafés mit ihrem reichen Angebot an *dolci.* Die *Pasticceria Fratelli Nurzia* bietet zu Cappuccino und Torta auch einen Jugendstil-Plafond und holzgeschnitzte Schränke – unübertreffliche Eleganz der Provinz.

Sulmona: Leckerbissen für den Papst

8 Angeblich schwärmte schon der römische Kaiser Tiberius von dem Zuckerwerk. Für italienische Hochzeiten jedenfalls sind die *Confetti,* die farbigen Süß-

›Confetti‹ in Sulmona

Markt in Sulmona

waren aus Sulmona, der denkbar beste Schmuck. Hunderte von knallbunten Mandelbonbons werden in mühevoller Kleinarbeit zu Pflanzenimitationen zusammengesetzt; aus den Blumen ›bindet‹ man große Sträuße. Die fotogenen Gebinde machen *bella* – nein: *bellissima figura.* Sie sind nicht nur ein Hochzeitsgeschenk: Für jedes Fest gibt es eigene Muster und Farben – grün für die Verlobung, blau oder rosa für die Taufe, rot für ein bestandenes Uni-Examen.

Viele Geschäfte Sulmonas bieten die örtliche Spezialität feil. Man braucht nicht gleich ein ganzes Trockenblumen-Arrangement zu erwerben, sondern kann sich mit einem Veilchen, einer Weizenähre oder sparsam mit einigen losen Lutschpastillen bescheiden. Der Tempel der Confetti-Produktion ist das traditionsreiche Unternehmen Mario Pelini in der Nähe des Bahnhofs. Allein der altmodische Verkaufsraum lohnt den Besuch. An den Wänden hängen nicht nur Dank-

schreiben und Fotos von Schlagersängern und dem Fußballstar Maradona, sondern man sieht auch zwei lächelnde Päpste vor Bonbon-Buketts.

Süß ist Sulmonas Tradition, doch auch poetisch. Der große Sohn der Stadt ist Ovid, einer der berühmtesten Dichter der Weltliteratur. Seine »Metamorphosen« und die »Liebeskunst« stellen noch heute Lesevergnügen dar. 43 v. Chr. wurde er geboren. Jahrelang genoß der Dichter am römischen Kaiserhof eine privilegierte Stellung, doch im Jahr 8 n. Chr. verbannte ihn Kaiser Augustus in das Provinznest Tomi am Schwarzen Meer. Die Gründe dafür sind unbekannt geblieben. Als 60jähriger starb Ovid im Exil.

Man versteht, daß es in Sulmona von Ovid-Denkmälern und -Straßen nur so wimmelt. Das Ristorante *Italia da Nicola* erspart uns zum Glück *Tagliatelle all'Ovidio* oder Ovid-Hammelbraten und serviert solide *Maccheroni alla chitarra* und ein kräutergewürztes Kaninchen.

Erdverbunden geht es auch auf dem wunderschönen Vormittagsmarkt der Piazza Garibaldi zu. Eine Farb- und Duftorgie entfaltet sich, man staunt über enorme Basilikumsträuße, riesige Peperonizweige mit karminroten Schoten, bizarr geformte Tomaten aus dem Bauerngarten, gigantische violette Auberginen, runde Schafskäse und die Fülle der Kräuter. Freundliche Bauersfrauen hocken hinter Kisten voller Obst und Gemüse und weisen in dialektgefärbtem Italienisch darauf hin, die Produkte seien garantiert unbehandelt: *naturali* und ohne *medicinali*. Hier wie in manchen anderen ländlichen Gegenden Italiens existiert noch ein selbstverständlicher Stolz auf den chemiefreien Anbau. Die Bäuerinnen sind felsenfest davon überzeugt, daß ihre Schrumpel-Pfirsiche unvergleichlich aromatischer schmecken als jede genormte Handelsware. Sie haben recht!

Ein mittelalterlicher *Aquädukt* begrenzt den Marktplatz. Er wurde in Sulmonas Blütezeit gebaut. Im 13. Jh. machte der Stauferkaiser Friedrich II. den stets kaisertreuen Ort zur Hauptstadt der Abruzzen. Handel und Gewerbe gediehen, und die Sulmonesen errichteten die aufwendige Wasserleitung, die 600 Liter Flüssigkeit pro Sekunde herbeiführte. Es war Industriearchitektur – das Wasser diente für Tuchwalkereien und Ölmühlen, Spinnereien und – ab dem 14. Jh. – für die florierende Papierproduktion.

Die kunsthistorischen Sehenswürdigkeiten des Provinzstädtchens sind eher bescheiden. Der häufig umgebaute Dom *San Panfilo* hat ein schönes gotisches Portal und einen barocken Innenraum. Im ältesten Bauteil, der Krypta des 11. Jh.s, befindet sich ein reizvolles byzantinisches Madonnenrelief. *San Francesco della Scarpa* wendet der Piazza Garibaldi ein merkwürdig isoliertes, monumenta-

les romanisches Portal zu. Der eigentliche Eingang befindet sich in der Via Mazara und führt in ein elegantes Barock-Ambiente. Aus dem 14. und 15. Jh. stammen die gut erhaltenen Stadttore *Porta Napoli* und *Porta Romana*.

Mehr als nur lokale Bedeutung haben die Gebäude der *Santissima Annunziata*. Kirche und Palazzo wurden von einer mildtätigen Laienbruderschaft errichtet; der Palazzo beherbergte einst ein berühmtes Hospital. Die langgestreckte Fassade stammt aus nicht weniger als vier Bauphasen – und doch ist ein stimmiges Ganzes entstanden. Man erblickt fein dekorierte gotische Portale und Fenster, Renaissance-Tore, eine große Uhr des 18. Jh.s. Die Kirchenfront ist barock. Im stimmungsvollen, durch eine kleine Loggia geschmückten Innenhof stehen Palmen und Zypressen und – wie könnte es in Sulmona anders ein? – eine Statue Ovids.

Tagliacozzo: Bilder des alten Italien

9 Düstere Erinnerungen haften an dem Ort. Bei Tagliacozzo fand 1268 die Entscheidungsschlacht statt, die den Untergang der Staufer besiegelte. Das Heer des französischen Königs Karl von Anjou besiegte die Ritter unter dem Befehl des 16jährigen deutschen Thronfolgers Konradin. Der jugendliche Schwabe wurde in die Gefangenschaft nach Neapel geführt und dort hingerichtet.

Von der traurigen Vergangenheit ist in Tagliacozzo nichts mehr zu spüren. Im Gegenteil: Man findet ein freundliches Städtchen, dessen Charme sofort alle Schlacht- und Untergangsbilder vertreibt. Tagliacozzo scheint ganz unberührt von der Putz- und Verputzwut, die

Die Schlangen von Cocullo:
abruzzesische Feste

In den Abruzzen wurde einst eine Schlangengöttin verehrt. Der kriegerische Stamm der Marser, der seine Herkunft von keinem Geringeren als Mars herleitete, achtete die *Dea Angizia* als eine seiner höchsten Gottheiten. Von ihr, so hieß es, hätten die Marser gelernt, Reptilien zu beschwören; auch galt das Bergvolk als erfahren im Umgang mit Gegengiften.

In dem 300-Einwohner-Dorf **Cocullo,** das zwischen Avezzano und Popoli heute direkt an der Autobahn liegt, ist der 3000jährige Schlangenkult lebendig geblieben. Zwar erscheint er seit vielen Jahrhunderten in christlichen Formen. Darunter sind aber die heidnischen Traditionen deutlich sichtbar. Einmal im Jahr, am ersten Donnerstag im Mai, zieht eine Schlangenprozession durch den Ort. Schon gegen Ende des Frühjahrs werden die dafür benötigten Tiere – ausnahmslos ungiftige Nattern – von den Einwohnern im Winterschlaf gestört und an ihren Ruheplätzen eingesammelt. So ist der Schlangenvorrat groß genug, wenn das Fest naht.

Der uralte Ritus ist christlich umgedeutet worden. Das Schlangenfest von Cocullo findet heute zu Ehren des heiligen Dominikus statt. Tausende von Pilgern reisen an diesem Tage an. Während der zweistündigen Prozession wird eine hölzerne Dominikus-Statue,

mit lebenden Nattern bedeckt, durch das Dorf getragen. Die örtlichen *Serpari,* die Schlangenfänger, folgen, an Hals und Armen mit Reptilien behängt, der Heiligenfigur. Unterdessen verrichten Gläubige magische Handlungen, die im kommenden Jahr vor Vergiftungen, Bissen und Zahnschmerzen schützen sollen: Eltern legen ihren Kindern Schlangen auf den Kopf, Pilger ziehen mit den Zähnen am Glockenstrang der Kirche und sammeln hinter dem Altar geweihte Erde, die sie dann in ihrem Haus und Garten verstreuen.

Das einzigartige Fest ist heute weit über die Abruzzen hinaus bekannt. So erscheinen dort mittlerweile nicht nur Gläubige, sondern auch Touristen, Journalisten, Filmemacher, Volkskundler, Ethnologen, Religionswissenschaftler. Das hat den Feierlichkeiten aber keinen Abbruch getan. Im Gegenteil: Das gesteigerte öffentliche Interesse provoziert die Einheimischen zu größerem Engagement – die Zahl der Schlangenfänger ist in den letzten Jahren ständig gewachsen.

Das Fest von Cocullo ist das spektakulärste unter den Ereignissen, die einst dem Jahreslauf der Bauern und Hirten einen Rhythmus gaben. Aber auch andere abruzzesische Feiern tragen ungewöhnliche Züge. So wird in **Sulmona** Ostern auf besondere Weise begangen. Nach einer eindrucksvollen

Prozession beim Schlangenfest in Cocullo

Der Ort liegt 1320 m hoch und ist am Festtag, dem 6. Januar, immer tief verschneit. Hunderte von Akteuren führen in den Straßen des Dorfs die Weihnachtsgeschichte auf. Im Fackelschein, bei Trompetenschall der Engel und Dudelsackmusik der Hirten, werden dem Christuskind lebende Lämmer dargebracht. Sogar eine Kohorte römischer Soldaten zieht auf und begleitet die Weisen aus dem Morgenland. Das Fest von Rivisondoli wurde in seiner heutigen Form erst 1951 begründet, geht aber auf einen alten Brauch zurück. Die Bauern und Hirten der Gegend feierten Weihnachten bis vor wenigen Jahrzehnten in ihren Ställen. Dabei legten sie das jeweils zuletzt geborene Kind in eine Krippe. Nirgendwo ist die in ganz Italien lebendige Tradition der *Presepio* stärker mit dem Alltag verbunden gewesen. Nun, eine Hirtenkultur konnte sich von der Weihnachtsgeschichte besonders angesprochen fühlen.

Karfreitagsprozession, die mit Trauerkleidung und -musik den Schmerz über den Tod Christi ausdrückt, stellt das Osterfest naiv die Freude der Madonna dar, ihren Sohn wieder lebendig zu finden. Während an einem Ende der ausgedehnten Piazza Garibaldi die Christus-Statue unter den Bögen des mittelalterlichen Aquädukts wartet, wird die schwarzgekleidete Mariengestalt langsamen Schrittes über den Platz getragen. Etwa in der Mitte des Weges ›sieht‹ Maria den totgeglaubten Jesus und beginnt eiligst auf ihn zuzulaufen. Zugleich fällt ihr Trauergewand, und sie erstrahlt im goldbestickten Festtagskleid. Im gleichen Augenblick fliegen zwölf unter dem schwarzen Umhang verborgene Tauben zum Himmel auf.

Das schönste Weihnachtsfest hat **Rivisondoli** in den südlichen Abruzzen. Die Natur garantiert eine stilechte Umgebung für die ›Lebende Krippe‹:

Eine *festa povera* ist der ›Zigeunerlauf‹ von **Pacentro** bei Sulmona, der jährlich am 8. September stattfindet. Nicht wirkliche Zigeuner rennen hier barfuß durch Gestrüpp und über steinige Wege, sondern – jedenfalls traditionell – die armen Jugendlichen, die kein Geld hatten, sich Schuhe zu kaufen. Heute hat jedermann in Pacentro gutes Schuhwerk, doch am Festtag laufen sich die Jungen des Dorfes die Fersen blutig, in Erinnerung an schlechtere Zeiten. Der Siegespreis für den Schnellsten bestand einst in wärmenden Stoff. Übrigens war es gerade in Pacentro, daß mir ein dickleibiger, älterer Einheimischer mit melancholischer Resignation sagte: »Früher konnte ich gut laufen, hatte aber keine Schuhe – heute hab' ich Schuhe, kann aber nicht mehr laufen ...«

in anderen abruzzesischen Orten ästhetisches Unheil anrichtet. Hier dürfen Fassaden noch uritalienisch bröckeln. Das trägt zum Reiz der anmutigen *Piazza dell'Obelisco* am unteren Rand der Altstadt entschieden bei. Es bröckelt in allen nur denkbaren Rot-, Gelb- und Ockertönen, doch der Platz wirkt keineswegs verwahrlost: Balkone und Straßencafés sind liebevoll mit Blumen geschmückt. Schon Ferdinand Gregorovius fühlte sich hier wohl und beschrieb den »freundlichen Platz mit schönem Brunnen ..., umstellt von malerischen Gebäuden mit Logen oder mit gotischen Fenstern, oder von Renaissancepalästen.« Der moosbewachsene, von einem kleinen Obelisken überragte Brunnen in der Mitte faßt das Ensemble sanft zusammen Im Hintergrund lugt der gut 1 000 m hohe Monte La Difesa über die Dächer. Die unregelmäßige, leicht abschüssige Piazza strahlt nachhaltige Faszination aus – sie ist einer der schönsten Plätze der Abruzzen.

Die kunsthistorischen Sehenswürdigkeiten von Tagliacozzo sind zweitrangig, aber das Ambiente regt zu ausgedehnten Stadtspaziergängen an. Sie sind allerdings mit leichter Anstrengung verbunden: Der Ort zieht sich einen steilen Hang hinauf. Geht man am oberen Ende der Piazza dell'Obelisco nach rechts in die Via Beato Tommaso da Celano, so erreicht man das *Franziskanerkloster,* dessen Kreuzgang mit heiteren, farbenfrohen, naiven Fresken des 17. Jh.s geschmückt ist, die Szenen aus dem Leben des heiligen Franziskus schildern. Ungewöhnlich ist der gemalte Ordensstammbaum mit den Köpfen Dutzender von Franziskanern zwischen Schriftbändern mit ihren Namen. Die angrenzende Kirche *San Francesco* hat eine Fassade mit schönem gotischen Rosenfenster. Von hiert führt die Via del Teatro zum 1686 gegründeten

Teatro Talia, einem der ältesten Schauspielhäuser Italiens. Daneben steht der in Renaissanceformen erbaute *Palazzo Ducale.*

Auf der Treppengasse Via Romana gelangt man in einen Stadtteil, in dem Bilder des alten, in den Stürmen der Modernisierung fast verschwundenen Italien wieder lebendig werden. Katzen und schwarzgekleidete Großmütter ruhen vor den Häusern in der milden Sonne, Schafwolle liegt zum Trocknen ausgebreitet am Weg, dicke goldene Trauben hängen dicht im Weinlaub der Pergolen, es riecht nach frisch gepreßtem Most und lange eingekochten Tomatensaucen. Oleander und Geranien in großen Blumenkübeln schmücken die Gasse. Vor der Kirche San Pietro erreicht man die Via Valeria, ein Teilstück der alten Straße nach Rom. Hier nach links biegend, kann man weiter in dem alten Stadtviertel ansteigen bis zur kleinen Kirche *Madonna del Soccorso,* die unter Felswänden am oberen Ortsrand steht. Die ursprünglich romanische Konstruktion wurde im Lauf der Jahrhunderte mehrfach umgebaut. Das hübsche Portal mit gedrehten Säulen stammt von 1495, die elegante dreibogige Renaissance-Vorhalle von 1542.

Scanno: orientalische Sitten

[10] Schon die Anfahrt begeistert. 15 Kilometer nördlich von Scanno passiert man **Anversa degli Abruzzi,** dessen Häuser wie Tropfen eines Wasserfalls den Hang hinabzustürzen scheinen; die enge Ortsdurchfahrt ist gelegentlich durch eine Schubkarre oder ein paar Schafe versperrt. Hinter Anversa beginnt die steil abfallende und abwechslungsreich bewegte Kalkschlucht *Gola del Sagittario.* Die Straße windet sich abenteuerlich

Frauen in Tracht in Scanno

durch den Fels und steigt an zum kleinen Stausee von San Domenico. Wenig später erreicht sie den **Lago di Scanno,** der mit einer Ausdehnung von rund einem Quadratkilometer den größten natürlichen Abruzzen-See darstellt. Noch ein Anstieg bis auf 1015 m Höhe, und **Scanno** taucht auf.

Die Häuser des alten Ortes drängen sich geschlossen am Hang, die Naturfarben des Steins und der Ziegel glänzen im Sonnenlicht, irgendwo hängt bunte Wäsche aus einem Fenster, Treppenwege durchziehen die Ansiedlung. Man lebt in ruhigem Rhythmus. In den belebten Gassen haben Fußgänger Vorrang, selbst auf der Durchgangsstraße sind die Autos in der Defensive. Junge Mütter gehen mit ihren Kinderwagen in Zweier-Reihen auf dem Asphalt, diskutierende Männergruppen verlagern sich nur langsam, um einem Wagen Platz zu machen. Scanno ist abgelegen, doch es pulsiert vor Leben – nicht nur im Hochsommer und während der Skisaison, wenn sich der Ort mit Gästen füllt. 80 % der Einheimischen leben vom Tourismus, zu den 18 Hotels sind inzwischen auch ein paar Diskotheken hinzugekommen. Bei manchen Intellektuellen galt Scanno bereits als Geheimtip, als Henri Cartier-Bresson 1953 edle Schwarz-Weiß-Aufnahmen des hübschen Dorfs veröffentlichte. Er blieb nicht der einzige Fotograf, den Scanno inspirierte.

Der Ort gehört zu den wenigen Dörfern Italiens, wo noch gewohnheitsmäßig – vor allem sonntags – Trachten getragen werden. Die Frauenkleidung – schwarzer Wollrock mit dichten Falten, Jäckchen mit bauschigen Ärmeln, Silberknöpfen und weißen Spitzenkragen, turbanartige schiefsitzende Mütze mit farbigen Bändern – wird auf orientalische

Pescocostanzo: Barock in den Bergen

Man fühlt sich an die Alpen erinnert. Das Bergdorf liegt, umgeben von Schneebergen und oft genug selbst verschneit, auf 1395 m Höhe. Seine alten Gebäude sind vorzüglich restauriert und werden in sauberer Ordnung gehalten. Der denkmalgeschützte Ort besteht zum großen Teil aus Barockbauten – ein seltenes Bild in Mittelitalien und schon gar in den Abruzzen.

Bei näherem Hinschauen ist Pescocostanzo dann doch ganz italienisch. Schon die kahlen Hochflächen der Umgebung lassen keinen Zweifel daran, daß wir uns in den Abruzzen befinden. Doch es bleibt der Eindruck eines kulturellen Fremdkörpers in dieser Region.

Er täuscht nicht: In Pescocostanzo wanderten seit dem 15. Jh. in großer Zahl lombardische Handwerker ein. Unter dem Schutz der Könige von Neapel und der Adelsfamilie Colonna verhalfen sie dem Dorf zu ungewöhnlichem Reichtum. So entstand eine Fülle barocker Wohnhäuser und Palazzi, die sich zu stilistisch einheitlichen Straßenzügen und Plätzen zusammenschließen. Überall findet man interessante Bauten, deren Details zur Betrachtung auffordern: verzierte Portale, bewegte Fenstereinfassungen, elegant geschwungene Balkone, Stuckornamente. Die noblen Häuser, die Brunnen und kopfsteingepflasterten Straßen kontrastieren mit dem herben Reiz der kargen Berge um den Ort.

Pescocostanzos Prunkbau ist die Kirche *Santa Maria del Colle*. Jahrhundertelang wurde an dem Gotteshaus gebaut. Das Portal ist romanisch, doch die Ausstattung des fünfschiffigen Innenraums wird durch den Barock geprägt. Carlo Sabatini schuf 1670–82 die luxuriöse holzgeschnitzte Decke, aus der Engel und Putten auf die Gemeinde schauen; sie zeugt vom einstigen Wohlstand der Bürger. Ein ebenso ungewöhnliches Werk ist das schmiedeeiserne Gitter am Eingang zur Cappella del Sacramento. Putten, Menschen und Tiere sind dort in ein kompliziertes Geflecht von Ornamenten verwoben.

Noch immer ist das Handwerk in Pescocostanzo lebendig. Einzelne Holzschnitzer, Gold- und Kupferschmiede setzen die Traditionen fort. Auch die Spitzenklöppelei wird noch betrieben. Wesentlicher Wirtschaftsfaktor ist aber heute der Tourismus: Pescocostanzo liegt im Zentrum eines ausgedehnten Skigebiets.

Einflüsse zurückgeführt. Andere ungewöhnliche Sitten scheinen ebenfalls aus dem östlichen Mittelmeerraum zu stammen. In der Kirche hocken sich die Frauen auf den Boden. Die Hochzeitsriten folgen besonderen, nur hier gebräuchlichen Formen. Bis ins letzte Jahrhundert wurden in Scanno schwarze Schafe gezüchtet. Sie sind in Ägypten beheimatet und spielen anderswo in Europa, wie man weiß, nur die berühmte Außenseiterrollen. Man nimmt an, daß die Bevölkerung Scannos ursprünglich aus Osteuropa, Kleinasien oder sogar von den Ufern des Roten Meeres einwanderte.

Ganz italienisch ist Scannos schönster Laden: Die *Premiata e Antica Ditta*

Grand. Uff. Comm, Ettore Pagliari in der Via Silla. Der 89jährige Besitzer steht dynamisch dem Lebensmittelgeschäft vor, das vor mehr als 100 Jahren von seinem Vater begründet wurde und seither äußerlich fast unverändert blieb. In den Fächern der offenen Wandschränke lagen einst die verschiedenen Pasta-Sorten; heute präsentieren sie in einer überzeugend individuellen Ordnung Würste, Käse, Speck, Linsen, Honig, Liköre, Weine. Dazu kommen an den Wänden die mannigfachen Verdiensturkunden des Inhabers. Signor Pagliari versteht sein Geschäft: »Wenn Ihr Rabatt wollt«, mahnt ein handgeschriebenes Schild,»laßt mir die Zeit, die Preise zu erhöhen.«

Kunst und Natur

Für italienische Verhältnisse sind die Abruzzen keine bedeutende Kunstregion. Im Lande Michelangelos und Leonardos ist man verwöhnt – und die abruzzesische Kunst kann sich nicht mit den Werken der Toscana, Venedigs, Roms messen. Außerhalb Italiens aber würden die Kunstschätze des Gebirgslandes findigen Fremdenverkehrsämtern allemal für eine ›Burgen-Tour‹, eine ›Straße der romanischen Kunst‹ und eine ›Reise in die Antike‹ genügen. Es ist gar nicht wenig, was die Abruzzen Kunstfreunden bieten – es ist nur gut versteckt: Landkirchen in abgelegenen Tälern, Abteien unter felsigen Hängen, römische Theater auf einsamer Höhe. Die meisten historischen Bauten fügen sich harmonisch der Landschaft ein. Immer wieder begeistert ihr Zusammenspiel mit der Bergwelt der Umgebung.

Albe: Amphitheater im Fels

12 Das Forum ist größer als der Marktplatz des berühmten Pompeji, die Lage unübertrefflich. 300 Meter über der Ebene von Avezzano stellte die Römerstadt *Alba Fucens* eine uneinnehmbare Festung dar. Hierher brachten die Römer ihre bestgehüteten Gefangenen: den letzten König von Makedonien beispielsweise oder Bituitus, den Fürsten der gallischen Averner. Riesige, zum großen Teil noch erhaltene Mauern schützten das Gelände, das in der Blütezeit des Ortes von 30 000 Menschen bewohnt wurde. Sie trafen sich auf dem Forum, in den Markthallen, den Thermen, im Theater und vor den Tempeln. Die Grundmauern dieser Gebäude wurden seit 1971 freigelegt. Man braucht Phantasie, um sich pulsierendes Leben zwischen den alten Stei-

Blick auf die archäologische Zone von Albe

nen vorzustellen – heute liegt arkadische Ruhe über der Ausgrabungsstätte.

Gut erhalten ist das *Amphitheater,* das etwas oberhalb des antiken Zentrums in den Fels gehöhlt wurde. Von seinen Rängen schweift der Blick über die Umgebung: im Norden zum monumentalen Massiv des Monte Velino, im Süden auf die Ebene von Fucino und die sich hintereinanderschiebenden Gebirgszüge der Monti Simbruini und Monti Ernici. Vom Amphitheater aus wird auch die Lage der antiken Stadt zwischen drei Hügeln anschaulich. Auf dem höchsten von ihnen sieht man die Ruinen einer Burg. Wie das darunterliegende Dorf wurde sie 1915 bei einem Erdbeben zerstört. Zwischen den farbigen Häusern des neuerrichteten Örtchens Albe erblüht in fremdartiger Schönheit die Fensterrose der gotischen Kirche *San Nicola,* deren Fassade

wunderbarerweise die Katastrophe überstand.

Neben dem Amphitheater erhebt sich die romanische Benediktinerkirche *San Pietro* an der Stelle eines antiken Apollo-Heiligtums. Sie birgt ansprechende Bildhauer- und Mosaikarbeiten, vor allem an der Kanzel und der Chorschranke. An vielen Stellen wurden Bruchstücke römischer Bauten verwendet. So findet man wunderschöne korinthische Säulen und eine Steinplatte mit der Ritzzeichnung eines springenden Löwen. Die Jahrhunderte berühren sich, eine Szene aus dem nahegelegenen Amphitheater drang in das mittelalterliche Gotteshaus ein.

Santa Maria in Valle Porclaneta

Santa Maria in Valle Porclaneta: Archaische Einsamkeit

13 Die Klosterkirche Santa Maria in Valle Porclaneta liegt nur wenige Kilometer von Albe entfernt. Aus der betriebsamen Fuciner Ebene fährt man unterhalb des Monte Velino ein grünes Tal hinauf und passiert das hübsche Dorf **Rosciolo**, dessen braune Steinbauten eine sehenswerte Dorfkirche umgeben. Der Berg rückt näher, das Sträßchen wird schmaler. Auf gut 1000 m Höhe finden wir unter der steilen Felsflanke des Velino die Kirche *Santa Maria* in archaischer Einsamkeit. Nur ein schmaler Durchlaß öffnet sich zur Ebene. Einst schimmerte dort, den Mönchen ständig vor Augen, der blaue Wasserspiegel des Fuciner Sees (vgl. S. 259).

Die alte Abtei ist zerfallen, doch die um 1080 erbaute Klosterkirche wurde sorgfältig restauriert. Zum Schutz gegen Erdbeben hat man sogar in einer aufwendigen Operation den Untergrund durch Zementblöcke gesichert. Sie bleiben zum Glück unsichtbar. So wird die Atmosphäre nicht durch Schönheitsflecken verletzt; wir spüren ungestört den Wind, die Berglandschaft, die Bäume und Wiesen und eben die Kirche. Der Bau wirkt auf den ersten Blick schlicht; doch im Innenraum finden sich bedeutende Kunstwerke. Romanische Bildhauerarbeiten an der Kanzel zeigen Szenen aus dem Leben Jonas' und Davids. Reicher Skulpturenschmuck ziert auch den Altarbaldachin aus dem 12. Jh. An der Chorschranke erblickt man faszinierende Reliefs mit Darstellungen von Fabelwesen, darüber einen geschnitzten Architrav aus Holz. Die Ornamente machen arabische Einflüsse deutlich und erinnern daran, daß die weltabgeschiedene Abtei sich den Einflüssen fremder Kulturen öffnete.

Man tritt aus der Kirche wieder ins Freie. Unterhalb des Bauwerks steht eine Viehtränke, dort versammeln Schäfer ih-

re Herden. Die Tiere drängen sich blökend, Hunde jagen wachsam hin und her. Die Stimmen der Hirten tragen Zurufe in ausgeprägtem Dialekt durchs Tal. Für einen Augenblick fühlt man sich in jenem Italien, das auf den Bildern der romantischen Maler erschien. Gelegentlich trifft man dies fast verschwundene Land und seine Stimmungen noch wieder.

San Liberatore a Maiella: Feigen unterm Glockenturm

14 San Liberatore a Maiella bei Serramonacesca am nordöstlichen Rand des Maiella-Gebirges ist eine der eindrucksvollsten unter den vielen romanischen Kirchen der Abruzzen. Sattes Grün von Wiesen und Wäldern umgibt den Bau aus hellem Kalk, der sich wie ein Stück geformter Natur aus der Landschaft erhebt. Eine Zypressenallee führt auf die Kirche zu, einige Öl- und Feigenbäume lassen ihre Früchte vor dem Gotteshaus reifen, es riecht nach Minze, die versteckt im Grase wächst. Der fast 1000jährige Glockenturm ist der älteste Campanile der Abruzzen. Der Innenraum erscheint überrraschend groß für die einsame, fast verlassen wirkende Kirche. Doch einst stand hier ein bedeutendes Benediktiner-Kloster. Nachdem ein älterer Bau bei einem Erdbeben zerstört worden war, entsandte die mächtige Abtei von Montecassino 1007 den Mönch Theobaldus, der binnen zwölf Jahren die heutige Kirche errichten ließ. Er schmückte das Gotteshaus aufs Kostbarste, »stellt sechs Altäre auf, weiht den Hauptaltar dem Heiland (Salvator et Liberator), verziert ihn mit einem kostbaren silbernen, teils vergoldeten Vorsatz, breitet seidene Decken aus Konstantinopel auch über einige der anderen Altäre, schleppt selbst Besitztümer seiner Eltern zum Schmuck der Kirche herbei, kauft und gießt Glocken und stattet den Bau mit den erlesensten Herrlichkeiten aus, derer er habhaft werden konnte« (Roger Willemsen). Von Theobaldus' Prunk blieb nichts erhalten. Doch noble Ausstattungsfragmente aus späterer Zeit – der Fußboden des 13. Jh.s mit farbigen Steinintarsien und einige Renaissance-Fresken – unterstreichen den Eindruck majestätischer Würde, der von San Liberatore ausgeht. Hier mag man lange Zeit verweilen und der Harmonie von Kunstwerk und Landschaft nachspüren. Sonntags allerdings wird die Kontemplation nicht gelingen; dann rücken Ausflügler mit Ball und Picknickkorb an und füllen das Tal mit ihrem Geschrei. (Den Schlüssel zur Kirche erhält man beim Pfarrer in Serramonacesca.)

San Clemente a Casauria: »Blonde Steine«

15 San Clemente a Casauria ist der berühmteste romanische Bau der Abruzzen. Zisterzienser haben die Abteikirche im 12. Jh. errichtet, doch das Kloster ist wesentlich älter. Die Überlieferung schreibt seine Gründung dem Urenkel Karls des Großen, dem Frankenkaiser Ludwig II. zu. Die Gründungslegende wird in den Reliefs am Architrav des Hauptportals erzählt; rechts oberhalb davon erblickt man den Bauherrn, den Abt Leonas, mit einem Modell der Kirche.

Gabriele D'Annunzio, der aus dem nahegelegenen Pescara stammende hochtönende Poet, schwärmte von dem »blonden Stein« und der »souveränen Schönheit« San Clementes. Blond mag der helle Kalk allenfalls im warmen Abendlicht wirken, doch an der Schönheit besteht kein Zweifel. Der edle Bau strahlt Ruhe und Würde aus, die man in der zersiedelten, ungeschickt modernisierten Umge-

San Clemente a Casauria

te Kanzel und der ebenfalls aufwendig dekorierte Altarbaldachin. Noch aus dem 9. Jh., also von dem ersten bestehenden Gotteshaus, stammt ein Teil der Krypta.

Fossa: Lebendige Fresken

Ganz einfach wird dem Reisenden die Besichtigung von *Santa Maria delle Grotte* in Fossa nicht gemacht. In dem kleinen Dorf einige Kilometer südlich von L' Aquila muß man zuerst einmal nach dem Kirchenschlüssel suchen. Der Kustode (im Haus Nr. 18 an der Hauptstraße) ist vielleicht gerade unterwegs, doch der Nachbar weiß, wen man statt dessen fragen kann. *Pazienza,* einen Augenblick Geduld ... Wir hocken uns auf eine Treppenstufe und nehmen uns ein Beispiel an der alten Dame, die im Hauseingang gegenüber mit viel *pazienza* Maiskörner aus den Schoten pult. Und das Warten lohnt: Santa Maria delle Grotte, in der 2. Hälfte des 13. Jh.s als schlichter Bau der Zisterziensergotik entstanden, birgt zwei faszinierende Freskenzyklen. Die gesamte Kirche wurde von unbekannten Malern ausgeschmückt. Es waren große Künstler. Die Farben sind frisch und lebendig, die Details abwechslungsreich gestaltet. Man schaut gern lange hin, immer wieder gibt es Überraschendes zu entdecken. Skurrile Tiere werden von Gottvater erschaffen, eine höchst feminine Eva bringt sich und Adam ins Verderben, zum Abendmahl sitzen lebhaft diskutierende Jünger beisammen, mit äußerster Dramatik wird die Gefangennahme Christi und die Geißelung dargestellt.

Die Bilder der rechten Wand, der Eingangsseite und des Chors stammen aus dem 13. Jh. Sie zeigen das Jüngste Gericht (am Eingang), die Schöpfungsgeschichte und Szenen des Alten Testa-

bung ansonsten nicht findet. San Clemente liegt im Tal zwischen den Gebirgsmassiven des Gran Sasso und der Maiella. Heute verläuft in der Nähe die Hauptverbindung Pescara-Rom; an der Durchgangsstrecke haben sich Neubauten breitgemacht. So steht das Landschaftsbild im Kontrast zu dem ursprünglichen Zustand – in früheren Zeiten wurde die besondere Anmut des Platzes gerühmt.

Künstler aus dem Burgund, der Lombardei und Apulien haben neben einheimischen Meistern in San Clemente gewirkt. Die dreibogige Vorhalle wurde reich mit Skulpturen geschmückt, die norditalienische Einflüsse erkennen lassen. Die Bronzetür aus dem 12. Jh. ist nicht mehr vollständig: Diebe entwendeten einige der 72 Bildplatten.

Im Innenraum deutet sich der Übergang zur Gotik an. San Clemente zählt zu den ersten Kirchenbauten, bei denen Spitzbögen verwendet wurden. In dem klar gegliederten, edlen Raum fallen drei Einzelkunstwerke ins Auge: der fünf Meter hohe, mit Mosaiken geschmückte Osterleuchter, die mit Skulpturen verzier-

Abruzzen-Kunstschätze im Überblick

Die Kultur der vor-römischen italischen Stämme lernt man am besten im Nationalmuseum von **Chieti** kennen, das zudem auch römische Funde ausstellt. In Chieti (vgl. S. 289) haben sich daneben römische Ruinen erhalten, insbesondere eine eindrucksvolle Zisterne. Auch unter dem Dom von **Atri** findet man ein antikes Wasserreservoir.

Die wichtigsten römischen Ausgrabungsstätten außer **Alba Fucens** (S. 277) sind **Amiternum** nördlich von L' Aquila mit Resten eines Theaters und Amphitheaters sowie das traumhaft gelegene **Iuvanum** östlich des Maiella-Gebirges.

Fast unerschöpflich ist die Fülle romanischer Kirchen in den Abruzzen. Mehrere von ihnen befinden sich südlich von L' Aquila: *Santa Giusta* in **Bazzano** zeichnet sich durch die schöne Fassade aus goldgelbem Kalkstein aus. In **Bominaco** zeigt *San Pellegrino* Fresken des 13. Jh.s Die Klosterkirche *Santa Maria Assunta* im selben Ort besitzt eine herrliche skulptierte Kanzel und einen Osterleuchter mit Tierdarstellungen.

Nördlich von Sulmona liegt bei **Corfinio** die *Basilica Valvense* (oder *San Pelino*). Im hohen, fast schmucklosen Innenraum tritt die fein verzierte Kanzel – ähnlich derjenigen von San Clemente a Casauria – besonders hervor.

Der Dom von **Teramo** zeigt ein mosaikgeschmücktes Portal und zahl-reiche reizvolle Einzelkunstwerke (vgl. S. 285 f.). Im Hügelland östlich des Gran-Sasso-Massivs finden sich die freskengeschmückte romanische Kirche *Santa Maria di Ronzano,* das stimmungsvolle kleine Gotteshaus *San Clemente a Vomano,* die alte Abteikirche *Santa Maria di Properzano.* Ganz im Süden der Abruzzen liegt *San Giovanni in Venere* herrlich am Meer.

Ein Bau des romanisch-gotischen Übergangsstils ist *Santa Maria di Collemaggio* in **L' Aquila.** Vor allem gotische Elemente zeigt der Dom von **Atri.**

Die Renaissance ist in den Abruzzen insbesondere mit grandiosen Festungsbauten vertreten. Besonders eindrucksvoll ist die Festung von **Civitella del Tronto** (vgl. S. 286), beachtenswert sind auch die Kastelle von **Celano** und **L' Aquila.** Den bedeutendsten Kirchenbau aus dieser Zeit stellt *San Bernardino* in **L' Aquila** dar. Einen schönen Renaissance-Freskenzyklus schuf Andrea Delitio im Dom von **Atri** (vgl. S. 287). In der Barockzeit entstanden Palazzi und Kirchen in **L' Aquila,** wo nach dem Erdbeben von 1703 große Teile der Stadt neuaufgebaut werden mußten. Unübertroffen aber ist das Barock-Ensemble des Dorfes **Pescocostanzo** (S. 276).

Einen Kunsteindruck eigener Art vermittelt das Keramikmuseum von **Castelli** am Osthang des Gran Sasso: die farbig bemalten Arbeiten gehören zu den qualitätsvollsten des 18. Jh.s

Fresken in Santa Maria delle Grotte in Fossa

ments (rechte Wand) sowie die Passion Christi (Chor). Dazu kommen, ebenfalls an der rechten Wand, sechs Monatsdarstellungen mit den der Jahreszeit entsprechenden Arbeiten. An der linken Seite waren vermutlich ursprünglich Szenen des Neuen Testaments und die anderen sechs Monate zu sehen. Diese Bilder gingen verloren; statt dessen entstand hier im 14. und 15. Jh. ein zweiter Freskenzyklus mit Bildern aus dem Marienleben. Der Maler dieser Werke zeigt sich von der toscanischen Kunst seiner Zeit, insbesondere von Giotto beeinflußt.

Zwischen Meer und Bergen: Das Hügelland

Die Abruzzen bestehen nicht nur aus wilden Berglandschaften. Die Region umfaßt nahezu 150 km Meeresküste und ein ausgedehntes Hügelland. Die Adria bietet wenig Interessantes: Die flachen Ufer, an denen Bahn und Straße verlaufen, sind weitgehend mit anonymen Feriensiedlungen verbaut; nur im Süden, zwischen Ortona und Vasto, finden sich reizvollere Küstenabschnitte. Doch das Hügelland lohnt die Reise. Zwischen den Bergmassiven und dem Meer wellen sich die Erhebungen, hinter denen schroff die Monti della Laga, der Gran Sasso und die Maiella aufsteigen. Kleinteilig gegliederte Kulturen geben dem

Boom im Hügelland: Die Abruzzen sind nicht mehr ›unterentwickelt‹

Jahrhundertelang waren die Abruzzen arm und ökonomisch rückständig. Die isolierte Lage, die Unfruchtbarkeit des Bodens und die Ausbeutung durch feudale Grundbesitzer verhinderten jeden wirtschaftlichen Aufschwung. Das Elend der Landbevölkerung wird besonders anschaulich in den Romanen des abruzzesischen Schriftstellers Ignazio Silone beschrieben (vgl. S. 269). Den einzigen Ausweg aus der Misere bildete die Emigration. Im 19. Jh. zogen Hunderttausende nach Nord- und Südamerika. Nachdem unter dem Faschismus die Auswanderung verboten war, setzte in den 50er und 60er Jahren unseres Jahrhunderts eine zweite Fluchtwelle ein, – diesmal vor allem nach Mitteleuropa und Norditalien. Auch Rom ist seit jeher ein Ziel der Arbeitsemigranten. Am Tiber leben gegenwärtig mehr Abruzzesen als in den vier Provinzhauptstädten Teramo,

Pescara, Chieti und L' Aquila zusammen!

Mittlerweile sind viele Auswanderer in ihre Heimat zurückgekehrt. Bei der Reise durchs Land trifft man überall auf Menschen, die gut deutsch oder englisch sprechen und lebendig von Stuttgart, Zürich oder Chicago erzählen. Doch vor allem Universitäts-Absolventen verlassen noch immer die Region, weil sie hier keine Arbeit finden.

Die Zeiten der Armut aber sind vorbei. Obwohl die Abruzzen in Italien zum *Mezzogiorno,* zum wirtschaftlich unterentwickelten Süden gezählt werden, lassen die Wirtschaftsdaten eher eine Nähe zu den Regionen des *Centro* wie Latium und Umbrien erkennen. Das Pro-Kopf-Einkommen ist gewiß noch immer niedriger als im gesamtitalienischen Durchschnitt. Dafür aber ist die Lebensqualität – was Umwelt, Frei-

Land das Bild des Flickenteppichs. Kornfelder, Wiesen, Waldstücke, Olivenhaine und Weinberge wechseln einander ab. Dann wieder stößt man auf ausgedehnte Zonen des Getreideanbaus, in denen im Frühsommer die Erde gelb zu leuchten scheint, oder auf riesige Olivenpflanzungen mit knorrigen alten Bäumen. In manchen Gegenden setzen die Erosions-

Wunden der *Calanchi* merkwürdige Akzente. Auf den Hügelkuppen hocken alte Ortschaften. Manche von ihnen wirken schöner aus der Ferne als von nahem: Viele Details der historischen Bauten sind im letzten Vierteljahrhundert unter ungeschickten Modernisierungsmaßnahmen verschwunden. Vor allem im Norden der Region hat mißverstandene

zeitmöglichkeiten, Verkehr angeht – in Chieti oder Teramo höher als in Mailand, die Lebenshaltungskosten sind erheblich geringer. Und viele Familien wohnen im eigenen Haus, verpflegen sich aus dem eigenen Garten, betreiben womöglich noch eine Nebenerwerbslandwirtschaft. All das taucht in den Statistiken nicht auf. Von Süditalien unterscheiden sich die Abruzzen übrigens noch in einer anderen Hinsicht: Die Kriminalitätsrate ist niedrig, die Mafia und andere Verbrecherorganisationen haben keine Macht.

Reist man über die Küstenstrecke in die Abruzzen ein, so wird man über die Modernität des Landes vermutlich geradezu enttäuscht sein. In der nördlichen Provinz Teramo befindet sich der stärkste industrielle Entwicklungspol der Region. Fast 2000 Klein- und Mittelbetriebe fertigen hier Jeans und Hemden, Pelze und Lederkoffer, Möbel und Schuhe. Das Land ist zersiedelt, die Industriezonen schlagen den sanften Hügeln häßliche Wunden. Doch das abruzzesische Wirtschaftswunder wird nicht nur bei Teramo spürbar. Industrie findet sich konzentriert auch im Raum Pescara-Chieti und bei Lanciano-Vasto. Einige Unternehmen sind wirtschaftlich sehr stark. Die moderne Glasfabrik von San Salvo bei Vasto fertigt gut ein Fünftel aller europäischen Autofenster. Coca-Cola errichtet in den Abruzzen die »schnellste Dosenfabrik der Welt«. In anderen Fabriken entstehen Compact Discs und Elektronik-Bausteine, Transmissionsriemen und Babywindeln.

Die abruzzesischen Nudel-Hersteller zählen zu den erfolgreichsten Italiens. Weit verbreitet ist auch das Handwerk: 39 000 Werkstätten schaffen Goldschmuck und Kupferkessel, Möbel und Keramik, Lederwaren und Musikinstrumente.

Die Berggebiete, der ausgedehnteste Teil des Landes, sind von industriellen Anlagen weitgehend frei geblieben. Die Naturschönheit der Abruzzen ist – mit Ausnahme weniger Zonen – unzerstört. Das hat allerdings seinen Preis. In den Bergregionen ist der Lebensstandard am niedrigsten, die Entvölkerung nach wie vor am stärksten. Ob der Tourismus Abhilfe schaffen kann? Der Nationalpark der Abruzzen hat sich nicht nur unter ökologischen Gesichtspunkten, sondern auch ökonomisch als Erfolg erwiesen (vgl. S. 262). Vielleicht wird auch die Einrichtung neuer Naturschutzgebiete am Gran Sasso, in den Monti della Laga und der Maiella einen ›sanften Tourismus‹ und den Wohlstand der Bevölkerung fördern.

Fortschrittlichkeit das Gesicht der Ansiedlungen häufig verunstaltet. Aber dann findet man wieder, wie in Civitella del Tronto, Loreto Aprutino, Gissi und vielen kleineren Orten, vorzüglich erhaltene historische Zentren. Und immer begeistern die imposante Kulisse der Berge im Hintergrund der grünen Hügel und der Blick aufs Meer.

Die Provinz Teramo: abruzzesisches Wirtschaftswunder

Teramo, die Hauptstadt der nördlichsten Abruzzen-Provinz, ist kein anziehender Ort. Zwar rühmt er sich einer mehr als 2000jährigen Geschichte, doch das Stadtbild wirkt seelenlos modern. Den

Charme italienischer Urbanität sucht man hier vergeblich. Allein der Dom *San Berardo* bildet ein lohnendes Ziel. Das romanische, mehrfach umgebaute Gotteshaus wurde im 12. Jh. errichtet. Ein Magister Deodatus schuf 1332 das eindrucksvolle spitzgieblige Kirchenportal, an dem feine Mosaiken leuchten und steinerne Heilige aus gotischen Nischen hervorblicken. Der originelle Glockenturm ist mit farbigen Majolika-Kacheln geschmückt. Schöne Kunstwerke birgt der Innenraum. Die Weihwasserbecken wurden aus antiken Bruchstücken zusammengesetzt. Auf einem der Reliefs schlich sich ein nacktes Liebespaar in die Kirche und treibt nun dort seit vielen hundert Jahren sein Wesen. Ein Meisterwerk ist der Altarvorsatz von Nicola da Guardiagrele. Zwischen 1433 und 1448 schuf der Künstler die Silberschmiedearbeit mit Szenen des Neuen Testaments. 206 Figuren beleben die prunkvollen 35 Bildfelder. Das Gemälde der »Marienkrönung« des Venezianers Jacobello da Fiore stammt aus der Zeit um 1420. Unter der Hauptszene ist eine Stadtansicht des spätmittelalterlichen Teramo zu erblicken. Es war, zumindest unter ästhetischem Gesichtspunkt, reizvoller als die heutige Stadt.

Das 20 Kilometer nördlich gelegene **Civitella del Tronto** 🔟 bietet dagegen rundum erfreuliche Eindrücke. Der hübsche Ort befindet sich in herrlicher Panorama-Position am Rand der Monti della Laga. Man blickt weit übers Hügelland, zum Meer und aufs Gebirge. Hauptanziehungspunkt ist die Renaissance-Festung hoch über der Stadt. Schon im 11. Jh. stand hier ein Kastell. Später gewann der an der Grenze zwischen dem Königreich Neapel und dem Kirchenstaat gelegene Platz besondere strategische Bedeutung. Die neapolitanischen Könige ließen die Burg zu einer monumentalen Fe-

stungsstadt ausbauen. Über eine Länge von 500 Metern erstrecken sich Mauern, Bollwerke, Exerzierplätze, Brunnen, Ställe. Man sieht den ehemaligen Gouverneurspalast, eine Kirche, die Ruinen der Kasernen. Nach dem Zusammenbruch des süditalienischen Reichs verbarrikadierten sich hier 1861 die letzten königstreuen Truppen. Aus Rache ließen die siegreichen Piemontesen die Festung schleifen. Gründliche Restaurierungsarbeiten haben seit 1973 den alten Anblick weitgehend wiederhergestellt.

Die Provinz Teramo war lange Zeit sehr arm. Seit den 80er Jahren aber entfaltet sich dort, zumindest in einigen Gebieten, ein ›abruzzesisches Wirtschaftswunder‹. Hunderte von Kleinfabriken entstanden. Der Landschaft hat der Boom nicht gut getan. Es sind nicht einmal so sehr die Industriezonen, welche das Auge stören, als die allgegenwärtige Zersiedlung durch neue Wohnbauten, Straßen, Autobahnbrücken, Elektrizitätsleitungen und ähnliche Siegeszeichen des technischen Fortschritts. Man beruhigt sich nur am Anblick der steil aufragenden Bergkette des Gran Sasso, die überall das Land dominiert. Oder man flüchtet in eine der hier besonders zahlreichen romanischen Kirchen. Sie atmen einen anderen Geist als die eilig modernisierte Umgebung, sind stille Refugien in einer Welt, die allzu krampfhaft versucht, jahrhundertealte Armut so schnell wie möglich zu vergessen. Bei **Santa Maria di Ronzano** im oberen Vomano-Tal ist der Gran Sasso ganz nah; die Kirche besitzt ein reich geschmücktes Apsisfenster und Fresken des 13. Jh.s. Talabwärts finden wir in **San Clemente a Vomano** hinter der schlichten Fassade einen stimmungsvollen Innenraum; an dem großartigen, reich ornamentierten Altarbaldachin starren expressive Fratzen aus dem steinernen Rankenwerk hervor. Die ehe-

Santa Maria di Propezzano

malige Klosterkirche **Santa Maria di Propezzano** zeigt Reste von Renaissance-Fresken. Am aufwendig geschmückten linken Seitenportal, das nur einmal im Jahr zu Mariae Himmelfahrt geöffnet wird, fällt die Darstellung von Tieren auf, die in der christlichen Mythologie gemeinhin keine Rolle spielen: Es handelt sich um gewöhnliche Hausschweine. (Die Schlüssel für die Kirchen erhält man jeweils in den Nachbarhäusern.)

Von Atri nach Chieti: lebendige Stadtzentren

Südlich des Vomano verläßt man das unerfreulich zersiedelte Gebiet und kann die Landschaft wieder genießen. Um Atri sind die seltsamen Erdformationen der *calanchi* häufig: von der Erosion ausgewaschene Rinnen, die wie große Wunden des Bodens wirken und in das grüne Land braungelbe Farbakzente setzen. Noch weiter südlich, um Penne und Loreto Aprutino, ist das Hügelland kilometerweit mit Ölbäumen bestanden. Es sind die ältesten Olivenhaine Mittelitaliens. Anders als in der Toskana und Umbrien hat hier, in der Nähe des Meeres, der katastrophale Frosteinbruch des Winters 1984/85 die Bäume nicht zerstört, so daß man keine Neupflanzungen anlegen mußte.

In **Atri** 17, einem Städtchen von ca. 11 000 Einwohnern, herrscht ruhige Provinzatmosphäre. Im Mittelalter war der Ort dreimal so stark bevölkert und konnte sich den Bau einer prachtvollen Kathedrale leisten. Der schöne Dom, *Santa Maria Assunta,* steht im Stadtzentrum. Der eindrucksvollen Fassade hat man leider

Atri, Fresken mit Szenen aus dem Marienleben von Andrea Delitio im Dom

eine häßliche Sparkasse im faschistischen Stil und einen nicht viel reizvolleren Klinkerbau der 50er Jahre gegenübergestellt. Der geräumige Innenraum birgt im Chor den bedeutendsten Renaissance-Freskenzyklus der Abruzzen: lebendige Szenen aus dem Marienleben und dem Neuen Testament, die um 1480 von Andrea Delitio geschaffen wurden. Lohnend ist auch der Besuch des hinter dem Dom gelegenen *Kreuzgangs.* Sein

Oberschoß beherbergt das *Dommuseum,* das reizvolle Gemälde, Statuen, Meßgefäße und -gewänder sowie Keramik zeigt.

Schon unter den Römern hatte Atri, das am Kreuzungspunkt zweier Fernstraßen lag, als Handelsstadt Bedeutung. Den eindrucksvollsten Überrest aus römischer Zeit bildet eine große *Zisterne.* Sie dient dem Dom als Fundament und ist ebenfalls vom Kreuzgang aus zugänglich. Hier wurde ursprünglich – schon seit dem 3. Jh. v. Chr. – Trinkwasser gespeichert; später gliederte man das ausgedehnte Gewölbe einer großen Thermenanlage ein. Im frühen Mittelalter wurde es schließlich als Kirche genutzt; an den Wänden des fünfschiffigen Baus haben sich noch Fresken mit christlicher Thematik erhalten.

Loreto Aprutino, Fresken vom Jüngsten Gericht in Santa Maria in Piano

Penne, etwa gleich groß wie Atri, ist ein lebendiges, hübsches Städtchen mit winkligen Gassen. Die Aussicht zum Gran Sasso begeistert, ebenso läßt der Besuch im über hundertjährigen Restaurant *Tatobbe* das Herz der Reisenden höher schlagen: abruzzesische Landküche in bester Qualität ...

Loreto Aprutino zeigt ein besonders malerisches Ortsbild. Weiße Häuser mit rotbraunen Ziegeldächern schieben sich am Hang übereinander, die mittelalterliche Anlage des Städtchens ist noch gut erkennbar. Südlich vom Ortszentrum steht die interessante Kirche *Santa Maria in Piano*. Die Eingangswand ist mit einem originellen Fresko des Jüngsten Gerichts geschmückt, das im 14. Jh. von einem unbekannten Maler geschaffen wurde. Man erkennt Seelen, die eine Brücke überschreiten – einige fallen hinunter in einen Fluß aus siedendem Pech – und dann entweder direkt in den Vorgarten des Paradieses oder zum hl. Michael mit der Seelenwaage gelangen. Die Erlösten gehen durch ein Palmenwäldchen, kommen schließlich ins Paradies und geben sich dort heiteren Tänzen hin. Im rechten Seitenschiff sind Szenen aus dem Leben des heiligen Thomas dargestellt; auf den Bildern wurden zahlreiche Graffiti eingeritzt, die unter anderem berichten: »Am 18. April 1508 hatten wir für 24 Stunden Schnee«, »Am letzten Julitag 1590 verdunkelte sich die Sonne«, »Im Februar 1579 waren die Spanier in Loreto«. Der vergoldete barocke Hauptaltar der Kirche ist ein Genuß fürs Auge; seine bewegten Figuren drücken eine festliche und fröhliche Religiosität aus.

Pescara, mit rund 160 000 Einwohnern die größte Stadt der Abruzzen, ist eine moderne Stadt mit anonymer Architektur. Zwar ist man stolz auf die 10 km lange Uferpromenade und die breiten Sandstrände, doch Reisende werden in Pescara wenig Interessantes finden. Kriegszerstörungen haben den alten Stadtkern vernichtet. In der Nachkriegszeit führte dann ein immenser Bevölkerungszuzug aus dem Hinterland zu einem unkontrollierten Wachstum der Stadt.

Angenehm wirkt dagegen das nahegelegene **Chieti** . Zwar fühlt man sich bei der Anfahrt zunächst abgeschreckt: Die Silhouette der Hügelstadt wurde durch Neubauten gründlich ruiniert. Dann aber gelangt man in ein freundliches Provinzzentrum, in dem sich reges Leben entfaltet. Hauptachse der Altstadt ist die breite Fußgängerpromande *Corso Marrucino,* an der sich Geschäfte, Cafés und Pasticcerie aneinanderreihen. Zwischendrin stehen große barocke und klassizistische Palazzi sowie das hübsche *Teatro Marrucino* aus dem 19. Jh. Hinter der Kathedrale, deren Glockenturm noch aus dem 14. Jh. stammt, ge-

In Chieti

nießt man eine herrliche Aussicht auf Gran Sasso und Maiella.

Sehr lohnend ist der Besuch des farbigen Bauernmarkts an der Piazza Malta. Ein Stück oberhalb findet – rechts an der Via Arniense – der Fischmarkt statt.

Chieti war eine bedeutende Römerstadt. Aus dieser Zeit blieben einige Ruinen erhalten. Im Zentrum stehen an der Stelle des ehemaligen Forums Überreste römischer Tempel, die *Tempietti romani*. Unweit davon sieht man die Ruinen eines *Theaters*. Den besterhaltenen Komplex stellen die *Thermen* dar. Die große *Zisterne* gibt einen vorzüglichen Eindruck von Wasserversorgungssystem der Römer. Auf einer Grundfläche von 60 x 15 m wurden neun miteinander kommunizierende Räume in den Hügel gehöhlt und ausgemauert. Quellen und Regenwasser füllten die Säle, die vermut-

lich nicht nur die angrenzenden Bäder, sondern die ganze Stadt mit Wasser versorgten.

Bedeutendste Sehenswürdigkeit der Stadt ist das *Museo Nazionale di Antichità*. Die vorzüglich eingerichtete Sammlung zeigt römische Skulpturen, eine antike Münzsammlung, vor allem aber eine bedeutende Kollektion von Funden aus den vor-römischen Kulturen italischer Stämme. Das berühmteste Ausstellungsstück ist die Skulptur des *Kriegers von Capestrano* aus dem 6. Jh. v. Chr. Das Standbild, das man lange Zeit für etruskisch hielt, stammt aus der sogenannten pizenischen Kultur. Der Krieger trägt Schwert, Kampfaxt und Wurfspieß, steht aber in völlig entspannter Haltung dar. Vielleicht handelt es sich um die Darstellung eines Toten, der sich den Mächten des Jenseits ergeben ausliefert.

San Giovanni in Venere

Im Bann der Maiella: das südliche Hügelland

Immer reizvoller wird die Landschaft, je weiter man nach Süden reist. Nun bildet der Höhenzug der Maiella den Hintergrund der Städtchen, Weinberge und Felder; er wirkt wie ein sicherer Halt in dem bewegten Relief des Hügelmeers. Auch die Küste entfaltet ab Ortona mehr Charme als im Norden der Abruzzen. Sie ist nicht mehr eintönig flach, sondern fällt einige Meter zum Wasser ab. Versteckte Pfade führen zu kleinen Buchten, in denen die Einheimischen baden. Hier findet man endlich einmal unverbaute Küstenabschnitte. Gelegentlich fallen merkwürdige Holzkonstruktionen ins Auge: die *trabocchi,* eine Art Pfahlbauten, von denen Fischernetze ins Wasser gespannt werden.

Auf einem Hügel oberhalb des Meeres steht bei Fossacesia die Kirche **San Giovanni in Venere** [20], ein Schmuckstück der abruzzesischen Romanik. Großartig ist ihre Lage zwischen Ölbaumhainen, mit weiter Aussicht über die Küste. Ein skulpturengeschmücktes Portal im Stil der französischen Romanik schildert Szenen aus dem Leben Johannes des Täufers. Durch den hohen Innenraum gelangt man zum Kreuzgang, der zwar großenteils in den 30er Jahren unseres Jahrhunderts rekonstruiert wurde, aber eine einnehmende Atmosphäre bewahrt. In einem leicht verwilderten Garten gedeihen Palmen, Zypressen, Lorbeer, Rosen, Kaki- und Granatapfelbäume. Der Wind weht vom Meer herauf – sonst hört man kein Geräusch. Ein Seitenportal mit langobardischen Flechtbandornamenten erinnert an die Zeit, als die germanischen ›Langbärte‹ hier herrschten. Aus den noch viel entfernteren Jahrhunderten, in denen sich an der Stelle der Kirche ein römischer Venus-Tempel erhob, ist

Gissi

nichts geblieben als die Stimmung des ungewöhnlichen Ortes.

Lanciano [21] ist eine geschäftige Kleinstadt. Innerhalb eines Gürtels aus Neubauten und kleinen Fabriken verbirgt sich ein hübsches, recht ausgedehntes historisches Zentrum. Fährt man von hier weiter ins Hinterland, etwa in Richtung Villa Santa Maria, Iuvanum oder Gissi, so gelangt man in einsame Gebiete von großer landschaftlicher Schönheit. Die weißen Häuser von **Gissi** schließen

Trabocco bei Ortona ▷

sich zu einem strahlenden Ortsbild zusammen; die Umgebung, in der vorwiegend Wein und Oliven angebaut werden, scheint von arkadischer Unberührtheit. Der Ort besitzt – in einiger Entfernung vom Zentrum – ein hochmodernes Krankenhaus, das für die 3000 Einwohner offenkundig viel zu groß geraten ist. Des Rätsels Lösung: Aus Gissi stammt der mächtigste Politiker der Abruzzen in den achtziger Jahren, der vielfache Minister Remo Gaspari – er hat für seine Heimat gut gesorgt.

Das Schönste an **Vasto** 22 sind die Panoramen. Die kleine Stadt liegt auf einer Anhöhe direkt über dem Meer. Von der Piazza del Popolo oder dem Stadtgarten genießt man die Sicht über das Hinter-

land bis zum Gebirge, über die allmählich zur Küste abfallenden Ölbaum-Hügel und Getreidefelder, auf das Meer bis hin zur apulischen Gargano-Halbinsel. Von den Ausblicken abgesehen, hat Vasto trotz seiner langen Geschichte – es ist über 2500 Jahre alt – nicht allzuviel Interessantes zu bieten. Weder das Ambiente noch die Sehenswürdigkeiten – wie die Kathedrale mit gotischer Fassade, der Palazzo d'Avalos aus dem 16. Jh., das große Kastell – sind sonderlich aufregend. Ungewöhnlich wirkt allein die Fassade der Kirche *San Pietro.* Das dazu gehörige Gotteshaus ist bei einem Erdrutsch eingestürzt. Nur das fein geschmückte Sandsteinportal blieb stehen; es führt ins Nichts.

In Vasto

Abbildungs- und Quellen-Nachweis

Archiv DuMont Buchverlag   S. 65, 163

Andreas Grigoleit, Berlin   S. 126/127

Christoph Hennig, München   hint. Umschlagklappe, S. 10, 89, 156, 190/91, 194, 228, 229, 291

Georg Henke, Bremen   Umschlagvorderseite, S. 11, 18/19, 23 u., 24/25, 30, 31, 37, 44/45, 49, 53, 57, 59, 61, 62, 64, 66, 67, 70 o., 71, 74/75, 88, 94, 98, 100, 104, 107, 108, 114, 118, 125, 127, 129, 131, 132/133, 155, 159, 165, 169, 170, 171, 172/73, 175, 176, 177, 178, 181, 182, 183, 184, 186, 188, 189, 192, 193, 194/95, 196/97, 201, 203, 206, 210, 213, 215, 216, 218, 221, 225, 227, 231, 232, 233, 234, 235, 236, 242, 253, 255, 266, 267, 278, 279, 283, 287, 288 u., 289, 290, 294, 295, 296

Georg Jung, Hamburg   S. 21, 85, 91, 97, 101, 110, 111, 115, 122/23, 124, 244/45, 246/47, 250, 251, 257, 258, 259, 260, 264, 265, 269, 270, 273, 275, 281, 288 o., 292/93

Joachim Kopp, Darmstadt   Umschlagrückseite, S. 40/41, 42

H. G. Schumacher, Bremen   S. 78

Christine Sprigade-Hauffe, Dortmund   S. 55

Martin Thomas, Aachen   S. 23 o., 34, 35, 39, 46, 47, 68, 70 u., 80/81, 86, 95, 136, 138, 139, 140, 141, 142, 143, 144, 145, 146/47, 148, 150, 151, 152, 153

Gerhard Thorn, Mannheim   S. 15, 23 M., 36, 38, 52, 69

S. 209   Gedicht aus: Giacomo Leopardi, ›Canti/Gesänge‹, übersetzt von Michael Engelhard.
© Rütten & Loening, Berlin 1990

S. 167   Textauszug aus: Thomas Mann, ›Doktor Faustus‹, in: Gesammelte Werke in 13 Bänden.
© 1960, 1974 S. Fischer Verlag, Frankfurt/M.

Karten: DuMont Buchverlag

Für ihre sachkundige Unterstützung bei der Arbeit am Manuskript dankt der Autor Gudrun Norbisrath (Witten).

Adriaküste bei Vasto ▷

Information   Unterkunft

Camping   Restaurants

Verkehr   Unternehmungen

Feste

Serviceteil

Inhalt

Auskünfte

Das Staatliche Italienische Fremdenver-
kehrsamt (ENIT) hat Büros in:
60329 Frankfurt/M., Kaiserstr. 65,
✆ 0 69/23 12 13;
40212 Düsseldorf, Berliner Allee 26,
✆ 02 11/13 22 31;
80336 München 2, Goethestr. 20,
✆ 0 89/53 03 69;
A-1010 Wien, Kärntnerring 4,
✆ 0222/65 43 74;
CH-6900 Zürich, Uraniastr. 32,
✆ 01/2 11 36 33.
  Allerdings sind ENIT-Service und
-Auskünfte häufig unzureichend. Vielfach wird man besser bedient bei den
Informationsstellen der einzelnen Provinzen (EPT – Ente Provinciale per il
Turismo bzw. APT – Azienda di Promo-
zione Turistica), s. unter den Tips zu
den fünf Regionen.

Reisezeit

Mittelitalien läßt sich während des
ganzen Jahres bereisen – im Winter
kommen häufig lange Schönwetterperi-
oden mit milden Temperaturen vor, in
den beliebten Reisezeiten Frühjahr und
Herbst kann es auch mal längere Zeit
regnen. Im allgemeinen dürften aber
April bis Juni und September bis Mitte
November die günstigsten Monate
sein.
  Das *Frühjahr* ist insbesondere
wegen der Baum- und Blumenblüte

reizvoll. Besonders intensiv färbt sich
das Land ab Mitte Mai, wenn Ginster
und Mohn blühen. In höheren Lagen
findet man vor allem im Juni zahlreiche Orchideen. Im Gegensatz zur land-
läufigen Auffassung ist das Wetter mei-
stens noch bis Ende Mai instabil, es
gibt immer wieder Regentage; bis
Mitte April kann es unter Umständen
auch noch kühl sein. Der Juni ist
gewöhnlich warm und trocken, manchmal schon sommerlich heiß. Im
Gebirge – vor allem in den Abruzzen –
liegt bis in den Mai hinein Schnee;
Bergwanderungen sind meist erst ab
Juni (bis Oktober) möglich.
  Der *Sommer* (Juli bis Anfang September) ist im allgemeinen heiß und
trocken. Die Tageshöchsttemperaturen
liegen oft wochenlang über 30 Grad.
Der Hochsommer bietet sich vor allem
für Fahrten und Wanderungen im
Gebirge oder einen Aufenthalt an den
Seen an. Die Küste ist unangenehm
überfüllt.
  Im *Herbst* gibt es häufig ausgedehnte Schönwetterphasen; oft bleibt
es bis in den November hinein angenehm warm.
  Die *Winter* sind an der Küste, den
Seen und im Hügelland im allgemeinen mild; das Gebirge allerdings ist
meist tief verschneit. Schönwetterperi-
oden sind häufig; man kann allerdings
auch eine Serie naßkalter Tage erwi-
schen. Hotels der unteren Kategorien
(vor allem Ein-Stern-Hotels) werden
oft unzureichend beheizt. Feinschmek-
ker kommen in den Wintermonaten
besonders auf ihre Kosten: Es ist Pilz-,
Trüffel- und Wildsaison.

Mit dem Auto

Durchgehende Autobahnverbindung
über Gotthard–Mailand oder Brenner–
Verona bis Bologna, von dort folgende
Routen: in die *Toscana* und nach
Latium weiter auf der Autostrada del
Sole in Richtung Florenz–Rom (Mün-
chen–Florenz 650 km, München–Rom
950 km, ab Basel jeweils 40 km mehr);
nach *Umbrien* entweder weiter auf der
Autobahn Richtung Rom bis Abfahrt
›Val di Chiana‹, dann auf Schnellstraße
Richtung Perugia – oder in Richtung
Ancona bis Cesena, dann auf der weit-
gehend vierspurig ausgebauten E 45
über Città di Castello Richtung Perugia
(München–Perugia 820 km, Basel–
Perugia 860 km); in die *Marken* und
Abruzzen auf der A 14 Richtung
Ancona bzw. weiter Richtung Pescara
(München–Ancona 780 km, Basel–
Ancona 820 km, München –L' Aquila
960 km, Basel–L'Aquila 1000 km).

Autobahnen sind in Italien gebüh-
renpflichtig, nicht aber die autobahn-
ähnlich ausgebauten Schnellstraßen,
wie man sie vor allem in Umbrien findet. *Autoreisezüge* verkehren von Han-
nover und Köln bis Bologna.

Mit der Bahn

Direktverbindungen von Deutschland,
Österreich und der Schweiz nach Florenz und Rom, saisonal auch nach
Ancona und Pescara. Die meisten größeren Orte Umbriens erreicht man mit
Umsteigen in Terontola-Cortona (an
der Hauptstrecke Florenz–Rom); von
hier führt eine Nebenlinie nach Perugia–Assisi–Spoleto. Um in die Marken
und Abruzzen zu gelangen, steigt man
in Mailand oder Bologna um in einen
der häufig verkehrenden Züge Richtung Ancona–Pescara.

Mit dem Flugzeug

In die Toscana: Flüge nach Pisa (ab
Frankfurt) oder nach Florenz (ab München und Zürich).

Nach Latium und Umbrien: Flug
nach Rom, von dort weiter mit der
Bahn (Rom-Perugia rund drei Stunden).

In die Marken und Abruzzen: Flug
nach Bologna (Direktverbindungen ab
Frankfurt und Wien, von anderen
Flughäfen in Mailand umsteigen), Weiterfahrt mit der Bahn (bis Ancona zwei
Stunden, bis Pescara dreieinhalb Stunden).

Toscana-Informationen

 Auskunft

Arezzo (52100), Piazza Risorgimento 116, ℘ 0575-23952, Fax 28042
Chianciano Terme (53042), Via G. Sabatini 7, ℘ 0578-5 30 42, Fax 6 46 23
Florenz (50121), Via Cavour 1r, ℘ 055-29 08 32/28 28 93, Fax 2 76 03 83
Grosseto (58100), Via Monterosa 206, ℘ 05 64-45 45 10, Fax 45 46 06
Lucca (55100), Piazza Guidiccioni 2, ℘ 0583-49 12 05, 5 35 92, Fax 49 07 66
Pisa (56100), Lungarno Mediceo 42, ℘ 050-56 04 64/4 22 91, Fax 54 28 06
Prato (50047), Via Luigi Muzzi 51, ℘ 0574-3 51 41
Siena (53100), Piazza del Campo 56, ℘ 0577-28 05 51, Fax 27 06 76

 Hotels

Arezzo

Zentral und komfortabel wohnt man im **Continentale***, ℘ 0575-2 02 51, Fax 35 04 85; die Zimmer zur Straße sind allerdings laut.

Chianti-Gebiet

Besonders empfehlenswert: in *Greve in Chianti* das **Albergo del Chianti***, ℘ und Fax 055-85 37 63 und das **Giovanni da Verrazzano***, ℘ 055-85 31 89, Fax 85 36 48; in *Castellina in Chianti* das **Salivolpi***, ℘ 0577-

74 04 84, Fax 74 09 98, und – einige Kilometer vom Ort entfernt – die luxuriöse **Tenuta di Ricavo****, ℘ 0577-74 02 21, Fax 74 10 14; in *Radda in Chianti* das stilvolle **Relais Vignale****, ℘ 0577-73 83 00, Fax 73 85 92. Einfacher, jedoch wegen der guten Küche empfehlenswert, ist **Da Omero**, ℘ u. Fax 055-85 07 16, in *Passo dei Pecorai* bei Greve.

Cortona (Vorwahl: 0575)

Angenehm und trotz seiner vier Sterne vergleichsweise preisgünstig ist das **San Michele****, ℘ 60 43 48, Fax 63 01 47. Ein nettes Ein-Stern-Hotel: **Athens*, ℘ 60 30 08.

Florenz (Vorwahl: 055)

Das traditionsreichste Hotel in Florenz, das schon im 14. Jh. erwähnte **Porta Rossa***, Via Porta Rossa 19, ℘ 28 75 51, Fax 28 21 79, ist trotz – oder wegen – seiner altmodischen Atmosphäre noch immer eine angenehme Unterkunft. Das ebenfalls in historischem Gemäuer untergebrachte **Loggiato dei Serviti***, Piazza Santissima Annunziata 3, ℘ 28 95 92, Fax 28 95 95, wurde erst vor wenigen Jahren zu einem stilvollen Hotel ausgebaut. In einem alten Klostergebäude befindet sich das persönlich geführte **J and J****, Via di Mezzo 20, ℘ 24 09 51, Fax 24 02 82. Unter den einfacheren Häusern sind zu empfehlen: **Bretagna**, Lungarno Corsini 6, ℘ 28 96 18, Fax 28 96 19, am Arno-Ufer (die Zimmer mit Aussicht allerdings laut!), **Mirella*, Via degli Alfani 36, ℘ 2 47 81 70, und **Orchidea*, Borgo degli Albizi 26, ℘ 2 48 03 46.

Lucca (Vorwahl: 0583)

Lucca hat für toscanische Verhältnisse ein schwaches Hotelangebot. Empfehlenswert ist das im Zentrum gelegene **La Luna*****, ℘ 49 36 34, Fax 49 00 21. In der Umgebung gibt es einige schöne Unterkünfte: die luxuriöse **Villa La Principessa******, 4 km südlich, ℘ 37 00 37, Fax 37 91 36; das angenehme **Hambros*****, 6 km östlich, ℘ 93 53 55, Fax 93 53 56, eine renovierte Vorstadtvilla in einem großen Garten; die **Villa di Corliano***** in Rigoli, 12 km südwestlich, ℘ 050-81 81 93, ein wunderbares, z. T. noch freskengeschmücktes Herrenhaus.

Pisa

Pisa, das vom Durchgangstourismus lebt, hat im Stadtzentrum vorwiegend Hotels mit anonymer Atmosphäre, die sich nicht für einen längeren Aufenthalt eignen.

San Gimignano (Vorwahl: 0577)

In San Gimignano sind das mitten im Ort gelegene **Leon Bianco*****, ℘ 94 12 94, Fax 94 21 23, und das **L'Antico Pozzo**, ℘ 94 20 14, Fax 94 21 17, empfehlenswert. Schöne Häuser in der Umgebung sind **Le Renaie*****, ℘ 95 50 44, Fax 95 51 26, und **Pescille*****, ℘ 94 01 86, Fax 94 03 75. Preiswerter kommt man im Kloster **Sant' Agostino**, ℘ 94 03 83, unter.

Siena (Vorwahl: 0577)

In **Siena** kann man in der **Villa Scacciapensieri******, ℘ 4 14 41, Fax 27 08 54, mit ihrem großen Garten ein Luxusleben führen, im **Palazzo Ravizza*****, ℘ 28 04 62, Fax 27 13 70, den Charme eines alten Patrizierhauses genießen,

sich im **Minerva*****, ℘ und Fax 28 44 74, am Panoramablick auf die Stadt erfreuen. Ruhig am Altstadtrand liegt das preiswertere **Lea****, ℘ 28 32 07.

Südtoscana

Gut wohnt man im **Giglio*****, ℘ 0577-84 81 67, in *Montalcino;* besonders reizvoll sind die Zimmer zur Talseite mit weitem Panoramablick. Angenehm ist **Le Terme*****, ℘ 0577-88 71 50, Fax 88 74 97, im kleinen Thermalort *Bagno Vignoni.* In *Saturnia* ist man in der **Villa Clodia*****, ℘ u. Fax 0564-60 62 12, gut untergebracht, in *Sovana* in den einfacheren **Taverna Etrusca****, ℘ 0564-61 61 83, Fax 61 41 93, und **Scilla***, ℘ 0564-61 61 81, Fax 61 43 29, jeweils mit empfehlenswerten Restaurants. Ein angenehmes, persönlich geführtes Landhotel ist die **Villa Aquaviva*****, ℘ u. Fax 0564-60 28 90, bei *Montemerano.*

Volterra (Vorwahl: 0588)

In **Volterra** liegt die gemütliche **Villa Nencini*****, ℘ 8 63 86, Fax 8 66 86, ruhig am Ortsrand. Besonders preiswert kommt man im ehemaligen Priesterseminar **Seminario Sant' Andrea**, ℘ 8 60 28 unter.

 # Ferienwohnungen

Toscana-Ferienwohnungen werden laufend im Anzeigenteil überregionaler deutscher Zeitungen angeboten. Darüber hinaus kann man u. a. bei folgenden Agenturen buchen:

Chiantiferie, Via Gramsci 64, I-53034 Colle di Val d'Elsa, ℘ 0577-92 33 19, Fax 92 05 82

Colline Verdi, Via Roma 29, I-53017 Radda in Chianti, ℘ 0577-73 96 51, Fax 8 07 14 43

Il Sasso, Via di Voltaia nel Corso 74, I-53045 Montepulciano, ℘ 0578-75 83 11, Fax 75 75 47

 Jugendherbergen

Arezzo: Ostello Villa Severi, Via F. Redi, ℘ 0575-2 90 47
Chianti-Gebiet: Ostello del Chianti, Via Roma 137, Tavarnelle Val di Pesa, ℘ 055-8 07 70 09
Cortona: Ostello San Marco, Via Maffei 57, ℘ 0575-60 13 92
Florenz: Ostello per la Gioventù, Viale A. Righi 2, ℘ 055-60 14 51; Ostello Santa Monaca, Via S. Monaca 6, ℘ 055-26 83 38; Istituto Pio X, Via dei Serragli 106, ℘ 055-22 50 44; Archi Rossi, Via Faenza 94, ℘ 29 08 04
Lucca: Ostello del Serchio, Via del Brennero, ℘ u. Fax 0583-34 18 11
Pisa: Ostella della Gioventù, Via Pietrasantina 15, ℘ 050-89 06 22
San Gimignano: Ostello, Via delle Fonti 1, ℘ 0577-94 19 91, Fax 94 19 82
Siena: Ostello Guidoriccio, Via Fiorentina, ℘ 0577-5 22 12, Fax 5 61 72
Volterra: Ostello della Gioventù, Via del Poggetto, ℘ 0588-8 55 77

 Campingplätze

An der toscanischen Küste sind Campingplätze dicht gesät. Auch in den Bergregionen finden sich zahlreiche *Campeggi.* Dagegen haben unter den vielbesuchten Kunststädten nur Florenz, Pisa, San Gimignano, Volterra und Siena eigene Plätze. Im Chianti-Gebiet kann man in Tavarnelle, Barberino, Figline Val d'Arno und Cavriglia sein Zelt aufschlagen, in der Südtoscana bei Chiusi, in Casciano di Murlo (südlich von Siena), in Sarteano und am Monte Amiata (Castel del Piano und Monticelli).

 Empfehlenswerte Restaurants

Gehobene Preisklasse

Cerbaia (bei Florenz): Tenda Rossa
Colle di Val d'Elsa: Arnolfo
Florenz: Enoteca Pinchiorri und Il Cibreo
Montefollonico (bei Montepulciano): La Chiusa
Pisa: Da Sergio
Ponte a Moriano (bei Lucca): La Mora
San Macario al Piano (bei Lucca): Solferino
San Vincenzo: Gambero Rosso
Viareggio: L'Oca Bianca und Romano

Mittlere und untere Preisklasse

Anghiari: Il Castello di Sorci
Arezzo: Il Cantuccio
Castellina in Chianti: Il Pestello
Cortona: Il Cacciatore
Florenz: Acqua al 2, Il Latino, La Maremmana, Antica Trattoria Oreste und Biribisso
Greve in Chianti: Giovanni da Verrazzano
Istia d'Ombrone (bei Grosseto): Il Terzo Cerchio
Lucca: Da Giulio in Pelleria und Da Guido
Pisa: Bruno und Taverna Kostas
Passo di Pecorai (bei Greve in Chianti): Da Omero

Landküche und Haute Cuisine in der Toscana

Die toscanische Küche genießt einen hervorragenden Ruf. Er besteht zu Recht. Auch in touristisch überlaufenen Städten wie Florenz kann man in vielen Restaurants ausgezeichnet – und nicht unbedingt teuer – speisen; auf dem Land findet man im allgemeinen eine solide, gelegentlich eine exzellente regionale Küche.

Der wesentliche Unterschied der toscanischen Restaurant-Kultur zu den anderen Regionen Mittelitaliens liegt in der Verfeinerung in Richtung ›Haute Cuisine‹, die sich seit den 80er Jahren entwickelt hat. In Umbrien, Latium, den Abruzzen findet man eine ausgezeichnete Landküche, aber nur selten raffinierte Spitzenlokale. Das ist in der Toscana anders. Zahlreiche Restaurants bemühen sich, erfreulicherweise meist auf der Basis der regionalen Kochtraditionen, um kreative, raffinierte Gerichte. Nicht selten findet man – allerdings zu den entsprechenden Preisen – eine Feinschmeckerküche hohen Niveaus, die den Vergleich mit den entsprechenden französischen oder norditalienischen Lokalen nicht zu scheuen braucht. Die *Enoteca Pinchiorri* in Florenz beispielsweise zählt zu den berühmten Restaurants der Welt. Mehrere andere Häuser kochen ebenfalls auf Spitzenniveau.

Doch keine Angst: Man muß nicht unbedingt die 50- und 100 000-Lire-Scheine zücken, um in der Toscana kulinarisch glücklich zu werden. Angenehme Kochtraditionen haben sich auch auf weniger anspruchsvollem Niveau gehalten. Am wenigsten vielleicht beim Fleisch, das – wie oft in Italien – allzu häufig minderwertige Importware ist. Man hält sich besser an Kaninchen, Lamm, Perlhuhn oder Truthahn als an die manchmal etwas ledrigen *bistecche* und *scaloppine* von Rind und Kalb. Ausgezeichnet sind

Poggio Murella (bei Saturnia): Al Poggio
Roccatederighi: Da Nada
San Gimignano: Bel Soggiorno
Santa Fiora: Il Barilotto
Saturnia: Da Michele
Siena: Le Logge und La Finestra

 Feste

Februar: Karneval in Viareggio
Ostersonntag: *Scoppio del Carro* in Florenz
Sonntag nach dem 20. Mai: *Balestra del Girifalco* (Armbrustschießen in

dagegen oft die Schweinswürste *(salsicce)*, die Wildschwein-Gerichte *(cinghiale)*, der Schweinebraten *(arista al forno)*. Eine berühmte Spezialität ist die *Bistecca alla fiorentina,* ein am offenen Feuer gegrilltes Lendenstück vom Jungrind. Die echte *bistecca* muß von den weißen Rindern des Chiana-Tals stammen.

Bei den *Antipasti* und den *Primi* wird man kaum je enttäuscht. Als Vorspeisen kommen *crostini di fegato* (geröstetes Brot mit Leberpastete) oder *finocchiona* (Salami mit Fenchelsamen) auf den Tisch, daneben die auch anderswo verbreiteten Schinken-Wurst-Platten *(affettati)* oder eingelegten Gemüse *(sottolii, sottaceti)*. Ausgezeichnet ist eine denkbar einfache Speise, die *bruschetta* oder *fettunta* (geröstetes Brot mit Knoblauch und Olivenöl) – wenn das Öl von hervorragender Qualität ist.

Daß die Nudelspezialitäten Feinschmeckergaumen erfreuen, wird keinen Kenner italienischer Küche überraschen. Besonders empfehlenswert: *pappardelle alla lepre* oder *al cinghiale* (breite Nudeln mit Hasenfleisch- oder Wildschwein-Sauce), *Ravioli alla ricotta e spinaci* (Ravioli mit einer Quark-Spinat-Kräuter-Mischung), *Pasta ai funghi porcini* (Pasta mit Steinpilzen). Typisch toscanische Bauernküche: die nahrhaften Suppen wie die *Ribollita* (Brotsuppe mit verschiedenen Gemüsen) oder die *Zuppa di fagioli* (Bohnensuppe).

Über toscanische Weine sind mittlerweile ganze Bücher geschrieben worden. Die roten *Chianti, Vino Nobile di Montepulciano* und *Brunello di Montalcino* sind die bekanntesten Namen. Rund 30 weitere Weine aber dürfen sich mit dem DOC-Etikett schmücken *(Denominazione di origine controllata,* kontrollierte Herkunftsbezeichnung), und etwa 70 Sorten haben eine meist nur lokale Verbreitung. Da ist der Überblick nur noch den Spezialisten möglich. Die Tendenz ist im Weinbau übrigens ähnlich wie in der toscanischen Küche: Neben traditionell-ländlichen Produkten werden immer mehr Spitzenqualitäten erzeugt, die zu entsprechenden Preisen vermarktet werden. Das gilt insbesondere für den Brunello, der ohnehin seit jeher zu den teuersten italienischen Weinen zählt, aber auch für manche Chianti-Weine. Übrigens kommen manche der Spitzenweine bescheiden als *Vino da Tavola* einher, weil ihre experimentierfreudigen Produzenten sich nicht an die Vorschriften halten, nach denen die DOC-Bezeichnung verliehen wird.

histor. Kostümen), Massa Marittima
17. Juni: *Regatta di San Ranieri* in Pisa
24. Juni: *Calcio in Costume* (historisches Ballspiel) in Florenz
letzter Juni-Sonntag: *Gioco del Ponte* in Pisa
2. Juli: *Palio* (vgl. S. 50), in Siena

zweiter Augustsonntag: *Balestra del Girifalco,* Massa Marittima
15. August: *Bruscello* (Kostümfest) in Montepulciano
16. August: *Palio* (zweiter), in Siena
letzter August-Sonntag: *Bravio delle Botti* in Montepulciano

erster September-Sonntag: *Giostra del Saracino* (Lanzenstechen) in Arezzo
13. September: Prozession des *Volto Santo* in Lucca
letztes Oktober-Wochenende: *Sagra del Tordo* in Montalcino

 # Unternehmungen

Radfahren

In der Toscana sind die vergleichsweise leicht zu fahrenden Strecken –
an der Küste und im Arno-Tal – wegen
des starken Autoverkehrs und stellenweise auch der Landschaftszersiedlung
wenig reizvoll. Im Hügelland lassen
sich in der gesamten Toscana traumhafte Radtouren durchführen; sie erfor-
dern aber gute Kondition. Fahrradver-
leih: Rental Bike, Via dell'Opio nel
Corso 18, 53045 Montepulciano, ℘ u.
Fax 0578-71 63 92

Wandern

Markierte Wege gibt es unter anderem
in den Apuanischen Alpen, im Chianti-
Gebiet, im Apennin bei Florenz und
Arezzo, am Monte Amiata, im Naturpark der Maremma. Mehrere deutsch-
sprachige Wanderführer stellen toscanische Wege vor, so »Richtig wandern
– Toscana und Latium« (DuMont Buchverlag).

 # Verkehrs-
verbindungen

Arezzo liegt an der Hauptbahnstrecke
Florenz–Rom. Busverbindungen auch
nach Sansepolcro, Anghiari, Siena.
Chianti-Gebiete: Greve, Panzano und
die nördlich dieser Orte gelegenen Dörfer sind von Florenz aus mit häufig verkehrenden Bussen erreichbar. Nach

Castellina, Radda, Gaiole und in andere
Orte des südlichen Chianti gelangt
man mit dem Bus von Siena.
Cortona: Häufig verkehrende Busse
verbinden die Altstadt mit dem ver-
kehrsgünstig gelegenen Bahnhof Teron-
tola, dem Knotenpunkt der Strecken
Florenz–Arezzo–Rom und Terontola–
Perugia–Assisi.
Elba: Fährschiffe ab Piombino, das an
der Bahnlinie Pisa–Grosseto–Rom
liegt.
Florenz: Optimale Bahn- und Busver-
bindungen nach Siena, Pisa, Prato,
Pistoia, Lucca, Arezzo, Cortona und ins
Chianti-Gebiet.
Giglio: Fährschiffe ab Porto Santo
Stefano (Monte Argentario).
Grosseto: Gute Bahnverbindungen ent-
lang der toscanischen Küste. Busse
nach Saturnia, Sovana, Pitigliano,
Massa Marittima, Siena.
Lucca: Gute Bahn- und Busverbindun-
gen nach Florenz und Pisa.
Küste: Die gesamte Küste ist durch
häufig verkehrende Bahnen und Busse
gut erschlossen.
Massa Marittima: Busse nach Gros-
seto und Siena.
Montalcino: Busse nach Siena.
Montepulciani: Busverbindungen
nach Siena.
Pienza: Busse nach Siena.
Pisa: Bahnverbindungen entlang der
Küste und nach Florenz. Busse nach
Lucca und Volterra.
Pistoia: Bus- und Bahnverbindungen
nach Florenz und Lucca.
Pitigliano: Busse nach Grosseto und
Rom.
Prato: Stündliche Bahn- oder Busver-
bindung nach Florenz.
San Gimignano: Busverbindungen
nach Siena und Florenz.
Saturnia: Busse nach Grosseto.
Siena: Busse nach Florenz, ins südli-

che Chianti-Gebiet, nach Arezzo, Massa Marittima, Grosseto, Montalcino, Pienza, Montepulciano, zum Monte Amiata, nach San Gimignano und Volterra. Optimaler Standort.

Sovana: Zwei Busse täglich von/nach Pitigliano, davon einer mit Anschluß nach Grosseto.
Volterra: Busverbindungen nach Pisa und Siena/Florenz.

Umbrien-Informationen

 Auskunft

Assisi (06081), Piazza del Comune 12, ℘ 075-81 25 34, Fax 81 37 27
Castiglione del Lago (06061), Piazza Mazzini 10, ℘ 075-96 52 48, Fax 9 65 27 63
Gubbio (06024), Piazza Oderisi 6, ℘ 075-9 22 06 93, Fax 9 27 34 09
Orvieto (05018), Piazza Duomo 24, ℘ 0763-4 17 72, Fax 4 44 33
Perugia (06100), Via Mazzini 21, ℘ 075-5 72 53 41, Fax 5 73 68 28
Spoleto (06049), Piazza della Libertà 7, ℘ 0743-22 03 11, Fax 4 62 41
Todi (06059), Via Ciuffelli 8, ℘ 075-8 94 38 67, Fax 8 94 43 11

 Hotels

Vorwahl, soweit nicht anders erwähnt: 075

Assisi

Das zentral gelegene **Umbra*****, ℘ 81 22 40, Fax 81 35 63, ist ein familiäres, gepflegtes Haus mit Stil. Einfacher, aber korrekt und sehr freundlich das **San Giacomo***, ℘ 81 67 78, Fax 81 67 79. 2 km außerhalb liegt auf dem Land das antiquitätengeschmückte **Country-House****, ℘ u. Fax 81 63 63.

Gubbio

In Gubbio sind besonders empfehlenswert das elegante **Park Hotel ai Cappuccini******, ℘ 92 34, Fax 9 22 03 23, und das einfachere, aber stilvolle und schöne, im Altstadtzentrum gelegene **Gattapone****, ℘ 9 27 24 89, Fax 9 27 12 69, an.

Lago di Piediluco

Hübsch mit Seeblick wohnt man im **Eco****, ℘ 0744-6 81 24.

Lago Trasimeno

Am Trasimenischen See wohnt man gut im **Miralago***** in *Castiglione del Lago*, ℘ 95 11 57, Fax 95 19 24; viele Zimmer haben Seeblick. Hoch über dem Wasserspiegel genießt man im etwas abgelegenen *Castel Rigone* ein herrliches Panorama in der **Fattoria*****, ℘ 84 53 22, Fax 84 51 97.

Narni

Die besten Häuser sind das zentral gelegene **Priori*****, ℘ 0744-72 68 43, und das **Minareto*****, ℘ 0744-72 63 43, Fax 72 62 84.

Nera-Tal (Valnerina)

Die Valnerina hat ein kleines Hotelangebot. Tadellos sind die Zimmer in der **Trattoria del Ponte****, ℘ 6 11 31, in *Scheggino;* man speist ausgezeichnet, und unter dem Fenster rauscht der Fluß. In *Norcia* kommen **Posta*****, ℘ 0743-81 62 74, Fax 81 74 34, und **Grotta Azzurra*****, ℘ 0743-81 65 13, Fax 81 73 42, in Frage, dazu das von Nonnen vorzüglich geführte **Monastero Sant' Antonio***, ℘ 0743-81 66 57, das allerdings Paare ohne Trauschein konsequent abweist.

Orvieto

Das **Grand Hotel Reale*****, ℘ u. Fax 0763-4 12 47, mit seinen prächtigen Antiquitäten und dem angenehm altmodischen Ambiente zählt zu den charaktervollsten Hotels Mittelitaliens. Angenehm ist auch das **Maitani******, ℘ u. Fax 0763-4 20 11, am Dom.

Perugia

Perugia hat ein besonders großes Angebot angenehmer Häuser.
Vor kurzem von Grund auf renoviert wurde die zentral gelegene **Locanda della Posta******, ℘ 5 27 89,15, Fax 5 72 24 13. In einer Treppengasse der Altstadt liegt das familiäre **Umbria****, ℘ 5 72 12 03.
Ein einfaches, altmodisches Haus ist das **Anna***, ℘ u. Fax 5 73 63 04. Das **Signa****, ℘ 5 72 41 80, am Rand der Altstadt ist gepflegt und hat eine kleine Terrasse.
10 km vom Stadtzentrum entfernt befindet sich in herrlicher Panoramalage inmitten von Wäldern und Wiesen das komfortable **Colle della Trinità******, ℘ 5 17 20 48, Fax 5 17 11 97; die Anfahrt auf kurvigem Sträßchen braucht allerdings Zeit.

Poreta

Traumhaft liegt das **Casaline**** in Poreta zwischen Trevi und Spoleto, ℘ 0743-52 08 11. Auch hier sind die Räume verhältnismäßig klein, aber draußen ist genügend Platz ...

Spello

Die **Bastiglia*****, ℘ u. Fax 0742-65 12 77, steckt voller Kunstwerke, von römischen Funden bis zur modernen Kunst. Herrliche Aussichtsterrassen, aber einige recht kleine Zimmer sollte man möglichst meiden.

Spoleto

Die Festival-Prominenz genießt die Ruhe und herrliche Aussicht im **Gattapone****** am Stadtrand, ℘ 0743-22 34 47, Fax 22 34 48. Zentral gelegene, gepflegte Hotels sind das **Charleston*****, ℘ 0743-22 00 52, Fax 22 20 10, und das **Aurora****, ℘ 22 03 15, Fax 22 18 85.

Todi

Der Ort lockt mit dem eleganten **Bramante******, ℘ 89 43 81, Fax 8 94 80 74, am Stadtrand; die anderen Hotels der Stadt wirken eher anonym.

 # Ferienwohnungen

Adressen für Ferienwohnungen in ganz Umbrien vermittelt: Promotour Umbria, Via Pievaiola 11, 06100 Perugia, ℘ 075-75 68 45 (Korrespondenz auf deutsch möglich).

Ferienwohnungen am Trasimenischen See: Verzeichnis über APT del Trasimeno, Piazza Mazzini 10, 06061

Castiglione del Lago, ℘ 075-95 21 84,
Fax 95 18 63

Ferienwohnungen in Spello: Mini-
appartamenti Monterione, Via Giulia 74,
06038 Spello ℘ 0742-30 16 90

Für Familien mit Kindern gut geeignet: Villaggio-Albergo Villa della Cupa,
Colle di Nocera, 06021 Nocera Umbra,
℘ 0742-81 01 30

 # Jugendherbergen

Assisi: Fontemaggio, Strada per
l'Eremo delle Carceri, ℘ 075-81 36 36
Foligno: Ostello Fulginium, Piazza San
Giacomo, ℘ 0742-35 28 82
Perugia: Centro Internazionale di Acco-
glienza, Via Bontempi 13,
℘ 075-5 72 28 80
Trevi: Casa San Martino, ℘ 0742-
7 82 97
Gubbio: Ostello dell'Aquilone, Località
Ghigiano, ℘ 075-9 19 11 44

 # Campingplätze

Fast die Hälfte der insgesamt 40 Cam-
pingplätze Umbriens befindet sich in
der näheren Umgebung des Trasimeni-
schen Sees. Daneben gibt es Plätze in
bzw. bei Città di Castello, Perugia,
Assisi, Spello, Spoleto, Narni, in der
Valnerina (Scheggino), am Piediluco-
See sowie in verschiedenen kleineren
Orten. Einige besonders angenehme
Campeggi: La Montesca (5 km von
Città di Castello, ℘ 075-8 55 85 66);
Porto Cervo in San Feliciano (Trasimeni-
scher See, ℘ 075-84 92 59); Fonte-
maggio in Assisi (℘ 0742-65 17 72);
Monteluco in Spoleto (℘ 0743-
22 03 58); Colle di Nocera bei Nocera
Umbra (℘ 0742-81 01 30).

 # Empfehlenswerte Restaurants

Gehobene Preisklasse

Assisi: Buca di San Francesco
Baschi: Vissani (vgl. S. 311)
Città di Castello: Il Bersaglio
Deruta: Melody
Foligno: Villa Roncalli
Gubbio: La Fornace di Mastro Giorgio
Orvieto: Maurizio
Perugia: Aladino und La Taverna
Torgiano: Le Tre Vaselle

Mittlere und untere Preisklasse

Amelia: Anita
Assisi: La Fortezza und La Stalla
Città di Castello: Adriano 2
Isola Maggiore (Lago Trasimeno):
Sauro
Montefalco: Coccorone
Perugia: Dal Mi' Cocco
Sant'Anatolia di Narco (Valnerina):
Francesca Ripanti
Scheggino (Valnerina): Trattoria del
Ponte

 # Feste

19.–21. März: Fest des hl. Benedikt in
Norcia
Karfreitag: Prozessionen in zahlreichen Orten, so in Assisi, Gubbio,
Orvieto, Montefalco
30. April: *Cantamaggio* (Maifest) in
Terni
erste Maihälfte: *Corsa dall'Anello* in
Narni, mit abschließendem Fest am
zweiten Maisonntag
zweite Maiwoche: *Cantamaggio* (Maifest) in Assisi
15. Mai: *Corsa dei Ceri* in Gubbio

Im Reich der Trüffel: Essen und trinken in Umbrien

Trüffel allerorten – der *tartufo* beherrscht unangefochten das kulinarische Image Umbriens. Zehn unterschiedliche Arten kommen in der Region vor – acht schwarze und zwei weiße. Das Angebot reicht vom vergleichsweise preiswerten schwarzen Sommertrüffel über den geschmacksintensiven *tartufo nero di Norcia* bis zum kostbaren *bianco,* der vorwiegend um Città di Castello wächst und Kilopreise von mehr als 3000 DM erzielt. Umbrische Trüffeln gehen nach Japan und Amerika, sie werden in Frankreich und im Piemont als einheimische Knollen verkauft. Das alles dank besonders reicher Vorkommen und der agilen Trüffeldynastie der Urbani, die von ihrer einsam gelegenen Fabrik in der Valnerina den Weltmarkt beherrscht.

Trüffelgerichte findet man in Umbrien überall und jederzeit, obwohl die kostbareren Sorten nur im Herbst und Winter gedeihen. Doch die Knollen werden tiefgefroren oder pasteurisiert konserviert; ob diese Verfahren dem Aroma nachhaltig schaden, ist unter Kennern umstritten.

Alle möglichen Pasta-Sorten kommen getrüffelt auf den Tisch; als Vorspeise gibt es zudem *Crostini al tartufo,* geröstete Brotscheiben mit Trüffelcreme. Auch Fleischgerichte und sogar Fisch, beispielsweise Forellen, werden mit den teuren Pilzen zubereitet. Nur das Trüffel-Dolce ist noch nicht erfunden; wenn Sie bei den Nachspeisen auf einen *tartufo* stoßen, so handelt es sich um eine halbgefrorene Schokoladen-Knolle!

Von den Trüffeln abgesehen, zeichnet sich die Küche Umbriens weniger durch Raffinesse aus als – im günstigen Fall – durch herzhafte, gut gewürzte Gerichte aus der Tradition ländlichen Kochens. Lamm, Kaninchen, Perlhuhn, Truthahn gehören zu diesen Speisen ebenso wie kräftige Bratwürste, Wildtaube, Hase und Wildschwein. Im Frühjahr sollte man Nudelgerichte mit dem köstlichen zarten Wildspargel probieren; im Herbst und Winter werden Nudel-, aber auch Fleischgerichte oft mit Steinpilzen verfeinert. Überall in den Restaurants der Region findet man Forellen, in der Valnerina gelegentlich Flußkrebse. An den Seen, vor allem am Lago Trasimeno, gibt es eine reiche Auswahl an – meist ausgezeichneten und oft preiswerten – Süßwasserfischen: Aal, Hecht, Barsch, Schleie, Karpfen. Im *Tegamaccio,* dem traditionellen Gericht der Fischer des Trasimeno, werden all diese Tiere zusammen gegart. Ungewöhnlich, aber durchaus einen Versuch wert, sind *Spaghetti al pesce,* Nudeln in Fischsauce.

An Marktständen erhält man die *porchetta,* einen Klassiker auch der Küche der Marken und Latiums. Umbrien aber rühmt sich, das Gericht erfunden zu haben. Ein ganzes Jungschwein wird ausgenommen, entbeint, mit wildem Fenchel, Knoblauch, Rosmarin, Pfeffer, Salz, Muskat und Weißwein gewürzt, im Ofen oder am Spieß gebraten. Der Fleischer schneidet davon dann Scheiben ab, die aus der Hand verzehrt werden – Fast Food der schmackhaften und sympathischen Sorte.

Auch in Umbriens Landwirtschaft ist die Massenproduktion eingezogen – mit dem entsprechenden Qualitätsabfall. Von den 400 000 umbrischen Schweinen sieht der Reisende gewöhnlich nicht einmal ein Ringelschwänzchen; sie fressen sich in Riesenställen ihrem Schicksal entgegen. Schade um den Schinken: Er reift unter optimalen Bedingungen auf 600 m Höhe bei Norcia in frischer Bergluft, aber das Ausgangsmaterial ist eben nicht immer optimal. Einige Produkte erreichen zum Glück immer noch erstklassiges Niveau: Schafskäse, Honig, Olivenöl (besonders gut in San Feliciano am Trasimenischen See und in Spello), die berühmten Linsen von Castelluccio di Norcia.

Unter den umbrischen Restaurants ragt eines heraus wie ein Dreitausendergipfel im Hügelland. Das einsam zwischen Orvieto und Todi am Ufer des Corbara-Sees gelegene *Vissani* wird von Kennern einhellig zu den drei oder vier besten Häusern Italiens gezählt. Manchen Experten, wie dem französischen Gastronomie-Kritiker Henri Gault, gilt es sogar als das Spitzenlokal der Nation. Der exzentrische Meisterkoch Gianfranco Vissani, der unliebsame Gäste auch schon mal des Lokals verweist und über den unzählige Anekdoten kursieren, ist zweifellos ein Genie der Pfannen und Töpfe. Seine einzigartigen Kreationen – schon bei der Lektüre mancher Rezepte, so sagt er, fielen die Kollegen in Ohnmacht – setzen ein Feuerwerk von Aromen frei. Man muß es bezahlen können (und wollen): Zwei Hunderter wird man bei Vissani spielend – genau gesagt: genießend – los.

Anders als der berühmteste Koch der Region haben die umbrischen Weine kein Weltniveau. Spitzenprodukte sind nur die Weine der Kellerei Lungarotti in Torgiano bei Perugia: die ausgezeichneten Weißen *Torre di Giano* und *Chardonnay,* die vorzüglichen Roten *Rubesco* und *San Giorgio.* Die Familie Lungarotti hat auch ein interessantes Weinmuseum mit Gefäßen und Werkzeugen aus 2000 Jahren eingerichtet. Überdurchschnittliche Qualitäten finden sich auch beim weißen *Orvieto,* der *secco* (trocken) und *abboccato* (süß) angeboten wird. Ein schwerer Roter ist der *Sagrantino di Montefalco,* ein leichterer Rotwein aus der gleichen Gegend der *Rosso di Montefalco.* Daneben gedeihen in Umbrien zahlreiche einfachere Tischweine: *Bianco* und *Rosso di Assisi,* die Gewächse der Colli del Trasimeno, der Colli Perugini, der Colli Altotiberini. Einen vollständigen Überblick über das regionale Angebot gibt die *Enoteca Provinciale* im Zentrum Perugias (Via U. Rocchi 16).

21./22. Mai: Fest der hl. Rita in Cascia
Fronleichnam (bzw. Sonntag nach
Fronleichnam): Prozessionen in Assisi
und Orvieto; *Infiorata* (Blumenfest) in
Spello
letzter Maisonntag: *Palio della
Balestra* in Gubbio
Pfingstsonntag: *Festa della Palombella*
in Orvieto
Pfingstmontag: Prozession in Assisi
zweiter Junisonntag: Blumenfest in
Castelluccio di Norcia
22. Juni: Festa del Voto in Assisi
24.–29. Juni: Wasserfest in Terni
Ende Juni/Anfang Juli: *Festival dei
Due Mondi* (Theater- und Musikfest-
spiele) in Spoleto
Juli: *Festival Umbria Jazz* in Perugia
und Termi
31. Juli–2. August: *Festa del Perdono*
in Assisi
14. August: *Palio della Balestra* in
Gubbio
16. August: Stadtfest in Città della
Pieve
September: Musik- und Theaterfesti-
val in Todi
2. und 3. Septembersonntag: *Giostra
della Quintana* in Foligno
3./4. Oktober: Fest des hl. Franziskus
in Assisi
11. November: Martinsfest in Sigillo

 Unternehmungen

Radfahren

In Umbrien sind schöne Radtouren
möglich, jedoch ist es nicht immer
leicht, die richtigen Straßen zu finden.
Durchgangsstraßen sind fast immer
stark von Autos befahren, Nebenstrek-
ken führen oft mit anstrengenden Steigungen durch Hügel- und Bergland.

Bequem und landschaftlich schön sind
die Rundfahrten um den Lago Trasimeno und den Piediluco-See. Genaue
Routenvorschläge – auch für eine zehn-
tägige Umbrien-Radtour – habe ich in
dem Landschafts- und Erlebnisführer
»Umbrien« (Oase Verlag) gemacht.

Wandern

Am Trasimenischen See gibt es eine
Reihe markierter Wanderwege; eine
Broschüre mit den entsprechenden
Wegbeschreibungen – auch in deutscher Sprache – ist bei den örtlichen
Touristenbüros erhältlich. Auch am
Monte Subasio bei Assisi und am Monteluco bei Spoleto wurden Wege
gekennzeichnet. Das Projekt eines
durchgehenden Wanderweges von
Assisi über Spello und Trevi nach Spoleto ist in Vorbereitung; einige Teilstrek-
ken sind bereits zugänglich. Ein schönes Wandergebiet stellen die Valnerina,
die Valle Castoriana und die Sibillinischen Berge bei Norcia dar (Kompaß-
Karte Monti Sibillini 1:50000).
Literatur: Helmut Dumler, Wanderungen in Umbrien (Bruckmann Verlag).

 **Verkehrs-
verbindungen**

Assisi: Gute Bahnverbindung zum Trasimenischen See, nach Perugia, Spello,
Foligno, Spoleto, Terni, Florenz, Rom.
Häufige Busse nach Perugia. Über Perugia sind Gubbio und Todi erreichbar,
mit der Bahn über Orte oder Terontola
auch Orvieto. Als Standort optimal
geeignet.
Bevagna: Häufige Busse nach Foligno
(vgl. dort).
**Castelluccio di Norcia und Piano
Grande:** nur zwei Busse wöchentlich

nach Norcia, aber Trampen ist problemlos.

Città di Castello: Bus und Bahn nach Perugia, häufig.

Foligno: Bahnknotenpunkt an der Hauptstrecke Rom–Orte–Spoleto–Fabriano–Ancona und der Nebenstrecke Assisi–Perugia–Terontola.

Gubbio: Täglich 7 Verbindungen nach Perugia, außerdem Zubringerbusse zum Bahnhof Fossato di Vico an der Strecke Rom–Foligno–Ancona.

Montefalco: Täglich 7 Busse nach Foligno, 2 Busse nach Spoleto.

Narni: Bahnhof an der Hauptstrecke Rom–Orte–Terni–Spoleto–Foligno.

Norcia: 5 Busse nach Spoleto, Perugia, Terni–Rom, Visso (Marken).

Orvieto: Bahnhof an der Hauptlinie Florenz–Rom. Die anderen umbrischen Städte sind mit Umsteigen in Orte oder Terontola erreichbar. Als Standort für Umbrien jedoch zu dezentral.

Perugia: Busverbindungen (meist im Ein- bis Zwei-Stunden-Rhythmus) nach Assisi, Città di Castello, Gubbio, an den Trasimenischen See, mehrfach täglich nach Spello, Foligno, Todi. Bahnverbindungen wie Assisi (s. oben). Optimaler Standort.

Piediluco-See: Busse ab Terni (vgl. dort).

San Pietro in Valle: Busse ab Terni oder Norcia, täglich nur wenige Verbindungen. In Macenano aussteigen.

Spello: Busse nach Assisi, Perugia, Foligno. Bahn wie Assisi (s. dort), der Bahnhof liegt jedoch näher am Ortszentrum. Guter Standort.

Spoleto: Bahnhof an der Hauptstrecke Rom–Terni–Foligno–Ancona. Mit Umsteigen in Foligno sind Spello–Assisi, –Perugia–Trasimenischer See erreichbar, mit Umsteigen in Orte auch Orvieto. Busse in die Valnerina, nach Norcia, Montefalco, Foligno, Terni. Guter Standort.

Terni: Bahnhof an der Hauptstrecke Rom–Spoleto–Foligno und der Nebenstrecke nach Rieti-L'Aquila-Sulmona. Busverbindungen nach Narni, Orvieto, zum Piediluco-See, in die Valnerina, nach Norcia.

Todi: Täglich 7 Busse nach Perugia.

Trasimenischer See: Tuoro und Passignano liegen an der Bahnstrecke Terontola–Perugia–Assisi–Foligno. Mit Umsteigen in Terontola, Perugia oder Foligno sind zahlreiche andere Orte Umbriens gut erreichbar. Als Standort möglich, wenn auch nicht ganz zentral.

Valnerina: Täglich einige Busse auf den Strecken (Rom–)Terni–Norcia und Perugia–Norcia.

Latium-Informationen

 Auskunft

Frosinone (03100), Piazzale De Matthaeis, ℘ 0075-87 25 25, Fax 27 02 29
Latina (04100), Via Duca del Mare 19, ℘ 0773-69 54 04, Fax 66 12 66

Rieti (02100), Via Cintia 87, ℘ 0746-20 11 46, Fax 27 04 46
Roma (00185), Via Parigi 5, ℘ 06-48 89 92 53, Fax 4 81 93 16
Viterbo (01100), Piazza dei Caduti 16, ℘ 0761-34 62 68, Fax 32 62 06

🛏 Hotels

Nordlatium

Das nobelste Hotel im nördlichen Latium ist das ruhig gelegene **Balletti Park Hotel******, ℘ 0761-37 71, Fax 37 94 96, in dem hübschen Dorf *San Martino al Cimino* bei Viterbo.

In *Viterbo* bietet sich das gute Mittelklassehotel **Leon d'Oro***** an, ℘ 0761-34 44 44, Fax 34 44 47.

Angenehm ist das **Al Gallo*****, ℘ 0761-44 33 88, Fax 43 50 28, in *Tuscania*.

In der Etruskerstadt Tarquinia wohnt man am komfortabelsten im **Tarconte*****, ℘ 0766-85 61 41, Fax 85 65 85.

Das moderne **Columbus***** in *Bolsena* zeichnet sich vor allem durch die günstige Lage direkt am See-Ufer aus; ℘ 0761-79 90 09, Fax 79 81 72.

Am einsamen Vico-See hört man im **Bella Venere***** am Südufer, Gemeinde *Caprarola*, ℘ 0761-61 23 42, Fax 61 23 44, und im **Sans Soucis***** am Nordufer, Gemeinde *Ronciglione*, ℘ 0761-61 20 52, Fax 60 20 53, das Plätschern der Wellen und die Vögel.

Am Bracciano-See bietet das **Belvedere***** oberhalb von *Trevignano*, einige Kilometer vom Ufer entfernt, ein reizvolles Panorama; ℘ 06-9 99 70 30. Direkt am Wasser liegt die einfachere **Panorama Casina del Lago**** in *Bracciano*; ℘ 06-99 80 54 74.

Südlich von Rom

In einer Villa des 19. Jh.s in *Anagni* befindet sich **La Floridiana******, ℘ 0775-76 99 60, Fax 76 99 61.

Der Kurort *Fiuggi* hat mit rund 250 Hotels aller Kategorien das größte Angebot außerhalb Roms. In der Altstadt liegt das einfache **Anticoli****, ℘ 0775-5 56 67, mit gutem Restaurant.

Das **Cremona*****, ℘ 06-9 57 96 03, Fax 9 57 82 34, in *Genazzano* wirkt zwar ästhetisch nicht sehr ansprechend, bietet aber eine gute Küche.

Die **Villa Fiorio****** in *Grottaferrata* in den Albaner Bergen ist ein Landsitz des 18. Jh.s mit großem Garten; ℘ 06-9 45 92 76, Fax 9 41 34 82.

In *Olevano Romano*, dem berühmten Ort in der ›Malerlandschaft‹ südöstlich von Rom steht das **Boschetto***, ℘ 06-9 56 40 25.

An der Küste südlich von Rom ist *Sperlonga* der angenehmste Aufenthaltsort. Direkt am Meer liegen unterhalb des malerischen alten Ortes **La Sirenella*****, ℘ 0771-54 91 86, Fax 54 91 89, und **Aurora*****, ℘ 0771-54 92 66, Fax 5 40 14. Komfortabler ist das etwas außerhalb gelegene **Parkhotel Fiorelle*****, ℘ 0771-5 40 92, Fax 54 92 46. Ein gutes Hotel an der Küste ist das **Punta Rossa****** in *San Felice Circeo*, ℘ 0773-54 80 85, Fax 54 80 75, in schöner Position am Felsufer. Vom **Castello Miramare******, in *Formia* ℘ 0771–70 01 38, Fax 70 01 39, genießt man einen herrlichen Blick auf die Bucht von Gaeta.

Auf der Insel *Ponza* wohnt man besonders angenehm im eleganten **Chiaia di Luna*****, ℘ 0771-8 01 13, Fax 80 98 21, und im **Bellavista*****, ℘ 0771-8 00 36, Fax 8 03 95, mit Meerblick.

Rom (Vorwahl: 06)

In besonders luxuriösen Häusern, wie etwa dem **Lord Byron****** bei der

Villa Borghese, Via G. de Notaris 5, ℘ 3 22 04 04, Fax 3 22 04 05, zahlt man für ein Doppelzimmer rund 400–500 DM. Etwas günstiger sind Vier-Sterne-Hotels wie das **Valadier****,** Via delle Fontanelle 15, ℘ 3 61 19 98, Fax 3 20 15 58, oder das traditionsreiche, zentral gelegene **Sole al Pantheon****,** Via del Pantheon 63, ℘ 6 78 04 41, Fax 69 94 06 89. ›Bürgerliche‹ Preise (120–200 DM für ein Doppelzimmer) nehmen Drei-Sterne-Häuser, wie das beim Pantheon gelegene kleine **Portoghesi***,** Via dei Portoghesi 1, ℘ 6 86 42 31, Fax 6 87 69 76, das hübsche **Manfredi***,** Via Margutta 61, ℘ 3 20 76 76, Fax 3 20 77 36, in der Nähe der Spanischen Treppe, die ruhig gelegenen **Sant'Anselmo***,** Piazza Sant'Anselmo 2, ℘ 5 78 32 14, Fax 5 78 36 04, und **Villa San Pio***,** Via Sant'Anselmo 19, ℘ 5 74 35 47, Fax 5 78 36 04, auf dem Aventin. Eine gute Adresse ist auch das einfachere **Aventino**,** Via San Domenico 10, ℘ 5 74 52 32, Fax 5 78 36 04. Hauptvorzug des **Smeraldo**,** Via dei Chiodaroli 11, ℘ 6 87 59 29, Fax 68 80 54 95, und des **Sole**,** Via del Biscione 76, ℘ 6 87 94 46, Fax 6 89 37 87, ist die gute Lage in den lebendigen Gassen beim Markt Campo dei Fiori. Gepflegt und freundlich: **Bel Soggiorno**,** Via Torino 117, ℘ 4 88 17 01, Fax 4 81 57 55. Preiswerte Hotels finden sich insbesondere in Bahnhofsnähe, z. B. die freundliche **Pensione Tony*,** Via Principe Amedeo 79/d, ℘ 4 46 68 75, Fax 4 46 69 04.

 Jugendherbergen

Leonessa: S. Giorgio, Scuola Pio IX, Fontenova di Leonessa, ℘ 0746-92 20 61

Rom: Ostello del Foro Italico, Viale delle Olimpiadi, ℘ 06-3 24 25 71
Sperlonga: Marina degli Ulivi, ℘ 0771-5 44 16

 Campingplätze

Campingplätze gibt es in Latium – von wenigen Ausnahmen abgesehen – nur an der Küste, an den Seen des nördlichen Latium und in der unmittelbaren Umgebung Roms. Ein reiches Angebot findet sich am Bolsena-See und in der südlichen Küstenregion um Terracina, Sperlonga und Gaeta; daneben kann man auch am Vico- und Bracciano-See, am Meer bei Tarquinia und am Monte Circeo campen. Die Hügel- und Bergregionen sind dagegen kaum erschlossen; erwähnenswert sind allenfalls die Plätze von Fiuggi und Filettino (Prov. Frosinone).

 Empfehlenswerte Restaurants

Gehobene Preisklasse

Aquilanti (Vorort von Viterbo): La Quercia
Rieti: Checco Calice d'Oro
Rom: Alberto Ciarla (Piazza San Cosimato 40), Convivio (Via dell'Orso 44), Papa Giovanni (Via dei Sediari 4), Porto di Ripetta (Via di Ripetta 250), Relais Le Jardin, Hotel Lord Byron (Via Giuseppe de Notaris 5), Relais Le Piscine, Aldovrandi Palace Hotel (Via Aldovrandi 15)

Saltimbocca und Süßwasser-
fische – Latium kulinarisch

Abbacchio heißt das Lamm – anderswo in Italien *agnello* genannt – in Rom. Es kommt *allo scottadito* auf den Tisch – wörtlich: ›zum Fingerverbrennen‹. *Abbacchio allo scottadito,* gegrillte Lammkoteletts, gehören zu den Spezialitäten der römischen Küche. Den Schafen, die sich auf den Weiten Latiums noch immer zahlreich finden, verdanken wir auch den vorzüglichen *Pecorino romano*. Er bildet den wesenlichen Bestandteil eines klassischen Nudelgerichts der Region: *Spaghetti all'amatriciana,* als deren Ursprungsort sich das Städtchen Amatrice im Bergland bei Rieti rühmt, werden mit Tomaten, Speck, Peperoni und eben reichlich Schafskäse zubereitet.

Doch nicht alles dreht sich ums Schaf in der latinischen Küche: *Saltimbocca alla romana* – zarte Kalbsschnitzel mit Schinken und Salbei – sind längst international verbreitet. Auch die *Stracciatella,* eine mit Eiern und Käse verfeinerte Suppe, ist über die Grenzen Latiums vorgedrungen. Weniger bekannt ist, daß auch Rindsrouladen *(Involtini di manzo), Spezzato di vitello* (eine Art Gulasch), Kutteln *(Trippa alla romana)* und Zicklein *(capretto)* römische Spezialitäten darstellen. Auch Kaninchen *(coniglio),* Perlhuhn *(faraona),* Truthahn *(tacchino)* kommen in der Region häufig auf den Tisch, daneben während der Jagdsaison Wildschwein *(cinghiale)* und Hase *(lepre).*

Mittlere und untere Preisklasse
Bagnaia: Checcarello
Bolsena: Picchietto
Castel San Pietro Romano (bei Palestrina): Clementicchio
Cori: Trattoria del Pergolato
Gradoli (Lago di Bolsena): La Ripetta
Montefiascone: Dante
Olevano Romano: Sora Maria e Arcangelo und Carlino
Ponza: La Lanterna
Rom: Berninetta (Via P. Cavallini 14 beim Justizpalast), Da Gino (Vicolo Rossini 5 bei Piazza Montecitorio), Dante (Via Monte Santoi 36), Felice (Via Mastro Giorgio 29), Gemma alla Lupa (Via Marghera 39 bei Stazione Termini), La Taverna (Via del Banco di Santo Spirito 58, bei der Engelsburg), Moschino (Piazza Benedetto Brin 5), Osteria dell'Angelo (Via G. Bettolo 24), Sorrento (Via Simeto 15)
Ronciglione (Lago di Vico): Il Cardinale

Bei den *Primi,* den Vorspeisen, dominieren in der klassischen Küche Latiums einfache Pasta-Gerichte, wie die *Spaghetti aglio, olio, peperoncino* (mit Knoblauch, Öl und Peperoni) oder die *Gnocchi di patate,* kleine Kartoffelklößchen, die meist in einer Tomatensauce gereicht werden.

Latium ist reich an Obst- und Gemüsekulturen. Eine Spezialität stellen die kleinen, weichen Artischocken dar, die *Carciofi alla romana.* Im nördlichen Latium stehen ausgedehnte Haselnußpflanzungen. Die Ernte geht zum größten Teil in die schweizerische Schokoladenproduktion, doch kommen die Früchte auch in Deutschland auf den Markt, zum Teil unter dem Namen ›Römernüsse‹.

Vielfach findet man in Latium eine ausgezeichnete Fischküche. Am Meer wird den Gästen leider häufig tiefgefrorene Ware vorgesetzt. Wer hier gut Fisch essen will, sollte sich möglichst bei Einheimischen über die verläßlichen Lokale informieren, zumal die Preise für Meeresprodukte wie überall in Italien hoch sind. Erstaunlich preiswert speist man dagegen an den Seen, vor allem im nördlichen Latium, wo ausgezeichnete Süßwasserfische serviert werden: Barsch *(persico),* Aal *(anguilla),* der entfernt der Forelle ähnelnde *coregone,* Schlei *(tinca).* Auch die Forelle *(trota)* steht auf vielen Speisekarten.

Im südlichen Latium werden die Einflüsse der neapolitanischen Küche spürbar. Hier weiden, ebenso wie im südlich angrenzenden Kampanien, Büffel, aus deren Milch der beste *Mozzarella*-Käse gewonnen wird. Unbedingt probieren – mit der gummiartigen Masse, die bei uns in Plastikverpackungen angeboten wird, hat die ausgezeichnete Mozzarella, die oft von Bauern direkt am Straßenrand verkauft wird, nichts zu tun!

Als Weinbauregion ragt Latium nicht sonderlich hervor. Überregionalen Ruf genießen allenfalls die Weißweine von Montefiascone *(Est-est-est)* und aus den Albaner Bergen *(Frascati).* Beim *Cesanese,* der im Hügelland am Rand des Apennin gedeiht, kann man gute Qualitäten finden. Daneben sind einige nur lokal verbreitete Weine interessant, wie der Süßwein *Aleatico* aus Grádoli am Bolsena-See.

San Vito Romano: Dal Mago
Tarquinia-Lido: Gradinoro
Viterbo: Il Richiastro und La Zaffera

 Feste

Februar: Karneval in Ronciglione (bei Viterbo), Poggio Mirteto (Sabiner Berge), Città Castellana
Karfreitag: Prozessionen u. a. in Civita-vecchia, Orte, Bagnaia, Bagnoregio, Palestrina, Sezze, Maenza
Ostersonntag: Auferstehungsprozession in Tarquinia
Mittwoch nach Ostern: Fest des hl. Sixtus in Alatri
30. April/1. Mai: Fest der vier Katzen in Ferentino
1. Maisonntag: *Giostra del Saracino* in Tarquinia
14. Mai: *Barabbata* (Fischer- und Bauernfest) in Marta (Bolsena-See)

15. Mai: Fest der Madonna del Fiore in Acquapendente
Fronleichnam: *Infiorata* (Blumenfest) in Bolsena, *Infiorata* (Albaner See) in Genzano
Juni: Festival der Barockmusik in Viterbo
20. Juni: Bootsprozession in Ponza
23./24. Juli: *Misteri* (Fest der hl. Christina) in Bolsena
18./19. August: Fest des hl. Agapito in Palestrina
Woche nach dem 15. August: Fest der *Spaghetti all'amatriciana* in Amatrice
3. September: Prozession der hl. Rosa in Viterbo
1. Septembersonntag: *Ottava medievale* (Umzüge und Wettkämpfe in historischen Kostümen) in Orte
1. Oktobersonntag: Weinfest in Marino (Albaner Berge)
Weihnachten: Weihnachtsfest mit Erinnerung an die erste Krippe des hl. Franziskus im Kloster Greccio bei Rieti

Unternehmungen

Radfahren

Optimal für Radtouren geeignet ist das nördliche Latium: Die Nebenstraßen sind wenig befahren, die Steigungen halten sich in Grenzen, das Land ist reich an landschaftlichen und künstlerischen Anziehungspunkten. Eine mehrtägige Fahrt könnte am Bolsena-See beginnen, den man ganz umrundet, um dann über Tuscania nach Tarquinia zu radeln. Weiter über Blera-Barbarano Romana oder auf der anspruchsvolleren Strecke durch die Tolfa-Berge an den Bracciano-See, an dem sich ebenfalls die komplette Rundfahrt lohnt.

Durch die Schlucht von Calcata nach Rignano Flaminio, südlich am Monte Soratte vorbei ins Tiber-Tal, das man bei Nazzano erreicht. Westlich des Tiber bis Magliano Sabina, über Soriano-Bomarzo-Vitorchiano-Bagnaia nach Viterbo und zurück zum Ausgangspunkt.

Im südlichen und östlichen Latium sind Radtouren nur sehr gut trainierten Fahrern zu empfehlen: Die landschaftlich reizvollen Strecken durchs Bergland weisen starke Steigungen auf. In den Ebenen herrscht dagegen unangenehm viel Verkehr.

Abzuraten ist wegen des starken Autoverkehrs und der Diebstahlsgefahr von der Radfahrt nach Rom. Lassen Sie im Stadtbereich Ihr Fahrrad nie unbeaufsichtigt – auch nicht für wenige Minuten!

Wandern

In Latium sind nur die Bergregionen teilweise durch Markierungen erschlossen. Auch die Schluchten und Seen des nördlichen Latium sowie die ›Malerlandschaft‹ bei Palestrina bieten gute Wandermöglichkeiten, doch ist hier die Orientierung mangels geeigneter Karten schwierig.

Verkehrsverbindungen

Bagnaia: Häufige Busse nach Viterbo.
Bolsena: Fast stündlich Busse nach Montefiascone–Viterbo. Einige Verbindungen nach Orvieto. Als Standort im nördlichen Latium möglich, wenn man die Anfahrt über Viterbo zu den anderen Orten in Kauf nimmt.
Bomarzo: Täglich 5 Verbindungen nach Viterbo.

Bracciano: Häufige Busse nach Rom, außerdem täglich 10 Züge auf der Strecke Roma Tiburtina–Viterbo.
Caprarola: Täglich 6 Busse nach Viterbo, 3 Busse nach Rom.
Cerveteri: Häufige Busse nach Rom.
Etruskische Felsnekropolen: Zahlreiche Busse ab Viterbo nur zu den Gräbern bei Blera .
Montecassino: Cassino ist von Rom mit dem Zug erreichbar. Zur einige Kilometer entfernten Abtei muß man dann ein Taxi nehmen.
Montefiascone: Fast stündliche Verbindungen nach Bolsena und Viterbo. Als Standort möglich (s. Bolsena).
Palestrina und die Orte der ›Malerlandschaft‹: gute Busverbindungen nach Rom.
Ponza: Schiffe ab Formia, das an der Hauptstrecke Rom–Neapel liegt.
Rom: Die fünf Busbahnhöfe liegen am Stadtrand und sind jeweils mit der U-Bahn erreichbar:
Osteria del Curato (Metro-Station Anagnina): Busse in die Albaner Berge, nach Palestrina und in die ›Malerlandschaft‹, ins gesamte südliche Latium.
Rebibbia: Subiaco, Palestrina, Tivoli.
Tiburtina: Provinz Rieti.

Lepanto: Cerveteri und andere Orte an der Küste nördlich von Rom.
Saxa Rubra (erreichbar mit Bahnlinie ›Rom-Nord‹ ab Piazzale Flaminio): gesamtes nördliches Latium mit Ausnahme der Küste.
Sperlonga: Busse nach Formia (an der Bahnlinie Rom–Neapel), Terracina, San Felice Circeo, Latina. Mit Umsteigen in Terracina, Formia oder Latina erreicht man zahlreiche weitere Orte. Gutes, auch landschaftlich reizvolles Standquartier für Südlatium.
Subiaco: Stündlich Busverbindungen nach Rom.
Tarquinia: D-Zug-Station an der Strecke Rom–Pisa; zahlreiche Busse nach Viterbo.
Tivoli: Ständige Busverbindungen nach Rom.
Tuscania: Zahlreiche Busse nach Viterbo.
Villa Adriana: Ständig Busse nach Rom (Linie Rom–Tivoli).
Viterbo: Gute Busverbindungen nach Rom und in nahezu sämtliche Orte des nördlichen Latium. Zuglinien über Bracciano und über Civita Castellana nach Rom. Verkehrstechnisch der optimale Standort im nördlichen Latium.

Marken-Informationen

 Auskunft

Ancona (60100), Via Thaon de Revel 4, ℘ 071-3 32 49/3 49 38, Fax 3 19 66
Ascoli Piceno (63100), Piazza del Popolo 1, ℘ 0736-25 72 88/25 30 45, Fax 25 23 91
Fano (61032), Via C. Battisti 10, ℘ 0721-80 35 34, Fax 82 42 92
Fermo (63023), Piazza del Popolo 5, ℘ 0734-22 87 38, Fax 22 83 25

Loreto (60025), Via Solari 3, ℘ 071-97 02 76, Fax 97 00 20
Macerata (62100), Via Garibaldi 87, ℘ 0733-23 15 47, Fax 23 04 49
Pesaro (61100), Via Mazzolari 4, ℘ 0721-6 93 41, Fax 3 04 62
Urbino (61029), Piazza Rinascimento 1, ℘ 0722-26 13, Fax 24 41

Hotels

Ancona

In Ancona bieten sich das **Grand Hotel Passetto****, ⌀ 071-3 13 07, Fax 3 28 56, oder das **Fortuna***, ⌀ 071-4 26 63, Fax 4 26 62, als Quartiere an.

Acquaviva Picena (südl. Küste)

In der **Abbadetta***, ⌀ 0735-76 40 41, Fax 76 49 45, genießt man den Panoramablick aufs Meer.

Ascoli Piceno

Das am Stadtrand gelegene **Pennile***, bietet vernünftigen Komfort zu zivilen Preisen, ⌀ 0736-4 16 45, Fax 34 27 55.

Castelraimondo

Das **Bellavista***, ⌀ 0737-64 07 17, Fax 64 21 10, ist ein angenehmes Landhotel, 12 km westlich von San Severino Marche.

Fabriano

Hier empfiehlt sich das komfortable **Gentile da Fabriano****, ⌀ u. Fax 0732-62 71 90, an.

Fermo

Das beste Haus in Fermo ist die **Casina delle Rose***, ⌀ 0734-22 46 36, Fax 22 89 32.

Gabicce Monte

Zu den schönsten Häusern im nördlichen Küstenabschnitt der Marken gehört das luxuriöse **Capo Est****, ⌀ 0721-95 33 33, Fax 95 27 35, in Gabicce Monte. Von der Terrasse genießt man einen herrlichen Meerblick.

Iesi

Im Binnenland der Provinz Ancona gehört das **Federico II****, ⌀ 0731-21 10 79, Fax 5 72 21, in Iesi zu den komfortabelsten Häusern.

Montecassiano (bei Macerata)

Die **Villa Quiete**** bietet einen hübschen Garten und Ruhe, ⌀ u. Fax 0733-59 95 59.

Monte Cónero

Besonders angenehm: In den Hügeln oberhalb von Portonovo das mit einer Sammlung zeitgenössischer Kunst ausgestattete **Emilia****, ⌀ 071-80 11 45, Fax 80 13 30; das ehemalige Kloster **Monte Cónero***, ⌀ 071-9 33 05 92, Fax 9 33 03 65, in Panoramalage im Wald hoch über dem Meer; das historische Gemäuer des **Fortino Napoleonico****, ⌀ 071-80 11 24, Fax 80 13 14, in Portonovo direkt an der Küste.

Montelparo

Eine gute Adresse im Hügelland zwischen Fermo und Ascoli ist **La Ginestra*** bei Montelparo, ⌀ 0734-78 04 49, Fax 78 07 06, in ruhiger, aussichtsreicher Position.

Monti Sibillini

Empfehlungen im Gebiet der Monti Sibillini: in *Amandola* das **Paradiso***, ⌀ 0736-84 74 68; in *Sarnano* das **Eden***, ⌀ 0733-65 71 97.

Pesaro

Die **Villa Serena***, ⌀ 0721-5 52 11, Fax 5 59 27, eine 300 Jahre alte Landvilla in einem Park, wird von den Besitzern, einer Grafenfamilie, geführt. Antiquitäten, Kamine und Keramik erinnern an vergangene goldene Zeiten.

Santa Vittoria in Mantenano

Ein einfaches, freundliches Dorfhotel nördlich von Ascoli Piceno ist das **Farfense****, ℘ 0734-78 00 23.

Serrungarina

Zwischen Urbino und der Küste liegt besonders schön das Landhotel **Casa Oliva***** bei Serrungarina (20 km südwestlich von Fano), ℘ 0721-89 15 00.

Urbino

Am nobelsten wohnt man im zentral gelegenen **Bonconte******, ℘ 0722-24 63, Fax 47 82; ebenfalls in der Altstadt findet man das gutbürgerliche **Raffaello*****, ℘ 0722-47 84, Fax 32 85 40, und das einfachere **San Giovanni****, ℘ 0722-28 27.

 # Campingplätze

Fast jeder Küstenort hat einen oder mehrere **Campeggi.** Im Binnenland gibt es Plätze im Montefeltro (Carpegna, Pennabili), bei Urbino, in Cingoli (Juni–September), Fiastra (Mai–September) sowie im Gebiet der Sibillinischen Berge (ganzjährig: Sarnano und Ussita; nur im Sommer: Castel Sant' Angelo sul Nera und Montefortino).

 # Empfehlenswerte Restaurants

Gehobene Preisklasse

Ancona: Passetto
Cartoceto (bei Fano): Symposium
Falconara Marittima: Villa Amalia
Iesi: Hostaria Santa Lucia
Pesaro: Teresa

Mittlere und untere Preisklasse

Ancona: Strabacco
Acquasanta Terme: Terme
Acquaviva Picena: Il Castello
Ascoli Piceno: Kursaal
Calcinelli (bei Fano): Posta Vecchia
Fano: Da Quinta
Filottrano: Sette Colli
Gradara: La Casaccia
Iesi: Tana Libera Tutti
Loreto: Da Orlando Barabani
Muccia: Il Cacciatore
Recanati: Del Borgo Antico
San Lorenzo in Campo: Hotel Giardino
San Severino Marche: Da Fiorina San Pacifico

 # Feste

Februar: Karneval in Fano und Ascoli Piceno
Karfreitag: Prozession in Porto Recanati
Mittwoch bis Sonntag nach Ostern: Kirchenmusiktreffen in Loreto
Sonntag nach Ostern: Fest des ›Feuerpferds‹ in Ripatransone
Pfingsten: *Sagra dei Piceni* in Monterubbiano
1. Julisonntag: *Torneo dei Balestrieri* in Gradara
1. Augustsonntag: *Torneo della Quintana* in Ascoli (vgl. S. 238)
2. Augustsonntag: *Contesa del Secchio* in Sant'Elpidio a Mare
vorletzter Augustsonntag: *Torneo cavalleresco Castel Clementino* in Servigliano

Rossinis Rouladen und Brodetto – Gaumenfreuden in den Marken

Auch einfache Landtrattorien schwingen sich in den Marken gelegentlich, vor allem im Herbst und Winter, zu den Höhen kulinarischer Feinheiten auf. Steinpilze und Trüffel machen's möglich, die Perlen unter den kulinarischen Produkten der Region. Was kann schiefgehen, wenn Mamma die Pasta von Hand zubereitet und dann eine Sauce mit *porcini* oder *tartufi* hinzukommt? Die tollen Knollen veredeln einfach alles, Tagliatelle wie Risotti, Kalbsschnitzel wie Forellen.

Die Alltagsspeisen sind einfacher, aber ebenfalls vorzüglich – wenn sie mit den richtigen Grundprodukten zubereitet werden. Schinken und Wurstwaren, die gern als Antipasti vorgelegt werden, können ausgezeichnet sein; bekannt ist der *prosciutto* des Montefeltro (Carpegna) wie die Wurstwaren von Fabriano. Teigwaren gelingen den Köchen praktisch immer; Spezialitäten der Marken sind Gemüsesaucen (Artischocken, Wildspargel) zur Pasta und die lasagne-artigen *Vincisgrassi,* die mit einer Bechamelsoße und unterschiedlichen Füllungen (Fleisch, Huhn, Tomaten) auf den Teller kommen. Als

August: Adriatischer Karneval in Fano
1. Oktobersonntag: Weinfest in Cupramontana
9.–10. Dezember: Fest des Heiligen Hauses in Loreto

 ## Unternehmungen

Radfahren

Eine schöne Tour könnte sich an der im Abschnitt »Streifzüge durchs Hinterland« (s. 225 ff.) beschriebenen Route orientieren. Die in Südwest-Nordost-Richtung verlaufenden Flußtäler sowie die Küstenstrecke haben dagegen ein unangenehm großes Autoaufkommen. Die Steigungen sind oft beträchtlich; vor allem von Touren im Montefeltro-Gebiet ist daher ganz abzuraten.

Wandern

Die Marken bieten – außer im Gebiet der Sibillinischen Berge – kaum reizvolle Wanderstrecken. Einige markierte Wege befinden sich am Monte Cónero. Besonders schöne Touren lassen sich im Grenzgebiet zu Umbrien in den Monti Sibillini unternehmen. Wanderkarten hierzu im Kompaß-Verlag, Bozen und bei Edizioni Multigraphic, Florenz.

Hauptspeisen gibt es neben den gängigen Rinder- und Schweinebraten Lamm, Kaninchen, Ziege, Wildschwein, Truthahn, Huhn. In Pesaro, der Heimatstadt des großen Komponisten und begnadeten Kochs Rossini, bietet man als sein angebliches Leibgericht *Olivette di vitello* an, Kalbsrouladen mit Schinken, Basilikum und Wein. Auch Ascoli kennt eine lokale Spezialität: die *Olive all'ascolana,* panierte, mit Fleisch gefüllte und in Öl ausgebackene Oliven. Von diesem Gericht gibt es Dutzende von Variationen, Füllung und Beilagen wechseln von Haus zu Haus.

An der Küste wird natürlich Fisch gegessen. Man findet ihn wegen der geringen Entfernung zum Meer auch im Landesinnern allenthalben. Ein Klassiker der italienischen Meeresküche ist die Fischsuppe *Brodetto.* Sie kommt nur in zwei Hauptvarianten vor: mit Safran-Kräuter-Sud oder mit Tomaten, Essig, Petersilie, Knoblauch, Zwiebeln. Ein weiteres Gericht der Marken hat überregionale Verbreitung gefunden: die *Porchetta.*

Unter den Weinen der Marken ist allein der weiße *Verdicchio* auch im Ausland bekannt. Großbetriebe wie Fazi-Battaglio und Umani Ronchi erzielen mit dem trockenen Bianco beachtliche Exporterfolge. Die qualitativ besten Verdicchio-Weine werden von kleineren Winzern wie Bucci, Coroncino, Brunori produziert. Aus der Montepulciano-Traube wird im Hinterland Anconas der rubinfarbene, kräftige *Rosso Cónero* erzeugt. Er altert mit Gewinn und entfaltet vielfältige Aromen – vor allem der Star unter den Rossi del Cónero, der *Dorico* des Winzers Moroder. Der *Rosso Piceno* aus der Gegend von Ascoli und der ausgezeichnete *Vernaculum* von Pegola sollten dagegen jung getrunken werden. Liebhaber süßer Dessertweine können sich am *Vernaccia di Serrapetrona* delektieren.

Verkehrs-
verbindungen

Ancona: Wichtigster Verkehrsknotenpunkt der Region. Direkte Züge verkehren nach Pesaro, Fano, Loreto, den Küstenorten im Süden, Iesi, Fabriano. Mit Umsteigen sind Urbino, Macerata, Tolentino, San Severino Marche erreichbar. Fernzüge nach Bologna–Mailand, Spoleto–Rom, Pescara–Bari. Busse u. a. zum Monte Cónero, nach Osimo, Castelfidardo, Loreto, Sassoferrato, Iesi, Grotte di Frasassi. Verkehrstechnisch ein optimaler Standort.

Ascoli Piceno: Züge nach San Benedetto del Tronto (an der Hauptstrecke Bologna–Bari). Busse in die Orte der südlichen Marken.

Castelfidardo: Busse nach Ancona.

Fabriano: Bahnknotenpunkt an der Hauptstrecke Rom–Ancona. Züge auch nach Sassoferrato und San Severino Marche–Tolentino–Macerata.

Fano: Bahnhof an der Strecke Bologna–Ancona–Pescara. Eine Nebenlinie führt nach Urbino. Als Standort möglich.

Fermo: Busse nach Porto San Giorgio (Bahnhof an der Strecke Bologna–Pescara), Ascoli Piceno.

Grotte di Frasassi: Busse nach Ancona und Fabriano. Nahegelegener Bahnhof San Vittore delle Chiuse an der Strecke Fabriano-Ancona.

Iesi: Bahnstation der Strecke Fabriano–Ancona.

Loreto: Busse nach Ancona und Macerata. Bahnhof der Strecke Ancona–Pescara (3 km vom Ort entfernt).

Macerata: Bahn nach Civitanova Marche (an der Hauptstrecke Ancona–Pescara), nach Tolentino, San Severino Marche, Fabriano. Busse in die genannten Orte, außerdem nach Cingoli, Sarnano, San Ginesio, Visso, Recanati Lonto. Als Standquartier geeignet.

Monte Cónero: Busverbindungen von Sirolo und Numana nach Ancona. Als Standquartier möglich (vgl. Ancona).

Monti Sibillini: Busverbindungen nach Ascoli Piceno (von Amandola und Arquata del Tronto) und nach Macerata (von Sarnano und Visso). Vgl. auch Visso.

Pesaro: Bahnhof der Hauptstrecke Bologna–Ancona–Pescara. Busse nach Urbino, San Leo, Cagli und in das Montefeltro-Gebiet.

Recanati: Busse nach Ancona und Macerata.

San Leo: Busse nach Pesaro und Rimini.

San Severino Marche: Zugverbindungen nach Fabriano (an der Strecke Ancona–Rom), Tolentino, Macerata, Civitanova Marche (an der Strecke Bologna–Bari). Busse nach Macerata.

Sassoferrato: Züge nach Fabriano (dortige Anschlüsse s. oben). Busse nach Ancona.

Tolentino: Zügen nach Macerata, Fabriano (s. dort), Civitanova Marche (an der Strecke Bologna–Bari). Busse nach Macerata.

Urbino: Bahnverbindung nach Fano (an der Strecke Bologna–Ancona). Busse nach Pesaro und in die Orte des Montefeltro.

Visso: Busse nach Macerata (5mal täglich), Rom (3mal täglich), Norcia und Perugia (je einmal).

Abruzzen-Informationen

 ## Auskunft

Chieti (66100), Via B. Spaventa 31, ✆ 0871-6 36 40, Fax 6 36 47
L' Aquila (67100), Piazza S. Maria di Paganica, ✆ 0862-41 08 08, Fax 6 54 42
Pescara (65100), Via Fabrizi 173, ✆ 085-4 21 17 07, Fax 29 82 46
Teramo (64100), Via del Castello 10, ✆ 0861-24 42 22, Fax 24 43 57.

 ## Hotels

L' Aquila

Das **Duca degli Abruzzi***, ✆ 0862-2 83 41, Fax 6 15 88, ist vorzüglich; es hat zudem ein ausgezeichnetes Restaurant mit Traumblick über die Stadt. Das einfachere **Italia****, ✆ 0862-41 35 66, scheint zwar manchmal sehr leger geführt, zeichnet sich aber durch eine köstliche Jugendstileinrichtung aus.

Campo Imperatore

Ein Erlebnis besonderer Art ist die Übernachtung am Campo Imperatore unterhalb des Gran Sasso – Abend und Morgen in der einsamen Landschaft können begeistern! Vor kurzem renoviert wurde das Hotel **Campo Imperatore****, ℘ 0862-40 00 00, Fax 60 60 88. Gleich daneben steht eine preisgünstigere Unterkunft: das **Ostello Campo Imperatore**, ℘ 0862-40 00 11, eine Herberge mit Zweier- und Viererzimmern.

Caramanico Terme

Gut untergebracht ist man in diesem Kurort am Rand des Maiella-Höhenzugs im **Viola***, ℘ 085-92 22 92.

Civitella del Tronto

Einfach und reizvoll im Festungsort ist das **Zunica***, ℘ 0861-9 13 19, mit weitem Blick übers Tal.

Lago di Campotosto

Perfekte Nachtruhe erwartet Sie am Lago di Campotosto nördlich von L' Aquila: Hier fühlt man sich fern der gewöhnlichen Welt. Im **Valle***, ℘ 0862-90 01 19, genießt man den Seeblick; auch der Gran Sasso scheint ganz nah.

Loreto Aprutino

Bei diesem Ort ist das **Bilancia*****, ℘ 085-8 28 96 10, ein familiär geführtes Haus vorwiegend für Geschäftsreisende; mit gutem Restaurant.

Nationalpark Abruzzen

In *Civitella Alfedana* bietet das **Valdirose*****, ℘ 0864-89 01 00, Fax 89 03 00, einen schönen Ausblick auf den Lago di Barrea.
Nobelstes Haus der Nationalpark-Region ist das **Grand Hotel del Parco******, ℘ 0863-91 27 45, Fax 91 27 49, in *Pescasseroli;* schön gelegen im gleichen Ort das **Pinguino*****, ℘ 0863-91 25 80.

Ovindoli

Der Ort ist zwar unerfreulich mit Ferienwohnungen und Hotels verbaut; die großartige Landschaft zwischen Monte Sirente und Monte Velino lädt aber doch zum Verweilen ein. Das **Magnola Palace*****, liegt ruhig etwas außerhalb der Ortschaft; ℘ 0863-70 51 44, Fax 70 51 47.

Scanno

In dem charakteristischen Bergstädtchen empfiehlt sich das **Mille Pini*****, ℘ 0864-7 43 87.

Sulmona

Empfehlenswert ist **Armando's*****, ℘ 0864-21 07 83.

Tagliacozzo

Das **Miramonti*****, ℘ 0863-65 81, ›blickt‹ aufs Gebirge, wie der Name sagt.

Teramo

Die Provinzhauptstadt hat mit dem **Sporting*****, ℘ 0861-41 47 23, Fax 21 02 85, und dem **Abruzzi*****, ℘ 0861-24 10 43, Fax 24 27 04, ordentliche Mittelklassehotels.

Jugendherbergen

Civitella Alfedena (im Nationalpark):
✆ 0864-89 01 21
Pescocostanzo: ✆ 0864-64 12 47
(geöffnet: Juli/August, 15. 12.–20. 3.)
Campo Imperatore: ✆ 0862/40 00 11
Pacentro: ✆ 0864/4 15 65

 # Campingplätze

Ähnlich wie die Marken weisen auch
die Abruzzen zahlreiche Campingplätze
am Meer auf. Im Binnenland gibt es
Campingplätze bei L' Aquila und Tagliacozzo, im Gebiet des Nationalparks
(fünf Plätze), am See von Scanno
(Juni–September), im Gebiet der Maiella (Passo Lanciano), in Assergi am
Fuß der Campo-Imperatore-Seilbahn.

 # Empfehlenswerte Restaurants

Gehobene Preisklasse

Giulianova: Beccaceci
Lanciano: Sabatini alla Corona di Ferro
L' Aquila: Le Tre Marie
Pescara: Guerrino
Vasto: Il Corsaro

Mittlere und untere Preisklasse:

An der Küste:
Pescara: La Cantina di Jozz und Corte
Sconta
Silvi: Vecchia Silvi

Im Hügelland:
Atri: Alla Campana d'Oro
Chieti: Nino
Loreto Aprutino: La Bilancia

Penne: Tatobbe
Ripa Teatina (bei Chieti): La Nuova
Buccia
Teramo: Duomo, Cantinone und
Moderno

Im Gebirge:
L' Aquila: Aquila da Remo und Scanna-
pera (im Ortsteil Pile)
Fara San Martino: Hostaria, Hotel
Camerlengo
Rivisondoli: Da Giocondo
Roccaraso: La Galleria
San Pietro (bei Isola del Gran Sasso):
Il Mandrone
Scanno: Agli Archetti
Sulmona: Italia
Taranta Peligna: La Figlio di Jorio

 # Feste

6. Januar: »Die lebende Krippe« in Rivisondoli (vgl. S. 273)
Karfreitag: Prozession in L' Aquila,
Chieti, Celano
Ostersonntag: Prozessionen in Sulmona und Lanciano
Dienstag nach Ostern: Prozession mit
Darstellung biblischer Szenen in
Orsogna
erster Mai-Donnerstag: Schlangenfest in Cocullo (vgl. S. 272)
18.–20. Mai: Marienfest in Canzano
23.–26. Mai: Fest der Bauernsoldaten
in Bucchianico
1. Augustsonntag: Kampf der Türken
gegen die Christen in Ortona
8.–10. August: Fest des Porto Salvo
mit Prozession der Fischer in Giulianova
14. August: *Corteo Nuziale* (traditionelle Hochzeitszeremonie) in Scanno
15. August: Zug der Ochsenkarren in
Atri

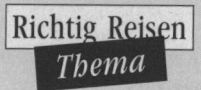

Fleischliche Freuden – Essen und trinken in den Abruzzen

In der abruzzesischen Küche spielen Fleischgerichte eine besondere Rolle – schließlich befinden wir uns im Land der Schafherden und Bergweiden. Einige der klassischen regionalen Speisen wird man allerdings in Trattorien und Restaurants nur ausnahmsweise finden; sie sind zu aufwendig in der Zubereitung oder zu ungewöhnlich für die Gaumen fremder Gäste. Schon der Name einer Spezialität aus der Gegend um Teramo, *n'docca n'docca,* wirkt eher afrikanisch als abruzzesisch. Das mysteriöse Gericht besteht aus den Resten des Schlachtfests: Schweinshaxen, -rippen, -ohren und sogar das Maul werden eine Nacht lang in Essigwasser mariniert und anschließend 4–5 Stunden mit Lorbeer, Rosmarin und Knoblauch gekocht.

Exotisch, zumindest für nicht-abruzzesische Gaumen, schmecken auch die *Salsicce al fegato* von L' Aquila: Den Leberwürstchen sind Zitrone, Orange und Pistazien beigefügt. Oder die *Ventricina* von Chieti: die Wurst aus Schweinebauch und anderem Schweinefleisch wird mit Peperoni, Fenchelblüten, Apfelsinenschalen und Pfeffer aromatisiert. Mit den *Marritti* (gegrillten Lamminnereien), dem *Castrato* (geschmortem Hammel) oder dem *Cotturo* (Lammgulasch mit Speck und Gewürzen) bewegt man sich schon auf gewohnterem Gelände. Im allgemeinen bekommt man gewöhnliche Lammkoteletts, Schweinesteaks oder Rinderfilets vorgesetzt: Die große Mehrzahl der abruzzesischen Gaststätten pflegt eine einfache Landküche.

Auch die Fischgerichte der abruzzesischen Küste sind zwar meist wohlschmeckend, doch selten sonderlich originell. Eine lokale Besonderheit stellt nur der *Brodetto Vastese* dar, die Fischsuppe von Vasto. Mindestens sieben Sorten Fisch werden dafür in einem Terrakotta-Topf mit Muscheln, Tomaten, Olivenöl, Knoblauch, Peperoni und Petersilie gegart.

In der gesamten Region verbreitet sind *Maccheroni alla chitarra.* Bei der Zubereitung dieser Pasta wird hausgemachter, dünn ausgerollter Teig auf einen mit Stahlfäden bespannten Holzrahmen gelegt und mit dem Nudelholz durchgedrückt. Die ›Gitarre‹ gehört noch heute in jeden abruzzesischen Haushalt. Andere Nudelspezialitäten sind die mit Ricotta und geriebenem Hartkäse gefüllten *Ravioli* und die *Crespelle,* die man in einer Suppe *(al brodo)* verspeist. In den Abruzzen stehen übrigens einige der besten Nudelfabriken Italiens. Die weiten Felder im Hügelland liefern den Hartweizen für die Pastaproduktion.

Wie überall in Mittelitalien werden Teigwaren und Fleischgerichte vielfach durch Steinpilze, gelegentlich auch durch Trüffel aufgewertet. Ausgezeichnetes Niveau erreichen die *Käse:* Schafskäse *(Pecorino)* in allen Reifegraden, aber auch *Scamorza* (Kuhkäse, gelegentlich mit Zusatz von Ziegenmilch), *Caciocavallo* (Kuh), *Ricotta* (Frischkäse, der sowohl mit Kuh- als mit Schafsmilch hergestellt wird). Die verbreitetste Süßspeise ist der *Pan Ducale,* ein harter Kuchen aus Gewürzteig, kandierten Früchten, Nüssen und Mandeln. Daneben existieren Dutzende von lokalen *dolci,* die oft nur aus Anlaß bestimmter Feste und Feiertage verzehrt werden.

Der Weinbau zielt in den Abruzzen bislang noch mehr auf Quantität als auf Qualität. Die drei regionalen DOC-Weine sind die roten *Montepulciano d'Abruzzo* und *Cerasuolo* sowie der weiße *Trebbiano d'Abruzzo.* Weniger als ein Zehntel der Gesamtproduktion aber darf sich der ›kontrollierten Herkunftsbezeichnung‹ rühmen – und auch das DOC-Etikett garantiert noch keinen Hochgenuß. Dabei können die abruzzesischen Reben durchaus Spitzenweine hervorbringen. Den Beweis dafür liefert der erfolgreichste Winzer der Abruzzen Edoardo Valentini aus Loreto Aprutino. Mit einer sorgfältigen Selektion der Trauben und genauer Kontrolle des Reifungsprozesses produziert er Weine, die zu den begehrtesten Italiens zählen – und entsprechend teuer sind. Andere Winzer, deren *Montepulciani* und *Trebbiani* sich auch anspruchsvolle Weinfreunde anvertrauen können, sind Montori in Controguerra, Masciarelli in San Martino sulla Marrucina, Guardiani Farchione in Tocco di Casauria, Zaccagnini in Bolognano.

Der **Montepulciano d'Abruzzo** hat übrigens mit dem sehr viel bekannteren toscanischen Wein aus Montepulciano nichts gemein als den Namen. Angeblich fühlten sich einst toscanische Kaufleute beim Genuß des Abruzzen-Weins an den heimatlichen *Vino Nobile* erinnert; von daher, so lautet die Überlieferung, leite sich die Namensgleichheit her. Wie dem auch sei: *Montepulciano* heißt in den Abruzzen die Traubensorte, in der Toscana der Ort.

24. August: *Corsa dei Barbari* in Giulianova
28.–29. 8.: *Perdonanza Papale* (Fest zum Jahrestag der Papstkrönung Coelestins V.) in L' Aquila
8. September: *Corsa degli Zingari* (›Zigeunerlauf‹, vgl. S. 273), Pacentro
11. November: Martinsfest und Martinsfeuer in Scanno

 Unternehmungen

Radfahren

Wegen der starken Höhenunterschiede werden sich in den Abruzzen nur sportlich trainierte Fahrer wohlfühlen. Diese haben die Qual der Wahl: Fast alle kleineren Straßen sind landschaftlich reizvoll und wenig von Autos befahren.

Wandern

Die Abruzzen sind ein gut erschlossenes Wandergebiet. Zahlreiche markierte Wege führen durchs Bergland und auf die Gipfel, das Kartenmaterial (vgl. S. 331) ist ausreichend. Eine ausgezeichnete Auswahl gut beschriebener Wege stellt das Buch »Wanderungen in den Abruzzen« von Georg Jung vor (J. Berg Verlag München), das auch hervorragende Landschaftsfotos und einen guten allgemeinen Informationsteil aufweist. Für des Italienischen kundige Leser kann auch Stefano Ardito, »A piedi in Abruzzo«, Bd. I und II empfohlen werden (Ed. iter, Subiaco).

 ## Verkehrsverbindungen

Albe: Busverbindungen ab Avezzano.
Atri: Häufige Busverbindungen nach Pescara.
Avezzano: Bahnstation an der Hauptstrecke Rom–Sulmona–Pescara.
Campo Imperatore: Stadtbusse von L' Aquila zur Talstation der Campo-Imperatore-Bergbahn.
Campotosto: Täglich je ein Bus von und nach L' Aquila.
Chieti: Viertelstündlich Busse nach Pescara.
Fossa: Stadtbusse von L' Aquila.
L' Aquila: Züge nach Sulmona–Pescara, Rieti–Terni. Häufige Busverbindungen nach Rom (2 Std. Fahrzeit) und Pescara.
Loreto Aprutino: Busse nach Pescara.
Natonalpark: Mehrere Busse täglich nach Avezzano.
Pacentro: Busse nach Sulmona.
Penne: Busse nach Pescara.
Pescara: Zahlreiche Zugverbindungen nach Sulmona–Avezzano–Rom sowie entlang der Adria-Küstenstrecke (Bologna–Bari). Busse in nahezu alle Orte der Umgebung.
Pescocostanzo: Täglich zwei Busverbindungen nach Pescara. Mehrere Busse nach Castel di Sangro an der Bahnlinie Sulmona-Isernia.
San Clemente a Casauria: Bahnhof Torre de' Passeri an der Strecke Pescara–Rom.
San Giovanni in Venere: Bahnhof Fossacésia an der Strecke Pescara–Bari.
San Liberatore a Maiella: Werktags mehrere Busverbindungen von Pescara nach Serramonacesca, von dort 2 km zu Fuß.
Scanno: Häufige Busverbindungen nach Sulmona.
Sulmona: Bahnhof an der Hauptstrecke Pescara–Rom; Züge nach L' Aquila; Busse nach Pescara
Tagliacozzo: Bahnhof an der Linie Pescara–Rom; häufige Busverbindungen nach Avezzano.
Teramo: Zahlreiche Busse nach Pescara. Bahnhof einer Nebenlinie der Adria-Strecke.
Vasto: Bahnhof der Linie Pescara–Bari.

Ärzte und Apotheken

Adressen deutschsprachiger Ärzte erfährt man über die diplomatischen Vertretungen (s. unten) oder beim ADAC München (℘ 089-22 22 22). Erste Hilfe in Notfällen leistet der *Pronto Soccorso* der Krankenhäuser, in kleinen Orten die *Guardia Medica.*

Die Anschriften der Apotheken mit Feiertags- bzw. Nachtdienst findet man in den lokalen Tageszeitungen sowie an den Apotheken selbst (Schilder mit Aufschrift *turno*).

Private Krankenversicherungen gewähren für Urlaubsreisen im europäischen Ausland im allgemeinen vollen Versicherungsschutz. Für Mitglieder der gesetzlichen Krankenversicherung empfiehlt sich der Abschluß einer privaten Auslands-Zusatzversicherung.

Autofahren

Geschwindigkeitsbegrenzungen sind nach Hubraum des Wagens gestaffelt: bis 600 ccm 80 km/h auf Landstraßen, 90 km auf Autobahnen; 600–900 ccm 90 bzw. 110 km/h; mehr als 900 ccm 100 bzw. 130 km/h. Innerorts gilt 50 km/h als Höchstgeschwindigkeit. Kontrollen werden selten durchgeführt, sind dafür aber um so schmerzhafter: Die Bußgelder sind sehr hoch.
Notruf für Polizei und Unfallrettung: **113.**
Pannenhilfe des AC (Automobile Club Italia): **116**
Autoeinbrüche sind in Mittelitalien selten. Dennoch sollte man grundsätzlich keine Wertsachen im Wagen lassen und, wo immer möglich, das Auto ganz leerräumen. Autoradios baut man am besten schon vor der Reise aus; sie ziehen Diebe unwiderstehlich an. Wenn Sie sich auf der Reise in den Großstädten Mailand, Bologna, Florenz, Rom aufhalten, so ist größte Vorsicht geboten; hier sollten Sie einen mit Gepäck beladenen Wegen nicht einmal kurze Zeit unbeaufsichtigt lassen! Auch auf Autobahnraststätten muß man mit Autoknackern rechnen.

Botschaften und Konsulate

Botschaft der Bundesrepublik Deutschland: Rom, Via Po 25, ℘ 06-86 03 41/86 93 41
Österreichische Botschaft: Rom, Via Pergolesi 3, ℘ 06-86 82 41
Schweizer Botschaft und Konsulat: Rom, Via B. Oriani 62, ℘ 06-80 36 41

Konsulat der Bundesrepublik Deutschland: Florenz, Via Vespucci 30, ℘ 055-29 47 22
Österreichisches Konsulat: Florenz, Via dei Servi 9, ℘ 055-21 53 52
Schweizer Konsulat: Florenz, Piazzale Galileo 5, ℘ 055-22 24 34

Feiertage und Feste

Gesetzliche Feiertage sind: 1. Januar, 6. Januar, Ostermontag, 25. April (Tag der Befreiung), 1. Mai, 15. August (Mariä Himmelfahrt, ›Ferragosto‹), 1. November, 8. Dezember, 25. und 26. Dezember

Liegt zwischen einem Feiertag und dem Wochenende nur ein Werktag, so machen viele Geschäfte und Unternehmen den *ponte* (Brücke) – sie schließen für mehrere Tage. An solchen verlängerten Wochenenden sind immer sehr viele italienische Ausflügler unterwegs. Hotelreservierung ist für diese Tage dringend empfohlen!
Festkalender: siehe bei den einzelnen Regionen.

Kartenmaterial

Als **Straßenkarten** sind vor allem die Karten im Maßstab 1 : 200 000 des Touring Club Italiano empfehlenswert (im deutschsprachigen Raum von Kümmerly & Frey aufgelegt): Toscana, Lazio, Umbria-Marche, Abruzzo-Molise.
Stadtpläne erhält man bei den örtlichen Touristenbüros.
Wanderkarten: Gute Wanderkarten für Teile Mittelitaliens im Maßstab 1 : 25 000 sind im Verlag Multigraphic (Florenz) erschienen. Bezugsquelle in Deutschland (auch für die anderen Karten): Fa. Schrieb, Karten + Reiseführer, Schwieberdinger Str. 10, 71706 Markgröningen, ℘ u. Fax 07145-2 60 78. □ Kompass-Karten im Maßstab 1 : 50 000 existieren für das Chianti-Gebiet, Assisi-Camerino, Gubbio-Fabrino, die Monti Sibillini und Teile der Abruzzen. Für den Abruzzen-Nationalpark gibt es eine Karte der Parkverwaltung (ebenfalls Maßstab 1 : 50 000).
Weitere, von örtlichen Organisationen herausgegebene Wanderkarten sind gelegentlich an Ort und Stelle erhältlich. Die topographischen Karten des Istituto Geografico Militare (IGM) sind verhältnismäßig teuer. Sie sind zudem zum Teil stark veraltet, stellen aber das einzige Kartenwerk dar, das sämtliche Gebiete detailliert erfaßt.

Klima

Die Küste und das Hügelland – also der weitaus größte Teil des Gebiets – haben mediterranes Klima mit milden Wintern und trockenen, warmen Sommern. Die Durchschnittstemperatur des kältesten Monats, des Januar, liegt hier überall höher als 4 Grad, Frosttage sind selten (an der Küste im Schnitt 10 Tage jährlich), Schnee bleibt kaum je längere Zeit liegen: Noch im 500 m hoch gelegenen Perugia durchschnittlich nur 4 Tage jährlich. Im Sommer liegen die Durchschnittstemperaturen um 25 Grad, die mittleren Tageshöchstwerte bei 30 Grad. Regen fällt laut Statistik etwa an jedem vierten Tag: an der Adria-Küste an 75 Tagen im Jahr, in Perugia an 95 Tagen.
Das Hochgebirge – also vor allem große Teile der Abruzzen – hat rauhe Winter. Bereits auf 1000 m Höhe sinkt die durchschnittliche Januar-Temperatur unter null Grad. Höhergelegene Gebiete sind oft von November bis April verschneit, in den Gipfelregionen findet sich auch im Juni noch Schnee. Der Hochsommer ist dann aber auch in den Bergregionen heiß; zudem fällt im Apennin, anders als in den Alpen, im Sommer kaum Regen.

Kriminalität

Mittelitalien gehört zu den Gebieten mit der niedrigsten Kriminalitätsrate Europas; in dieser Hinsicht treffen gängige Italien-Klischees auf Regionen wie Umbrien oder die Marken in keiner Weise zu. Besondere Vorsicht ist nur in Florenz, Pisa und Rom geboten. Auf dem Land gibt es noch Dörfer, in denen die Haustüren nicht verschlossen werden. Das größte Risiko für den

Reisenden stellen die Diebstähle von Drogenabhängigen dar: Autoeinbrüche können in mittleren Städten wie Ancona, Perugia, Spoleto, Ascoli-Piceno vorkommen; man sollte also möglichst nichts sichtbar im Wagen liegenlassen und über Nacht grundsätzlich das Auto leerräumen. Aus der Kriminalstatistik: In den Marken werden (im Verhältnis zur Einwohnerzahl) zehnmal weniger Gewaltverbrechen verübt als in Mailand, hundertmal weniger als in Palermo!

Literatur

Sachbücher und Reiseführer

Luigi Barzini   *Die Italiener* (Fischer TB, nur noch antiquarisch)

Michael Braun   *Italiens politische Zukunft* (Fischer TB)

Bettina Dürr   *Die Apfelsinenschlacht. Volksfeste in Italien* (Kiepenheuer & Witsch, Köln)

Ivan Gobry   *Franz von Assisi* (rororo Bildmonographie, Rowohlt, Reinbek)

Roland und Gitta Günter   *Urbino. Ein Reisebuch* (Anabas, Gießen)

Christoph Hennig   *Umbrien. Ein Landschafts- und Erlebnisführer* (Oase, Badenweiler)

Christoph Hennig   *Latium* (DuMont-Kunstreiseführer)

Christoph Hennig   *Richtig wandern – Toscana und Latium* (DuMont, Köln)

Jacques Heurgon   *Die Etrusker* (Reclam, Stuttgart)

Adolf Holl   *Der letzte Christ – Franz von Assisi* (Ullstein, Berlin)

Jürgen Humburg, Michaela Wunderle, Conrad Lay   *Anders reisen – Italien* (Rowohlt TB)

Georg Jung   *Wanderungen in den Abruzzen* (J. Berg, München)

Michael Kadereit   *Anders reisen – Toscana/Umbrien* (Rowohlt TB)

Eckart Peterich   *Italien* Bd. 1 u. 2 (Prestel, München)

Dietmar Polaczek   *Gebrauchsanweisung für Italien* (Piper TB)

Roger Willemsen   *Abruzzen* (DuMont-Kunstreiseführer)

Roger Willemsen   *Marken* (DuMont-Kunstreiseführer)

Literarische Texte

Franz von Assisi   *Fioretti* (Diogenes TB)

Carlo Fruttero/Franco Lucentini   *Der Palio der toten Reiter* (Piper)

Carlo Fruttero/Franco Lucentini   *Das Rätsel der Pineta* (Piper)

Johann Wolfgang von Goethe   *Italienische Reise.* Band I (Insel TB)

Ferdinand Gregorovius   *Wanderungen in Italien* (C.H. Beck, München)

Gunter E. Grimm (Hrsg.)   *Italiendichtung* 2 Bände (Reclam)

Horaz   *Oden und Epoden* (zahlreiche Ausgaben, z. B. Artemis, München)

Nikos Kazantzakis   *Mein Franz von Assisi* (Ullstein TB)

D. H. Lawrence   *Etruskische Stätten* (Diogenes, Zürich)

Giacomo Leopardi   *Canti/Gesänge.* (Rütten & Loening, Berlin)

Heinrich Mann   *Die kleine Stadt* (Fischer TB)

Elsa Morante   *La Storia* (Fischer TB)

Alberto Moravia   *Cesira* (Rowohlt TB)

Wilhelm Müller   *Rom, Römer und Römerinnen* (Antiquariat)

Isolde Renner   *Umbrien. Reisebuch* (Insel Verlag, Frankfurt)

Ludwig Richter   *Lebenserinnerungen eines deutschen Malers* (Insel Verlag, Frankfurt)

Linda Rotta   *Der Teufel und das Paradies. Umbrische Legenden* (Herder, Freiburg)

Johann Gottfried Seume   *Spaziergang nach Syrakus* (dtv TB)

Ignazio Silone *Fontamara, Wein und Brot, Eine Handvoll Brombeeren, Das Geheimnis des Luca, Notausgang* (alle Titel bei Kiepenheuer und Witsch, Köln)

Öffentliche Verkehrs-mittel

Das Netz der öffentlichen Verkehrsmittel ist in Italien vergleichsweise gut ausgebaut. Nahezu jeder Ort kann mit Bus oder Bahn erreicht werden. Auch kleine Dörfer haben meist zumindest zwei bis drei tägliche Verbindungen zur jeweiligen Provinzhauptstadt. Es ist daher durchaus möglich – und nach meinen Erfahrungen sogar reizvoll, sofern man genug Geduld und wenig Gepäck mitbringt –, Mittelitalien ohne Pkw zu bereisen. ›Alles‹ wird man auf diese Weise nicht sehen. Statt dessen entsteht Raum für Unvorhersehbares, Kontakte und Improvisation. Und nicht zu vergessen: Bahn und Bus sind in Italien preiswert – Bahnfahrkarten kosten etwa soviel wie die Autobahngebühr für einen Mittelklassewagen (knapp 10 Pf/km).

Zugfahrpläne erhält man an Zeitungskiosken *(orario generale),* Busfahrpläne bei den Touristenbüros. Zu beachten: Nachlösen im Zug ist wegen hoher Gebühren nicht zu empfehlen; Bustickets müssen auf den meisten Linien vor Fahrtantritt gekauft werden, meist in Bars oder Tabacchi-Geschäften; auf dem Land fahren Busse gelegentlich bis zu 10 Minuten *vor* der festgesetzten Zeit; sonn- und feiertags werden manche Busstrecken gar nicht, andere nur mit sehr reduziertem Fahrplan bedient.

Anschlüsse der wichtigsten Orte finden Sie bei den Hinweisen zu den einzelnen Regionen.

Öffnungszeiten

Die normalen Geschäftszeiten liegen zwischen 8.30/9.00 und 12.30/13.00 sowie zwischen 15.30/16.00 und 19.00/19.30 Uhr (Variationen je nach Jahreszeit und Ort). Samstagnachmittag sind die meisten Läden geöffnet, dafür gibt es einen (von Ort zu Ort wechselnden) Ruhenachmittag während der Woche. Märkte finden meist nur am Vormittag statt.

Banken sind im allgemeinen montags bis freitags von 8.30 bis 13.15 und von 14.45 bis 15.45 Uhr geöffnet. Tankstellen befolgen die normalen Geschäftszeiten. In kleineren Orten und auf dem Land findet man an Sonn- und Feiertagen deshalb meist nur Münz-Tankstellen. Postämter sind oft nur vormittags geöffnet.

Kirchen schließen mittags, im allgemeinen von 12–16 Uhr. Museen sind oft montags geschlossen, außerdem im allgemeinen am 1. Januar, Ostersonntag, 1. Mai, 15. August, 25. und 26. Dezember.

Radtouren

Nicht ganz einfach ist der Fahrradtransport von Deutschland nach Italien und innerhalb des Landes. Im Ausland aufgegebene Räder werden von den Italienischen Staatsbahnen nicht als Reisegepäck, sondern nur als Frachtgut befördert, was die Reisezeit verlängert und den Preis erhöht. Die Räder können zudem vom Ausland nicht an jeden gewünschten Bahnhof versandt werden, sondern in jeder Region nur an einzelne zugelassene Stationen (Auskunft bei der Bundesbahn).

Einfacher ist der Transport mit dem Fahrrad-Bus des ADFC, der im Sommerhalbjahr regelmäßig verschiedene Ziele in Italien anfährt (Auskunft beim ADFC).

Innerhalb Italiens können in bestimmten Regional- und Eilzügen Reisende ihre Räder – gegen Gebühr – selbst in den Gepäckwagen einstellen; in allen anderen Fällen dauert der Transport mehrere Tage.

Tips für Radtouren finden Sie unter den Hinweisen der einzelnen Regionen.

Telefonieren

Vorwahlnummern: Deutschland 0049, Schweiz 0041, Österreich 0043, dann folgt jeweils die Orts-Vorwahl ohne die erste Null. Vorwahl für Italien vom Ausland aus: 0039. Inlandsauskunft: 12, Auslandsauskunft: 176. Telefonkarten *(schede telefoniche)* im Wert von 5000 oder 10000 Lire sind in Tabacchi-Geschäften erhältlich. Auf dem Land findet man häufig nur Münzfernsprecher; sie sind für längere Gespräche ungeeignet, da man ständig Geld nachwerfen muß. Besser telefoniert man hier vom *posto pubblico,* dem öffentlichen Fernsprecher mit Zähler (meist in einer Bar).

Trinkgeld

Trinkgelder sind üblich, aber nicht unerläßlich. Im Restaurant (Richtsatz 5–10%) läßt man das Geld beim Weggehen am Platz liegen. Bei Taxifahrern hingegen ist unser »Stimmt so!« am Platze, auf italienisch »Va bene così«, wenn man auf eine volle Summe aufrunden will. Den Zimmerfrauen im Hotel sollte man 1000–1500 Lire pro Tag und Person dalassen, in teureren Häusern – wo mehr Personal tätig ist – mehr.

Wichtig: Pfennigbeträge gelten – außer an der Bar – als unfein, wer etwa im Restaurant 300 Lire liegen läßt, macht keine *bella figura.*

Unterkunft

Hotel- und Campingverzeichnisse (in den Abruzzen, Marken und Umbrien jeweils für die gesamte Region, in der Toscana und Latium nach Provinzen getrennt) erhält man bei den Provinz-Fremdenverkehrsämtern (s. 301, 307, 313, 319, 324 »Auskunft«).

Agriturismo (Urlaub auf dem Bauernhof) wird in Italien immer beliebter. Ausgewählte Adressen stellt das Buch »Urlaub auf dem Bauernhof in Italien« des TURISMO VERDE Rom vor (deutsche Ausgabe beim Landschriften-Verlag, Heerstr. 73, 53 Bonn 1).

Ferienwohnungen werden besonders in der Toscana, in Umbrien, am Bolsena-See sowie generell am Meer vermietet. Sie werden ständig im Anzeigenteil überregionaler deutscher Zeitungen sowie über Reisebüros angeboten.

Darüber hinaus bekommt man Adressen über die Fremdenverkehrsämter der einzelnen Provinzen (s. o.).

Eine Reihe von Familienbetrieben haben sich zur Gruppe der **Family Hotels** zusammengeschlossen. Diese Häuser (meist Zwei- und Drei-Sterne-Hotels) wollen, ähnlich den französischen ›Logis de France‹, einen gemeinsamen Qualitätsstandard und eher unterdurchschnittliche Preise halten. Das Gesamtverzeichnis ist erhältlich bei Family Hotels, Via Venino 12, I-16030 Moneglia, ℘ 0185-4 92 91, Fax 4 94 70.

Hotelreservierung ist empfohlen für die Zeit um Ostern, für die Sommerferien sowie für die Woche vom 25. April (italienischer Nationalfeiertag) bis 1. Mai. Während der örtlichen Feste sind die Unterkünfte auch der weiteren Umgebung gelegentlich langfristig ausgebucht.

In Hotels der höheren Kategorien wird meist englisch (an der Küste oft auch deutsch) verstanden, in einfacheren Häusern meist nur italienisch. Ein möglicher Brieftext für eine Reservation:

Egregi Signori, vorrei prenotare una camera (due camere) singola (a due letti; matrimoniale) con (senza) bagno privato dal … al … Sarei grato di una Vs. gentile conferma. Ringraziando, porgo distinti saluti.

(Sehr geehrte Damen und Herren, ich möchte ein Zimmer (zwei Zimmer), Einzelzimmer (Zweibettzimmer; Zimmer mit Ehebett) mit (ohne) Bad vom … bis … reservieren. Ich bitte um eine Bestätigung der Reservation. Mit bestem Dank und freundlichen Grüßen.

Zur Bestätigung der Reservation wird von den Hoteliers im allgemeinen eine Anzahlung *(caparra)* verlangt, die am besten per telegraphischer Postanweisung zu zahlen ist.

Im allgemeinen kann man in Vier- und Fünf-Sterne-Häusern erstklassigen Komfort, in Drei-Sterne-Hotels guten bis gehobenen Mittelklassestandard erwarten. Zwei-Sterne-Hotels sind unterschiedlich: oft überraschend gepflegt, manchmal unangenehm vernachlässigt. Bei den Ein-Stern-Häusern reicht das Spektrum von der ordentlichen, sympathischen Familienpension zur ungepflegten Billigbleibe. Die große Mehrheit der Hotels in Mittelitalien – auch in den einfachen Kategorien – ist jedoch sauber und korrekt geführt.

Hotel-Tips s. unter den Regionen.

Register

Orte
(Die Hauptverweise sind halbfett gedruckt)

Orte

337

Orte

341

Register

344 Register

DUMONT

DUMONT

DUMONT

DUMONT

RICHTIG WANDERN

»Richtig Wandern‹ mit DUMONT, den ungemein brauchbaren, vielseitig informierenden, praktisch orientierenden besonderen Wanderführern. Die Bände machen einfach Lust, das Ränzel zu schnüren und den vorgeschlagenen Routen zu folgen. Wobei die Wanderungen nicht mit Scheuklappen unternommen werden, sondern sehr viel an Kultur und Geschichte mitgenommen wird.«

Oberösterreichische Nachrichten

»Jede Wanderung wird anhand einer Übersichtskarte und eines Kurztextes beschrieben. Länge, Dauer, Höhenunterschiede, Markierungen, Einkehrmöglichkeiten und Anfahrt sind in Stichpunkten übersichtlich dargestellt. Außerdem bieten die Bände noch zusätzliche interessante Hintergrundinformationen über Geschichte und Kultur.«

Aschaffenburger Zeitung

DUMONT

VIDEO-REISEFÜHRER

DuMont Video-Reiseführer
BRASILIEN
DUMONT
Video

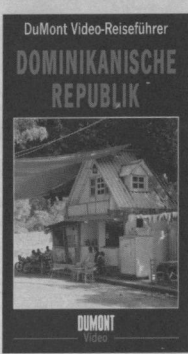

DuMont Video-Reiseführer
DOMINIKANISCHE REPUBLIK
DUMONT
Video

Reisewege zur Kunst
INDONESIEN
Das Leben der Torajas auf Sulawesi/Celebes
DUMONT
Video

»Eine Edition für gehobene Ansprüche. Diese Videos aus dem Hause DUMONT sind Kunst- und Reiseführer in einem und bieten Information und Unterhaltung gleichermaßen.« *VideoMarkt*

»Reisen wollen auch in kultureller Hinsicht bestens vor- wie nachbereitet werden. Ein ganz besonders ergiebiges und schönes Hilfsmittel bietet dabei der Kölner DUMONT Buchverlag mit seinen Reise-Videos an.« *Münchner Merkur*

»Dank des Angebots des DUMONT Buchverlages wird die Reisevorbereitung zum reizvollen Abenteuer. Neben den eigentlichen Reiseführern, die sich an Kulturinteressierte wenden, die sich für Hintergründe begeistern lassen, bietet der bekannte Verlag auch eine qualitativ hochstehende Video-Reihe an.« *Sport + Verkehr*

»Sorgfältig erarbeitete Reiseführer in Wort und Bild.« *Westfalenpost*

DuMont Video-Reiseführer
DRESDEN
DUMONT
Video

DuMont Video-Reiseführer
BUDAPEST
DUMONT
Video

Reisewege zur Kunst
BURGUND
Nieder- und Hochburgund
DUMONT
Video

Weitere Informationen über die Titel der Reihe DUMONT Video-Reiseführer erhalten Sie bei Ihrem Buchhändler oder beim DUMONT Buchverlag • Postfach 10 10 45 • 50450 Köln.

Umschlag-Vorderseite: Hafen auf der Insel Ponza
Umschlag-Rückseite: Weingut im Chianti
Hintere Umschlaginnenklappe: Gasse in Monte S. Biagio (süld. Latium)

Christoph Hennig, geb. 1950, studierte Geschichte, Soziologie und Pädagogik in Hamburg und Freiburg. Zahlreiche Buchveröffentlichungen, darunter bei DuMont »Richtig wandern: Toscana und Latium«, Kunstreiseführer »Latium« und Reisetaschenbuch »Florenz«.

© DuMont Buchverlag Köln
2. Auflage, Redaktionsschluß September 1995
Alle Rechte vorbehalten
Satz: Fotosatz Harten, Köln
Druck: Rasch, Bramsche
Buchbinderische Verarbeitung: Bramscher Buchbinder Betriebe

Printed in Germany   ISBN 3-7701-2542-8